Wander- und Hüttenurlaub Trekking für ALLE

in Bayern, Österreich und Südtirol

Von Hütte zu Hütte – mit der ganzen Familie

auf traumhaften Wegen

32 Mehrtagestouren

Sonderteil: knieschonende Wege

Hrsg. Elisabeth Göllner-Kampel

wandaverlag.com

Die Autorin freut sich über Rückmeldungen, Eindrücke und Anregungen an:
Wandaverlag, Römerstraße 16, A-5081 Anif, office@wandaverlag.com, Betreff: Trekking.

Satz & Höhenprofile: Manuel Thomasser
Layout: Manuel Thomasser , Elisabeth Göllner-Kampel
Kartenicons: Sabine Köth
Kartografie: Victoria John, BOKU Wien
Lektorat: Johanna Weber, www.lektorat-weber.at

ISBN: 978-3-902939-05-0
Wander- und Hüttenurlaub. Trekking für ALLE in Bayern, Österreich und Südtirol.
Von Hütte zu Hütte – mit der ganzen Familie auf traumhaften Wegen. 32 Mehrtagestouren.
Verlag: wandaverlag, Römerstraße 16, A-5081 Anif b. Salzburg, www.wandaverlag.com
4. Auflage 2021

Gedruckt nach der Richtlinie des Österreichischen Umweltzeichens „Druckerzeugnisse", Buch Theiss GmbH, Nr. 869

Klimaneutral Druckprodukt
ClimatePartner.com/10944-2103-1001

Fotos: Von der Autorin oder lt. Abbildungsverzeichnis im Anhang

Der leichteren Lesbarkeit halber wurde durchwegs die weibliche Anrede verwendet. Natürlich sind damit auch alle Männer gemeint.

Danke an dieser Stelle an alle, die zum Entstehen dieses Buches beigetragen haben und für all die tollen Tourentipps. Einen besonderen Dank an meinen Papa, an Eveline, meine Schwester, ihre Kinder Elisa und Christoph und meine Tante Silvia, die mit mir gewandert sind, an Brigitte, Manuela und Petra, die mich in Deutschland, Südtirol und Oberösterreich begleitet haben, an Heinz, der mich tatkräftig beim Fotografieren unterstützt hat und natürlich an meine 4 Wiener und 4 Steirer Freunde. Ein besonderer Dank der Elisabeth, meiner Verlegerin, für all ihre Inspiration, ihre Ideen und auch für das Unterstützen beim Schreiben. Danke auch all denen, die noch mitgeholfen haben, dass das Buch gelungen ist.

Liebe Leserinnen und Leser,

Als mir die Elisabeth (meine Verlegerin) das erste Mal von ihren Plänen erzählte, von einem Trekkingführer für Familien, war ich sofort Feuer und Flamme. Da wusste ich noch nicht so ganz genau, was auf mich zukommen würde. Nach etlichen Recherchen betrachtete ich die Sache ein bisschen nüchterner. Denn es gibt zwar unzählige schwere und lange Touren, jedoch wenige leichte! Andererseits habe ich dann bald erkannt, dass genau hier der Bedarf bestand, nämlich an einfachen Trekkingtouren für ALLE.

Die Arbeit rund ums Buch hat mir sehr viel Spaß gemacht, besonders das Recherchieren und Gehen. Meistens war ich berufsbedingt außerhalb der Hauptsaison unterwegs und wanderte dann auf einsamen Pfaden, jedoch auch in der Wandersaison sind diese traumhaften Wege schwer zu toppen! Natürlich gab es auch Frustmomente, wenn mich z.B. der Regen durchnässte oder der Schnee im Frühjahr einfach nicht weichen wollte. Aber es hat sich ausgezahlt. Ich denke, dass ich euch mit diesem Buch die Gustostücke der leichten bis mittelschweren Mehrtageswanderungen präsentieren kann.

Als Wanderführerin war und bin ich zwar viel unterwegs, durch diese Arbeit entdeckte ich jedoch viele neue, wunderschöne Ecken in den Alpen. Immer wieder hatte ich nette Begegnungen mit Mankei, Gams und Steinbock (ich saß mitten in einem Rudel von Steinböcken und war eine davon). Auch mein Botanikerherz wurde immer wieder aufs Neue begeistert. Ich traf viele nette Leute (liebe Grüße an die 3 Damen, die mit mir ein großes Gewitter überstanden haben), sah einmalig schöne Landschaften und erlebte super Sonnenuntergänge von einsamen Berggipfeln.

Diese andere Art des Urlaub-Machens, die Natur auf sich wirken und die Seele baumeln zu lassen – all das und viele wunderbare, erlebnisreiche, atemberaubende Wanderstunden wünscht euch

eure Wanderführerin Birgit

Autorin

Birgit Eder

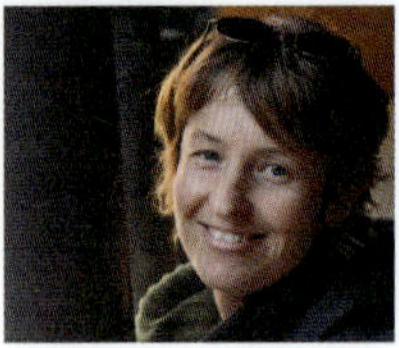

studierte Botanik und Ökologie und war von Kindesbeinen an in den Bergen unterwegs. 10 Jahre ihres Lebens verbrachte Birgit als Lehrerin in Südtirol. Die Leidenschaft für's Wandern und für die Natur wurde jedoch immer größer und so machte sie sich 2009 in diesem Bereich selbstständig (wwww.weltweitunterwegs.eu). Es folgte die Ausbildung zur Bergwanderführerin und später zur Jugendleiterin und Schneeschuhführerin beim Alpenverein. Während der Sommermonate ist Birgit mit ihren Gruppen bevorzugt in den Alpen, Irland und Island unterwegs. Für uns hat sie ihre schönsten und nicht zu schwierigen Mehrtagestouren zusammengestellt.

Wie alles begann
(Herausgeberin Elisabeth Göllner-Kampel)

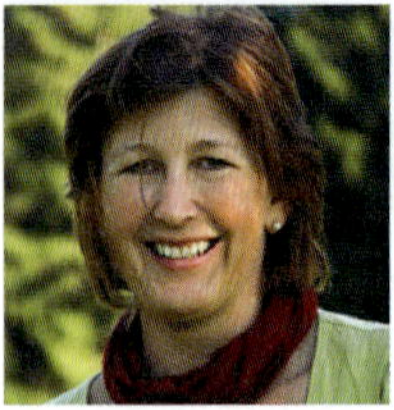

Als ich mein erstes Wanderbuch schrieb, wollte keiner so recht an die Idee glauben. Schon gar nicht die großen Verlage, denen ein Buch mit barrierefreien Wanderungen nicht ertragreich genug erschien. Kinderwagen-Wanderbücher gab es bis dahin noch nicht. So entstand der Prototyp im Eigenverlag. Was als Beschäftigung während der Babypause begonnen hatte, wurde zu einer kleinen Erfolgsgeschichte. Mittlerweile gibt es in vielen Regionen Österreichs, in Bayern und Baden-Württemberg Bücher mit barrierefreien Wanderungen von uns. Der Eigenverlag wurde zum Wandaverlag umgetauft. Weil aber auch Kinder wachsen, entstand bald die Idee, einen Trekkingführer für Familien zu schreiben. In Birgit Eder fand ich endlich die perfekte Partnerin für dieses Buchprojekt. Danke für all die wunderschönen Touren, die ich kaum erwarten kann mit meiner Familie nachzuwandern. Allen Leserinnen und Lesern wünsche ich genau so viele spannende Stunden beim Nachwandern, wie wir sie bei der Erstellung des Buches hatten.

Inhaltsangabe

Auf unserer Homepage unter „Wandasurium“ findest du jede Menge
- **Tipps**
- **Packlisten**
- **Sicherheit**
- **Ausrüstung**
- **Wandertricks**
- **und unseren Wandapass**
- **uvm.**

Auf unseren Social Media-Seiten posten wir Wanderungen und auch ein bisschen etwas über uns

Instagram: wandaverlagtoptouren

Facebook: Wandaverlag

YouTube: wandaverlag – weitere Tipps und herrliche Wanderungen warten auf euch!

Überblickstabelle der Wanderungen

Bayern

Weg Nr.	Name der Tour	Buch Teil	Et.	km	Anf.	Seite
1	Die Chiemgauer Alpen	1	4	16	● (blau)	22
16	Königssee und Watzmann	2	4	35	● (rot)	144
17	Rund um den Spitzingsee	2	6	20,8	● (rot)	152
18	Hoch über dem Tegernsee	2	4	19	● (rot)	160
19	Die Zugspitze	2	3	22	● (rot) ● (schwarz)	168

Südtirol

Weg Nr.	Name der Tour	Buch Teil	Et.	km	Anf.	Seite
4	Durch die Uina Schlucht	1	2	18,2	● (blau) ● (rot)	44
5	Hoch über dem Eisacktal	1	6	30	● (blau) ● (rot)	50
20	Auf dem Meraner Höhenweg	2	8	28	● (rot)	176
21	Quer durch den Rosengarten	2	7	24	● (rot)	186
22	Rund um die Drei Zinnen	2	7	27	● (rot)	196
23	Der Karnische Höhenweg	2	6	32,8	● (rot)	206

Vorarlberg

Weg Nr.	Name der Tour	Buch Teil	Et.	km	Anf.	Seite
2	Im Bregenzerwald	1	4	20	● (blau) ● (rot)	28

Technik	Kondition	Dauer in h	Hm▲	Hm▼	Knie-schonend	Kinder ab	Bus & Bahn
★☆☆☆☆	★☆☆☆☆	5 - 7	1000	330	x	6	x
★★★★☆	★★★★★	15 - 19	2250	2250	-	12	x
★★★★☆	★★☆☆☆	8 - 11	1030	1030	x	12	x
★★★★☆	★★★☆☆	7 - 10	940	1190	-	12	x
★★★★★	★★★★★	10 - 13	2340	110	x	12	x

Technik	Kondition	Dauer in h	Hm▲	Hm▼	Knie-schonend	Kinder ab	Bus & Bahn
★★★☆☆	★★★★☆	6 - 8	580	1200	x	10	x
★★★☆☆	★★☆☆☆	10 - 14	950	1860	x	8	x
★★★★☆	★★☆☆☆	11 - 15	1240	1080	-	12	x
★★★☆☆	★★★☆☆	10 - 13	930	2070	-	10	x
★★★☆☆	★★★☆☆	11 - 14	1550	1550	x	10	x
★★★★☆	★★★☆☆	13 - 18	1240	1840	x	10	x

Technik	Kondition	Dauer in h	Hm▲	Hm▼	Knie-schonend	Kinder ab	Bus & Bahn
★★★☆☆	★★★☆☆	7 - 10	1140	1140	x	8	x

Tirol

Weg Nr.	Name der Tour	Buch Teil	Et.	km	Anf.	Seite
3	Das Verwall	1	3	27	🔵	36
15	Das Karwendel	1	7	51,3	🔵🔴	132
24	Die Lienzer Dolomiten	2	4	16	🔴	214
31	Zahmer/Wilder Kaiser	2	7	23	🔴	274
32	Im hintersten Ötztal	2	4	24	🔴	284

Kärnten

Weg Nr.	Name der Tour	Buch Teil	Et.	km	Anf.	Seite
6	Millstätter Höhensteig	1	4	23	🔵🔴	58
25	In den Nockbergen	2	6	30,5	🔴	222

Steiermark

Weg Nr.	Name der Tour	Buch Teil	Et.	km	Anf.	Seite
7	Die Tauplitz	1	5	16,4	🔵	66
8	Die Schneealm/Schneealpe	1	4	14,7	🔵	74
26	Die Rax	2	4	17	🔴	230
27	Der Hochschwab	2	5	30	🔴	238

Niederöstererich

Weg Nr.	Name der Tour	Buch Teil	Et.	km	Anf.	Seite
9	Der Ötscher	1	6	35	🔵🔴	80

Technik	Kondition	Dauer in h	Hm▲	Hm▼	Knie-schonend	Kinder ab	Bus & Bahn
★★☆☆☆	★★★☆☆	8 - 11	630	1150	x	6	x
★★★☆☆	★★★☆☆	17 - 22	2220	2210	x	10	x
★★★★☆	★★★☆☆	8 - 11	1400	1400	-	12	Taxi
★★★★☆	★★★☆☆	9 - 13	1260	1630	-	12	x
★★★★☆	★★★☆☆	8 - 11	780	1240	-	12	x

Technik	Kondition	Dauer in h	Hm▲	Hm▼	Knie-schonend	Kinder ab	Bus & Bahn
★★★☆☆	★★☆☆☆	8 - 11	1180	870	x	10	Taxi
★★★☆☆	★★☆☆☆	11 - 14	1530	1450	x	10	x

Technik	Kondition	Dauer in h	Hm▲	Hm▼	Knie-schonend	Kinder ab	Bus & Bahn
★★☆☆☆	★★☆☆☆	6 - 8	630	1150	x	6	x
★★☆☆☆	★☆☆☆☆	5 - 7	550	550	x	6	Taxi
★★★☆☆	★★★☆☆	8 - 11	1310	1310	x	10	x
★★★★☆	★★★★☆	13 - 16	1750	1800	-	12	x

Technik	Kondition	Dauer in h	Hm▲	Hm▼	Knie-schonend	Kinder ab	Bus & Bahn
★★★☆☆	★★★☆☆	14 - 17	1530	1500	x	10	x

Oberösterreich

Weg Nr.	Name der Tour	Buch Teil	Et.	km	Anf.	Seite
10	Zwischen Steyr- und Ennstal	1	4	19,5	Leicht, Mittel	90
11	Das Höllengebirge	1	3	9,4	Leicht, Mittel	98
28	Dachstein	2	5	32	Mittel	248

Salzburg

Weg Nr.	Name der Tour	Buch Teil	Et.	km	Anf.	Seite
12	Pongauer Almenweg	1	8	41,5	Leicht, Mittel	104
13	Der Hochkönig	1	5	28	Leicht, Mittel	114
14	Nationalpark Hohe Tauern	1	4	20	Leicht, Mittel	124
29	Am Fuße der Bischofsmütze	2	4	18,6	Mittel	258
30	Lungauer Seentour	2	5	32,5	Mittel	266

Anforderung (Anf.):
● Leicht ● Mittel ● Schwer

Näheres zur Tabelle auf den folgenden Seiten.

Legende

- interessante Orte
- Gebäude
- Plantschen / Badeplatz
- Wanderweg
- Variante
- Verpflegung
- Übernachtungsmöglichkeit*
- Übernachtungsmöglichkeit*
- Dreieck Gipfel (Karte)
- Haltestelle

**Hier gibt es auch Verpflegung*

Technik	Kondition	Dauer in h	Hm ▲	Hm ▼	Knie-schonend	Kinder ab	Bus & Bahn
★★★☆☆	★★★☆☆	8 - 11	1050	1050	x	8	x
★★★☆☆	★★☆☆☆	4 - 6	470	470	x	10	x
★★★★☆	★★★☆☆	11 - 15	820	2360	-	12	x

Technik	Kondition	Dauer in h	Hm ▲	Hm ▼	Knie-schonend	Kinder ab	Bus & Bahn
★★★☆☆	★★★☆☆	16 - 21	2030	2260	x	8	x
★★★☆☆	★★★☆☆	11 - 14	1100	1600	x	8	x
★★★☆☆	★★★☆☆	8 - 11	1160	1160	x	10	x
★★★★☆	★★★☆☆	8 -10	1000	1320	-	12	x
★★★★☆	★★★☆☆	14 - 17	1850	1850	-	12	x

Abkürzungen

Anf.	Anforderungen	Hst.	Haltestelle
AP	Ausgangspunkt	Hm	Höhenmeter
Bhf.	Bahnhof	km	Kilometer
EP	Endpunkt	m	Meter
Et.	Etappe	min	Minuten
ganzj.	ganzjährig	Mo ... So	Montag ... Sonntag
geöffn.	geöffnet	P	Parkplatz
geschl.	geschlossen	Rif.	Rifugio (Hütte)
Ghf.	Gasthof	tgl.	täglich
h	Stunden	Weihn.	Weihnachten

Erläuterungen zum Gebrauch des Wanderführers

Bei jeder Tour haben wir beim Einleitungstext eine kurze Einführung in die Tour gegeben.

Erste Seite und Kurzübersicht der gesamten Tour:

Etappen: 4	Dauer: 18,6 km; 8 - 10 h	1000▲ 1320▼
technische Anf.: ★★★★★	Kondition: ★★★★★	Alter: ab 12 Jahren

Die erste kleine Tabelle unterhalb des großen Fotos zeigt die Daten (km, Gehzeit, Aufstieg und Abstieg) der gesamten Strecke. Bei Technik haben wir jene Anzahl von Sternen vergeben, die die schwierigste Stelle kennzeichnen würde. Denn wenn am 3. Tag eine Schlüsselstelle auftaucht, soll man dieser auch gewachsen sein und nicht umkehren müssen. Bei Kondition haben wir jedoch einen Mittelwert errechnet, da die Etappen sehr kurz sind und über den Tag verteilt viele Pausen eingelegt werden können. Altersempfehlung siehe auch weiter unten.

Et.	Strecke	Anf.	Technik	Kond.	Zeit in h km	Hm▲▼
1	P Hofalmen 1260 m Hofpürglhütte 1705 m	●	★★★★★	★★★★★	2½-3¼ 5,8	590 m 140 m

Et. = Etappe und Strecke
In der Tabelle sieht man mit einem Blick, wieviele Etappen eine Tour haben kann. Als Etappen haben wir jeweils die Strecke von einer Übernachtungsmöglichkeit bis zur nächsten definiert. Das heißt jedoch, dass die Etappen je nach Kondition und Laune zusammengefasst werden können und sollten. Einsteigerinnen raten wir, sich nach den vorgegebenen Etappen zu orientieren. Bergerfahrene werden zur Planung einer Tagesetappe die Höhenmeter und Gehzeiten einbeziehen, um zu wissen, was für sie schaffbar ist.

Anf. = Anforderung:

Die Farben sind an gängige Klassifizierungen angelehnt. Sie sind eine Mischung aus Technik und Kondition, also Durchschnittswerte. Siehe auch unter Sicherung. Da bei Mehrtageswanderungen Etappen mit verschiedenen Schwierigkeitsgraden dabei sind, haben wir für jede Etappe den Grad mit den gängigen Farben festgelegt.

- **Leicht.** Für Einsteigerinnen geeignet. Wege sind breit und gut ausgebaut.
- **Mittelschwierig bis schwierig.** Für Personen mit Erfahrung im Wandern. Es gibt schmälere Stellen, die gesichert (z.B. Seile) sind. Trittsicherheit ist erforderlich. Kinder sind über kurze Passagen zu sichern oder je nach Alter an der Hand zu führen (siehe unter Sicherung).
- **Schwierig.** Es gibt steile und ausgesetzte Passagen. In diesem Buch wurde auf „schwarze" Touren bewusst verzichtet. Einzig eine Passage, die jedoch mit der Gondel „umfahren" werden kann , ist schwarz (Zugspitze).

Definition: geübt/trittsicher/schwindelfrei/ausgesetzt:

Unter „geübt" verstehen wir Personen, die entweder im alpinen Bereich aufgewachsen sind und nebst Erfahrung einen gewissen „gesunden Menschenverstand" hinsichtlich der Einschätzung von Gefahren und Ausrüstung haben oder darüber angewiesen wurden und bereits mehrere Bergtouren gegangen sind.

„Trittsicher" bedeutet, dass Erfahrung auf Steigen besteht. „Schwindelfrei" bedeutet, dass man in Tiefen schauen oder daran entlanggehen kann, ohne dass einem schwindlig wird. Vor einer Tour sollte das bei einer kurzen, etwas ausgesetzten Bergtour ausprobiert werden.
Als "ausgesetzt" werden im Alpinismus jene Stellen bezeichnet, die auf einer oder beiden Seiten des Weges extrem abfallend sind. Passagen der Uina-Schlucht, S. 44 sind zB. ausgesetzt (siehe Foto).

Technik:

Die Sterne geben den Grad der technischen Anforderung an.

- ★☆☆☆☆ = sehr leicht, für Einsteigerinnen.
- ★★☆☆☆ = leicht; für Einsteigerinnen, die über geringe Wandererfahrung verfügen.
- ★★★☆☆ = mittelschwierig; Trittsicherheit wird vorausgesetzt. Teiletappen sind steil und steinig (holprig, Geröllschutt).
- ★★★★☆ = schwierig; für Bergerfahrene und Geübte (d.h. Schwindelfreie und absolut Trittsichere). Es gibt ausgesetzte Stellen, die zum Teil durch Drahtseile/Leitern etc. gesichert sind.
- ★★★★★ = sehr schwierig; kurze Teilstücke bedürfen einer Klettersteigerfahrung.

Kond. = Kondition

Die Sterne geben an, wie gut die Konditon sein muss, um den Weg ohne Schwierigkeiten begehen zu können. Z.B: Für (★☆☆☆☆) bedarf es einer geringen Kondition. Bei (★★★☆☆) sollte man in der Lage sein, 2 - 3 Stunden (mit Auf- und/oder Abstiegen) gehen zu können. (★★★★★) bedürfen einer sehr guten Kondition.

Zeit in h / km:

In der Tabelle und bei den Etappen werden die Von-Bis-Zeiten, der jeweiligen Etappe jeweils in Stunden (h) angegeben. Je nach Alter und Kondition bewegt sich die reine Gehzeit (ohne Pausen) in diesem Rahmen. Die kürzere Gehzeit bezieht sich auf durchschnittliche Geherinnen. Die längere Gehzeit wurde um 30 % erhöht. Lt. den Empfehlungen der Fachliteratur gelten diese Gehzeiten auch für Kinder. Natürlich spielen dabei auch Tagesverfassungen und Wetterlagen eine Rolle, aber auch, wenn die Schönheit des Geländes zum langsameren und genussvollen Gehen einlädt.

km:

Zeigt die Länge der Etappenstrecke an.

Hm:
300 m▲ – bedeutet, bei dieser Etappe sind 300 Höhenmeter im Aufstieg zu bewältigen. 300 m▼ – bedeutet, dass sie im Abstieg zu bewältigen sind.

Schwierigkeitsgrad:
Leicht/mittel/schwierig bezieht sich auf den Mittelwert der gesamten Tour. Hier wird detailliert angegeben, wo sich z.B. schwierige Teilstücke befinden.

Sicherung und Sicherheitshinweise:
Bitte sichert kleinere und/oder nicht trittsichere und steigerfahrene Kinder. Entweder an der Hand führen oder sogar mit „richtiger" Sicherheitsausrüstung. Es ist generell gut, stets ein „Sicherungsstrickerl" im Rucksack dabeizuhaben. Infos dazu gibt es bei den Alpinvereinen (Infos siehe unten) und im Bergsporthandel. Zum Schauen immer stehen bleiben und anhalten!!!

Bei keiner der Touren darf vom Weg abgewichen werden. Bergschuhe mit Profil und eine „ordentliche" Ausrüstung werden vorausgesetzt (siehe unter Ausrüstung, Seite 142).

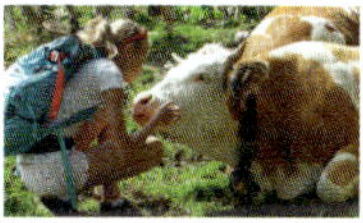

Verhalten bei Almtieren/Weidevieh: Hier gelten im Prinzip die gleichen Regeln wie bei fremden Hunden. Nicht füttern und streicheln. Ruhig und mit Sicherheitsabstand daran vorbeigehen.

Wegbezeichnungen:

Weg: Da Wege eine große Bandbreite an Wegbeschaffenheit haben, wurde in diesem Buch fast immer eine genaue Beschreibung bei der jeweiligen Tour gegeben.

Steig: Als Steig werden schmale Wege bezeichnet, nebeneinander zu gehen ist hier nicht möglich.

Forstweg: Forstwege sind breite Schotterwege, meist Wirtschaftswege, die zum Teil von Mountainbikerinnen befahren werden.

Knieschonende Variante:
Manche Touren sind an sich knieschonend, bei manchen muss eine kleine Änderung der Wegführung vorgenommen werden. Das wird an dieser Stelle beschrieben. Wir sind davon ausgegangen, dass sich die Knieschonung vor allem auf den Abstieg und die Steilheit des Geländes bezieht. Bitte unbedingt jeweils die Höhenmeter und Kilometer betrachten und beurteilen, was den eigenen Knien zugemutet werden kann.
Auf alle Fälle Stecken (Wanderstöcke) mitnehmen. Achtung jedoch bei engen Stellen und aufpassen, dass man nicht über die eigenen Stöcke fällt (unbedingt im ungefährlichen Gelände ausprobieren).

Altersempfehlung:
Das angeführte Alter ist ein grober Richtwert. Auf den Bergtouren sind uns jedoch auch immer wieder kleinere Kinder mit viel Bergerfahrung untergekommen. Deshalb auch hier die Hm, die Dauer und die km sowie Technik und Kondition in die persönliche Beurteilung einbeziehen.

Trage:
Alle „leichten" Touren (mit blau gekennzeichnet) sind mit Trage geeignet.

Jahreszeit:
Grundsätzlich gilt, dass die angeführten Öffnungszeiten der Hütten nicht stimmen müssen, weil Pächter wechseln, es frühe Wintereinbrüche geben kann usw. Die angeführten Zeiten sind daher nur Richtzeiten.
Bei ALLEN Touren gilt, dass das Wetter stabil sein muss. Nur bei schönem „Bergwetter"-Ausblick lt. Wetterbericht starten!
Im alpinen Gelände kann es zu schnellen Wetterumstürzen kommen. Einfache Touren können daher bei Unwetter lebensgefährlich (z.B. durch Verirren) werden. Auf der Tour daher die nächste Hütte aufsuchen und auf Wetterbesserung warten! Wenn möglich, wieder ins Tal absteigen.
Bei Schneelage nur die dafür angeführten Touren gehen! Lawinengefahr bzw. die Lawinenwarndienste beachten!

Mit Kindern wandern:

Hinweise: Durch falschen Ehrgeiz wird genau das Gegenteil des Erhofften bewirkt. Kinder, die beim Gehen überfordert werden, werden als Erwachsene keinen Schritt mehr vor die Tür setzen. Deshalb lieber kurze Etappen planen (gerade bei Anfangstouren) und Kindern ausreichend Zeit zur Erholung geben. Speziell Mehrtagestouren sollen einen Erholungsfaktor beinhalten. Für untrainierte Kinder ist ein Aufstieg von 1 – 2 Stunden an einem Tag durchaus ausreichend. Zu bedenken ist, dass sie am nächsten Tag einen Muskelkater haben können, was das Weitergehen nicht wirklich lustig macht. Besser ist es daher, lieber mit den leichten Touren zu beginnen und zu Beginn die Etappen nicht zusammenzulegen.

Auf fast allen Etappen gibt es nette Zwischenziele, wo die Mittagszeit oder die Pausen spielend verbracht werden können. Wer bereits bald beim Ziel angelangt ist, kann sich die Zeit ebenfalls mit Spielen vertreiben, eine Packung Karten dabeizuhaben ist immer gut. Vielleicht hat sogar ein Buch im Rucksack Platz.

Kinder nie unbeaufsichtigt gehen lassen.

IMMER den Spielbereich abschreiten und beurteilen, ob eine Absturzgefahr besteht. Mit den Kindern vereinbaren, in welchem Radius sie spielen dürfen. Hinweis: Siehe unbedingt auch „Sicherung und Sicherheitshinweise". Je jünger die Kinder sind, desto kürzer sollen die Etappen sein. Wenn z.B. 1 Stunde Gehzeit zwischen den Hütten liegt, schau dich bereits am Weg nach geeigneten Spiel- und Rastmöglichkeiten um. Bacherl sind z.B. immer eine Einladung zum Spielen. Wenn die Kinder im Spiel aufgehen, einfach lassen und nicht nach dem Ziel drängen. Das einzige Wichtige ist, dass noch ein Puffer bis zur Dämmerung bleibt. Dazu am besten die doppelte Gehzeit einkalkulieren, da immer Unvorhergesehenes (Fuß verstaucht, Tiere zum Beobachten etc.) eintreten kann.

Gepäck für Kinder: Untrainierten Kindern sollte nur die eigene Jause und die eigene Jacke zugemutet werden, die Ausrüstung sollte von den Erwachsenen übernommen werden.

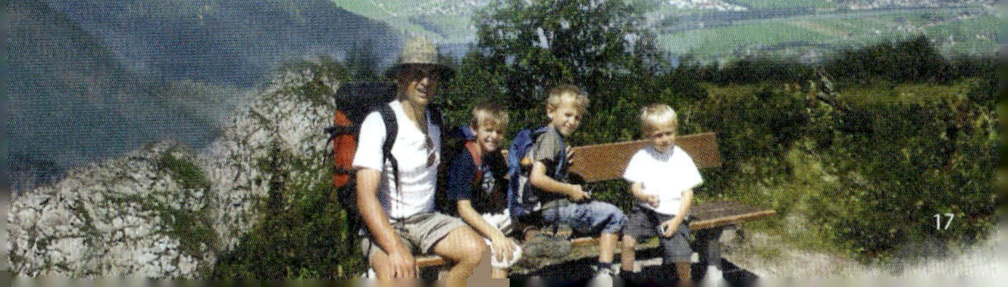

Höhenprofil:
Hinweis: Die Höhenprofile sollen nur einen Überblick geben. Sie sind nicht maßstabsgetreu abgebildet! Bitte jeweils die oberhalb der Skizze angeführten km und Zeitangaben mit einbeziehen.
AP = Anfangspunkt und EP = Endpunkt der Tour. AP = EP bedeutet, dass die Tour zurück zum Ausgangspunkt führt.

Wegbeschreibung:
Wir haben versucht, so knapp wie möglich zu formulieren. Bei manchen Wegen werden zwei Möglichkeiten (Varianten) angeführt. Sollten Beschreibungen unklar sein, sind wir sehr dankbar, wenn wir darauf hingewiesen werden.

Skizzen/Kartografie:
Die Skizzen sollen einer groben Orientierung dienen. Sie sind keine millimetergenaue Abbildung der Realität. Wir haben nur jene Straßen, Wege und markanten Punkte eingezeichnet, die uns für die Wegfindung wichtig erschienen. Alle Varianten und zusätzliche Tourenmöglichkeiten wurden strichliert eingezeichnet. Die Karten sind nach Norden ausgerichtet.
Für eine genauere Übersicht empfehlen wir, auf gängiges Kartenmaterial zurückzugreifen. Z.B. www.kompass.de, www.freytagberndt.de., tabaccoeditrice.it oder Karten der Eich- und Vermessungsämter.

Weitere Tourenmöglichkeiten:
Bei vielen Wanderungen gibt es die Möglichkeit, die Tour durch einen schönen Gipfel zu erweitern oder auch schwierigere Wege durch einfachere zu „entschärfen". Die Varianten wurden rot-strichliert gezeichnet.

Hütten und Gaststätten:
Bei jeder Übernachtung muss unbedingt vorher reserviert werden. Die Öffnungszeiten können variieren. Unbedingt vorab abklären. Fast überall kann über die Homepage reserviert bzw. können nähere Infos eingeholt werden.

Anfahrt/Navi:
Um einen Anhaltspunkt zu haben, wurde die Anfahrt fast immer über die

Autobahn und die nächste Autobahnausfahrt beschrieben. Navi (Navigationsadresse): Da sich die Parkplätze meist nicht bei einem bestimmten Haus befinden, konnte oftmals keine Hausnummer angegeben werden. Manchmal wurde ein Haus in der Nähe angeführt. Sie wurden jedoch nach bestem Wissen und Gewissen recherchiert. Wenn möglich, wurden zusätzliche Empfehlungen angeführt, wo das Auto mehrere Tage abgestellt werden kann. Jedoch bitte immer vor Ort noch abklären.

Bus & Bahn:
Bei allen Touren ist eine Anreise mit öffentlichen Verkehrsmitteln angegeben. Bei einigen wenigen ist ein kurzes Stück mit Taxi notwendig. Es empfiehlt sich immer, die Informationen zur An- und Abreise im Vorhinein über das Internet abzuklären, da die telefonischen Auskünfte zum Teil nur bedingt möglich sind. Die Informationen zu den örtlichen Wanderbussen/ Wandertaxis sind bei den Touren angeführt.

__Österreich:__ Suchmaschine Scotty, www.oebb.at , alle Fahrpläne.
Mobilitäts Call Center: +43-05-1717.
Niederösterreich: +43-810-222324, www.vor.at.
Oberösterreich: +43-732-66101066, www.ooevv.at.
Steiermark: +43-50-678910, www.verbundlinie.at.
Salzburg: +43-662-632900, www.svv-info.at.
Kärnten: +43-463-5461821, www.kaerntner-linien.at.
Tirol: +43-512-561616, www.vvt.at.
Vorarlberg: +43-5522-83951, www.vmobil.at.
__Deutschland:__ Suchmaschine www.bahn.de, alle Fahrpläne. Die Servicenummer der Deutschen Bahn lautet +49-180-6996633.
Bayern: Allgemeine Auskunft (nur online möglich) www.bayern-fahrplan.de. Berchtesgadener Land Bahn (BLB), +49-180-1231236 (Deutschland) +43-662-44801500 (Österreich), www.blb.info. Bayrische Oberlandbahn (BOB), +49-8024-997171, www.bayerischeoberlandbahn.de.
__Italien:__ Suchmaschine für Südtirol: www.sii.bz.it, die Servicenummer +39-840-000471.
__Schweiz:__ Die Suchmaschinen www.sbb.ch und www.postauto.ch sind sehr gut.

Ausgangspunkt (AP) = Erklärung dazu siehe Höhenprofil.

Alpinvereine:

Alpenverein DE (DAV)	+49-89-14003-0, www.alpenverein.de.
Naturfreunde DE	+49-30-297732-60, www.naturfreunde.de.
Alpenverein AT (OEAV)	+43-512-59547, www.alpenverein.at.
Naturfreunde AT	+43-1-8923534-0, www.naturfreunde.at.
Alpenverein IT (AVS)	+39-0471-978141, www.alpenverein.it.
Ital. Alpenverein (CAI)	+39-02-2057231 (italienisch), www.cai.it (italienisch & englisch)

Alpine Notrufe:
Europäischer Notruf: 112, Österreich: 140, Schweiz: 1414, Südtirol/Italien: 118 (deutsch- u. italienischsprachig)

Alpines Notsignal:
6 x innerhalb einer Minute hör- oder sichtbares Zeichen abgeben (Signal nach 1 Min. Pause wiederholen) – Antwortzeichen erfolgen 3 x pro Minute.

Unfallversicherung:
Durch die Mitgliedschaft bei alpinen Vereinen ist z.B. eine Versicherung inkludiert. Anderenfalls sind Bergungskosten erschreckend hoch!
Durch eine Mitgliedschaft wird außerdem die Wegerhaltung gefördert, sie wird von den Vereinen meist ehrenamtlich durchgeführt.

Ausrüstungsliste (Packliste, was mit soll): Siehe Seite 142.

Hüttenübernachtungen:
Für viele Menschen sind Gepflogenheiten auf Hütten vielleicht nicht geläufig. Deshalb hier ein kurzer Hinweis.
Manche Hütten sind extrem einfach ausgestattet. Es gibt Lager mit 20-30 oder sogar mehr Schlafplätzen in einem Raum. Vielfach gibt es keine privaten Bäder und falls duschen möglich ist, bitte Wasser sparen. Auch die Hüttenruhe ist oftmals individuell. Darauf sollte man gefasst sein. Deshalb bitte bei jeder Tour genau, bzw. auf den angegebenen Webseiten nachlesen, ob die angeführten Hütten den eigenen Erwartungen entsprechen.

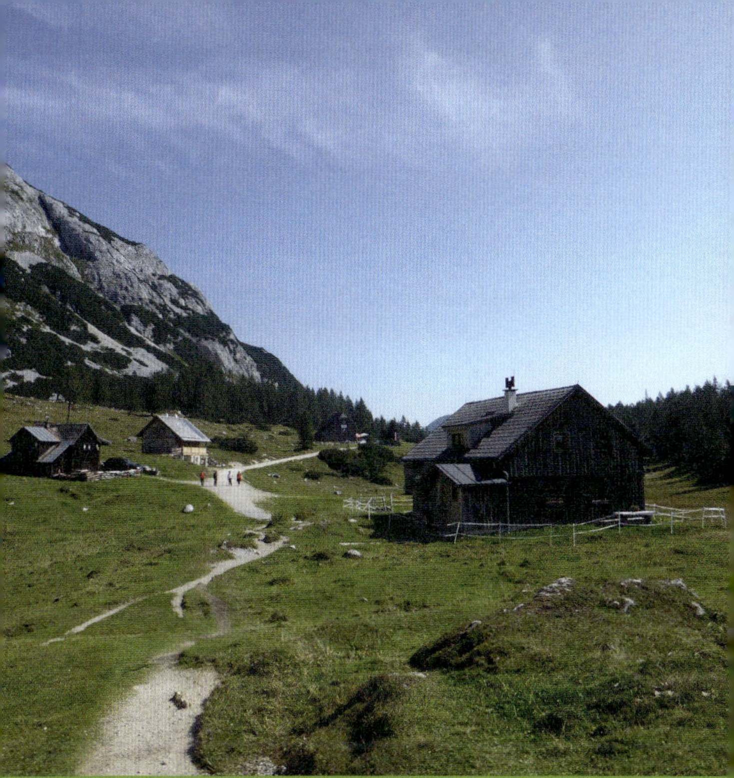

Teil 1

Knieschonende Touren

Leicht bis mittel

In diesem Teil findest du sowohl Einstiegstouren zum ersten Kennenlernen als auch mittelschwierige Touren. Alle führen durch wunderschöne Gegenden und alle haben knieschonende Varianten.

1. Die Chiemgauer Alpen

Rund um den Riesenberg

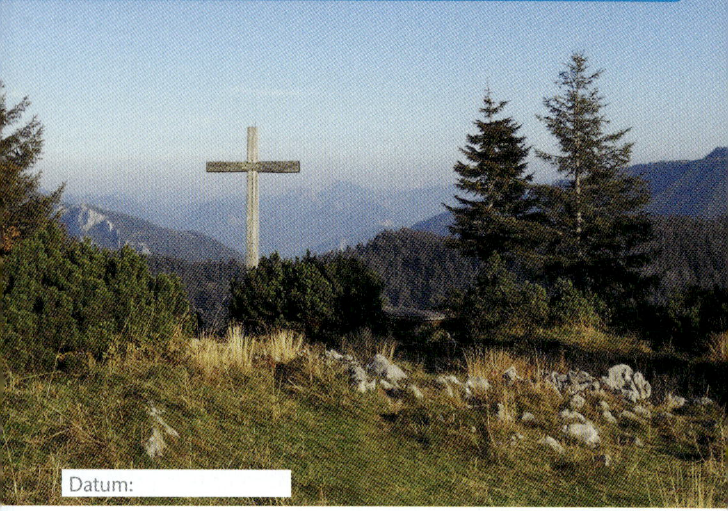

Datum:

Etappen: 4	Dauer: 16 km; 5 - 7 h	1000▲ 330▼
technische Anf.: ★☆☆☆☆	Kondition: ★☆☆☆☆	Alter: ab 6 Jahren

Die Chiemgauer Alpen liegen genau an der Grenze zwischen Österreich und Deutschland. Dieses Wandergebiet ist durch gut ausgebaute Wege erschlossen, daher sehr kinderfreundlich. Man findet viele Hütten mit Übernachtungsmöglichkeiten, die das ganze Jahr über geöffnet haben. Von dort können auch kurze Gipfeltouren gemacht werden. Vom höchsten Punkt der Tour, dem Hochries gibt es bei entsprechendem Wetter wunderbare Ausblicke bis zum Großglockner, dem höchsten Berg Österreichs. Insgesamt eine sehr leichte Einstiegstour, die zwar von Konditionsstarken an einem Tag gegangen wird, jedoch – speziell mit Kindern – sehr lohnend zum Verweilen ist.

Et.	Strecke	Anf.	Technik	Kond.	Zeit in h km	Hm▲▼
1	Lederstube P 655 m Frasdorfer Hütte 950 m	●	★☆☆☆☆	★★☆☆☆	1 - 1 ½ 3,6	300 m keine
2	Frasdorfer Hütte 950 m Riesenhütte 1346 m	●	★☆☆☆☆	★★☆☆☆	1 ½ - 2 3,5	400 m keine
3	Riesenhütte 1346 m Hochrieshaus 1568 m	●	★☆☆☆☆	★☆☆☆☆	¾ - 1 2,2	230 m keine
4	Hochriesbahn Mittelst. 910 m Lederstube P 655 m	●	★☆☆☆☆	★☆☆☆☆	2 - 2 ¾ 6,7	70 m 330 m

Schwierigkeitsgrad:

Leicht. Meist auf Forstwegen, dazwischen sind immer wieder Abkürzungen auf gut ausgebauten, markierten und beschilderten Steigen möglich. Auch im Winter einfach, da Wege meist gut geräumt sind (Lawinenwarnung und Wetterbericht beachten).

Knieschonende Variante:	Insgesamt eine leichte, knieschonende Tour mit geringen Abstiegen, absolut nicht ausgesetzt. Der steile Abstieg wird mit der Bahn bewältigt.
Kinder:	Ab ca. 6 Jahren, perfekt auch mit der Trage geeignet. Kurze Aufstiege; Hütten sehr kindgerecht. Je nach Kondition der Kinder können die Etappen zusammengefasst werden, jedoch immer den Weg als Ziel betrachten. Im Winter nette Schlittentour ab der Riesenhütte (Rodelverleih).

Jahreszeit:

Ganzjährig möglich, auch im Winter sind die Wege gut geräumt. Die Hochriesbahn ist dann jedoch geschlossen und man muss über die Riesenhütte absteigen bzw. hinunterrodeln. Achtung: Saisonale Öffnungszeiten der Hütten beachten!

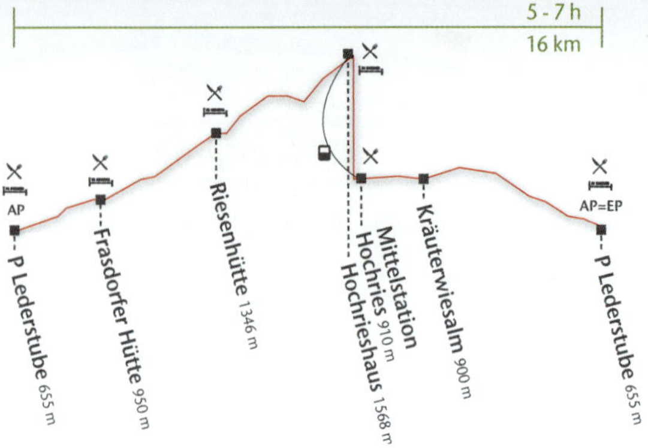

Etappe 1

Lederstube P - Frasdorfer Hütte ●

1 - 1½ h; 300 m▲ keine m▼

Vom Parkplatz der Forststraße aufwärts folgen und bei der ersten Gabelung den Weg Nr. 216 nach links nehmen. Im Winter ist diese Forststraße bei genügender Schneelage eine Rodelbahn. Bei einer scharfen Rechtskurve kann die Tour über einen einfachen, schönen Waldweg abgekürzt werden und kommt so direkt hinter der Frasdorfer Hütte heraus. Einfach den Schildern folgen.

Etappe 2

Frasdorfer Hütte - Riesenhütte ●

1½ - 2 h; 400 m▲ keine m▼

Von der Frasdorfer Hütte mäßig steil aufwärts, immer den Schildern folgend (Weg Nr. 216) zur Riesenhütte. Der Großteil des Weges verläuft auf der Zufahrtsstraße zur Hütte, dazwischen gibt es immer wieder Möglichkeiten abzukürzen.

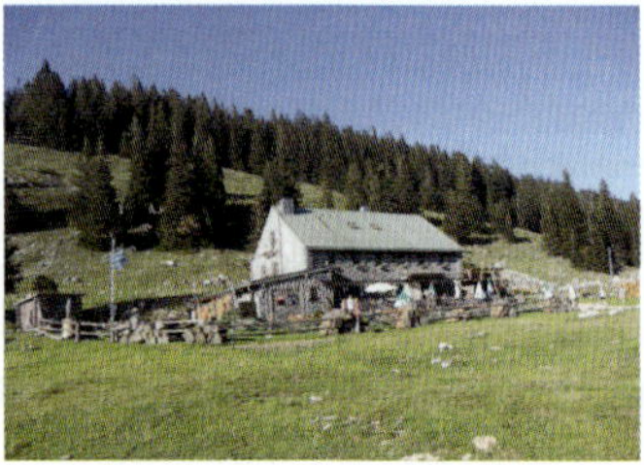

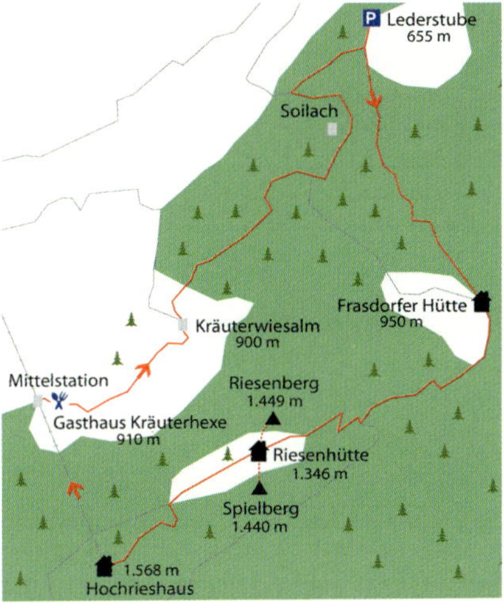

Etappe 3

Riesenhütte - Hochrieshaus ●

¾ - 1 h; 230 m ▲ keine m ▼

Schon beim Start von der Riesenhütte ist immer das Gipfelziel vor Augen. Zuerst führt der Weg (Nr. 216) ohne Steigung über den ebenen Almboden an einem Almdorf mit einer kleinen Kapelle vorbei. Danach folgt ein etwas steilerer Aufstieg durch einen lichten Nadelwald aufwärts bis zur Hütte.

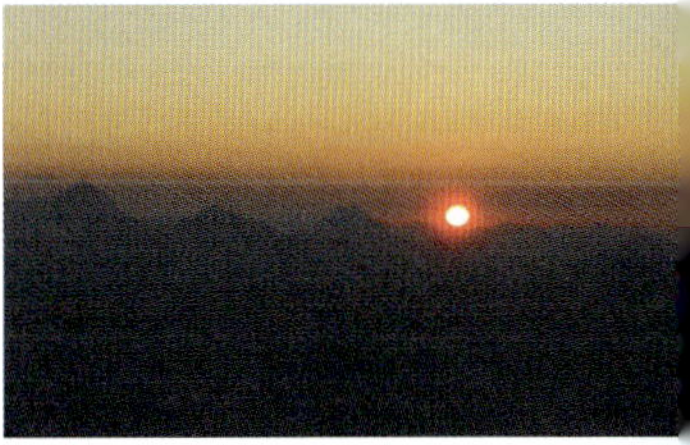

Etappe 4

Mittelstation Hochriesbahn - P Lederstube ●

2 - 2¾ h; 70 m ▲, 330 m ▼

Nach einer kurzen Abfahrt mit der Bergbahn bis zur Mittelstation der Beschilderung Richtung Käser Alm und weiter bis zur Kräuterwiesenalm folgen. Der Weg verläuft weitgehend eben auf einfachen Wegen über schöne Almwiesen. Bei der Kräuterwiesenalm zweigt der Weg nach rechts ab und führt einige Höhenmeter aufwärts. Hier ist es ganz wichtig den Schildern in Richtung Soilach zu folgen! Vom Parkplatz Soilach führt der Weg über die Zufahrtsstraße abwärts. Bei einer Linkskurve die Straße verlassen und einem schönen Weg bis zum Aufstieg zur Frasdorfer Hütte folgen. Ab hier ist der Weg bekannt.

Weitere Tourenmöglichkeiten:

Riesenhütte: Riesenberg (1449 m) ● oder Spielberg (1440 m) ●, Aufstieg jeweils ca. ½ h, 100 Hm.

Hütten & Gaststätten:

Stubn – Frasdorfer Hütte
(950 m), neuer Pächter 2021, Wirtshaus und Beherbergung, bayrische Küche inspiriert von Jahreszeiten und Regionalität. Übernachtung in Doppelzimmern, Etagenbäder, keine Telefonnr. bei Drucklegung, Infos siehe unter www.stubn.co.

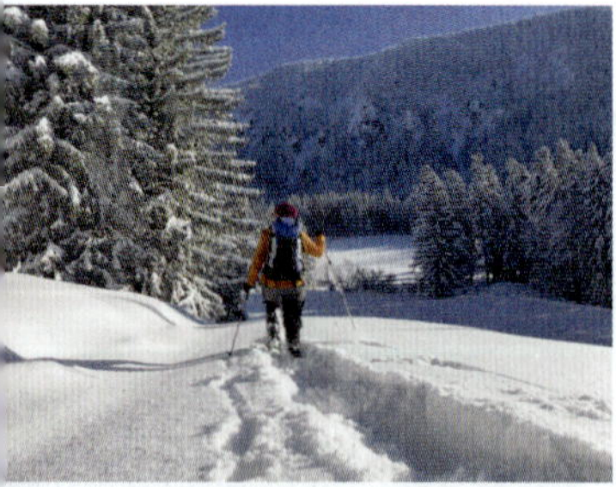

Riesenhütte
(1346 m), Gemütliche Alpenvereinshütte, bei Drucklegung 2021 geschlossen, wird derzeit generalsaniert, 14 Zimmerlager, 26 Matratzenlager, Infos siehe unter: www.davplus.de/riesenhuette.

Hochrieshaus
(1588 m), Alpenvereinshütte, direkt am Gipfel des Hochries neben der Hochriesbahn, wunderbarer Ausblick, 13 Betten in Mehrbettzimmern, +49- 8032-8210, www.hochrieshuette.de, ganzj. geöffnet, im Winter Mi und Do Ruhetag. Betriebsurlaub beachten.

Ghf. Kräuterhexe
(910 m), direkt an der Mittelstation gelegenes Gasthaus mit guter

Küche, +49-8032-987950, Sa bis Do 10–18 Uhr geöffnet, Freitag Ruhetag.

Käser-Alm
(910 m), Gleich neben der Mittelstation gelegene Almhütte, mit typischer bayerischer Brotzeit, mit gro-ßem Naturspielplatz für Kinder, Alm +49-8032-189 660 und Hof +49- 8032-8365, www.kaeser-alm.de, von Mai bis Okt. Mi–So sowie von Dez. bis Apr. Fr–So jeweils ab 10 Uhr geöffnet.

Infos:

Tourismus Frasdorf
+49-8052-179625, www.frasdorf.de
Tourismus Samerberg/Törwang
+49-8032-8606, www.samerberg.de
Hochriesbahn
+49-8032-97550, www.hochriesbahn.de, Öffnungszeiten: nur Sommersaison; aktuelle Zeiten unbedingt abklären!
Taxiunternehmen:
Jurakic Taxi (Rohrdorf) +49-8032-988498; Kotz Taxi (Raubling) +49-8035-907813, div. Taxis in Rosenheim

Anfahrt:

Autobahn A8, von München Richtung Salzburg, Ausfahrt Frasdorf, den Schildern nach Frasdorf folgen, östlich der Kirche über die Sagbergstraße zum Parkplatz Lederstube (gut ausgeschildert). Gebührenpflichtiger Parkplatz. (Navi: Deutschland, 83112 Frasdorf, Lederstube).

Bus & Bahn:

Hinfahrt: Direktverbindung (DB) von München Richtung Salzburg bis Prien oder Rosenheim und dann weiter mit dem Bus Nr. 9494 von Prien nach Rosenheim bis Frasdorf (oder umgekehrt). Zu Fuß bis zum Parkplatz Lederstube: etwa 15 Minuten (Info siehe unter Anfahrt).

Ausgangspunkt:
AP P Lederstube, AP = EP.

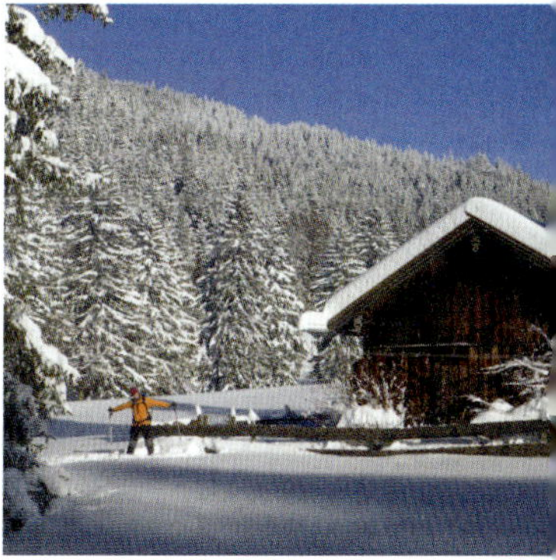

2. Im Bregenzerwald

Im Naturpark Nagelfluhkette: zwischen Vorarlberg & Allgäu

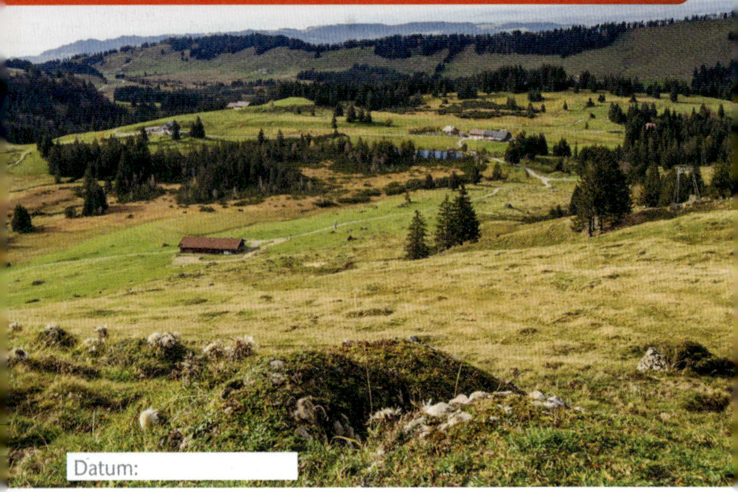

Datum:

Etappen: 4	Dauer: 20 km; 7 - 10 h	1140▲ 1140▼
technische Anf.: ★★★☆☆	Kondition: ★★★☆☆	Alter: ab 8 Jahren

Es hat schon einen Grund, warum die Nagelfluhkette zwischen Vorarlberg und dem Allgäu zum Naturpark erhoben wurde, jedoch ist der Auf- und Abstieg zäh und nicht so spektakulär wie bei den anderen Touren. Wer sich diese sparen möchte, kann mit dem Bus oder Taxi bis zur Hörmoos Alpe hinauffahren und sich vom Lecknertal (Mautstraße) oder direkt vom Lecknersee mit dem Taxi abholen lassen. Dann reduziert sich die Tour jedoch auf eine Tagestour, die perfekt als Einstiegstour dienen kann. Ein Pluspunkt für Genießerinnen: Die Alpengasthöfe sind sehr gemütlich und bieten richtigen Urlaubskomfort mit allem Drum und Dran. Der Ort Hittisau, von wo aus die Tour startet, gilt als Gemeinde mit den meisten Alpen (Almen) in Österreich (über 100, viele davon bewirtschaftet).

Et.	Strecke	Anf.	Technik	Kond.	Zeit in h km	Hm▲▼
1	Hittisau Ortszentrum 800 m Alpenghf. Hochhäderich 1556 m	●	★★★★★	★★★★★	2¾ - 3½ 6,4	800 m 40 m
2	Alpenghf. Hochhäderich 1556 m Alpenghf. Hörmoos 1320 m	●	★★★★★	★★★★★	¾ - 1¼ 1,8	keine 240 m
3	Alpenghf. Hörmoos 1320 m Bergghf. Falkenhütte 1439 m	●	★★★★★	★★★★★	1 - 1½ 2,7	210 m 90 m
4	Bergghf. Falkenhütte 1439 m Hittisau Ortszentrum 800 m	●	★★★★★	★★★★★	3 - 3¾ 9,1	130 m 770 m

Schwierigkeitsgrad:
Mittel. Die Auf- und Abstiege jedoch etwas zäh. Der Abstieg vom Alpengasthaus Hochhäderich auf die Kleinhäderichalpe und der Abstieg vom Falken bis zur Plattentischalpe sind steiler und bei Nässe sehr rutschig. Der Großteil der Tour verläuft auf guten und markierten Wegen.

Knieschonende Variante:	Wer sich den Aufstieg sparen möchte, kann mit dem Bus oder Taxi von Steibis in Deutschland bis zur Hörmoos Alpe hinauffahren; der steile Abstieg vom Hochhäderichhaus zur Hörmoosalpe kann über die Gehrenalpe umgangen werden. Einfach den Schildern folgen. Siehe Einleitungstext.
Kinder:	Für Kinder ab ca. 8 Jahren. Auf dieser Tour gibt es viele bewirtschaftete Almhütten mit Almtieren (Verhaltensempfehlungen s. Einleitung). Die Gasthäuser sind sehr kinderfreundlich. Im Hörmoossee kann man schwimmen oder Boot fahren. Bei der Schwarzberger Plattealpe empfehle ich den Abstieg zum Leckner See und von dort zurück mit einem Taxi nach Hittisau.

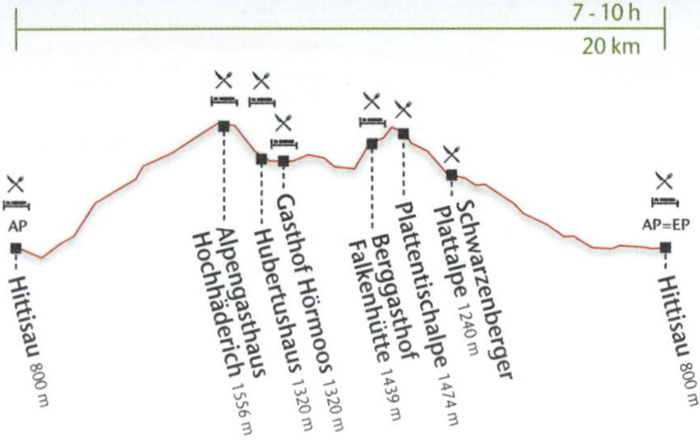

Jahreszeit:

In der schneefreien Zeit von Mai - Oktober. Unbedingt die Öffnungszeiten der Gasthäuser beachten.

Etappe 1

Hittisau Ortszentrum - Alpengasthaus Hochhäderich ●

2 ¾ - 3 ½ h, 800 m ▲ 40 m ▼

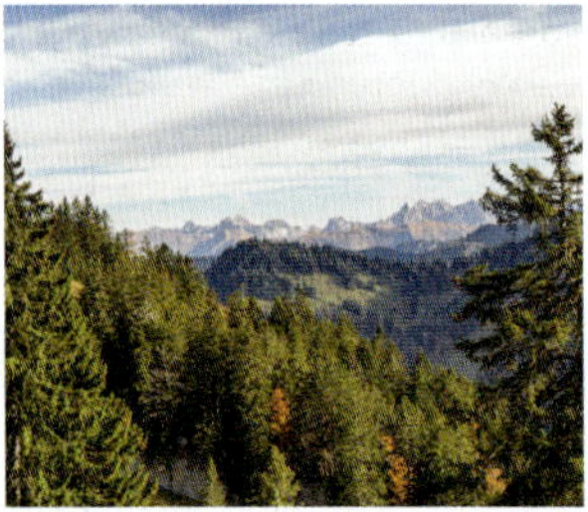

Beim Ortszentrum Hittisau (bei der Kirche) gibt es unzählige Wegweiser (für diese Tour relevant: Hochhäderich über Gschwendalpe 2 h, Kommabrücke ¼ h, Gfäll 20 min., diese Gehzeiten sind sehr knapp bemessen!). Zuerst am Gasthaus Krone vorbei bis zum Lebensmittelgeschäft Sutterlüty, dort nach rechts den Schildern und der gelb/weißen Markierung folgen. Weiter geht es auf einem schmalen Weg abwärts bis zur Hauptstraße nach Gfäll, über die Brücke und gleich danach nach links (hier verläuft auch ein Wasser-Themenweg). In den Wald und dem Wegverlauf aufwärts bis nach Gfäll folgen. In Gfäll dann in einer Linkskurve die Straße auf einem schmalen Pfad (rot/weiße Markierung) nach rechts, steil aufwärts verlassen. Bis hierher besteht auch die Möglichkeit, mit dem Bus

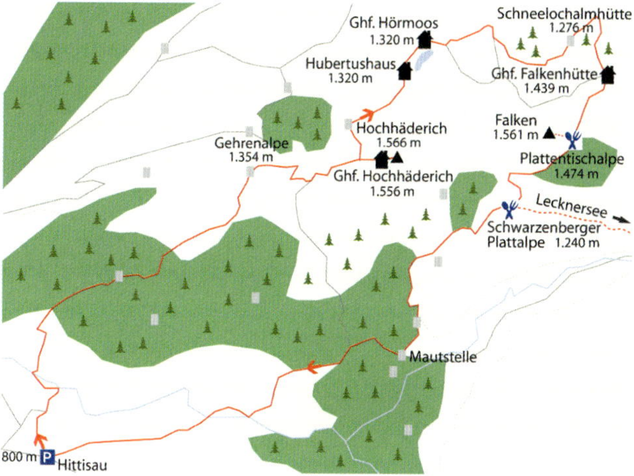

zu fahren, (Zeitersparnis ca. 20 - 30 min., 50 hm). An einem Bauernhof vorbei und ganz genau nach den Markierungen Ausschau halten, denn die Wegführung ist etwas verwirrend, teilweise mitten durch die Höfe, an Wiesen und Weiden vorbei, aber stetig aufwärts. Später durch den Wald geht es an der Gschwendalpe vorbei und folgt kurz einem Forstweg. Bei einem Drehkreuz führt der Weg gut markiert abwechselnd über Wiesen und durch Wälder aufwärts, bis zur Gehrenalpe (1354 m). (Mit dem Hörmoosbus ist es möglich bis zur Hochwiesalm zu fahren, dann in etwa ½ h bis zur Gehrenalpe. Gesamtgehzeit von der Hochwiesalm - Alpengasthaus Hochhäderich, 1 - 1 ½ h, 340 hm, Busfahrzeiten siehe Infos.) Von Hittisau kommend bei der Gehrenalpe nach rechts (von der Hochwiesalm kommend nach links). Über einen Forstweg zum Alpengasthaus Hochhäderich.

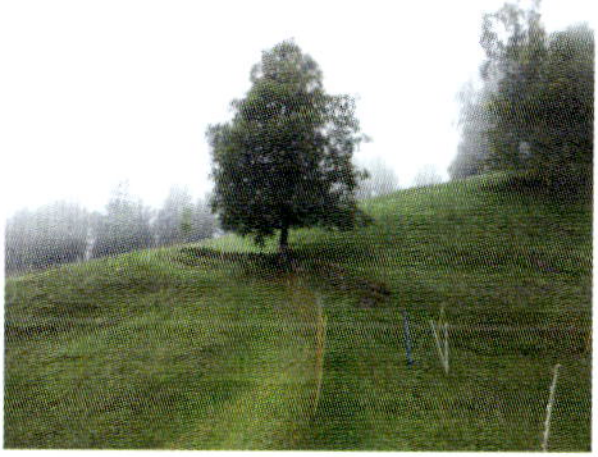

Etappe 2

Alpengasthaus Hochhäderich - Alpengasthaus Hörmoos ●

¾ - 1 ¼ h, keine m▲ 240 m▼

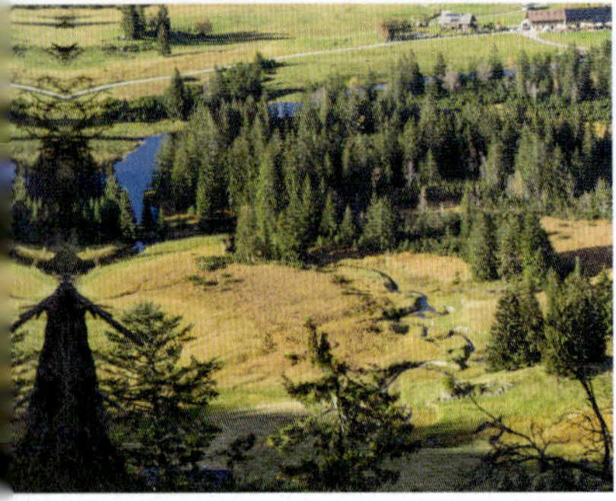

Vom Alpengasthaus führt der Weg vorerst ein Stück der vorigen Etappe zurück abwärts, bis zur Abzweigung (Schilder Hörmoosalpe 45 min., Hochwiesalpe 1 h), hier nach rechts einen schmalen Steig hinunter. Bitte das Schild „Respektiere deine Grenzen" hier beachten, da scheue Tiere und seltene Pflanzen Schutz benötigen. Der Steig, der über einen steilen Wiesenhang führt, ist nach Regen zum Teil stark ausgewaschen und schlammig. Durch den sandig/tonigen Untergrund reicht schon ein kleiner Schauer aus, um den Boden rutschig werden zu lassen. Der Weg wird ab der Kleinhäderichalpe flach und führt dann weiter über einen Zufahrtsweg und die Untere Häderle Alpe am Hubertushaus vorbei bis zum Alpengasthaus Hörmoos, gleich neben dem Hörmoossee. Da die Etappen 2 und 3 sehr kurz sind, empfehle ich diese zwei zusammenzulegen. Eventuell auf der Hörmoosalpe Mittagspause einlegen.

Etappe 3

Alpengasthaus Hörmoos - Berggasthaus Falkenhütte ●

1 - 1 ½ h, 210 m▲ 90 m▼

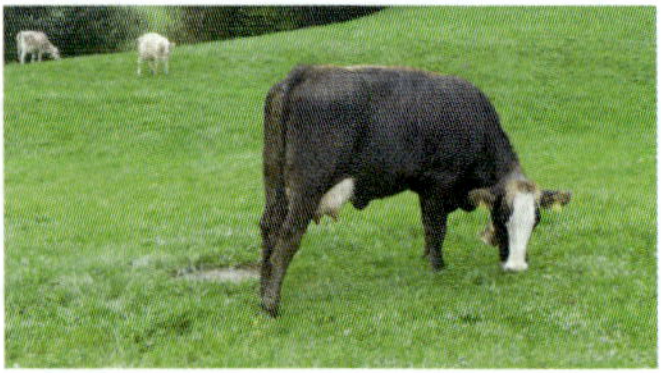

Vom Alpengasthof Hörmoos geht's vorerst am Forstweg weiter in Richtung Falkenhütte. Da der Weg über die Zufahrtsstraße langweilig ist, am besten bei der nächsten Abzweigung nach links in Richtung Schneelochalpe (Schneyloch, 1276 m), einer unbewirtschafteten Alpe abbiegen (ausgeschildert). Bis zur Alpe geht es leicht abwärts, hier gibt es manchmal bis zum Frühsommer Schneefelder. Bei der Hütte führt dann der Weg rechts vorbei bis zum Hang, der zur Falkenhütte führt. Der letzte Aufstieg zur Hütte ist zum Teil steil und führt abwechselnd über blühende Almwiesen und Wälder ca. 160 Hm aufwärts.

Etappe 4

Berggasthaus Falkenhütte - Hittisau Ortszentrum ●

3 - 3 ¾ h, 130 m ▲ 770 m ▼

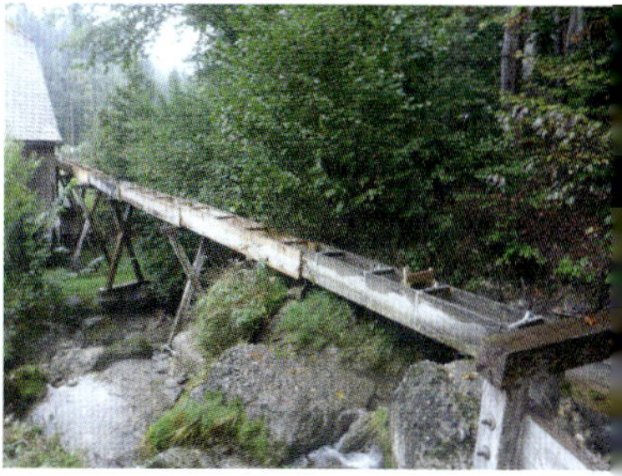

Von der Falkenhütte geht es vorerst aufwärts Richtung Kamm & Falken Gipfel (1561 m). Am Kamm angelangt, nach rechts wenden & nun geht es unschwierig weiter zum Gipfel (ab der Hütte ca. ½ - ¾ h). Nach einer schönen Gipfelpause dann wieder einige Meter zurück und dem etwas steileren Weg abwärts folgend an der Plattentischalpe vorbei ins Lecknertal. Der Weg wechselt zwischen schönen Almböden & Wäldern. Bei der nächsten Alpe, der Schwarzberger Plattealpe (hier besteht auch die Möglichkeit, in ca. ¾ h zum Leckner See zu wandern und sich dann von dort von einem Taxi abholen zu lassen), geht der Weg über in einen Forstweg, der an der Urschlagbodenalpe und der Ohlisgschwendalpe (beide nicht bewirtschaftet) vorbeiführt. Unten an der Mautstelle nach rechts (ab hier ca. 1 h bis Hittisau, auch hier könnte man sich von einem Taxi abholen lassen). Kurz folgt man der Asphaltstraße abwärts, bis links weg ein Waldsteig die Straße abkürzt. Wieder auf der Fahrstraße, führt der Weg weiter abwärts, bei Reute nach links weiter abwärts bis zum Fluss. Dort über die Brücke und weiter nach rechts den Schildern bis nach Hittisau folgen.

Weitere Tourenmöglichkeiten:

Hütte: Alpengasthaus Hochhäderich, Hochhäderich (1566 m) ●, Aufstieg 5 - 10 min. 10 Hm.

Hütten & Gaststätten:

Alpengasthaus Hochhäderich (1556 m), schön gelegenes Alpengasthaus in der Nähe des Gipfels Hochhäderich, gemütliche Terrasse, gute Küche, Schlafplätze, +43-664-9222410, www.hochhaederich.info, Ende Mai/Anf. Jun. - Ende Okt., Mi Ruhetag.

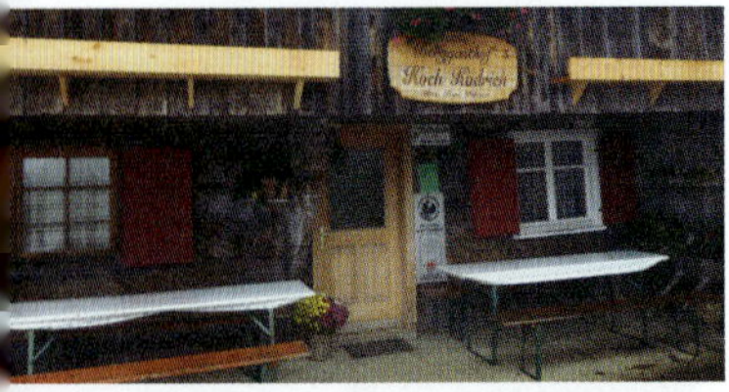

Bergpension Hubertushaus (1320 m), direkt auf der Hörmoos Alpe gelegenes Alpengasthaus mit eigenem See, in dem gebadet und mit dem Boot gefahren werden darf, gute Küche, 48 Übernachtungsplätze (2- und Mehrbettzimmer, z. T. mit eigener Dusche), +49-8386-8117, www.hubertushaus.com, ganzj. geöffn., Betriebsurlaub vorher abklären.

Alpengasthof Hörmoos (1320 m), gleich neben dem Hubertushaus gelegenes Gasthaus, mit komfortablen Zimmern, Streichelzoo und Kinderspielplatz, gute Allgäuer Küche, 24 Betten (1-, 2-, 5- & 6 Bettzimmer, z. T. mit Dusche und WC), 2 x 11 Schlafräume, +49-8386-8129, www.hoermoos.de, Weihn. - Ostern, Mitte Mai - Anf. Nov.

Berggasthof Falkenhütte (1439 m), großes, aber sehr gemütliches Gasthaus mit guter, regionaler, ökologischer Küche, 82 Betten (2- bis 10-Bettzimmer), z. T. mit eigener Dusche und WC, +49-8386-8113, www.falkenhuette.de, Weihn. - 1 Woche nach Ostern, 1 Woche vor Christi Himmelfahrt bis Mitte Nov., je nach Schneelage, Mo Ruhetag.

Alpe Plattentisch (1474 m), alte, neu renovierte gemütliche Sennhütte.

Schwarzenberger Plattalpe (1240 m), relativ neue, gemütliche Alpe mit Käserei.

Infos:

Tourismus Hittisau (Österreichische Seite), +43-5513-620950, www.hittisau.at.

Tourismus Oberstaufen (Deutsche Seite), +49-8386-93000, www.oberstaufen.de.

Naturpark Nagelfluh +49-8323-9988750,

www.nagelfluhkette.info.

Hörmoosbus, von Steibis
Hörmoos, Mayer Reisen, +49-160-4566026 oder +49-8245-1434, täglich Mitte Mai - Anf.Nov.

Michels Kräuteralp
Direkt neben dem Alpengasthaus Hörmoos gelegener Wildkräutergarten mit eigener Destille (Mo Führung), sehr sehenswert, +49-8386-980551, www.kraeuteralp.de.

Taxi in der Nähe von Hittisau
+43-664-1851333 oder +43-5513-8270.

Taxi Oberstaufen
+49-8386-2266 oder +49-8386-961012.

Anfahrt:

Von Österreich kommend: Inntalautobahn (A12) von Innsbruck Richtung Zams, dort geht sie über in die Arlberg Schnellstraße (S16), durch den Arlbergtunnel durch, weiter auf die A14 bis Dornbirn Nord, dort kurz auf die B190 Richtung Bregenzerwald und weiter auf der B200 und B205 bis Hittisau. Von Deutschland kommend: Bundesautobahn 96, von München bis zum Bodensee, weiter auf der A14 bis Dornbirn Nord, Rest siehe oben. (Navi: Österreich, 6952 Hittisau, Platz). Es besteht auch die Möglichkeit, mit dem Auto auf die Hörmoosalpe zu fahren. Von Oberstaufen nach Steibis und dann die Mautstraße aufwärts bis zur Hörmoos Alpe (Navi: Deutschland, 87534 Oberstaufen, Steibis).

Bus & Bahn:

Von Österreich Direktverbindung (ÖBB) von Innsbruck Richtung Bregenz, in Dornbirn auf Bus Nr. 40 bis Egg und dann in Bus Nr. 25 bis Hittisau umsteigen, oder bis Bregenz und dort mit Bus Nr. 25. Von Deutschland Direktverbindung (DB) von Augsburg nach Oberstaufen, mit Bus Nr. 29 bis Krumbach und dort weiter mit Bus Nr. 25 nach Hittisau. Von Oberstaufen ist es auch möglich mit Bus Nr. 9795 bis Steibis und von dort auf die Hörmoos Alpe zu fahren (siehe Infos, Hörmoosbus). Für weitere Möglichkeiten nach Hittisau siehe Internet (öffentliche Verbindungen laut Einleitung). Um die Tour etwas abzukürzen: von Hittisau bis Bolgenach/Gfäll mit Bus Nr. 30.

Ausgangspunkt:
AP Hittisau, Kirchplatz, AP=EP.

3. Unbekanntes Gebirge: Das Verwall

Wanderung von Galtür nach St. Anton

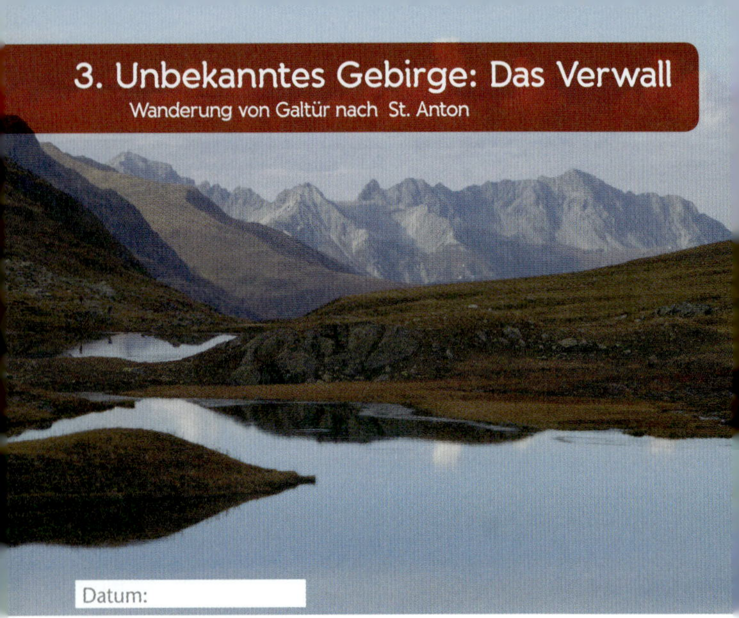

Datum:

Etappen: 3	Dauer: 27 km; 8 - 11 h	630▲ 1150▼
technische Anf.: ★★☆☆☆	Kondition: ★★★☆☆	Alter: ab 6 Jahren

Das Verwallgebirge zwischen Tirol und Vorarlberg, ein Natura 2000 Vogelschutzgebiet, wartet nicht mit berühmten Namen auf, bietet aber eine sehr ursprüngliche Natur abseits der Touristenströme. Ein ganz besonderes Juwel ist das Schönverwalltal und Wasser in Form von Seen, Bächen und Wasserfällen begleitet fast die gesamte Strecke. Es wird meistens auf Forstwegen gewandert, die zu den hochgelegenen Schutzhäusern führen. Sie liegen inmitten vieler markanter, über 3000 m hoher Gipfel, teils mit kleinen Gletscherresten. Die Route startet oberhalb von Galtür, das 1999 durch ein Lawinenunglück traurige Berühmtheit erlangte. Insgesamt eine leichte und sehr schöne Tour mit kurzen Gehzeiten und moderaten Höhenmetern.

Et.	Strecke	Anf.	Technik	Kond.	Zeit in h km	Hm▲▼
1	Zeinisjochhaus 1822 m Heilbronner Hütte 2320 m	●	★★★★★	★★★★★	2½ - 3¼ 6,8	540 m 40 m
2	Heilbronner Hütte 2320 m Konstanzer Hütte 1688 m	●	★★★★★	★★★★★	2¾ - 3½ 8,8	30 m 660 m
3	Konstanzer Hütte 1688 m St. Anton 1304 m	●	★★★★★	★★★★★	3¼ - 4 11,4	60 m 450 m

Schwierigkeitsgrad:

Leichte Einstiegstour. Wege sind gut ausgebaut und durchgehend markiert. Durch Erosion ist ein kleiner Teilabschnitt etwas unterspült, dort sind auch die Markierungen etwas schwer zu finden.

Knieschonende Variante:	Die Auf- und Abstiege sind gemäßigt und die Wege nicht ausgesetzt. Die letzte Etappe (3), siehe Tabelle, ist lang, jedoch nicht steil, hier fährt auch ein Bus (ab Salzhütte oder besser Gasthaus Verwall (siehe Etappe 3) nach St. Anton.
Kinder:	Für gehgewohnte Kinder ab 6 Jahren, sonst ab 8. Auch mit Trage geeignet. Nicht ausgesetzt. Viele Bäche und Seen zum Spielen. Etappe 3 mit Bus abkürzen, siehe knieschonende Variante. Für gehfreudige Kinder ist die Rosannaschlucht beeindruckend. Schöner Spielplatz beim Verwallsee.

Jahreszeit:

In der schneefreien Zeit von Mai bis Oktober. Achtung: Busse nur von Ende Juni bis Ende September.

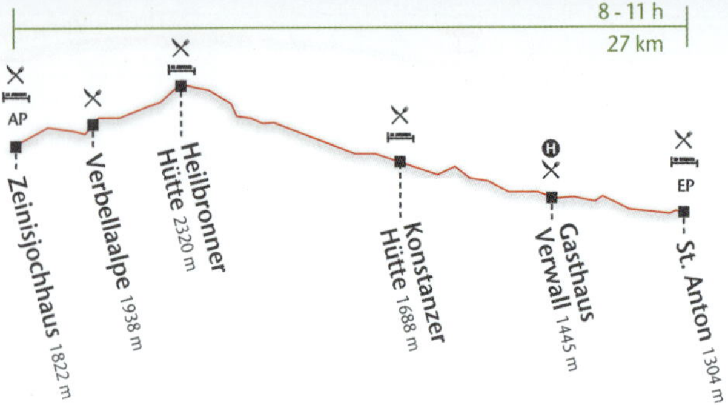

Etappe 1

Zeinisjochhaus - Heilbronner Hütte ●

2 ½ - 3 ¼ h, 540 m▲ 40 m▼

Vorweg: Die erste Etappe ist die anstrengendste, beinhaltet jedoch viele nette Zwischenziele zum Rasten und Verweilen. Es ist genug Zeit dazu, wenn diese erste Etappe als Tagesetappe angelegt wird. Hinter dem Zeinisjochhaus zeigen Schilder den Weg zur Verbellaalpe und zur Heilbronner Hütte. Der Zustieg zu den Hütten führt am Anfang auf sehr breiten Wegen aufwärts, am kleinen Zeinissee vorbei. (Sehr schönes Fotomotiv, bei schönem Wetter spiegeln sich die umliegenden Gipfel darin.) Dann gehts leicht abwärts bis zum breiten Fahrweg, der nach rechts zur Verbellaalpe (1938 m) und weiter zur Heilbronner Hütte führt. Bei der bewirtschafteten Alpe (ca. 1 h vom Zeinisjochhaus), die ein schönes Zwischenziel ist und zum Einkehren einlädt, geht man dann aber rechts über eine Brücke und

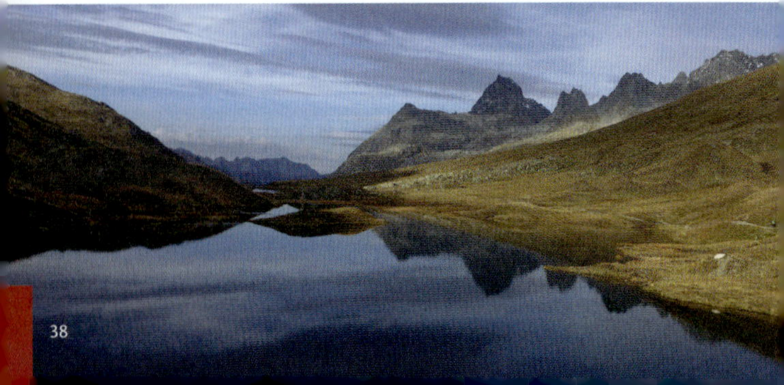

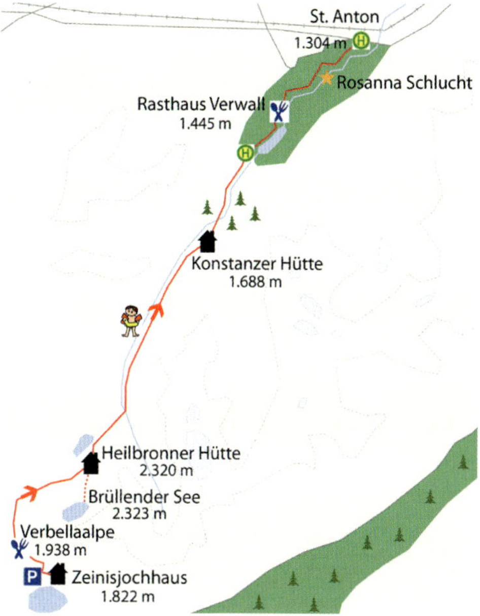

gelangt auf einen schmaleren Fußweg. Hier kann die Fahrstraße abgekürzt werden. Jetzt geht es steiler über Serpentinen neben dem Wasserfall des Verbellbachs aufwärts. Weiter oben laden immer wieder schöne flache Abschnitte des Baches zum Verweilen ein. Auf der Wiese daneben kann man gut ein Picknick machen. Beim Fahrweg zur Heilbronner Hütte angelangt, wird diesem leicht ansteigenden Weg ins Verbelltal hinein gefolgt. Immer wieder sind pfeifende Mankei (Murmeltiere) zu hören und zu sehen. Schon bald wird das Etappenziel in der Ferne auf einer Anhöhe sichtbar. Am Ende des Tales geht es noch einmal aufwärts, bis zu einer Hochfläche, wo die Scheidseen liegen. Von den Seen weitet sich der Blick ins nächste Tal, das Schönverwall hinein. Ab hier führen die letzten 50 Hm über Serpentinen bis zum Etappenziel.

Etappe 2
Heilbronner Hütte - Konstanzer Hütte ●

2 ¾ - 3 ½ h, 30 m▲ 660 m▼

Von der Heilbronner Hütte führen die ersten Höhenmeter bis zu den Scheidseen abwärts, bei der Verzweigung nach rechts, immer der Hochfläche entlang in Richtung St. Anton. Auch diese Etappe führt immer wieder an einem Bach entlang, zuerst an dem eher sanft dahinfließenden Albonabach und dann an der eher mächtigen Rosanna. Am Ende der Hochfläche wird der Weg etwas steiler und an einigen Stellen ist er etwas ausgewaschen und erodiert. Oftmals ist der Verlauf nicht ganz klar, aber hier ist es sehr wichtig, keine Abkürzung zu nehmen und den Markierungen zu folgen. Der Weg führt vom Albonabach weg in Richtung Osten (also nach rechts) bis zu einer Brücke, die über die Rosanna leitet. Der schmale Weg geht über in einen breiteren Forstweg, der stetig abwärts führt. Immer wieder werden die Abzweigungen, die in andere Täler führen, ignoriert. Die Rosanna wird auf dem Weg zur Konstanzer Hütte zum Teil ziemlich breit und mäandriert durch saftige Wiesen. Es gibt unzählige, völlig ungefährliche Stellen, die zum Verweilen und zum Spielen einladen. Ziemlich am Ende der Etappe führt der Weg in einen Wald, hier besteht auch die Möglichkeit, den Fahrweg über einen schönen Waldweg abzukürzen. Einfach den Schildern zur Konstanzer Hütte folgen.

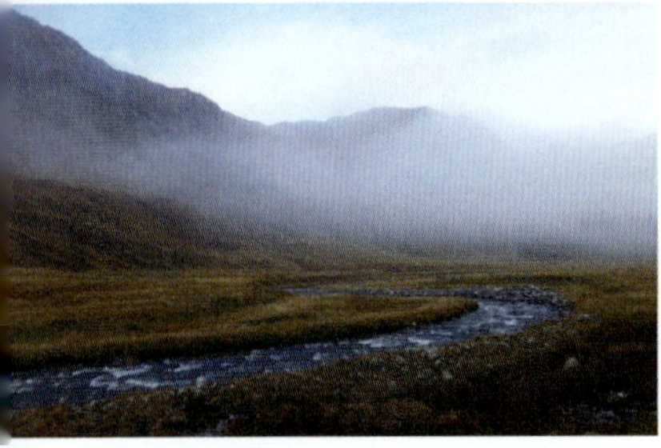

Etappe 3
Konstanzer Hütte - St. Anton ●

3 ¼ - 4 h, 60 m▲ 450 m▼

Von der Hütte führt der Weg abwärts, immer noch entlang der Rosanna. Wichtig ist, dass gleich unterhalb der Hütte der Bach über eine Brücke überquert wird. Dann immer talauswärts, im leichten Auf und Ab. Teilweise überwindet man Steilstufen über Serpentinen. Wenn der Zufahrtsweg auf eine asphaltierte Straße trifft (Bushaltestelle Salzhütte), dann nach links, am Parkplatz für die Konstanzer Hütte vorbei. Schon bald kommt die Krafwerksanlage des Verwallsees ins Blickfeld. Der Weg führt an der linken Seite am See vorbei, dort gibt es auch einen sehr schönen Erlebnisspielplatz, der bei Kindern sehr beliebt ist. Nach einigen Minuten kommt auf der rechten Seite das Gasthaus Verwall (Bushaltestelle). Um nicht auf die asphaltierte Fahrstraße zu gelangen, ist es wichtig, den Schildern weiter in Richtung St. Anton zu folgen – obwohl der Wanderweg zum Teil schon etwas von der Direktlinie abweicht. Etwas weiter unten weisen dann die Schilder zur Rosannaschlucht. Dieser Weg ist sehr schön ausgebaut und sehr zu empfehlen. Danach den Schildern weiter bis St. Anton folgen. Achtung, Gehzeiten auf den Schildern sind zum Teil etwas verwirrend.

Weitere Tourenmöglichkeiten:

Heilbronner Hütte: Es gibt ein paar unmarkierte Aufstiege, die meisten Gipfel sind aber recht schwierig. Der Aufstieg zum Brüllenden See ist leicht und lohnend. Die Belegschaft der Hütte nach den Wegen fragen, da diese nicht markiert sind, Steinmännchen erleichtern die Orientierung.

Hütten & Gaststätten:

Alpengasthof Zeinisjoch
(1822 m), direkt an einem Stausee gelegenes Gasthaus, mit der Bushaltestelle vor der Haustüre, Zimmer sind mit Dusche, WC, Sat-TV und Telefon ausgestattet, +43-5443-8233, www.zeinisjoch.com, Ende Mai–Okt.

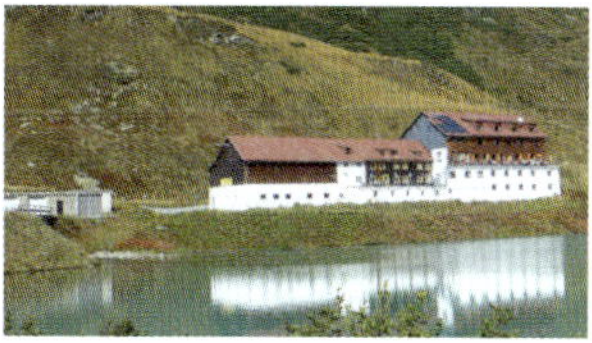

Verbella Alpe
(1938 m), idyllisch gelegene Alpe, die typische Produkte der Almwirtschaft auftischt, +43-5557-2154, Anf. Juli - Mitte Sep.

Heilbronner Hütte
(2320 m), komfortables und großes Schutzhaus des Deutschen Alpenvereins, sehr gute Küche, 40 Schlafplätze in 9 Zimmern und 64 Schlafplätze in 9 Lagern, Selbstversorgerhaus (Peter Käß Hütte) mit 28 Schlafplätzen im Matratzenlager, +43-664-1804277 oder +43-664-4158672,

www.heilbronnerhuette.at, Mitte Jun. - Anfang Okt., je nach Schneelage.

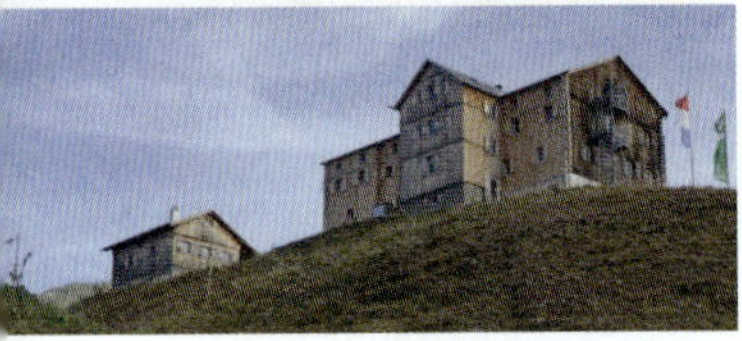

Konstanzer Hütte
(1688 m), schön gelegenes Schutzhaus, umgeben von einem Fichtenwald, vom DAV, Sektion Konstanz, 90 Übernachtungsplätze, 10 Notlager, +43-664-73621816, www.konstanzer-huette.com, Jun. - Ende Sep.

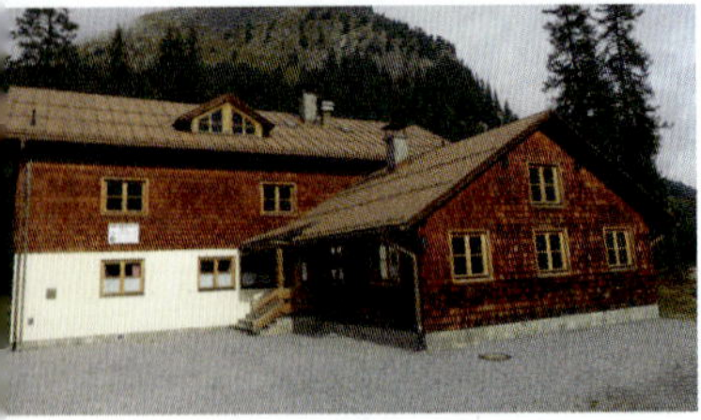

Wagnerhütte
(1445 m), hier wird mit guter Küche gepunktet, es ist möglich, mit dem Bus nach St. Anton zu fahren, +43-5446-30604, www.wagnerhuette.at, Öffnungszeiten übers Internet erfragen.

Infos:

Tourismus Galtür
+43-50990-200, www.galtuer.com.

Tourismus St. Anton
+43-5446-22690, www.stantonamarlberg.com.

Taxi Galtür
Taxi Lais +43-5443-8500, Taxi Zangerl +43-5443-8200, www.galtuer.com.

Taxi St. Anton
+43-5446-30100, www.harry.co.at.

Taxi Landeck
+43-5442-61100, www.oberland-taxi-landeck.at.

Anfahrt:

Inntalautobahn (A12) von Innsbruck nach Zams, dort geht sie über in die Arlberg Schnellstraße/S16, bei der Ausfahrt Landeck West in Richtung Stanz/Grins/Pians/Tobadill, dann links kurz auf die B17 und weiter auf die Silvretta Str./B188, immer den Schildern nach Galtür folgen. Durch Galtür durchfahren und dann nach rechts, in Richtung Zeinisjoch abbiegen. Beim See über eine Brücke und dann sofort nach rechts. Zufahrt nur in der schneefreien Zeit möglich. (Navi: Österreich, 6563 Galtür, Galtür 7). Es empfiehlt sich das Auto in Landeck (P&R-Parkplatz am Bahnhof) zu parken und öffentlich nach Galtür zu fahren.

Bus & Bahn:

Direktverbindung (ÖBB) von Innsbruck Richtung Lindau. In Landeck in Bus Nr. 260 umsteigen, der fährt direkt bis Zeinisjoch (bis Ende September möglich). Rückfahrt: Wenn man den Abstieg abkürzen möchte, von Verwall Salzhütte oder direkt vom Gasthaus Verwall, Linie 6 (von Ende Juni bis Mitte September) . In St. Anton Direktverbindung (ÖBB) von Lindau Richtung Innsbruck, zurück nach Landeck.

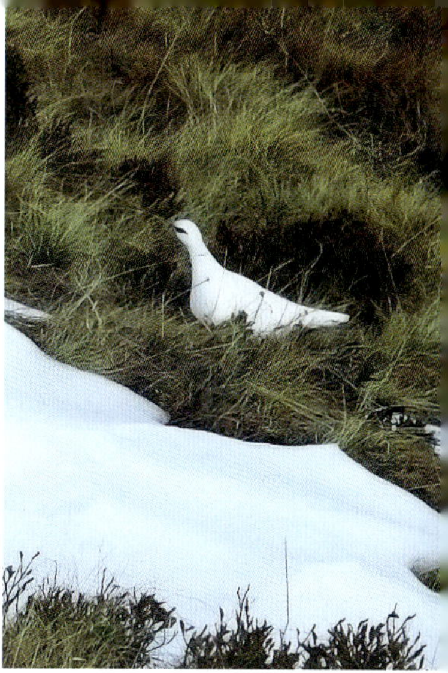

Ausgangspunkt:

AP Alpengasthaus Zeinisjoch, EP St. Anton.

Am Wegrand: Das Schneehuhn

Im Winter schneeweiß, im Sommer braun. Das Alpenschneehuhn wechselt, je nach Jahreszeit, seine Gefiederfarbe. Eine perfekte Anpassung an die Umgebung, denn im Winter wäre es anderenfalls nicht getarnt. Auch der Schneehase bekommt im Winter ein weißes Fell.

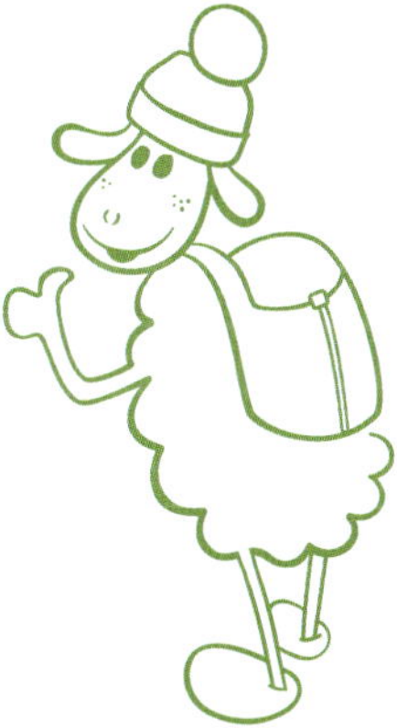

4. Durch die Uina-Schlucht

Auf abenteuerlichen Wegen von Italien in die Schweiz

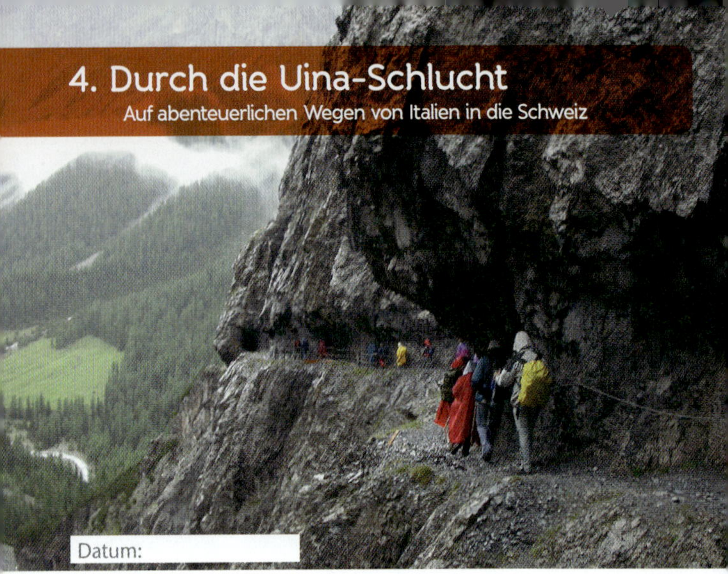

Datum:

Etappen: 2	Dauer: 18,2 km; 6 - 8 h	580▲ 1200▼
technische Anf.: ★★★☆☆	Kondition: ★★★★☆	Alter: ab 10 Jahren

Dieser Weg zwischen Südtirol und Graubünden (Schweiz, daher Ausweis nicht vergessen) wurde erst ab dem Jahr 1910 begehbar, als ein 600 m langer Weg für den Viehtrieb in die 800 m hohe Felswand der Uina-Schlucht geschlagen wurde. Tooootal spektakulär, alpin, einmalig schön, lange, jedoch unschwierige Etappenstrecken, so kann die Route in kurzen Worten beschrieben werden. Der Weg führt weiters über schöne Almwiesen und ein großes Moorgebiet mit mehreren Seen. Die An- und Abreise sowie auch die Busverbindungen zwischen Ausgangspunkt und Endpunkt sind etwas umständlich, daher sollten dort eventuell zusätzliche Übernachtungen eingeplant werden. Achtung: Begrenzte Übernachtungsmöglichkeiten in Sur En – und in der Schweiz sind die Preise unglaublich hoch. Ein kleiner Wermutstropfen können auch die Radlerinnengruppen sein, die manchmal in Scharen daherkommen.

Et.	Strecke	Anf.	Technik	Kond.	Zeit in h km	Hm▲▼
1	Schlinig 1738 m Sesvennahütte 2256 m	●	★★☆☆☆	★★★☆☆	2 - 2 ¾ 5,1	520 m keine
2	Sesvennahütte 2256 m Sur En 1121 m	●	★★★☆☆	★★★★☆	4 ½ - 5 ½ 13,1	60 m 1200 m

Schwierigkeitsgrad:

Mittel, man sollte jedoch schwindelfrei sein. Die Tour ist zwar lang, aber meist nicht schwierig. Beim Aufstieg zur Sesvennahütte gibt es bei der Schwarzwand eine kurze Seilsicherung. Die Wege durch die Schluchten sind – bis auf kurze Teiletappen – breit und gut gesichert. Ein Drahtseil hilft zusätzlich, wenn es besonders schmal wird, siehe Foto nebenan.

Knieschonende Variante:	Trotz der vielen Höhenmeter in Etappe 2 führt der Weg stets mäßig steil abwärts, bitte beurteilen, ob dies den eigenen Knien entspricht. Siehe auch unter Schwierigkeitsgrad. Taxiabholung ab dem Weiler Uina Dadaint möglich, aber teuer.
Kinder:	Für gehgewohnte Kinder ab ca. 10 Jahren. Spektakuläre Schluchten, geschnitzte „Monster" schauen aus Felsspalten – fast eine Kulisse für Harry Potter-Filme. Die zweite (bzw. letzte) Etappe ist ca. 13 km lang, d.h. mit Kindern sollte unbedingt die Möglichkeit der Taxiabholung ab Uina Dadaint genützt werden. Die hohen Schweizer Preise bei dieser Tour einkalkulieren!

Jahreszeit:

Je nach Wetter- und Schneelage von Mitte Juni bis Ende Oktober.

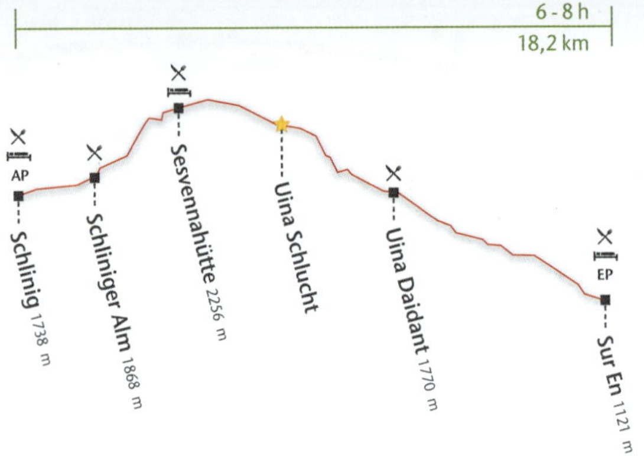

Etappe 1

Schlinig - Sesvennahütte

2 - 2 ¾ h, 520 m▲ keine m▼

Vom Parkplatz oder von der Bushaltestelle in Schlinig geht's auf einer Asphaltstraße, die von einem Kreuzweg und Kapellen gesäumt ist, taleinwärts. Der Weg Nr. 1 (gut ausgeschildert) verläuft dabei immer leicht ansteigend über weitläufige Almwiesen, bis zur Schliniger Alm (1868 m). Der Fahrweg führt noch weiter bis zur unbewirtschafteten Inneren Alm. Gleich hinter der Alm beginnt der Schotterweg, der immer leicht ansteigend bis ans Ende des Tales mit dem imposanten Wasserfall führt. Über eine steinige Steilstufe stürzt das Wasser in den Bach darunter. Bei der Schwarzwand wird der Weg schmäler, eine kurze Seilsicherung hilft jedoch über diese Passage hinweg. Gleich

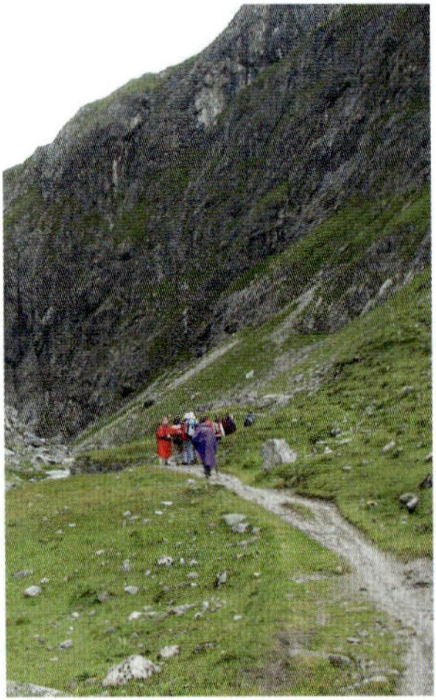

danach kommt man zu einer Skulptur, die an 4 Lawinenüberlebende erinnern soll. Immer wieder werden geschnitzte Figuren passiert, wie z.B. das Baummonster, das aus einer Felsspalte schaut oder das Wassermonster, das im See sitzt. Nach der Felsstufe wird der Weg flach und führt am Pforzheimer See vorbei, mit der alten Pforzheimer Hütte (geschlossen), weiter bis zur großen und gemütlichen Sesvennahütte.

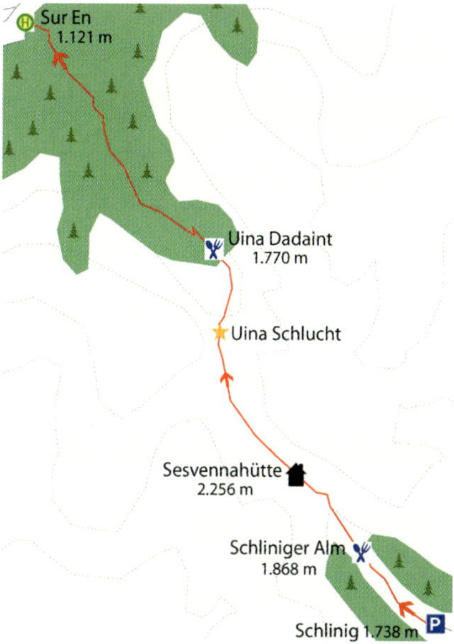

Etappe 2

Sesvennahütte - Sur En ●

4 ½ - 5 ½ h, 60 m▲ 1200 m▼

Von der Sesvennahütte führt ein schmaler, zum Teil feuchter Wiesenpfad (Weg Nr. 18), vorbei an kleinen Seen, in ca. ½ h bis zur Staatsgrenze, dem Schlinigpass (2311 m). Dort passiert man ein kleines Drehkreuz mit einem unscheinbaren Grenzstein. Vom Pass führt der Steig mitten durch eine Viehweide mit kleinen Unterständen. Das Tal wird immer enger und der Bach immer lauter. Der Weg durch die Schlucht selbst dauert ca. ½ Stunde und führt absolut spektakulär, immer über einen schwindelerregenden Abgrund, auf einem in den Fels gehauenen Weg. Wenn es sehr schmal wird, dann helfen Drahtseile oder Geländer beim Passieren. Kleinere Kinder aber unbedingt an der Hand nehmen, denn der Weg ist extrem ausgesetzt, aber meistens breit genug, dass man auch dem Gegenverkehr ausweichen kann. Immer wieder wurden Tunnel in den Felsen geschlagen. Nach dem letzten Tunnel

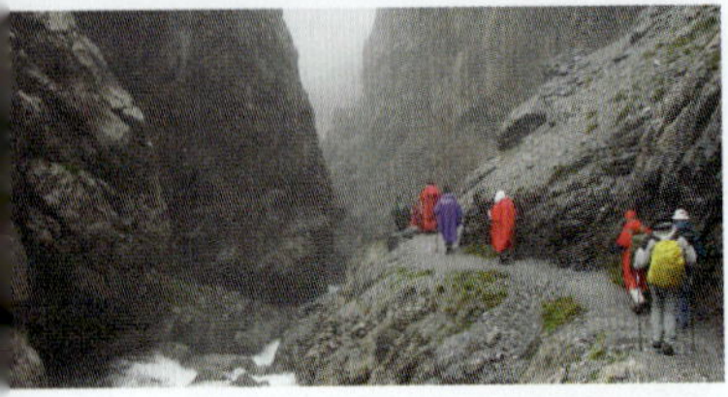

weitet sich das Tal und bietet wunderschöne Ausblicke auf das Seitental des Unterengadin, das Uinatal. Der Weg führt weiter immer leicht abwärts bis zum Weiler Uina Dadaint (1770 m), einem Hof, der in den Sommermonaten bewirtschaftet wird. Hier kann man sich auch von einem Taxi abholen lassen (siehe Infobox). Ab dem Weiler bis nach Sur-En sind es noch ca. 2 ½ h. Nach der Hütte führt ein angenehmer Forstweg durch einen lichten Wald, immer leicht abwärts talauswärts. Beim Weiler Uina Dadora (unbewirtschaftet), der etwas abseits liegt, führt der Weg über eine Brücke auf die andere Talseite. Weiter talauswärts wird es noch einmal enger, der Bach hat sich auch hier einen Weg in den Felsen gegraben, aber diese Schlucht ist bei Weitem nicht mehr so spektakulär wie die Uina-Schlucht. Nach der Engstelle öffnet sich das Tal wieder und gibt den Blick frei ins Unterengadin, wo nach kurzer Zeit das kleine Dorf Sur-En am Inn erreicht ist.

Hütten & Gaststätten:

Schliniger Alm
(1868 m), der italienische Name „Alp Planbell" – „Alm am schönen Boden" sagt etwas über die schöne Lage der Sennhütte aus, Schaukäserei, +39-347-9770667, www.schliniger-alm.com, Mai–Nov. und Weihnachten–Apr.

Sesvennahütte
(2256 m), gleich neben der Alten Pforzheimer Hütte (geschlossen) erbaute Schutzhütte, gute Küche, Zertifikat „Mit Kindern auf Hütten unterwegs", 28 Zimmerlager, 50 Matratzenlager, +39-0473-830234 (während der Öffnungszeiten) oder +39-3791342237, www.sesvenna.com, Anf. Jun.–Mitte Okt. u. Anf. Feb.–Mitte Apr.

Uina Dadaint
(1770 m), hoch gelegener Weiler, wo noch ein Wohnhaus & ein Stall erhalten sind, gemütliche Einkehr, mit einfacher Speisekarte aus der Region, +41-79-6104982, Mitte Jun. - Ende Sep., ev. länger, Öffnungszeiten nur telefonisch.

Infos:

Tourismus Obervinschgau
Mals (hier sind auch die Abfahrts-

zeiten des Wanderbusses erhältlich), +39-0473-831190, www.vinschgau.net.

Tourismus Sent

+41-81-8618829, www.sent-online.ch und Tourismus Sur En, www.sur-en.ch, für Online Buchung Sur En, keine Telefonnummer.

Taxi (Südtirol)

Theiner in Burgeis, +39-0473-831222 oder +39-335-6059255, Taraboi in Mals, www.taxi-taraboi.it, +39-347-7987265.

Taxi (Schweiz)

Guler Taxi in Sent, +41-81-864-1000, www.taxi-reisen-guler.ch.

Anfahrt:

Inntalautobahn (A12) von Innsbruck Richtung Zams, kurz davor Knoten Oberinntal in Richtung Italien/Schweiz. Auf der Reschenstraße/B180 durch den Landecker Tunnel in das Obere Inntal. Immer weiter Richtung Italien, ab der Grenze auf der SS40, am Reschensee vorbei durch den Vinschgau bis nach Burgeis. Vom Süden kommend durch Bozen und Meran in den Vinschgau. Weiter durch Mals und nach Burgeis, durch das Dorf und dann auf eine kleine Straße nach Schlinig. Dort gibt es einen Parkplatz am Ende des Dorfes. (Navi: Italien, 39024 Mals, Schlinig). Am besten lässt man das Auto aber in Mals oder Burgeis stehen, da es sowohl für die Fahrt nach Schlinig als auch für die Rückfahrt günstig liegt. Busse siehe Infobox.

Bus & Bahn:

Direktverbindung (ÖBB) von Innsbruck zum Brenner, dort umsteigen (Trenitalia) in einen Zug bis Bozen oder Meran, oder direkt von Innsbruck nach Bozen und dort umsteigen in einen Regionalzug nach Meran. In Meran erneutes Umsteigen auf die Vinschgaubahn, bis nach Mals. Oder: von Landeck Bus 210 nach Nauders (Mühle) oder Martina (Cunfin) und weiter Bus 273 bis Mals. Von Mals mit Bus Nr. 277 zum Ausgangspunkt nach Schlinig. Rückfahrt (letzter Bus um 18 Uhr): Von Sent, Sur En Bus Nr. 923 nach Crusch, umsteigen in Bus 921 nach Martina, cunfin und weiter mit Bus 273 über den Reschen nach Mals.

Ausgangspunkt:

AP Parkplatz Schlinig, EP Bushaltestelle Sur En.

5. Hoch über dem Eisacktal

Durch die sanften Sarntaler Alpen

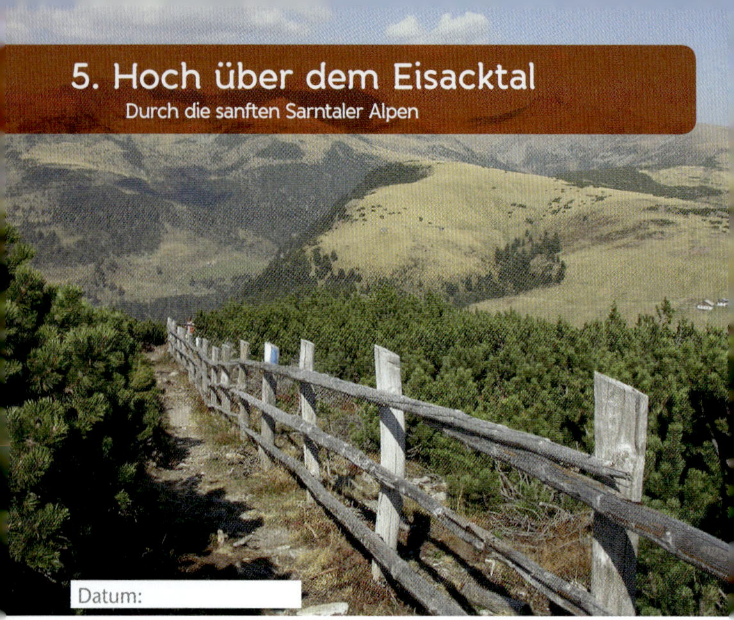

Datum:

Etappen: 6	Dauer: 30 km; 10 - 14 h	950▲ 1860▼
technische Anf.: ★★★☆☆	Kondition: ★★☆☆☆	Alter: ab 8 Jahren

Dieser Höhen-Panorama-Weg wird auch als Aussichtsbalkon auf die Südtiroler Dolomiten bezeichnet, denn während des gesamten Weges gibt es ständige Ausblicke auf diese weltberühmten Berge. Die Tour ist sehr abwechslungsreich und folgt bis zum Latzfonser Kreuz aus Etappe 5 dem Sarntaler Hufeisen, einer einwöchigen Hüttentour rund um das Sarntal. Ich habe daraus die weniger anstrengenden, aber nicht minder attraktiven Teiletappen herausgepickt. Die Wanderung geht über ein großes Almgebiet Südtirols und aufgrund der geringeren Bekanntheit sind die Wege auch nicht derart überrannt. Die Wallfahrtskirche beim Latfonser Schutzhaus auf 2311 m Höhe (eine der höchstgelegenen Europas, der Mesner ist gleichzeitig der Hüttenwirt) liegt wunderschön.

Et.	Strecke	Anf.	Technik	Kond.	Zeit in h km	Hm▲▼
1	Bergstation Schwarzseespitze 2068 m Ghf. Unterhorn 2044 m	●	★★☆☆☆	★☆☆☆☆	¾ - 1 ¼ 2,5	60 m 80 m
2	Ghf. Unterhorn 2044 m Rittner Horn Haus 2260 m	●	★★☆☆☆	★★☆☆☆	¾ - 1 ¼ 1,5	220 m keine
3	Rittner Horn Haus 2260 m Stöfflhütte 2057 m	●	★★★☆☆	★★★☆☆	3 ¾ - 4 ¾ 11,5	330 m 540 m
4	Stöfflhütte 2057 m Latzfonser Kreuz 2311 m	●	★★☆☆☆	★★☆☆☆	1 ¾ - 2 ¼ 5,3	340 m 90 m
5	Latzfonser Kreuz 2311 m Klausner Hütte 1923 m	●	★★★☆☆	★★☆☆☆	1 - 1 ½ 2,7	keine 390 m
6	Klausner Hütte 1923 m Latzfons 1160 m	●	★★★☆☆	★★☆☆☆	2 ¼ - 2 ¾ 6,5	keine 760 m

Schwierigkeitsgrad:

Leicht - mittel. Durchgehend gut ausgebaute und markierte Wege. Kurze, schmälere, steinige Wegpassagen. Fortschellscharte (Abstecher Lorenzispitze, Etappe 5) ist schmal und etwas abschüssig.

Knieschonende Variante:	Die Hm sind moderat, siehe auch Schwierigkeitsgrad. Die letzte Etappe kann durch Taxiabholung gekürzt werden. Oder: von der Klausner Hütte über den Forstweg (Nr. 1) zum Kühhof (1550 m) und von dort mit Taxi ins Tal.
Kinder:	Ab ca. 8 Jahren. Bei der langen Etappe 3 Totensee auslassen, damit 2 ½ - 3 ¼ h, 180 m▲ 370 m▼. Vorsicht beim Rittner Horn Haus (Felswand!). Die letzte Etappe mit Taxi ab Gasthaus Steineben abkürzen.

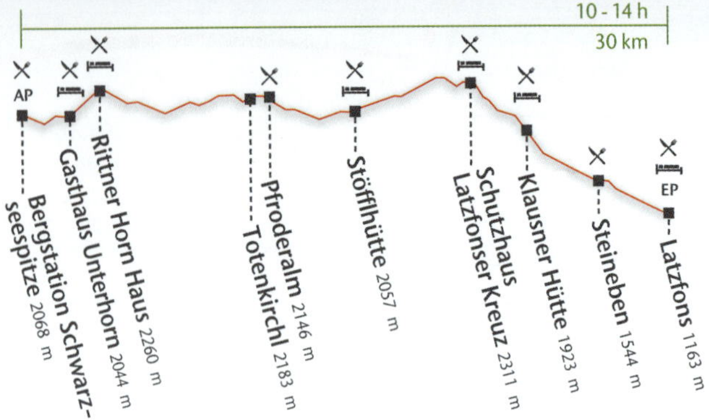

Jahreszeit:
In der schneefreien Zeit von Mai - Oktober. Unbedingt die Öffnungszeiten der Gasthäuser beachten.

Etappe 1
Bergstation Schwarzseespitze - Gasthaus Unterhorn ●

¾ - 1 ¼ h, 60 m▲ 80 m▼

Von der Bergstation geht man nicht direkt zum Unterhornhaus, sondern folgt der Beschilderung Panoramaweg, der leicht abwärts bis zum „Runden Tisch" (2045 m), einer gemütlichen Sitzgelegenheit, wo auf einer Metallplatte die Berggipfel beschrieben werden, führt. Dieser Höhenweg, der durch Latschen führt, umrundet aussichtsreich, auf relativ gleichbleibender Höhe den Gipfel. Wieder auf dem Hauptweg zum Unterhornhaus führt der Weg Nr. 19 nach rechts auf einen breiten Schotterweg zum Etappenziel. Wer es eilig hat oder schon spät dran ist, kann direkt von der Bergstation zum Unterhornhaus (Gehzeit 20 min.) oder zum Rittner Horn (Gehzeit 1 h) gehen.

Etappe 2
Gasthaus Unterhorn - Rittner Horn Haus ●

¾ - 1 ¼ h, 220 m▲ keine m▼

Direkt hinter dem Unterhornhaus führt der gut ausgebaute Weg Nr. 1 stetig über Wiesenhänge aufwärts. Schon bald ist die riesige Antenne neben dem Schutzhaus zu sehen.

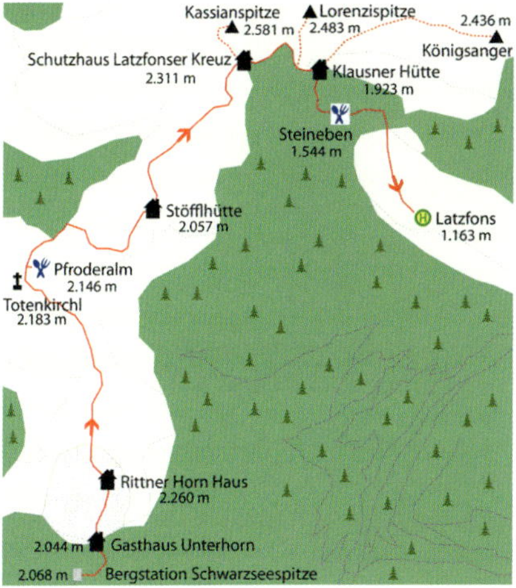

Etappe 3

Rittner Horn Haus - Stöfflhütte ●

3 ¾ - 4 ¾ h, 330 m▲ 540 m▼

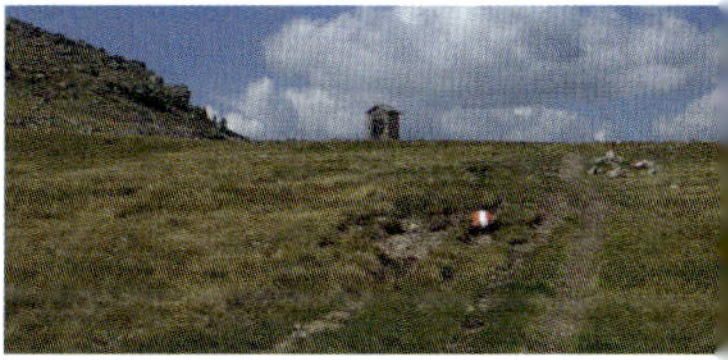

Vom Rittner Horn Haus zuerst auf die Rückseite des Hauses und dann dem breiten Forstweg Nr. 1 in Richtung Gasteiger Sattel/Latzfonser Kreuz folgen. Nach einigen Minuten verlässt ein schmaler Steig nach rechts die Schotterstraße und führt über schöne Grasböden zuerst abwärts und dann auf relativ gleichbleibender Höhe bis zum Gasteiger Sattel. Hier ist es wichtig, immer genau den Schildern zu folgen, denn es gibt mehrere Abzweigungen. Immer wieder werden Viehgatter passiert, bitte unbedingt wieder schließen. Der Weg führt nun durch sumpfiges Gelände auf einem flachen Rücken in Richtung Rittner Bildstock (2149 m). Kurz nach der Abzweigung Nr. 2 zum Villanderer Berg zweigt ein kleiner, schmaler Steig unschwierig in Richtung Totenkirchl ab (gut ausgeschildert). Man kann aber auch auf Weg Nr. 1 bleiben, der auf direktem Weg durch

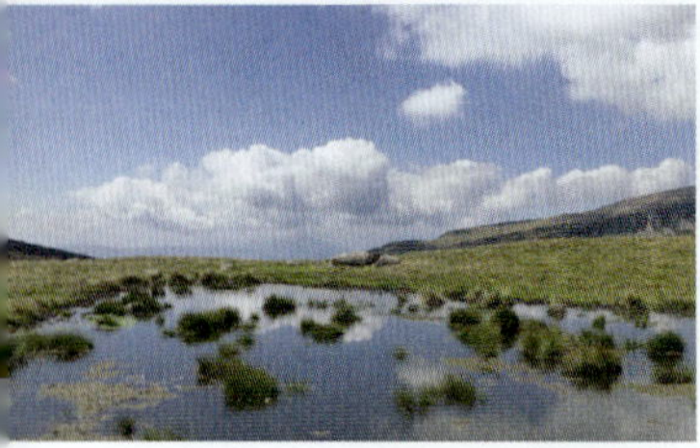

Feuchtwiesen zur Stöfflhütte führt. Nach längeren Regenfällen muss man dort jedoch knöcheltief (und tiefer) durch die Wiese waten. Hier am besten barfuß gehen. Der Weg übers Totenkirchl (2183 m) führt unterhalb der Felsen des Villanderer Bergs am Ufer des Totensees vorbei, bis zum Sattel, wo das Totenkirchl, eine Gedenkkirche steht. Nahe der Kirche gibt es die Pfroderalm, die während der Almsaison geöffnet hat. Vom Totenkirchl führt der Weg über den Totenrücken (2221 m) oberhalb des Sarntales entlang. Beim Prackfiedererjöchl (2060 m) nach rechts dem Weg Nr. 16 abwärts in Richtung Stöfflhütte folgen. Bei der Kreuzung mit Weg Nr. 1 geradeaus drüber, immer weiter auf dem Weg Nr. 16 den Schildern bis zur Stöfflhütte folgen. Da die Villanderer Alm zum Großteil privaten Bauern gehört, folgt der Wegverlauf nicht unbedingt einer Richtung, sondern wechselt ziemlich oft, was teilweise sehr irritierend ist. Kurz vor der Stöfflhütte verlässt ein schmaler Steig den breiten Forstweg und führt leicht abwärts, durch Latschen bis zur Zufahrtsstraße, der man noch kurz bis zur Hütte folgt.

Etappe 4

Stöfflhütte - Schutzhaus Latzfonser Kreuz ●

1 ¾ - 2 ¼ h, 340 m▲ 90 m▼

Hinter der Stöfflhütte dem Weg Nr. 15A in Richtung Latzfonser Kreuz folgen. Auch hier wechselt die Route immer wieder ihre Richtung, führt an der unbewirtschafteten Gfohler Alm vorbei und gelangt schließlich

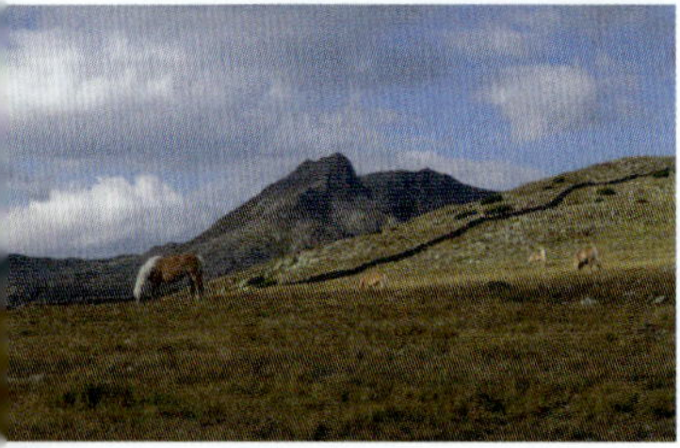

wieder auf den Weg Nr. 1. Diesem folgt man nach rechts, geht auf schmalen Steigen über saftige Almwiesen. Ab dem Kesselbild (2342 m), einem Holzkreuz, ändert sich das Gelände und führt nun steiniger weiter – aber der Weg ist nach wie vor gut zu begehen. Ab hier ist auch schon das Schutzhaus Latzfonser

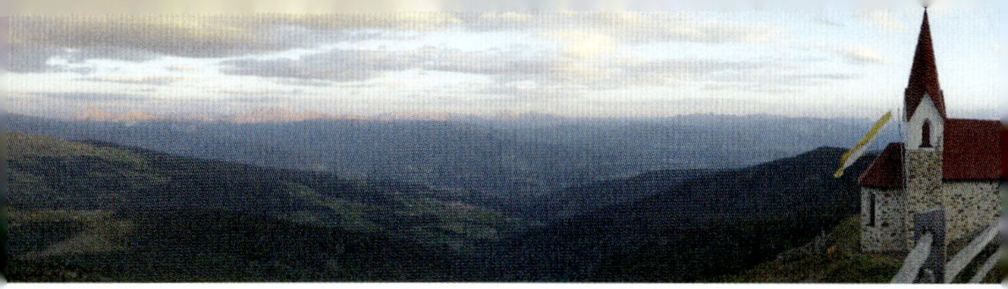

Kreuz zu sehen. Aber vorerst müssen noch einige Höhenmeter unterhalb des Jochener Berges abgestiegen und auf der anderen Seite wieder aufgestiegen werden.

Etappe 5

Schutzhaus Latzfonser Kreuz - Klausner Hütte ●

1 - 1 ½ h, keine m ▲ 390 m ▼

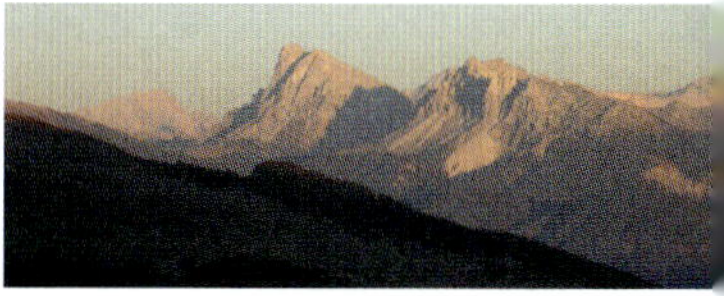

Die Route bis zur Klausnerhütte ist meist einfach und führt auf breitem, aber zum Teil steinigen Weg (Nr. 1) entlang eines Kreuzweges abwärts. Bei dieser Etappe kann als Abstecher die Lorenzispitze (2483 m) bestiegen werden. Am besten den Hüttenwirt nach dem besten Aufstiegsweg befragen, denn diese Bergtour ist zwar mäßig schwierig, jedoch nur unzureichend markiert. Bereits vom Latzfonser Schutzhaus ist aber der Gipfel zu sehen. Sehr spannend, um sich im Wegefinden zu versuchen. Zusatzzeit ca. 1 ½ - 2 h einplanen. Je nach Aufstieg 200 - 400 hm extra. Wer den Weg über die Fortschellscharte wählt, muss im Bereich der Querung sehr vorsichtig sein, denn der Weg ist zum Teil schmal und etwas abschüssig.

Etappe 6

Klausner Hütte - Latzfons ●

2 ¼ - 2 ¾ h, keine m ▲ 760 m ▼

Von der Klausner Hütte führt der Weg Nr. 2A über die Almfläche unterhalb der Hütte mäßig steil abwärts. Nach einem kurzen Waldstück geht es noch einmal über Almwiesen mit sehr schönen Ausblicken auf das Eisacktal und die Dolomiten auf der anderen Talseite. Wiederum führt die Route in einen Wald, wird steiler und geht über in einen Forstweg, der weiterhin abwärts führt. Bei der Kreuzung nach rechts, abwärts über eine

Rodelbahn bis nach Steineben, wo die Möglichkeit zur Einkehr besteht. Bis hierher kann auch ein Taxi fahren. Weiter führt der Weg 2A durch einen Wald in Richtung Zalter Säge, wo sich ein großer Parkplatz befindet. Ab hier sind es noch ca. 300 Hm Abstieg über Asphalt bis nach Latzfons.

Weitere Tourenmöglichkeiten:

Hütte: Schutzhaus Latzfonser Kreuz: Kassianspitz (2581 m) •, Aufstieg 1 bis 1 ½ h, 270 Hm. Klausner Hütte: Königsanger (2436 m) •, Aufstieg (über Lorenzischarte) 2 ½ - 3 h, 520 Hm.

Hütten & Gaststätten:

Gasthaus Schwarzseespitze
(2068 m), direkt bei der Bergstation, gute Tiroler Küche, +39-0471-357-096, mit der Bergbahn gekoppelt.

Gasthaus Unterhorn
(2044 m), gute Küche, kleiner Spielplatz, 18 Schlafplätze in 2- und 3-Bettzimmern, +39-0471-356371, www.unterhorn.it, ganzj. geöffn., Betriebsurlaub beachten.

Rittner Horn Haus
Rif. Corno del Renon (2260m) sehr altes Schutzhaus des italien. Alpvenvereins mit kl. Spielbereich, Achtung, nach Osten fällt die Hütte über eine Steilwand ab, 10 Zimmerlager und 23 Matratzenlager, +39-0471-1550602, mobil: +39-340-8028521, www.schutzhaus-rittner-horn.com, Anf. Jun.–Ende Sep.

Pfroderalm
Urige und gemütliche Almschenke mit einfachen Speisen, +39-335-683-3677, während der Almsaison offen.

Stöfflhütte
(2057 m), nette, private Hütte mit guter Südtiroler Küche, schöner Terrasse, Spielbereich und Streichelzoo, 23 Betten und 12 Lagerplätze, +39-338-7319464, www.stoefflhuette.it, Mai - Okt. und Jan. - Mitte Mär., Mo Ruhetag (außer in der Ferienzeit).

Latzfonser Kreuz
Rif. Santa Croce di Lazfons (2311 m), privates Schutzhaus mit eigener Wallfahrtskirche, Hüttenwirt ist zugleich Mesner, sehr gute Südtiroler Küche & gemütliche Terrasse, 15 Zimmerlager (6 2- &

1-Bettzimmer) 32 Lagerplätze, +39-0472-545017 und +39-334-1145608, www.latzfonserkreuz.com, Anf. Jun. - Ende Okt.

Klausner Hütte
Rif. Chiusa, (1923 m), nette kleine Schutzhütte des Ital. Alpenvereins, schöne Terrasse, gute Küche, 11 Betten, 30 Lager, +39-320-7078058, www.klausnerhuette.it, Anf. Mai–Ende Okt., Ende Dez.–Anf. März.

Infos:

Tourismus Ritten
+39-0471-356100, www.ritten.com.
Tourismus Latzfons/Klausen
+39-0472-855290, www.klausen.it.
Bergbahn Ritten
Siehe Tourismus Ritten, Mitte Mai - Anf. Nov. & Mitte Dez. - Mitte Mär.
Taxi Ritten
+39-0471-356212, www.rittnerreisen.it.
Taxi Latzfons
+39-331-4942111.

Anfahrt:

Brennerautobahn (A13) von Innsbruck nach Bozen, Ausfahrt Bozen, über Rittner Straße bis nach Klobenstein, dort über einen schmalen Zufahrtsweg bis nach Pemmern (Talstation Rittner Bahn). (Navi: Italien, 39054 Klobenstein, Tannstraße 21). Wenn man von Norden kommt, sollte man am besten das Auto bereits in der Nähe von Latzfons parken. Leider ist es schwierig in Klausen einen Parkplatz zu finden, wo das Auto ein paar Tage geparkt werden kann. Eventuell in Latzfons stehen lassen und öffentlich oder mit dem Taxi nach Pemmern weiterfahren (Navi: Italien, 39043 Klausen, Latzfons).

Bus & Bahn:

Direktverbindung (ÖBB) von Innsbruck nach Bozen, dort umsteigen auf Bus Nr. 165 bis Klobenstein und weiter mit Bus Nr. 166 nach Pemmern. Von Bozen nach Klobenstein kommt man alternativ auch mit der Rittner Seilbahn und der Rittner Eisenbahn. Man muss dann jedoch noch mit dem Bus nach Pemmern. Dauert länger, ist aber sehr nett und gemütlich. Rückfahrt: 342 Latzfons–Feldthurns, umsteigen Bus 343 nach Klausen und weiter mit Trenitalia bis Bozen

Ausgangspunkt:
AP P Pemmern (Talstation Rittner Horn), EP Ortszentrum Latzfons.

6. Millstätter Höhensteig

Granatsteine pflastern den Weg

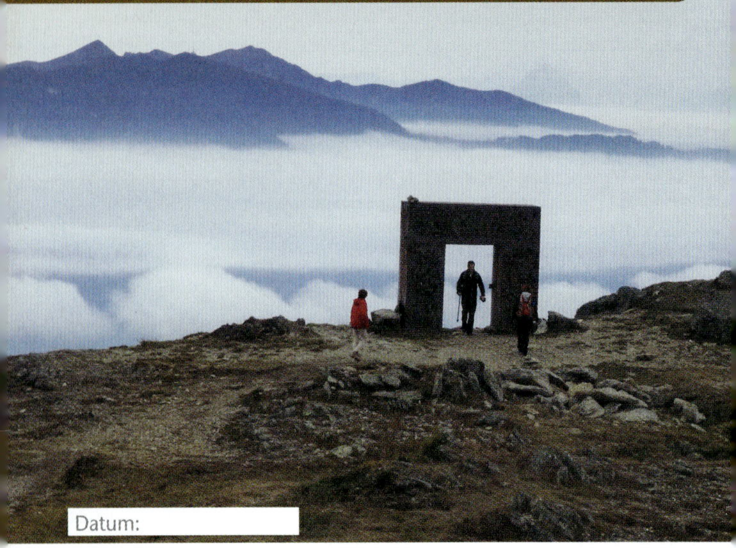

Etappen: 4	Dauer: 23 km; 8 - 11 h	1180▲ 870▼
technische Anf.: ★★★★★	Kondition: ★★★★★	Alter: ab 10 Jahren

Unglaublich, aber wahr: Auf dem Granatsteig findet man, zum Teil lose am Weg liegend, zum Teil im Gestein eingeschlossen, den roten Halbedelstein Granat. Das Granattor steht hoch oben auf dem breiten Rücken der Millstätter Alpe, ein mächtiger Durchgang, der mit Granatgestein gefüllt ist und an das größte Granatvorkommen Europas im Inneren der Millstätter Alpe erinnern soll. Die Tour erlaubt vier schöne Gipfel am Weg „mitzunehmen" oder zu umgehen. Ohne Gipfel sind die Wege leicht, mit den Gipfeln wird die Tour mittel-schwierig. In Summe ist das eine sehr abwechslungsreiche, wunderschöne Tour.

Et.	Strecke	Anf.	Technik	Kond.	Zeit in h km	Hm▲▼
1	Pichl Hütte 1336 m Sommeregger Hütte 1698 m	●	★☆☆☆☆	★★☆☆☆	1 ½ - 2 4,5	370 m keine
2	Sommeregger Hütte 1698 m Alexanderhütte 1786 m	●	★★★☆☆	★★★☆☆	2 ¾ - 3 ½ 7,7	420 m 340 m
3	Alexanderhütte 1786 m Millstätter Hütte 1876 m	●	★☆☆☆☆	★☆☆☆☆	½ - ¾ 1,8	90 m keine
4	Millstätter Hütte 1876 m Lammersdorfer Hütte 1644 m	●	★★★☆☆	★★☆☆☆	3 ¼ - 4 ¼ 9	300 m 530 m

Schwierigkeitsgrad:

Leicht - mittel. Abwechselnd Forstwege und mittelbreite Steige, gut beschildert. Der einzige Aufstieg zum Kamplnock ist steil und teilweise ausgesetzt, dieser kann jedoch gut umgangen werden.

Knieschonende Variante:	Bei Knieproblemen sollten die 4 Gipfel auf dem darunterliegenden Höhenweg (ist genauso schön) umgangen werden. Siehe auch Schwierigkeitsgrad und Wegbeschreibungen.
Kinder:	Geeignet für Kinder ab 10 Jahren, ohne Kamplnock (kann umgangen werden; Trittsicherheit!) ab ca. 8 Jahren. Nach Granatsteinen Ausschau halten. Die Hütten sind sehr kinderfreundlich. Viele haben Spielgeräte (Schaukel, Sandkasten). Bei der Millstätterhütte sind lustige Holzmäuse zum Bekraxeln!

Jahreszeit:

Von Anfang Mai bis Anfang Oktober, Hütten im Mai und Oktober nur auf Anfrage!

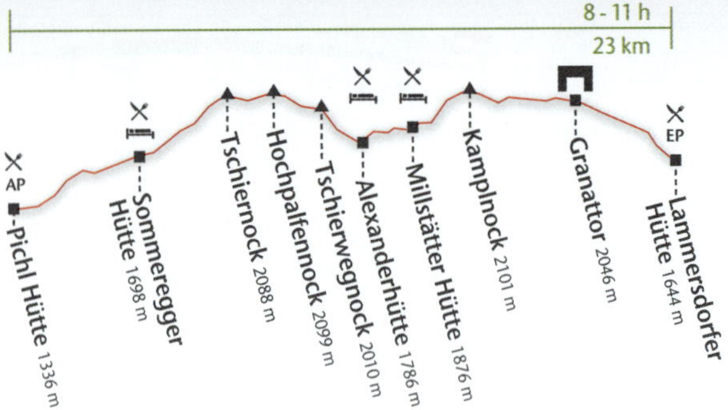

Etappe 1

Pichl Hütte - Sommeregger Hütte ●

1 ½ - 2 h, 370 m▲ keine m▼

Direkt von der Pichl Hütte zuerst den Forstweg Nr. 12, der von der Zufahrt bekannt ist, wieder bis zum Wegweiser zurückgehen. Der Weg Nr. 12 wird nach rechts verlassen und auf dem Weg Nr. 17 geht's weiter über schöne Almflächen, durch einen Wald und an malerischen kleinen Bächen vorbei bis zur Sommeregger Hütte.

Etappe 2

Sommeregger Hütte - Alexanderhütte ●

2 ¾ - 3 ½ h, 420 m▲ 340 m▼

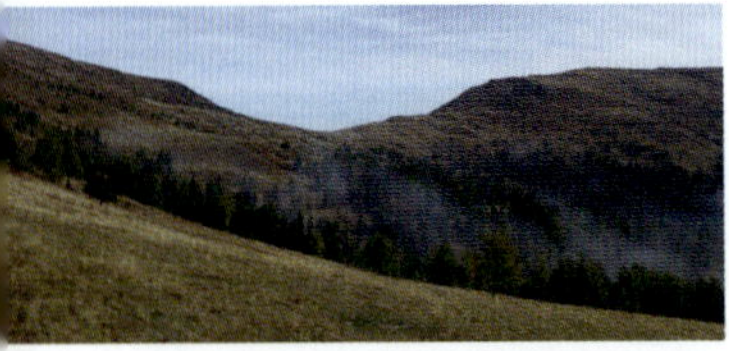

Von der Sommeregger Hütte führt der Weg Nr. 12 anfangs nur leicht ansteigend aufwärts in Richtung Hansbauer Hütte. Wenn dieser Weg sich mit dem Weg Nr. 11 kreuzt, dann nicht zur Hütte absteigen, sondern nach rechts weg, steiler in Richtung Tschiernock. Wer nicht über die Gipfel gehen möchte, kann direkt von der Sommeregger Hütte auf dem Weg Nr. 12 bis zur Alexanderhütte gehen (ca. 2 - 2 ½ h, 100 Hm, einfach, aber auch sehr schön). Nun geht es auf dem Weg Nr. 11 stetig aufwärts bis zum „Steinernen Tisch", einem überdimensionalen Tisch aus Marmorbruchstein, auf dem die Geschichte der hadischen Leit, der Urein-

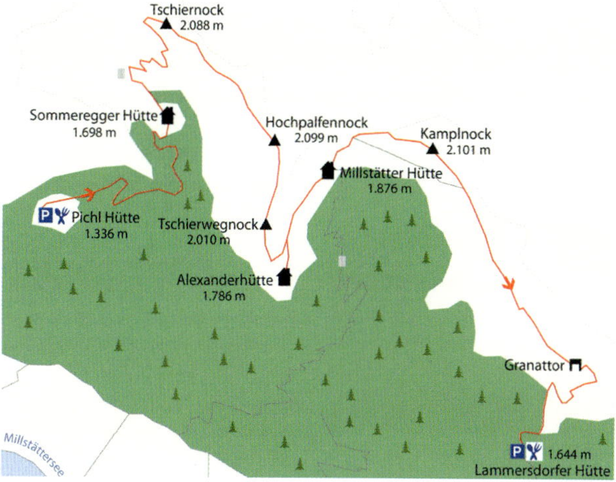

wohner des Landes, zu lesen ist. Von diesem Aussichtspunkt führt ein Steig bis zum Gipfel des Tschiernock (2088 m) mit seinem schönen Gipfelkreuz und dem wunderbaren Ausblick. Wenn erst einmal der Kamm erreicht worden ist, dann führt der Weg im steten Auf und Ab über den Hochpalfennock (2099 m) bis zum Tschierwegernock (2010 m). Vom letzten Gipfel geht der Weg über schöne Almböden abwärts bis zur Kreuzung mit dem breiten Weg Nr. 194, der nach rechts zur Alexanderhütte und nach links zur Millstätter Hütte führt. Beide Hütten sind sehr empfehlenswert.

Etappe 3

Alexanderhütte - Millstätter Hütte ●

½ - ¾ h, 90 m▲ keine m▼

Von der Alexanderhütte geht es zuerst aufwärts, vorbei an der Kreuzung von der vorigen Etappe, immer auf einem schönen Höhensteig bis zur Millstätter Hütte.

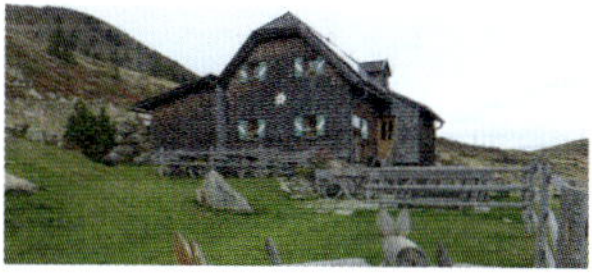

Etappe 4

Millstätter Hütte - Lammersdorfer Hütte ●

3 ¼ - 4 ¼ h, 300 m▲ 530 m▼

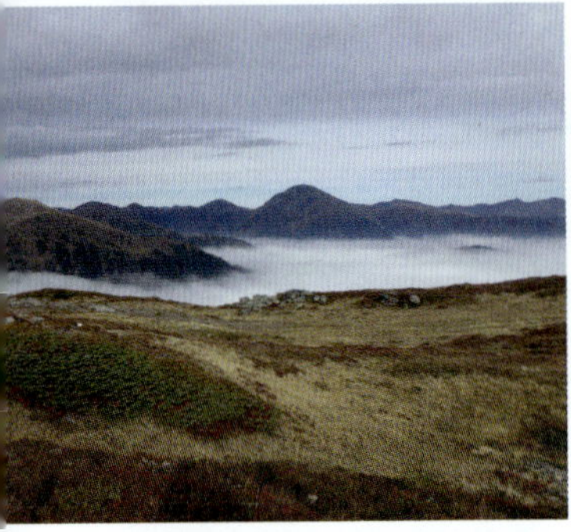

Von der Millstätter Hütte folgt man der Beschilderung Nr. 194 zum Kaisersteig und zum Kamplnock (2101 m). Wer den Weg lieber gemütlich möchte, bleibt auf dem Höhensteig Nr. 194 (Achtung, die Nummerierung stimmt nicht mit den Karten überein), wer aber gerne über den Kamplnock (Aufstieg ca. 45 min. von der Hütte aus) möchte, folgt dem steilen Aufstieg auf einem sehr steinigen, zum Teil erodierten Steig bis zum Gipfel mit schönem Gipfelkreuz. Der Abstieg führt auf der anderen Seite relativ unschwierig und wenig steil abwärts, bis man wieder den Kaisersteig (Nr. 194) kreuzt. Wieder zurück auf dem Höhensteig, geht es im steten Auf und Ab über das Grüne Törl (2000 m) bis zum Obermillstätter Almkreuz (2046 m). Hier besteht die Möglichkeit, über den Weg Nr. 192 über die Ortnerhütte (1800 m) direkt zur Lammersdorfer Hütte abzusteigen. Ich empfehle aber auf jeden Fall den Höhensteig, der weiter auf dem Kamm bis zum Lammersdorfer Berg, wo auch das Granattor steht, führt. Dieses riesige Tor wurde mit Granatgestein gefüllt und ist einfach total beeindruckend. Nach Besuch des „Stana Mandl", einem Aussichtspunkt nahe dem Granattor, beginnt der Abstieg zur Lammersdorfer Hütte. Der Millstätter Höhensteig würde weiter auf den Rosenkofel nach Kaning führen, aber die Etappe endet an der Lammersdorfer Hütte, da der Abstieg nach Kaning sehr weit ist und keine Hütten mehr auf dem Weg liegen.

Weitere Tourenmöglichkeiten:

Die Tour führt über die Gipfel des Tschiernock (2088 m), Hochpalfennock (2099 m), Tschierwegnock (2010 m) und Kamplnock (2101 m). Es ist auch möglich die Tour ohne Gipfel zu machen.

Hütten & Gaststätten:

Pichl Hütte
(1336 m), schön gelegenes Alpengasthaus, mit dem PKW erreichbar, mit typischer Kärntner Küche, kleinem Spielplatz, +43-676-7297-000 oder +43-676-6268590, www.pichlhuette.at, Anf. Mai - Anf. Nov., vom Wetter abhängig, auch im Winter offen, wenn die Rodelbahn in Betrieb ist.

Sommeregger Hütte
(1698 m), Alpengasthof, schön auf einer großen Almwiese gelegen, gute Küche, mit dem Auto erreichbar, 15 Betten, +43-664-75021638 oder +43-664-2065524, www.sommereggeralm.at, Mai - Ende Okt., evtl. länger auf Anfrage.

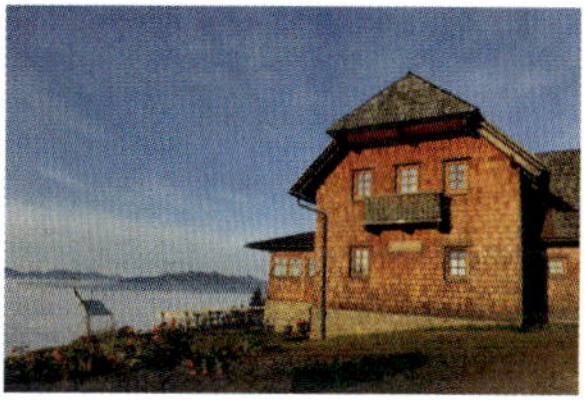

Alexanderalm
(1786 m), schöne, gemütliche & komfortable Hütte, mit sehr gutem Essen und eigener Sennerei, kleiner Spielplatz, in der Hütte 2- bis 6-Bettzimmer (16 Schlafplätze) & in der Sennhütte 2- & 4-Bettzimmer (8 Schlafplätze) , +43-664-4902122 (für Buchungen) oder +43-4766-2623, www.alexanderalm.at, Anf. Mai–Anf. Nov.

Millstätter Hütte
(1876 m), liebevoll bewirtschaftete Alpenvereinshütte mit neuem Zubau, Kinderspielplatz und vielen Tieren (u.a. Geißen, Schweine, Esel) sehr gute Küche, 12–15 Schlafplätze und 3- & 5-Bettzimmer im Neubau, beheizte Winterhütte, +43-664-73633439, www.millstaetterhuette.at, Mitte Mai–Ende Okt. (Übernachtung im Mai und Okt. nur auf Anfrage).

Lammersdorfer Hütte
(1644 m), gemütliches, uriges, altes Holzhaus mit sehr guter Küche, eigene Sennerei, bis hierher fährt der Wanderbus, +43-664-1608123, www.lammersdorferhuette.at, Anf. Mai–Anfang Nov. tägl. geöff., Betrieb im Winter.

+43-4766-3700, www.millstaettersee.com., hier auch Infos zum Nockmobil, www.nockmobil.at, +43-123-50044424, ein bedarfsorientiertes Anrufsammeltaxi, acht

Gemeinden, als Zubringer zum öffentlichen Verkehr.

Taxi Millstätter See
+43-664-44 13 183, www.taxi-millstatt.at.

Anfahrt:

Tauernautobahn (A10) von Salzburg Richtung Villach, Ausfahrt Knoten Millstätter See. Weiter Richtung Millstätter See, durch den Ort Seeboden durch, nach dem Ortsende nach links, hinauf in die Ortschaft Tangern. Dort Richtung Obermillstatt, am Ende von Tangern links hinauf bis zur Pichlhütte. (Navi: Österreich, 9871 Seeboden am Millstätter See, Tangern). Am besten lässt man aber sein Fahrzeug in Millstatt stehen und nimmt von dort ein Taxi bis zur Pichlalm. Rückweg: Von der Lammersdorfer Hütte muss man mit dem Taxi fahren. Zu Fuß ist es sehr lang (über 1000 Hm und nicht empfehlenswert, der Großteil verläuft auf Asphalt).

Bus & Bahn:

Direktverbindung von Salzburg Richtung Villach. In Spittal/Drau in den Bus Nr. 5150 nach Seeboden und dann mit Bus Nr. 5138 weiter nach Treffling. Der Bus Nr. 5138 fährt entweder direkt von Spittal oder erst von Seeboden (unbedingt vorher abklären). Von Treffling bis zur Pichlhütte kann man auch zu Fuß gehen (Gehzeit ca. 2 h, 500 hm, einfach). Eventuell von Seeboden ein Taxi zur Pichlhütte nehmen (siehe Infobox).

Ausgangspunkt:
AP Parkplatz Pichlerhütte, EP Parkplatz Lammersdorfer Hütte.

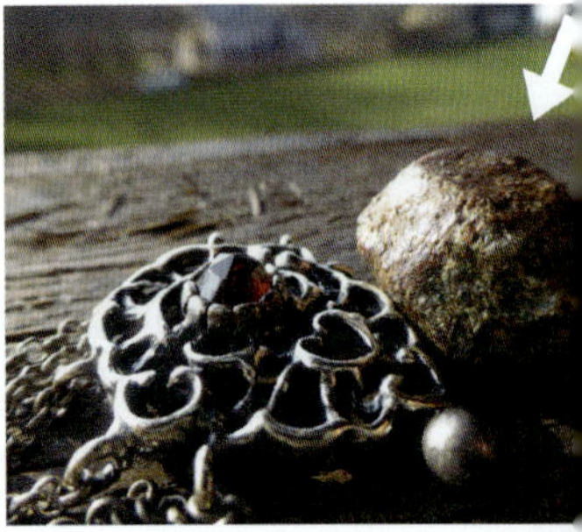

Am Wegrand:
Die Granate – ein dunkelroter Halbedelstein

Wer auf der Millstätter Alpe unterwegs ist, wird überrascht sein von der Unmenge an Granaten. Manchmal geht's regelrecht über Granatschotter. Auch in vielen Steinen sind Granate eingeschlossen. Man muss jedoch genau schauen, denn der braune Stein ist nicht gleich als Granat erkennbar. Erst geschliffen zeigt er seinen Glanz. Verwendet wurde er in Kärnten bereits zur Bronzezeit für Lanzenspitzen (vor über 3000 Jahren). Der Name leitet sich vom lateinischen granum ab, was so viel wie Korn heißt. Der Stein kommt nämlich kornförmig im Muttergestein vor. Heute stammen die meisten Granate für Schmuck aus den USA, Südafrika und Sri Lanka. Der Abbau auf der Millstätter Alpe wurde bereits 1914 eingestellt.

7. Die Tauplitz

Die sanfte Alm im Toten Gebirge

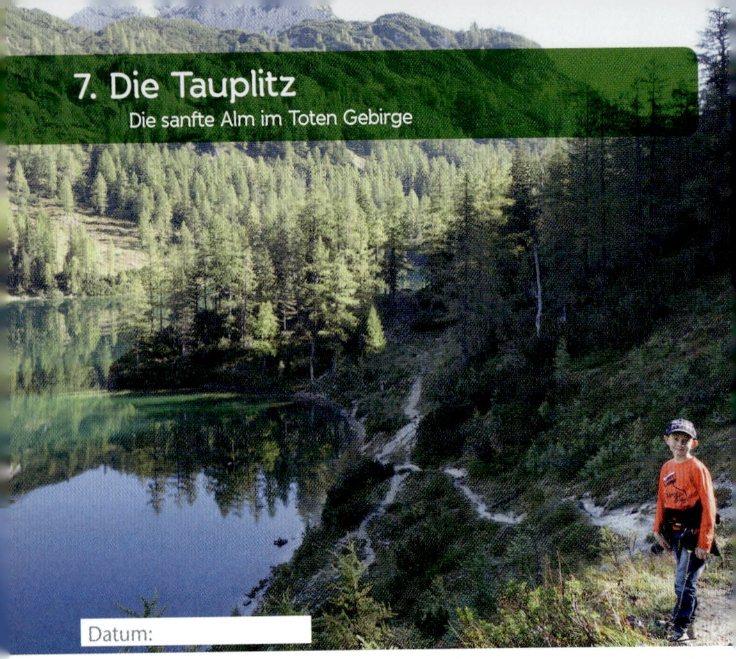

Datum:

Etappen: 5	Dauer: 16,4 km; 6 - 8 h	630▲ 1150▼
technische Anf.: ★★☆☆☆	Kondition: ★★☆☆☆	Alter: ab 6 Jahren

Die Tauplitzalm ähnelt einem Hochplateau und ist vor allem als Skigebiet bekannt. Aber auch im Sommer gibt es eine nette Hüttentour, die an 6 wunderschönen, völlig unterschiedlichen Seen, alle mit Trinkwasserqualität vorbeiführt. Dazwischen gibt es mäandernde, kleine Bäche, die sich über die Alm schlängeln und immer wieder zum Verweilen einladen. Zu Beginn dürfen bei dieser Tour die Schigebietatmosphäre und die Asphaltstraßen um die Hotels nicht stören, es wird aber zunehmend einsamer und ursprünglicher. Versierte und Konditionsstarke gehen die Runde an einem Tag, aber zum Urlaub-Machen und speziell für Kinder bietet dieses Gebiet auf alle Fälle seine Reize für einen längeren Aufenthalt.

Et.	Strecke	Anf.	Technik	Kond.	Zeit in h km	Hm▲▼
1	Parkplatz 1600 m Hollhaus 1621 m	●	★☆☆☆☆	★☆☆☆☆	5 min 0,1	20 m keine
2	Hollhaus 1621 m Grazer Hütte 1650 m	●	★★☆☆☆	★★☆☆☆	1 ½-2 4,3	140 m 110 m
3	Grazer Hütte 1650 m Linzer Tauplitzhaus 1628 m	●	★★☆☆☆	★★★☆☆	3 ½-4 ½ 9,5	410 m 440 m
4	Linzer Tauplitzhaus 1628 m Naturfreundehaus 1620 m	●	★☆☆☆☆	★☆☆☆☆	¼ 0,9	kaum kaum
5	Naturfreundehaus 1620 m Parkplatz 1600 m	●	★★☆☆☆	★☆☆☆☆	½-¾ 1,6	30 m 50 m

Schwierigkeitsgrad:

Leicht. Breite, einfache Wege. Der Höhenweg, oberhalb des Steirersees ist zum Teil schmal und steinig, nicht schwierig. Während des gesamten Weges begleiten die Schilder der „6-Seen-Wanderung".

Knieschonende Variante:	Gemäßigte Abstiege, wenige Hm. Beim Abstieg zu den Trawenghütten führt die knieschonende Variante über die Schotterstraße.
Kinder:	Ab ca. 6 Jahren, ohne Abstecher zur Leistalmhütte ab 4. Auch mit Trage geeignet. Hütten sind sehr kinderfreundlich; gute Einstiegstour. Viele Bacherl zum Pritscheln und Spielen.

Jahreszeit:

Die Hütten haben sowohl im Sommer (meist Ende Mai/Anfang Juni bis Mitte/Ende Oktober) als auch im Winter (mit den Liftöffnungszeiten) geöffnet. Die genauen Öffnungszeiten bitte vorher abklären.

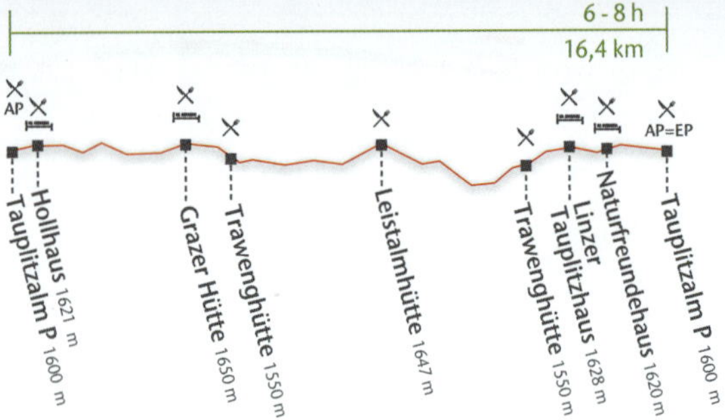

Etappe 1

Parkplatz - Hollhaus ●

5 min, 20 m▲ keine m▼

Vom Parkplatz führt der Weg über eine Viehsperre aufwärts. Gleich dahinter weist der Wegweiser 6-Seen-Wanderung über eine Wiese in wenigen Minuten zum Hollhaus. Das Hollhaus ist ein größeres, einfaches Alpenvereinshaus, liegt aber recht schön und ist bei längerer Anreise gut für eine erste Übernachtung geeignet. Ca. 15 Gehminuten davon entfernt befinden sich etwas unterhalb einige Hotels und viele Lifte, siehe Etappe 2. Jene eigenen sich auch zum Übernachten. Infos darüber gibt es beim Tourismusverein Tauplitz. All jene mit kurzen Anreisezeiten schließen vielleicht Etappe 2 am 1. Tag mit ein.

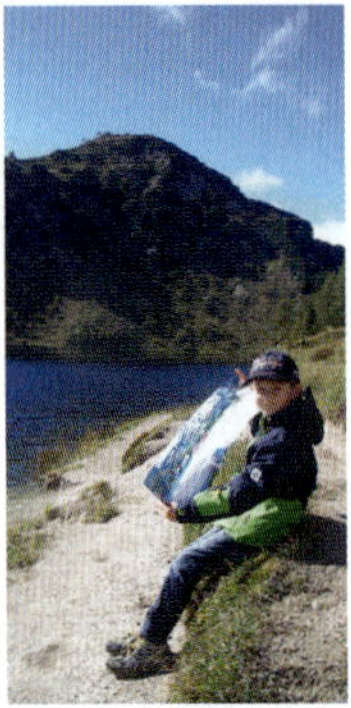

Etappe 2

Hollhaus - Grazer Hütte ●

1 ½ - 2 h, 140 m▲ 110 m▼

Hinweis: Die gesamte Etappe folgt den Schildern: Wanderweg 6-Seen bzw. Weg Nr. 274. Von der Hütte aus den Weg der vorigen Etappe abwärts nehmen. Der 6-Seen-Weg führt auf relativ gleichbleibender Höhe bis zum Krallersee. Dieser kann auf einem kleinen Steig nahe dem Ufer umrundet werden. Auf der anderen Seeseite den Schildern folgen, vorbei an der Talstation

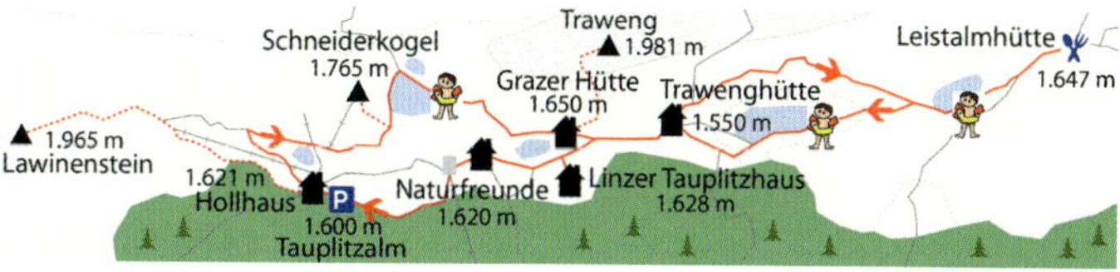

eines Skiliftes und an diversen Hotels wie Alpen Aurora und Hierzegger. Bei der nächsten Abzweigung nach links, vorbei an der Abwasseranlage Tauplitzalm. Bei einer Ansammlung von privaten Hütten zuerst in Richtung

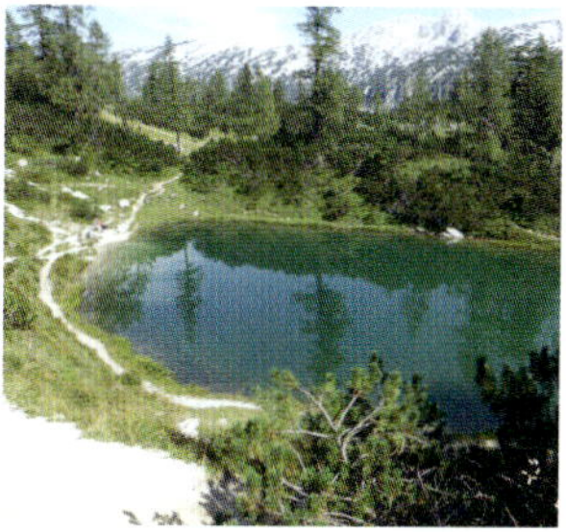

der Hütten gehen und kurz davor auf einem schmalen Weg nach rechts. Weiter bis zur Abzweigung Schneiderkogel, von wo aus es bereits einen wunderbaren Ausblick auf den Großsee. Abstecher Schneiderkogel: Aufstieg ½ - ¾ h, 120 Hm, über einen schmalen Steig, Trittsicherheit sehr wichtig! Von der Abzweigung geht es abwärts, am Großsee vorbei, in Richtung Märchensee/Ödentörl (einfach den Schildern folgen). Ab dem Märchensee beginnt auch das Natura 2000 Gebiet, ein Naturschutzgebiet im Toten Gebirge. Der Weg zum Ödentörl (ab dem Märchensee ca. 10 Minuten) ist sehr einfach und bietet wunderschöne Einblicke in das nächste Tal. Auf dem Rückweg wieder retour bis zur Abzweigung zwischen dem Großsee und dem Märchensee (bitte nicht querfeldein gehen, da Naturschutzgebiet) und den Schildern nach links folgen. Vorbei am Ufer des dunkel schillernden Märchensees bis zum Großsee, wo eine kleine Brücke überquert werden muss. Weiter geht es über schöne Almwiesen, am moorigen Tauplitzsee vorbei bis zur Grazer Hütte, die bereits vom Tauplitzsee aus gut sichtbar ist.

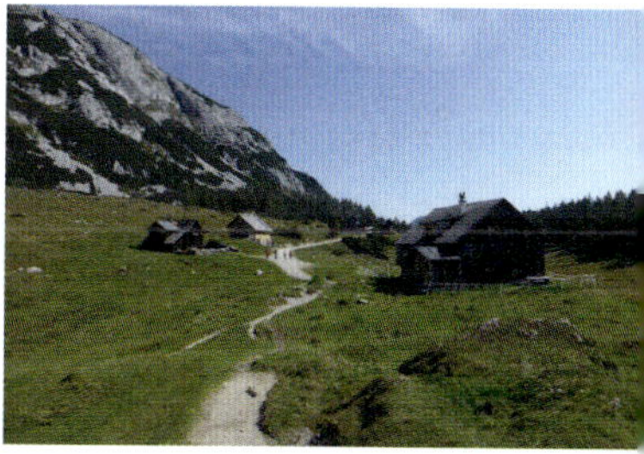

Etappe 3

Grazer Hütte - Linzer Tauplitzhaus ●

3 ½ - 4 ½ h, 410 m▲ 440 m▼

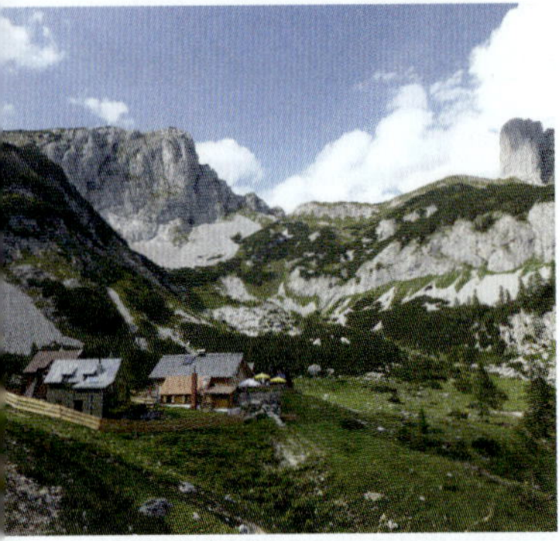

Von der Grazer Hütte aus geht es weiter auf dem Rundweg der 6-Seen-Wanderung. Zuerst folgt man der breiten Schotterstraße, an der Abzweigung Richtung Tauplitzalm Zentrum/Parkplatz vorbei, bis links ein kleiner, gut ausgeschilderter Steig zum Wernerbankerl führt. Von dieser Bank gibt es einen Wahnsinnsblick auf den Steierersee und auf die bewirtschafteten Trawenghütten, die unterhalb liegen. Der Abstieg hier ist sehr steil und steinig. Wer es lieber gemütlich möchte, folgt der Schotterstraße bis zu den Trawenghütten. Nach etwa 20 min. geht man an den Hütten vorbei, immer in Richtung Schwarzensee/Leistalm (Weg Nr. 218). Bei der Abzweigung zum Großen Tragl beginnt ein sehr schöner Höhenweg, oberhalb des Steirersees. Der schwierigste Abschnitt ist gleich am Anfang, denn da muss man eine leicht erodierte Rinne, wo der Weg auch etwas schmaler wird, überqueren. Hier kleinere Kinder kurz an der Hand führen. Der weitere Weg ist zwar oftmals schmal, aber nicht schwierig. Bei der nächsten Abzweigung nach links gehen (nach rechts ginge es zurück zur Trawenghütte). Weiter bis zum Schwarzsee, der seinem Namen nicht gerecht wird, denn die Farbe ist ein wundervolles Blau/Türkis. Das glasklare Wasser lädt zum Baden ein. Obwohl der See eiskalt ist, ist ein Bad herrlich (ev. erst am Rückweg baden, dann kann man sich die Zeit besser einteilen). Ein schmaler Steig führt an der rechten Seeseite bis an das gegenüberliegende Ufer. Noch für 20 Minuten leicht aufwärts bis zur bewirtschafteten Leistalm, einem gemütlichen Plätzchen zum Rasten. Von den Trawengalmen bis zur Leistalm dauert es ca. 1 ½ h. Der Rückweg führt am Schwarzsee vorbei bis zur oben beschriebenen Abzweigung, dort geht man geradeaus, direkt am Ufer des Steirersees entlang. Auch hier schöne Plätze, um ins Wasser zu springen. Der Weg verlässt dann das Ufer und führt zum Teil etwas steiler durch den Wald bis zur Trawenghütte aufwärts. Bei der Hütte vorbei, auf einem Wanderweg, die Forststraße abkürzend aufwärts, bis zur Abzweigung Linzer Tauplitzhaus und dort dann nach links.

Etappe 4

Linzer Tauplitzhaus - Naturfreundehaus ●

¼ h, kaum m▲ kaum m▼

Hinweis: Diese Etappe am besten mit der vorangehenden kombinieren, also als Übernachtung entweder das Linzer Tauplitzhaus oder das Naturfreundehaus wählen, beide sind sehr nette Häuser. Vom Linzer Tauplitzhaus zum Naturfreundehaus geht es wieder zurück auf den Hauptweg und dort nach links und immer geradeaus bis zum Naturfreundehaus.

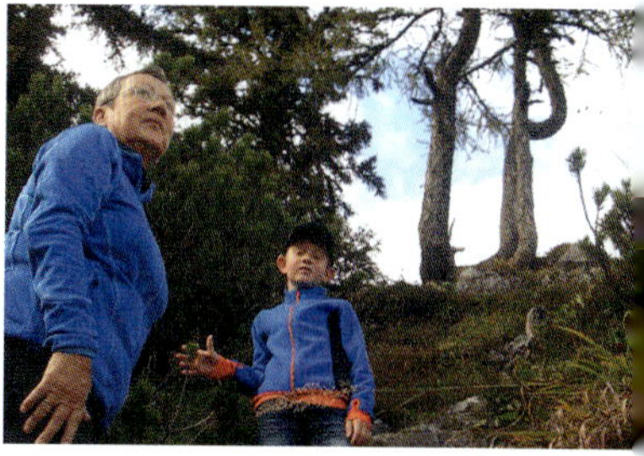

Etappe 5

Naturfreundehaus - Parkplatz ●

½ - ¾ h, 30 m▲ 50 m▼

Vom Naturfreundehaus einige Meter der Etappe 4 zurück, bis rechts weg ein Schild in Richtung Brentenmöser-Alm (Nr. 218/2) führt. Da hier einige Zufahrtswege und kleinere Wege zusammenkommen, immer dem Weg Nr. 218 und den Schildern bis zum Parkplatz (beim Hollhaus) folgen. Der Weg ist sehr einfach und führt abwechselnd über offenes Almgebiet und durch Wälder.

Weitere Tourenmöglichkeiten:

Hollhaus: Lawinenstein (1965 m) ●, Aufstieg 1 ½ - 2 h, 350 Hm. Schneiderkogel (1765 m) ●, Aufstieg 1 ½ - 2 h, 150 Hm (die beiden Gipfel können auch bei Etappe 2 mitgemacht werden, eventuell sich für einen entscheiden, da sonst zu lange). Grazer Hütte: Traweng (1981 m) ●, Aufstieg 1 ¼ - 1 ¾ h, 350 Hm.

Hütten & Gaststätten:

Hollhaus
(1621 m), durch die Nähe zum Parkplatz ist diese privat geführte Alpenvereinshütte gut von Tagesgästen besucht, auch mit dem Bummelzug (Infos zum Bummelzug über das Hollhaus) erreichbar, 18 Zimmer (1- bis 6-Bettzimmer), 1 Matratzenlager (6-8 Personen), +43-3688-2302, www.hollhaus.at, Anf. Dez.–nach Ostern und Anf. Jun.–Mitte Okt.

Grazer Hütte
(1650 m), sehr urige, alte, gemütliche und freundlich geführte Hütte, die einmal vom berühmten Alpinisten Heinrich Harrer (verfilmt mit Brad Pitt in „7 Jahre in Tibet") geleitet wurde, 52 Schlafplätze (2- oder Mehrbettzimmer, 2 Lager, 12 bzw. 14 Personen), +43-3688-29397 oder +43-688-60864348, www.grazerhuette.at, Jun. - Mitte Okt. (ab 10 Uhr), Anfang Dez. - Ende Ostern, Di Ruhetag.

Trawenghütte
(1550 m), kleines Hüttendorf, mit bewirtschafteter Hütte, +43-676-3401649 oder +43-664-6323668, Mitte Jun. - Ende Okt., tägl. geöffnet.

Leistalmhütte
(1647 m), alte, sehr urige Jagdhütte, sehr gastfreundlich, +43-664-9207730, tägl. Mitte Jun. - Mitte Okt.

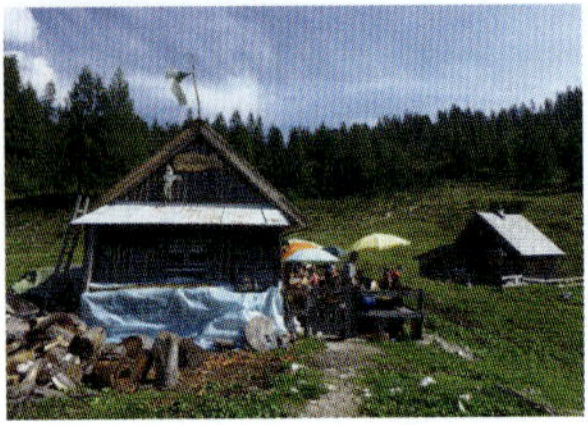

Linzer Tauplitzhaus
(1628 m), große Alpenvereinshütte, mit guter heimisch/regionaler Küche, 55 Betten, 20 Lagerplätze, +43-664-99707950, www.linzer-tauplitzhaus.com, Anf. Juni–Ende Okt. (im Okt. an Wochenenden, bei Schönwetter auch wochentags), Anf. Dez.–Mitte Apr.

Naturfreundehaus Tauplitzalm
(1620 m), freundlich geführtes Naturfreundehaus, mit Kinderspielplatz und schöner Terrasse, gute Küche, 64 Schlafplätze in 1- bis 6-Bettzimmer, +43-3688-2722, www.tauplitzhaus.at, Anf. Dez.–nach Ostern, Mai–Okt., je nach Schneelage.

Infos:

Tourismus Tauplitz & Bergbahn
+43-3688-2252, www.dietauplitz.com, Sommer & Winter, genaue Betriebszeiten vorher abklären.

Tauplitzalmstraße
+43-3623-2264, www.alpen-strasse.at, vorher abklären ob die Befahrung möglich ist.

Taxi Bad Mitterndorf
Taxi Bechter, +43-3623-3144 oder +43-664-1029306; Taxi Seebacher, +43-664-88866688

Anfahrt:

Westautobahn (A1) von Salzburg Richtung Linz, bei Regau auf die Salzkammergutstraße (B145) Richtung Gmunden, Bad Ischl und Bad Aussee bis Bad Mitterndorf fahren. In Bad Mitterndorf den Schildern bis zur Tauplitzalm Alpenstraße folgen (Mautstraße). Von Salzburg auf der B158 in Richtung St. Gilgen und Bad Ischl, Weiterweg siehe oben. Von der Pyhrnautobahn (A9) vom Knoten Voralpenkreuz Richtung Graz bei der Ausfahrt Liezen zuerst auf die B320 und danach auf die B145 bis nach Bad Mitterndorf, Weiterweg siehe oben. (Navi: Österreich, 8982 Tauplitz, Tauplitzalm).

Bus & Bahn:

Direktverbindung (ÖBB) Attnang Puchheim Richtung Stainach Irdning bis zum Bahnhof Bad Mitterndorf, von dort mit dem Bus MIT/8610 bis zur Tauplitzalm. Oder mit dem Zug bis Tauplitz und dort mit der Seilbahn auf die Alm (siehe Infobox).

Ausgangspunkt:
AP P Tauplitzalm, AP=EP.

Am Wegrand:
Natura 2000 Gebiete
Seit 1992 gibt es in der Europäischen Union sogenannte Natura 2000 Gebiete. Hier sollen Pflanzen- und Tierarten in ihrem natürlichen Lebensraum besonders geschützt werden. Mittlerweile sind fast 20 % der Lebensräume in der EU als Natura 2000 Gebiet ausgewiesen. Die Tauplitz bzw. das Tote Gebirge ist seit 1995 Schutzgebiet.

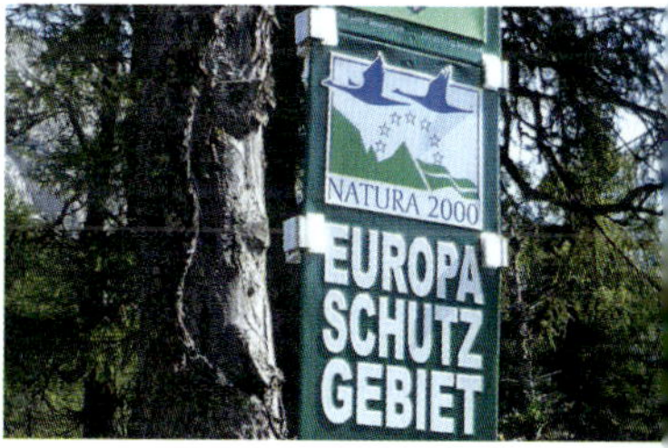

8. Die Schneealm | Schneealpe

Wanderung ins Blumenparadies

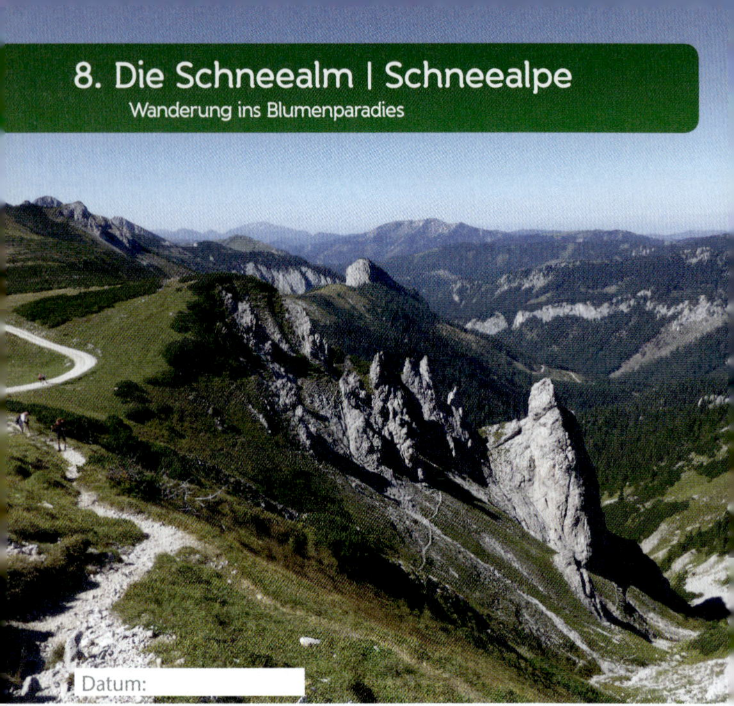

Datum:

Etappen: 4	Dauer: 14,7 km; 5 - 7 h	550▲ 550▼
technische Anf.: ★★☆☆☆	Kondition: ★☆☆☆☆	Alter: ab 6 Jahren

Dieses wunderschöne und sehr weitläufige Kalkplateau mit den oftmals sehr steilen und schwindelerregenden Abfällen besticht durch seine vielen Blumen. Sowohl die Schneealm als auch die Rax gehören zum Naturpark Mürzer Oberland und versorgen die Landeshauptstadt Wien mit Trinkwasser. Besonders schön und sehr aussichtsreich ist der Aufstieg auf den Windberg, den höchsten Berg auf der Schneealm. Die Hütten sind sehr einfach zu erreichen und kinderfreundlich. Insgesamt – bei Schönwetter – eine sehr leichte, lohnende Einstiegstour.

Et.	Strecke	Anf.	Technik	Kond.	Zeit in h km	Hm▲▼
1	P Kohlebnerstand 1450 m Schneealpenhaus 1784 m	●	★★★★★	★★★★★	1 ½ - 2 3,3	350 m 20 m
2	Schneealpenhaus 1784 m Lurgbauerhütte 1764 m	●	★★★★★	★★★★★	1 - 1 ½ 3,7	90 m 110 m
3	Lurgbauerhütte 1764 m Michlbauerhütte 1731 m	●	★★★★★	★★★★★	1 - 1 ½ 4	70 m 100 m
4	Michlbauerhütte 1731 m P Kohlebnerstand 1450 m	●	★★★★★	★★★★★	1 ¼ - 1 ¾ 3,7	40 m 320 m

Schwierigkeitsgrad:

Leicht. Großteils breite Forst- und Wanderwege. Abkürzung zum Schneealpenhaus führt über schmäleren, aber nicht schwierigen Steig. Achtung: Bei schlechter Sicht kommt es auch bei Geübten zu Orientierungsschwierigkeiten, daher nur bei Schönwetter gehen!

Knieschonende Variante:	Abstiege haben geringe Hm bzw. sind moderat. Nicht ausgesetzt. Abkürzung zum Schneealpenhaus kann gut umgangen werden.
Kinder:	Ab ca. 6 Jahren, ohne Abkürzungen ab ca. 4. Gut für Bergneulinge geeignet (außer bei schlechter Sicht)! Das Gelände ist sehr kindgerecht und die Hütten absolut kinderfreundlich! Die Schneealm gehört zu den großen Almgebieten mit unzähligen Rindern. Auch mit Trage geeignet.

Jahreszeit:

In der schneefreien Zeit von ca. Anfang Mai bis Ende Oktober/Anfang November.

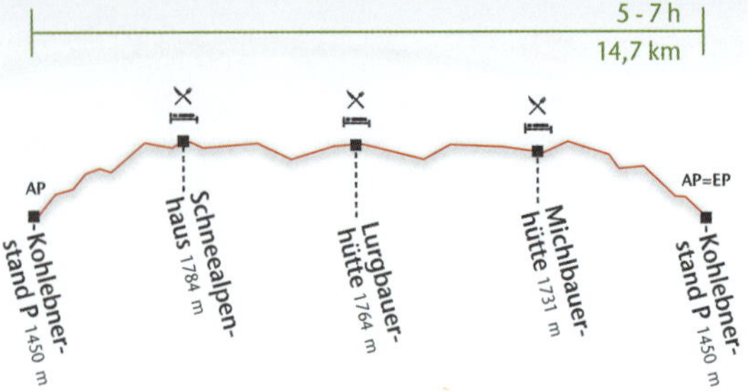

Etappe 1

Parkplatz Kohlebnerstand - Schneealpenhaus ●

1 ½ - 2 h, 350 m▲ 20 m▼

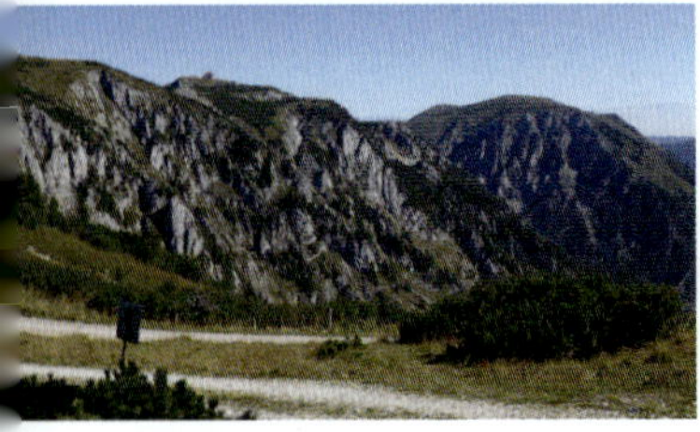

Vom großen Wanderparkplatz am Kohlebnerstand führt der breite Forstweg (Nr. 447) mäßig ansteigend bis zur Kutatschhütte, einer Unterstandshütte. Bei einer Rast kann der wunderschöne Ausblick auf das unten liegende Mürztal genossen werden. Ab hier verlässt der Weg den breiten Forstweg und führt zum Teil etwas steiler aufwärts. Wer es gemütlicher möchte, kann der Forststraße weiter bis zum Schneealpenhaus folgen. Die Abkürzung führt auf schmalen, aber nicht schwierigen Steigen über schöne Blumenwiesen und zum Schluss einen Hang querend bis zum Schneealpenhaus.

Etappe 2

Schneealpenhaus - Lurgbauerhütte ●

1 - 1 ½ h, 90 m▲ 110 m▼

Vom Schneealpenhaus führt der Weg vorerst etwas steiler abwärts, bis wieder das ebene Plateau erreicht ist. Dort gelangt man wieder auf den breiten Forstweg, diesem nach rechts folgen. Der Mooskogel (1788 m), eine kleine unscheinbare Erhebung, wird auf der rechten Seite umgangen. Das Plateau wird schmäler und die Ausblicke spektakulärer. Die Forststraße kann am Ende über einen schmäleren Steig abgekürzt werden.

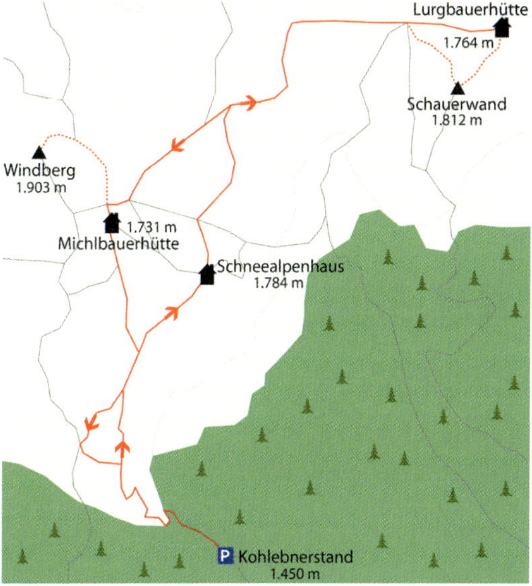

Etappe 3

Lurgbauerhütte - Michlbauerhütte ●

1 - 1 ½ h, 70 m▲ 100 m▼

Vorerst muss die Strecke von Etappe 2 wieder zurückgegangen werden, bis das Plateau wieder breiter wird. Dort wird der Hauptweg verlassen und man geht dieses Mal auf der anderen Seite des bereits bekannten, unscheinbaren Mooskogels vorbei. Der Weg führt über schöne Almwiesen, immer in Richtung der höchsten Erhebung, dem Windberg, an dessen Fuße die Michlbauerhütte liegt.

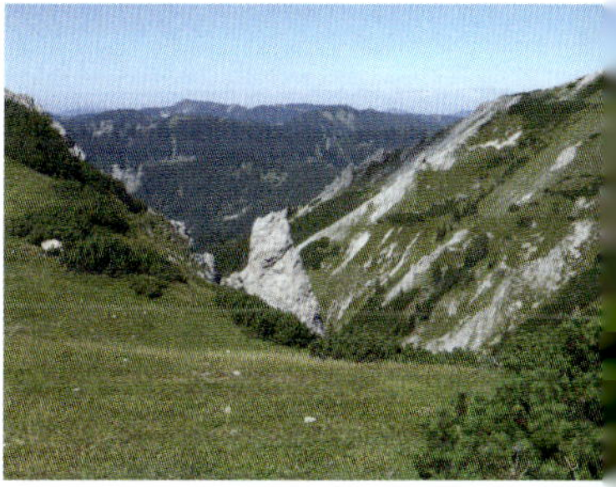

Etappe 4

Michlbauerhütte - Parkplatz Kohlebnerstand ●

1 ¼ - 1 ¾ h, 40 m▲ 320 m▼

Direkt von der Michlbauerhütte führt der breite Forstweg Nr. 447 bis zum Parkplatz Kohlebnerstand. Zwischen den Serpentinen kann die Straße auf einfachen, schmäleren Steigen abgekürzt werden.

Weitere Tourenmöglichkeiten:

Lurgbauerhütte: Schauerwand (1812 m) ●, Aufstieg, ¼ - ½ h, 50 Hm.
Michlbauerhütte: Windberg (1903 m) ●, Aufstieg ½ - ¾ h, 180 Hm.

Hütten & Gaststätten:

Schneealpenhaus
(1784 m), großes Schutzhaus, sehr gute Küche und schöne Sitzplätze unterhalb des Gipfelkreuzes, verfügt über eine eigene kleine Kapelle, 2-, 6-, 8-Bettzimmer (gesamt 16 Betten), 25 Lagerplätze, +43-3857-2190 oder +43-664-3882525 bzw. +43-660-1606425, www.schneealpenhaus.com, Anf. Mai–Ende Okt.

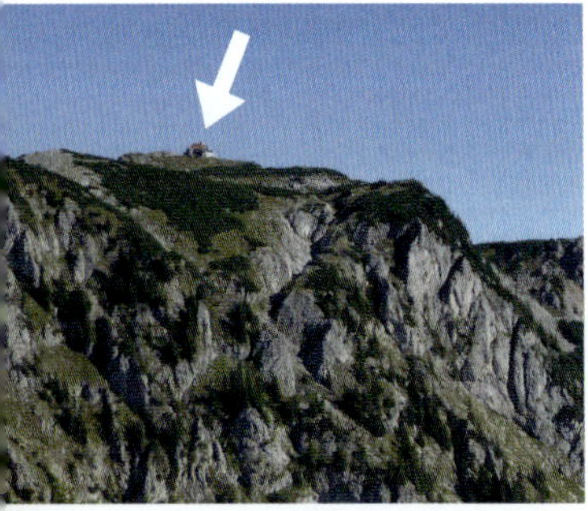

Lurgbauerhütte
(1764 m), neu umgebaute Hütte, mit eigener Käserei, unbedingt eine Führung durch die Sennerei machen, zertifizierter Biobetrieb, 30 Schlafplätze, +43-676-6335456, www.lurgikas.at, von Anf. Mai - End. Okt.

Michlbauerhütte
(1731 m), private Hütte mit kleinem Spielplatz und guter Küche, verwenden Bioprodukte vom Michlbauer, 2- und 3-Bettzimmer (bis zu 25 Schlafplätze), +43-3857-8457, +43-664-4236669 oder +43-664-2817363, www.michlbauer-holzer.at, Pfingsten - Anf. Nov, je nach Wetterlage.

Infos:

Tourismus Neuberg
(Naturpark Mürzer Oberland)
+43-3857-8321,

www.muerzeroberland.at.

Tourismus Altenberg an der Rax
+43-3857-2210, Gemeinde Altenberg an der Rax

Tourismus/Naturparkbüro Mürzer Oberland
+43-3857-8321, www.muerzerooberland.at.

Taxi (Naturparktaxi)
Christian Ellmeier, Neuberg an der Mürz, + 43-3857-20170, www.naturparktaxi.at.

Anfahrt:

Westautobahn (A1): Von Westen, aus Richtung Linz kommend: Abfahrt Ybbs, auf die B25 Richtung Wieslburg, weiter bei Miesenburg dann auf die B28, diese bis zum Ende fahren. Dann nach rechts auf die B20 weiter nach Mariazell. Dort auf die B2, dann B23 Richtung Mürzzuschlag bis nach Neuberg. Pyhrnautobahn (A9) von Norden kommend Richtung Graz – bei St. Michael in der Obersteiermark ausfahren, über Leoben, Bruck an der Mur nach Mürzzuschlag. Von Graz kommend – beim Autobahnkreuz Knoten Peggau-Deutschfeistritz auf der S35 nach Bruck an der Mur & dann weiter nach Mürzzuschlag. Südautobahn (A2) von Wien Richtung Süden, Knoten Seebenstein, auf die S6 Richtung Semmering/ Mürzzuschlag/Bruck an der Mur. In Mürzzuschlag die B23 bis Neuberg. In Neuberg bei den Urani-Teichen auf die Schneealm Alpenstraße (Mautstraße) bis zum P Kohlebnerstand. (Navi: Österreich, 8692 Neuberg, Kohlebnerstand).

Bus & Bahn:

Direktverbindung von Wien oder Graz nach Mürzzuschlag, dort in den Bus 195 nach Neuberg. Dann umsteigen auf das Naturpark-Taxi. Eventuell schon von Mürzzuschlag abholen lassen.

Ausgangspunkt:
AP P Kohlebnerstand, Neuberg
AP=EP.

Am Wegrand:
Für mich als Botanikerin ist die Schneealm ein Paradies. Hier gibt es noch Edelweiße u. Enziane.

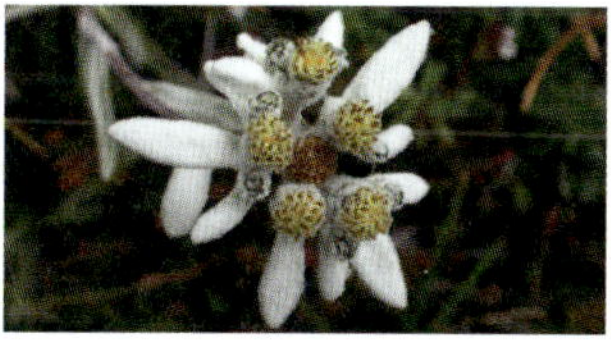

9. Der Ötscher: Österreichs Grand Canyon

Auf den Spuren der Bären

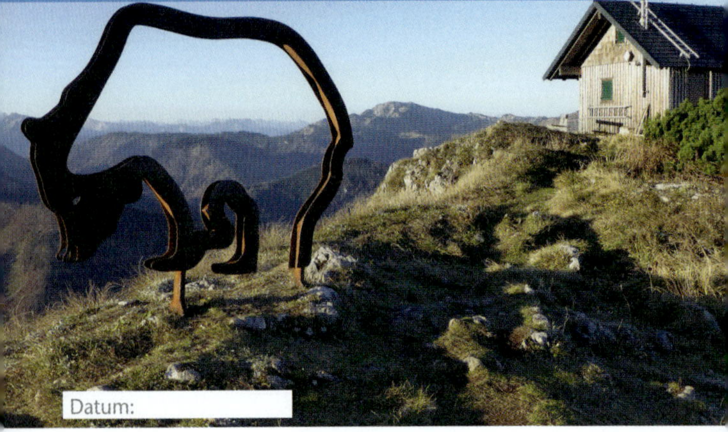

Datum:

Etappen: 6	Dauer: 35 km; 14 - 17 h	1530▲ 1500▼
technische Anf.: ★★★☆☆	Kondition: ★★★☆☆	Alter: ab 10 Jahren

Nicht umsonst wird der Naturpark Ötscher als der Grand Canyon Österreichs bezeichnet. Spektakuläre Landschaft, viele Bäche und Wasserfälle, wunderbare Weitblicke und je nach Jahreszeit total viele Gams (Gämsen), so kann die Tour in kurzen Worten zusammengefasst werden. Schon der Aufstieg durch die Ötschergräben auf schmalen Steigen ist sehr abwechslungsreich und die Hütten und Almen sind sehr urig und schön gelegen. Vom Ötscher Schutzhaus ist der Aufstieg auf den Ötscher Gipfel sehr empfehlenswert, auch der kurze Abstecher zum Hüttenkogel lohnt sich. Eine Attraktion gegen Ende der Tour sind die „Riesenroller", mit denen von der Gemeindealpe abgefahren werden kann. Wer den Abstieg zu Fuß macht, sollte unbedingt einen Badestop beim Erlaufsee im Tal einlegen. Da die erste Etappe recht lange ist, sollte bei längerer Anreise nahe dem Ausgangspunkt eine Übernachtung eingeplant werden (Mariazell ist sehr empfehlenswert).

Et.	Strecke	Anf.	Technik	Kond.	Zeit in h km	Hm▲▼
1	Bahnhof Wienerbruck 795 m Schutzhaus Vorderötscher 888 m	🔴	★★★☆☆	★★★☆☆	3½-4½ 10,6	290 m 200 m
2	Schutzhaus Vorderötscher 888 m Ötscher Schutzhaus 1418 m	🔴	★★★☆☆	★★★★☆	3½-4½ 7,2	650 m 120 m
3	Ötscher Schutzhaus 1418 m Feldwiesalm 1312 m	🔴	★★★☆☆	★★☆☆☆	2½ - 3 7	190 m 300 m
4	Feldwiesalm 1312 m Brachalm 1468 m	🔵	★☆☆☆☆	★★☆☆☆	1¼ - 1¾ 3,4	200 m 40 m
5	Brachalm 1468 m Terzer Haus 1626 m	🔴	★★★☆☆	★★☆☆☆	¾ - 1¼ 1,7	200 m 40 m
6	Terzer Haus 1626 m Erlaufsee 828 m	🔴	★★★☆☆	★★★☆☆	2-2½ 5,1	keine 800 m

Schwierigkeitsgrad:

Mittel. Größtenteils breite, gut markierte Wege. Aufstieg zu Ötschergräben mit schmalen und ausgesetzten Teilstrecken (Drahtseile). Kurze Abschnitte unterhalb des kleinen Ötscher schmal und felsig (s. Etappe 3).

Knieschonende Variante:	Geringe Hm und moderate Steigungen. Die letzte Etappe kann mit Sessellift zurückgelegt werden (von der Talstation dann zum Bhf. Mitterbach und mit dem Zug zurück zum Ausgangspunkt).
Kinder:	Ab ca. 10 Jahren. Die Halterhütten sind sehr nett. Hochseilgarten zu Beginn der Tour. Attraktionen sind: Wasserbecken und Wasserfälle, Abstieg mit „Monsterroller" oder Sessellift; Strecke zum Erlaufsee für Kinder eher zu lang. Rückfahrt mit Bus oder Museumsbahn.

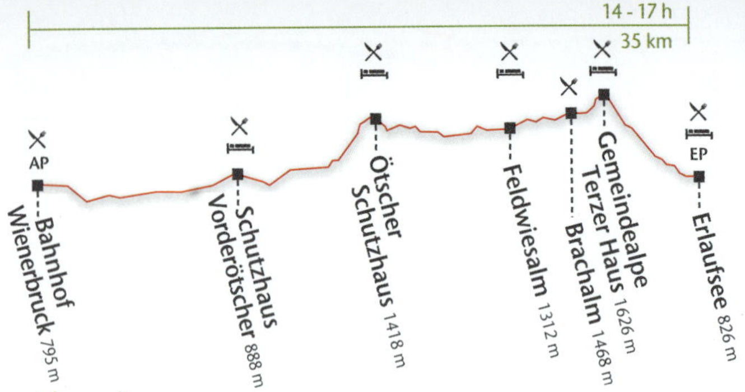

Jahreszeit:

In der schneefreien Zeit von Mai bis Oktober. Halterhütten erst ab Juni geöffnet, Terzerhaus mit Bahn gekoppelt. Zeiten vorher abklären.

Etappe 1

Bahnhof Wienerbruck - Schutzhaus Vorderötscher ●

3 ½ - 4 ½ h, 290 m▲ 200 m▼

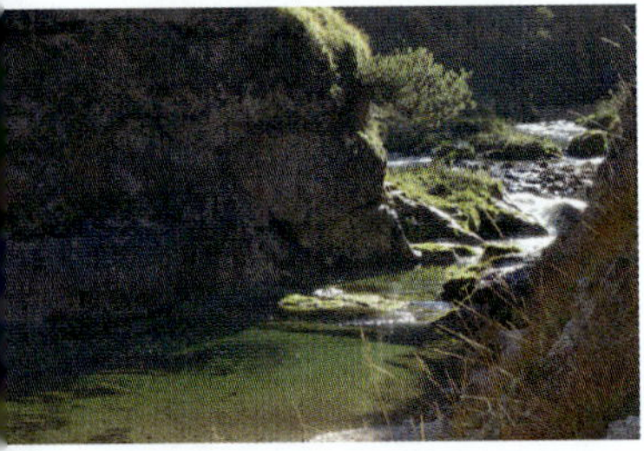

Vom Parkplatz bei der Lassingstube (hier Eintritt in den Naturpark zahlen, ist freiwillig und kommt dem Naturpark zugute) führt der Weg am Hochseilgarten vorbei. Dort befinden sich die Schilder, die den Weg (Nr. 14/15) weisen. Gleich nach dem Stausee Wienerbruck beginnt ein kleiner Steig (Wintersperre Anf. Nov. bis Ende Apr.), der in den Naturpark Ötschergräben und Tormäuern leitet. Vorbei geht's nun an kleinen und großen Wasserfällen (der Lassingfall ist besonders eindrucksvoll), über Brücken und durch kleine Tunnel bis zum Kraftwerk Wienerbruck (liegt ca. 200 m tiefer). Die Wege sind zum Teil mit Drahtseilen gesichert. Beim Kraftwerk über eine Brücke und dann immer weiter in die Ötschergräben hinein. Nach ca. 2 h Gehzeit ist das erste Rastziel erreicht, der Ötscherhias, eine kleine, gemütliche Jausenstation. Der Weg führt dann zum Teil schmal

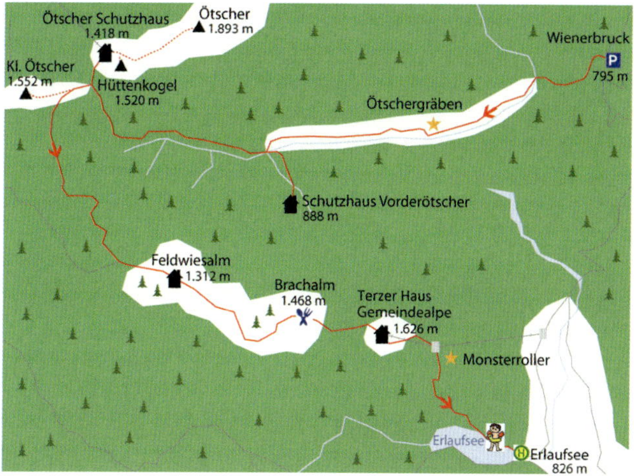

und etwas ausgesetzt weiter (an schmalen Passagen bitte Kinder kurz an der Hand führen) passiert den Mirafall und kommt dann zur Abzweigung zum Vorderötscher Schutzhaus. Ab hier führt der recht malerische Greimelweg (Nr. 11a) in 30 Minuten zur Lichtung, wo das Ziel der Etappe liegt.

Etappe 2

Schutzhaus Vorderötscher - Ötscher Schutzhaus ●

3 ½ - 4 ½ h, 650 m▲ 120 m▼

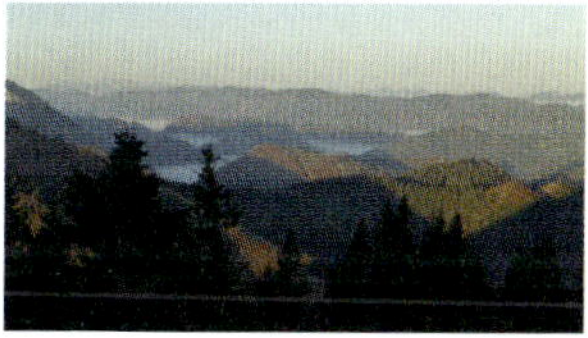

Vom Schutzhaus Vorderötscher muss der Weg Nr. 11a von Etappe 1 wieder bis zur Abzweigung zurückgegangen werden. Danach nach links (Weg Nr. 15), über eine Brücke bis zum oftmals schlammigen Boden beim Schleierfall. Auch dieser Wasserfall ist wunderschön und lädt zum Verweilen ein. Der Weiterweg führt stetig aufwärts durch einen Wald, bis zu einem querenden Forstweg. Hier nach links und dem Verlauf bis zur romantischen Lichtung beim „Spielbichler“ (927 m), einem ehemaligen Gasthof, folgen. Bis hierher etwa 1 ½ - 2 h Gehzeit. Ab nun wird es steiler und der Weg führt über Serpentinen bis zum Riffelsattel (1283 m) hinauf. Hier beginnt der Weg Nr. 4, der nach rechts in ca. ½ h zum Ötscher Schutzhaus führt. Der letzte Wiesenhang kann über einen steileren Weg abgekürzt werden (Bodenmarkierungen beachten).

Etappe 3

Ötscher Schutzhaus - Feldwiesalm ●

2 ½ - 3 h, 190 m ▲ 300 m ▼

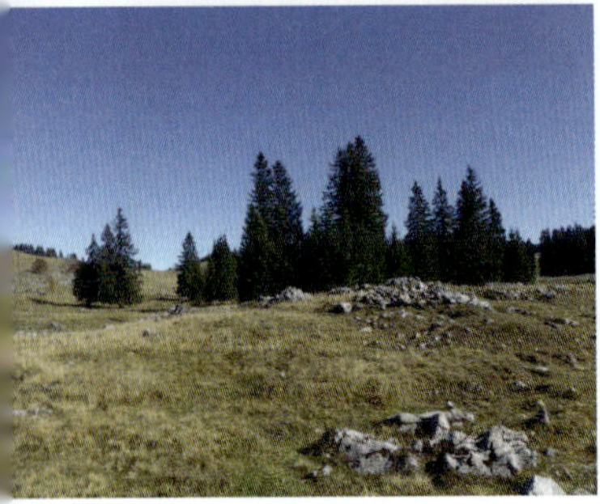

Anmerkung: Es bietet sich an, beim Ötscher Schutzhaus eine zweite Übernachtung anzuhängen, da von hier aus der Ötscher bestiegen werden kann, was unbedingt zu empfehlen ist (siehe Tourenmöglichkeit von der Hütte aus). Vom Ötscher Schutzhaus führt der Weg Nr. 4 (vorige Etappe) bis zum Riffelsattel zurück. Dort weiter geradeaus (ab Riffelsattel Weg Nr. 4b), über schöne Almböden, immer auf relativ gleicher Höhe. Bei der Abzweigung zum Kleinen Ötscher (1552 m) bietet sich der kurze und empfehlenswerte Abstecher auf den Gipfel an (●, Aufstieg ½ - ¾ h, 250 Hm). Dazu auf dem Weg Nr. 4b bis zum Kleinen Ötscher aufwärts. Der Gipfel ist ein wunderschönes Rastziel mit herrlicher Aussicht. Wer den Abstecher nicht machen möchte, wandert nun auf dem Weg Nr. 16 über anfänglich sanfte Almböden, die aber zunehmend steiler und abschüssiger werden. Der Weg wird zum Teil sehr schmal und verläuft etwas ausgesetzt, bei den Türmen der „Türndlmäuer" wird es zusätzlich noch ziemlich felsig. An besonders engen und felsigen Stellen bitte Kinder an der Hand führen. Danach wechseln Forststraßen und Wanderwege ab, bei einer markanten Biegung (Lichtung „Molterboden", 1260 m) geht links ein Weg relativ steil aufwärts, der die Forststraße abkürzt. Nach dieser Abkürzung gelangt man wiederum auf die Forststraße, der man nach links folgt. Hier auf der Feldwiese ist ein total schöner Pausenplatz an einem kleinen See. Von hier ist die Feldwiesalm über die Forststraße oder gut ausgeschilderte Abkürzungen in gut ½ h erreicht.

Etappe 4
Feldwiesalm - Brachalm ●

1 ¼ - 1 ¾ h, 200 m▲ 40 m▼

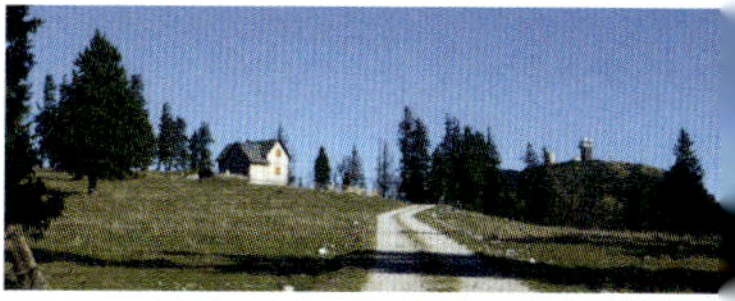

Von der Feldwiesenalm geht's vorerst leicht aufwärts, immer wieder weicht der Weg (wird nun als Weg Nr. 5 geführt) vom Forstweg ab und führt über Almboden im steten Auf und Ab bis zur nächsten Halterhütte, der Brachalm. Neben der Hütte steht ein Kreuz, das als Eiserner Herrgott bezeichnet wird. Wer noch nicht müde ist, kann die Brachalm auch als nette Mittagspause verwenden und noch die nächste Etappe dazunehmen, siehe Beschreibung der Hütte Etappe 5. Wer jedoch lieber beschaulich übernachtet, dem sei eine Übernachtung auf der Brachalm empfohlen.

Etappe 5
Brachalm - Terzer Hütte ●

¾ - 1 ¼h, 200 m▲ 40 m▼

Der erste Abschnitt dieser Etappe führt auf dem Weg Nr. 5 zuerst etwas steinig, aber nicht schwierig abwärts und dann auf einem grasigen Rücken im steten Auf und Ab weiter – immer in Richtung der Gemeindealpe. Im letzten Drittel gehts dann über verschiedene Kehren (mit lustigen Namen) aufwärts. Von der „Gott sei Dank“-Kehre ist es dann nicht mehr weit bis zum flachen Gipfelplateau der Gemeindealpe mit dem Terzer Haus.

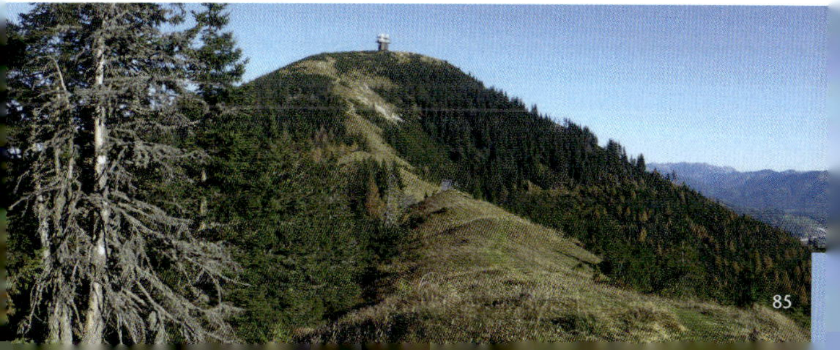

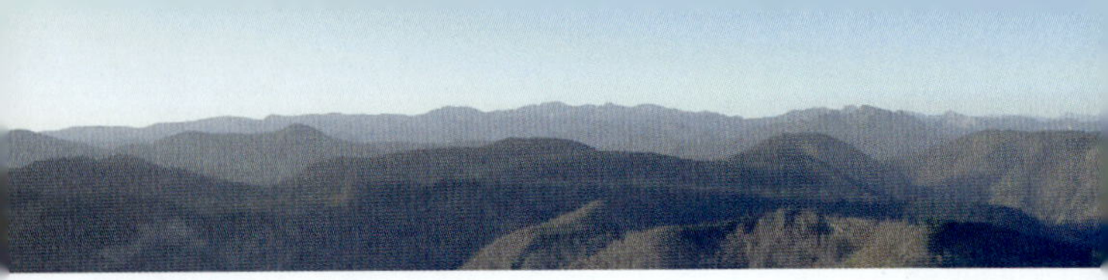

Etappe 6

Terzer Haus - Erlaufsee ●

2 - 2 ½ h, keine m ▲ 800 m ▼

Auf dieser Etappe geht's nur noch abwärts, immer wieder wird dabei die Fahrtstraße zur Gemeindealpe gequert. Der Weg Nr. 5 führt über die Mittelstation zum Erlaufsee. Ab der Mittelstation besteht die Möglichkeit, mit den „Riesenrollern", die man sich dort ausleihen kann, abzufahren (ein Riesenspaß für Jung und Alt). Wer aber lieber weiterwandern möchte, folgt weiterhin dem Weg Nr. 5 abwärts bis zum Erlaufsee. Dort nach links wenden, bis zum Parkplatz direkt beim See. Die Bushaltestelle und der Bahnhof der Erlaufseebahn befinden sich auf der anderen Seite der Erlauf. Wichtig: Badesachen einpacken und zusätzlich Zeit am See einplanen!

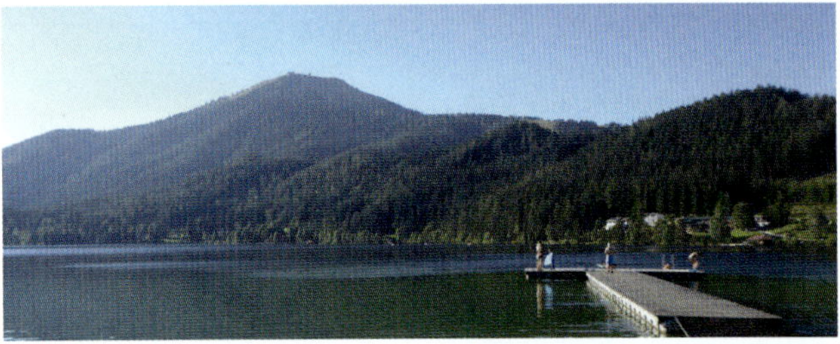

Weitere Tourenmöglichkeiten:

Ötscher Schutzhaus: Hüttenkogel (1520 m) ●, Aufstieg ¼ - ½ h 100 Hm, Ötscher (1893 m) ●, 1 ½ - 2 h, 480 Hm.

Hütten & Gaststätten

✕ **Lassingfallstube**

(795 m), Möglichkeit zur Stärkung vor der Tour; Eintrittskartenverkauf für den Naturpark; daneben Hochseilgarten, +43-699-12806183, v. Anf. Mai - Ende Okt., Ruhetag Mo.

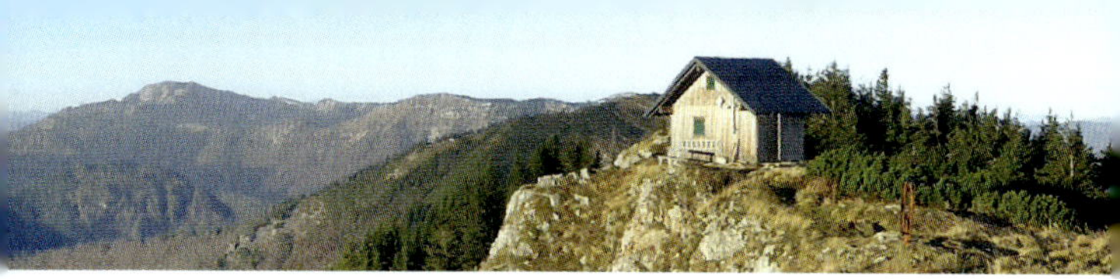

Ötscherhias
(685 m), direkt in den Ötschergräben; sehr gemütliche Jausenstation, +43-664-2759888, von Anf. Mai - Ende Okt.

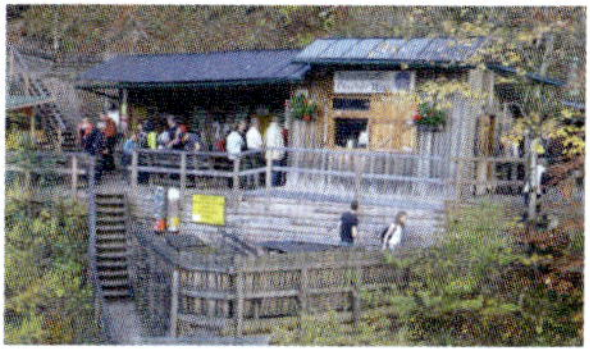

Schutzhaus Vorderötscher
(888 m), (888 m), 2014 neu renoviert, ohne dabei den alten, heimeligen Charme zu verlieren, 20 Lagerplätze und 19 Betten in 9 Zimmern, +43-2728-21100, www.naturpark-oetscher.at/vorderoetscher, Ende Apr. - Ende Okt.

Ötscher Schutzhaus
(1418 m), direkt neben dem Lift der Ötscherbahnen gelegenes Schutzhaus, sehr groß & oftmals etwas überlaufen, 80 Betten, +43-7480-5249, www.outdooractive.com/de/hut/ybbstaler-alpen/oetscherschutzhaus/13538857/, im Winter (Di und Mi Ruhetag) und im Sommer (Di Ruhetag) geöffn., Apr./Mai zum Teil geschlossen.

Feldwiesalm
(1312 m), einfache Halterhütte, 10 Schlafplätze, +43-680-1103922,

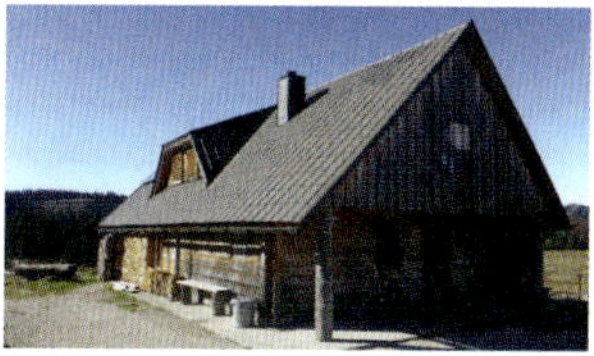

von Mitte Juni - Mitte Sep., ev. Do Ruhetag, bitte nachfragen.

Brachalm
(1468 m), neue Halterhütte, mit guter Küche, aktuell keine Übernachtung, +43-664-4448629, Anf. Juni - Mitte Sep.

Terzer Haus
(1626 m), schön gelegenes Schutzhaus auf der Gemeindealpe, 2x16 Komfortlagerplätze, +43-699-12043852, www.terzerhaus.at, Mai bis Okt., Vor- und Nachsaison nur am Wochenende und im Winter je nach Schneelage von Dez. - Ende März.

Herrenhaus
(826 m), direkt am Erlaufsee gelegenes Gasthaus mit Appartements, +43-676-5915647, www.herrenhaus-see.at, Ende Apr. - Ende Sep.

Tourismus Mitterbach
+43-3882-4211, www.mitterbach.at.
Hochseilgarten Wienerbruck
+43-650-6686728, Mai - Okt., Sa, So und Feiertag geöffn.
Bergbahn Mitterbach
Gemeindealpe, +43-3882-41720, www.gemeindealpe.at, von Mai bis Okt. und je nach Schneelage von Dez. - Ende Mär.
*Monsterroller und Mountaincarts für Kinder ab 8 Jahren, ansonsten mit den Eltern.
Museumstramway Mariazell
+43-664-2214853 (werktags 9-12 Uhr), www.museumstramway.at, von Pfingsten bis Ende Sep., nur Sa, So & Feiertag.

Westautobahn (A1). Aus Richtung Wien kommend: Ausfahrt St. Pölten Süd, auf die B20, Richtung Mariazell, bis Wienerbruck. Von Westen kommend: Abfahrt Ybbs, B25 Richtung Wieslburg, dort auf die B28, diese bis zum Ende fahren, dann nach rechts auf die B20 weiter Richtung Mariazell, bis Wienerbruck. Von Süden kommend: Pyhrnautobahn (A9) von Graz Richtung Voralpenkreuz, beim Knoten Peggau-Deutschfeistritz auf die Brucker Schnellstraße/S35, den Schildern bis nach Bruck an der Mur folgen. Durch Bruck, dann B116 nach Kapfenberg. Dort auf die B20 Richtung Mariazell, durch Mariazell durch und weiter nach Wienerbruck. (Navi: Österreich, 3223 Wienerbruck, Langseitenrotte 96).

Direktverbindung (ÖBB) von Wien Richtung Salzburg, in St. Pölten auf die Mariazeller Bahn umsteigen und weiter bis Wienerbruck. Direktverbindung (ÖBB) von Graz nach Kapfenberg, umsteigen in Bus 172 bis nach Mariazell, dann auf die Mariazeller Bahn umsteigen, bis Wienerbruck. Es gibt auch einen Direktbus (Nr. 552) von Wien (Wienerbruck aussteigen). Fahrzeiten genau abklären, fährt selten.

Rückfahrt: Vom Erlaufsee, Haltestelle Hotel Herrenhaus (rechts von der Brücke) Bus Nr. 197 oder mit der Museumsbahn vom Erlaufsee (Haltestelle links von der Brücke) bis nach Mariazell. Dort gibt es dann eine Zugverbindung nach Wienerbruck zurück. Wenn man mit dem Sessellift von der Gemeindealpe/Terzer Haus fährt, dann vom Bahnhof Mitterbach mit dem Zug zurück nach Wienerbruck.

Ausgangspunkt:
AP Parkplatz Lassingfallstubn, Wienerbruck, EP Erlaufsee, Gemeinde Mitterbach.

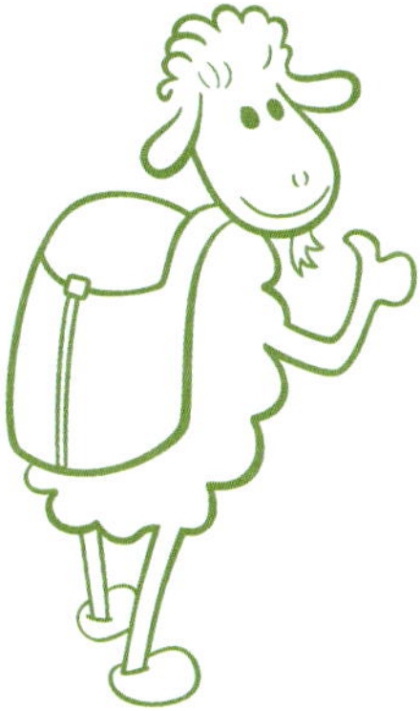

Am Wegrand:
Der Ötscherbär

"Moritz wird seit letztem Frühjahr vermisst: Linz - Georg Rauer hat „kaum noch Hoffnung". Der Bärenanwalt vermisst seit geraumer Zeit seinen Schützling. Ötscher-Bär Moritz ist seit dem letzten Frühjahr verschwunden. Keine Tatzenabdrücke im Waldboden, kein Riss, unberührte Futterstellen, kein verräterisches Haar an den sonst bevorzugten Kratzbäumen. Sollte Moritz tatsächlich tot sein, ist der Braunbär in Österreich zum zweiten Mal ausgestorben." *(der standard.at, 7.3.2012)*

Bereits im 19. Jh galten die Braunbären als ausgerottet. Der Bärenanwalt empfiehlt bei Bären folgende Verhaltensregeln: Ruhe bewahren und keineswegs hektisch zu werden. Weder aufgeregt davonzulaufen noch neugierig zu nähern. Bären benötigen Platz. Durch Annäherung oder Fotografieren haben sie jedoch das Gefühl, bedrängt zu werden.

10. Zwischen Steyr- und Ennstal

Am Fuße des Nationalparks Kalkalpen

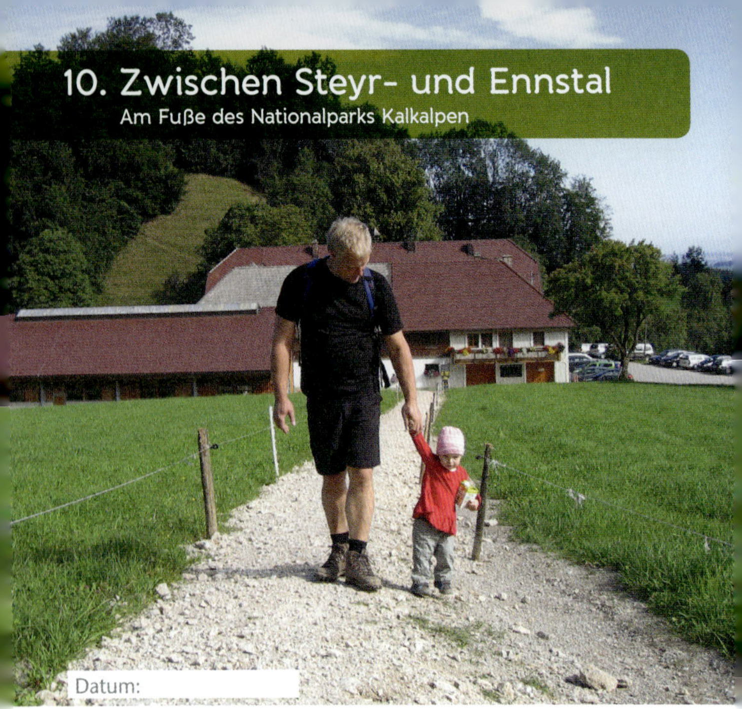

Datum:

Etappen: 4	Dauer: 19,5 km; 8 - 11 h	1050▲ 1050▼
technische Anf.: ★★★☆☆	Kondition: ★★★☆☆	Alter: ab 8 Jahren

Für Kinder ist das eine sehr abwechslungsreiche Tour. Sie beginnt mit einer kurzen Strecke auf einer Asphaltstraße durch das Tal der Feitelmacher (Taschenfeitel = kleines Klappmesser), wo das eigene Messer hergestellt werden kann. Auf ca. 1 ½ km können alte Produktionsstätten besucht werden. Die Tour führt an kleinen Bächen, Wasserfällen und Steinbrüchen vorbei. Auf dem Gipfel des Schobersteins belohnen schöne Ausblicke in den Nationalpark Kalkalpen. Und am Ende der Tour winkt ein total netter Wasserspielplatz.

Et.	Strecke	Anf.	Technik	Kond.	Zeit in h km	Hm▲▼
1	P Trattbach 334 m Klausriegler 652 m	●	★★★☆☆	★★☆☆☆	1 ¼ - 1 ¾ 3	320 m keine
2	Klausriegler 652 m Schobersteinhaus 1285 m	●	★★★☆☆	★★★★☆	2 - 2 ¾ 3,4	640 m kaum
3	Schobersteinhaus 1285 m Grünburger Hütte 1080 m	●	★★☆☆☆	★☆☆☆☆	1 ½ - 2 4,8	90 m 300 m
4	Grünburger Hütte 1080 m P Trattbach 334 m	●	★★☆☆☆	★★☆☆☆	2¼ - 3 8,3	keine 750 m

Schwierigkeitsgrad:

Leicht - mittel. Gut ausgebaute, markierte Wege. Der Aufstieg auf den Schoberstein ist oben etwas felsig, aber nicht schwierig. Beim Gipfel Abstand von der steilen Nordwand halten.

Knieschonende Variante:	Die Abstiege sind moderat. Auch die letzte Etappe (750 Hm) ist nicht wirklich steil, Abkürzungen bei Knieproblemen jedoch meiden. Bei Auffahrt bis zum Gasthaus Klausriegler (Ende Etappe 1) reduziert sich der Abstieg in Etappe 4 auf 430 Hm: dazu beim Schreibachfall geradeaus, auf relativ gleichbleibender Höhe zum Gasthaus gehen.
Kinder:	Ab ca. 8 Jahren. Kinderfreundliche Hütten. Attraktionen: Museumsdorf, bei dem das eigene „Feitel" (Taschenmesser) hergestellt werden kann, Wasserspielplatz. Kürzung der Tour siehe unter Knieschonende Variante. Auch mit Trage gut geeignet.

Jahreszeit:

Die Hütten haben auch im Winter geöffnet, jedoch dann Lawinengefahr beachten.

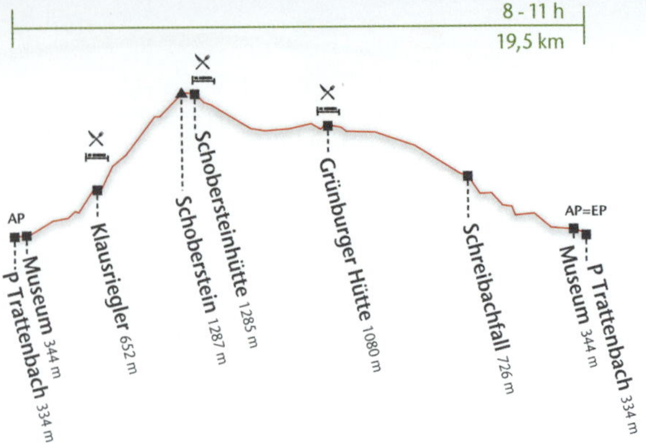

Etappe 1

Parkplatz Trattenbach - Klausriegler ●

1 ¼ - 1 ¾ h, 320 m▲ keine m▼

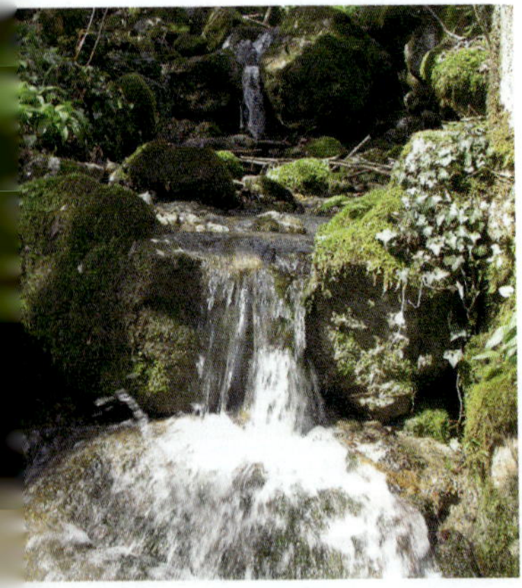

Vom Bahnhof führt der Weg über einen großen Parkplatz in das „Tal der Feitelmacher". Am Beginn des Weges (Nr. 480) gibt es einen Infopunkt, der auch zum Museum Auskunft geben kann. Immer wieder kommt man an alten Produktionsstätten der Feitelmacher vorbei. Kurz vor der Kirche zweigt der Weg Nr. 481 nach links von der Straße ab und führt über Wiesen auf die Straße oberhalb des Tales. Nach einem kurzen Stück auf der Straße geht der Weg Nr. 481 in den Wald hinein, der hier steiler wird. Immer wieder werden kleine Bäche gequert, die zu einer Pause und zum Plantschen einladen. Kurz vor dem Gasthaus lichtet sich der Wald und der Weg führt am Ende flacher, über schöne Wiesen mit alten Bäumen, bis zum Ziel der heutigen Etappe.

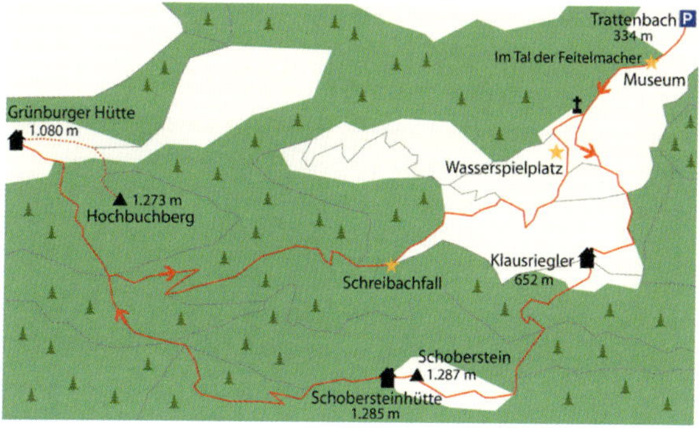

Etappe 2

Klausriegler - Schobersteinhaus ●

2 - 2 ¾ h, 640 m ▲ kaum m ▼

Vom Gasthaus Klausriegler führt gleich auf der anderen Seite der Zufahrtsstraße ein gut ausgebauter Schotterweg (immer noch Weg Nr. 481) relativ steil über den Wiesenhang der Pfaffenmauer (1218 m) aufwärts. Bedingt durch die Steilheit des Geländes, geht der Weg bald in Kehren über, was den Aufstieg ziemlich erleichtert. Nach dem Queren einer Forststraße führt der gut ausgebaute Weg weiterhin steil aufwärts. Die letzten Höhenmeter bis zur Hochfläche werden wieder über Kehren geführt. Oben angelangt, wird der Weg flacher, der Wald lichtet sich und führt nun über schöne Almwiesen in Richtung Gipfel. Ein paar Meter vor der Hütte geht rechts ein kleiner Steig weg, der direkt auf den Gipfel des Schoberstein führt. Hier besondere Vorsicht, da der Nordabbruch sehr abrupt, gleich hinter dem Gipfelkreuz kommt. Nach dem Schoberstein gelangt man in ein paar Minuten bis zur Schobersteinhütte.

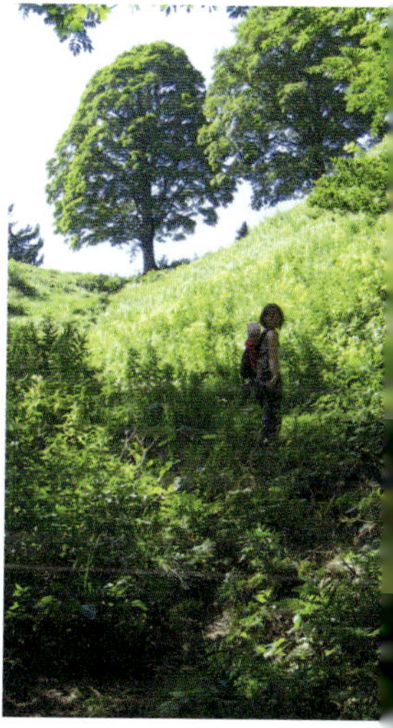

Etappe 3

Schobersteinhaus - Grünburger Hütte ●

1 ½ - 2 h, 90 m▲ 300 m▼

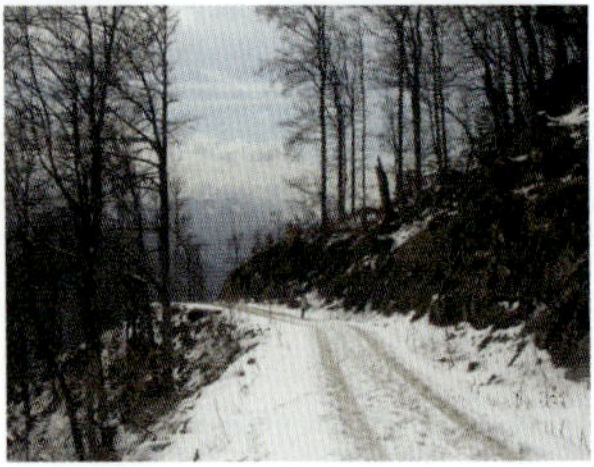

Der Weg vom Schobersteinhaus bis zur Grünburger Hütte verläuft zum Großteil auf breiten, gut ausgebauten Forstwegen. Immer wieder kann die Tour auf schmäleren Steigen zwischen den Kehren abgekürzt werden. Die Wegweiser mit der Nr. 48¾83a, Richtung Klausriegler über Mandlmais, weisen den Weg. Bei Mandlmais nicht ins Tal absteigen, sondern der Forststraße geradeaus (Achtung hier waren 2013 keine Markierungen), leicht abwärts weiter folgen, am Steinbruch vorbei bis zum Pfaffenboden. Ab hier führt der Weg leicht aufwärts, vorbei an der unbewirtschafteten Brettermaisalm bis zur Grünburger Hütte.

Etappe 4

Grünburger Hütte - Parkplatz Trattenbach ●

2 ¼ - 3 h, keine m▲ 750 m▼

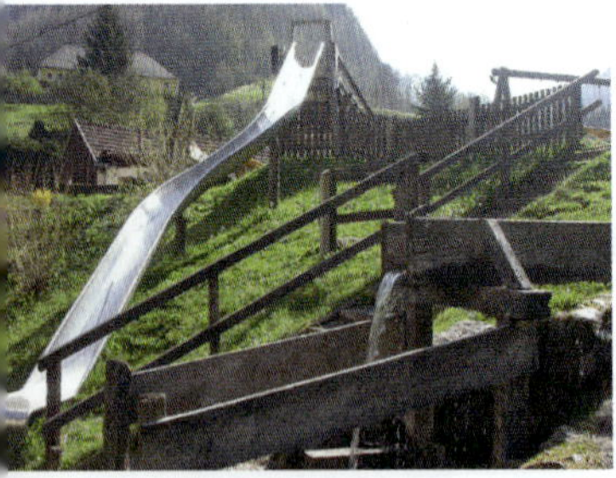

Von der Grünburger Hütte folgt man dem Zustiegsweg von Etappe 3 zurück bis zum Pfaffenboden. Beim Pfaffenboden nach links, der Forststraße abwärts ins Tal folgen. Diese Forststraße kann immer wieder über schmale Steige abgekürzt werden. Nun auf dem Weg Nr. 21 immer entlang des Trattenbach bis zum Schreibachfall, der zum Verweilen einlädt. Vom Schreibachfall gleich den nächsten Weg nach links, abwärts bis zu einer großen Kehre, wo der Weg Nr. 21 nach rechts abzweigt. Unten am Bach wird es wieder flacher und je weiter man talauswärts kommt, umso bewohnter wird das Gebiet.

Im Ort ist der Wasserspielplatz und die bewirtschaftete Drah Hüttn einen Besuch wert. Weiter führt der Rückweg durch das „Tal der Feitelmacher" wieder hinaus zum Parkplatz.

Weitere Tourenmöglichkeiten:

Hütte: Hochbuchberg (1273 m) ●, Aufstieg ½ - ¾ h, 200 Hm.

Hütten & Gaststätten:

Gasthof Klausriegler
(652 m), großes Gasthaus, mit sehr gemütlichem Gastgarten unter alten Bäumen, Kinderspielplatz und viel Platz zum Austoben für Kinder, 10 Betten, +43-7256-8907, ganzj. geöffn., Do und Fr Ruhetag.

Schobersteinhütte
(1260 m), nahe dem Gipfel des Schobersteins gelegenes Naturfreundehaus, mit wunderbarer Aussicht in den Nationalpark Kalkalpen, 40 Schlafplätze (3 Zimmer und Lager), +43-664-4171320, www.schobersteinhaus.at, ganzj. geöffn., Schließzeiten beachten (nicht festgelegt, unbed. anrufen), Mo und Di Ruhetag.

Grünburger Hütte
(1080 m), 25 Lagerplätze, +43-660-8466253, www.gruenburgerhuette.or.at, im Sommer durchg. geöffn., im Winter untersch. Öffnungszeiten (Mi und Do Ruhetage), unbedingt vorher auf der Homepage abklären.

Drah Hüttn
(400 m), ehemalige Dreh-Hütte, früher wurden hier die Sägespäne der Drechslerei gelagert. Gleich nebenan ist ein sehr schöner Wasserspielplatz, +43-664-220560, Mi ab 14 Uhr, Do - So ab 10 Uhr.

Infos:

Tourismusverband Ennstal und Steyertal
Nationalpark Kalkalpen Region Ennstal, +43-7254-84140 und Region Steyrtal +43-7257-841113
Museumsdorf Trattenbach Im Tal der Feitelmacher
www.tal-der-feitelmacher.at, Anf. Mai - Ende Okt., Mo und Di Ruhetag, Fr verkürzte Öffnungszeit.
Taxi Steyr
+43-660-3553568/+43-7252-53163
Taxi Reichraming
+43-7255-6341.

Anfahrt:

Westautobahn (A1) von Wien Richtung Linz, von Wien kommend Ausfahrt Haag auf die B42, von Linz kommend Ausfahrt Enns-West auf die B309 bis nach Steyr. Durch Steyr auf die Eisenstraße/ B115 in Richtung Ternberg. Kurz vor Ternberg über die Enns, um auf die Grünburgerstraße zu wechseln, weiter über die Trattenbachstraße bis zum Parkplatz, am Beginn des Tales. Pyhrnautobahn (A9) von Graz Richtung Knoten Voralpenkreuz (Westautobahn), Ausfahrt Klaus auf die Steyrtalstraße B140 Richtung Steyr. Bei Grünburg auf die Grünburger Straße und dann in Ternberg auf die Trattenbachstraße bis zum Parkplatz. (Navi: Österreich, 4453 Ternberg, Hammerstraße 2a).

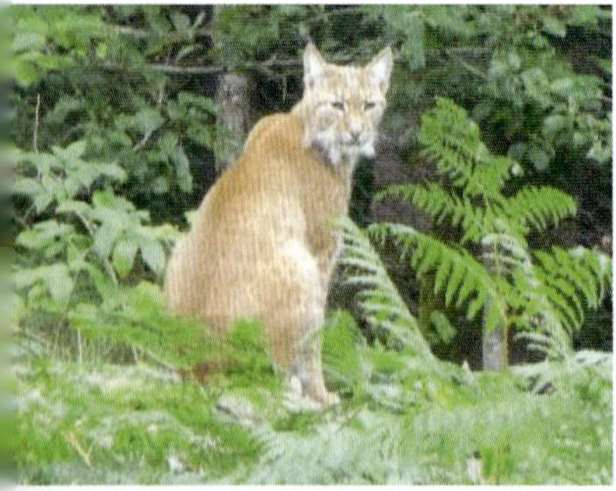

Bus & Bahn:

Direktverbindung (ÖBB) von Wien Richtung Linz, in St. Valentin umsteigen auf einen Regionalzug über Steyr nach Trattenbach/Enns. Von Linz gibt es auch Direktzüge nach Trattenbach.

Ausgangspunkt:

AP P Trattenbach, AP = EP.

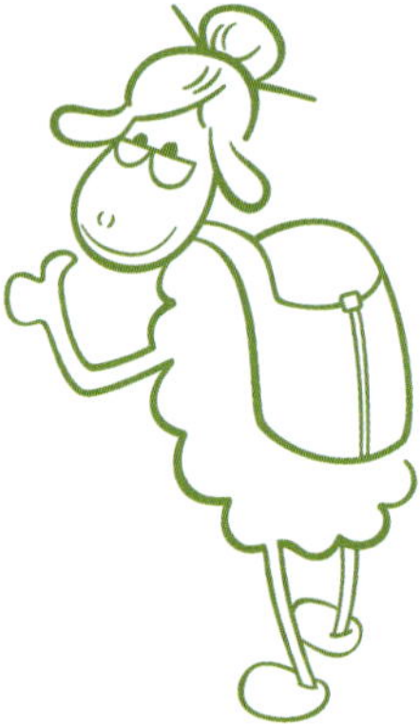

Weitere Familientouren im **Nationalpark Kalkalpen**

50 familiengerechte Tagestouren

ISBN: 978-3-9502908-2-0

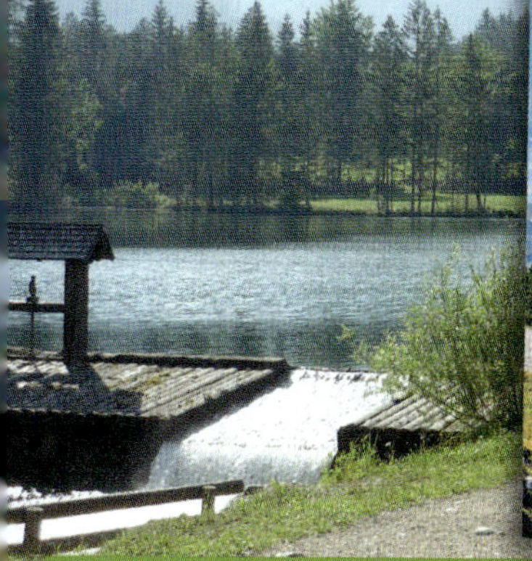

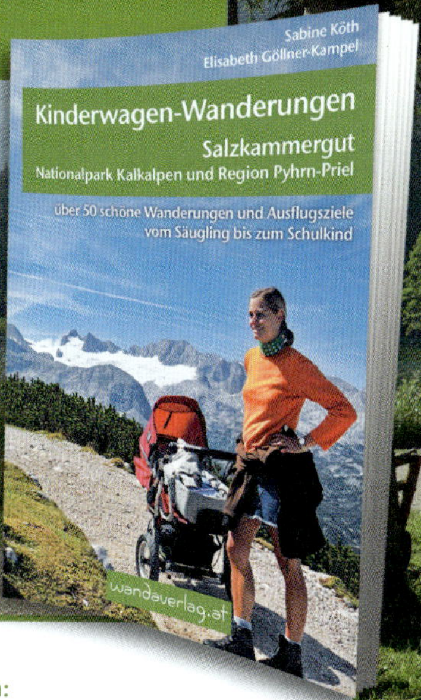

Am Wegrand:
Luchse im Nationalpark Kalkalpen:

Nach über 100 Jahren Abwesenheit des Luchses, kehrt diese scheue Wildkatze wieder in ihre alte Heimat zurück. Da eine natürliche Wiederansiedlung ewig dauern würde, wurde ein bisschen nachgeholfen. 1976 wurden im Dreiländereck Steiermark, Kärnten und Salzburg neun Luchse aus der Slowakei ausgesiedelt. 2010 kam noch die Luchsdame Freya aus der Schweiz in den Nationalpark Kalkalpen. Seither vermehren sie sich langsam und stetig und haben nun sozusagen ihre Wiederansiedlung eigenständig übernommen. Leider ist das Wissen über Luchse immer noch sehr gering, so fürchten sich viele vor dieser Raubkatze. Luchse sind jedoch für Menschen ungefährlich und so scheu dass man sie nie zu Gesicht bekommen wird. (Luchsfoto stammt aus dem Tierfreigelände Ludwigsthal, Nationalpark Bayerischer Wald.)

11. Das Höllengebirge

Mit den Schneeschuhen übers Plateau

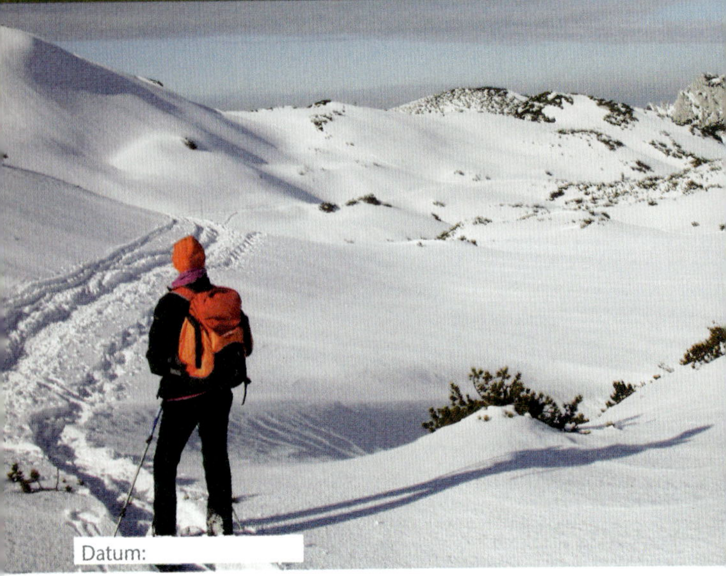

Datum:

Etappen: 3	Dauer: 9,4 km; 4 - 6 h	470▲ 470▼
technische Anf.: ★★★☆☆	Kondition: ★★☆☆☆	Alter: ab 10 Jahren

Das Höllengebirge hat seinen Namen von den vielen Höhlen, die für das Kalkgebirge typisch sind. Oben hat sich ein weitläufiges Hochplateau mit viel Fels und unendlichen Latschenfeldern gebildet. Mit ziemlicher Sicherheit können hier Gams (Gämsen) beobachtet werden, die sich aber nur in der schneefreien Zeit zeigen, da sie den Winter weiter unten verbringen. Im Winter punktet das Hochplateau zudem durch die gleichsam endlose Ruhe, die es auszustrahlen scheint. Für diese Tour ist die Benützung der Gondel wesentlich.

Et.	Strecke	Anf.	Technik	Kond.	Zeit in h km	Hm▲▼
1	Bereich Bergstation 1592 m	●	★☆☆☆☆	★☆☆☆☆	einige Gehmin.	kaum Hm
2	Bergstation 1592 m Riederhütte 1765 m	●	★★★☆☆	★★★☆☆	2¼-3 4,7	330 m 140 m
3	Riederhütte 1765 m Bergstation 1592 m	●	★★★☆☆	★★★☆☆	1¾-2¼ 4,7	140 m 330 m

Schwierigkeitsgrad:

Mittel. Nur bei Schönwetter, bei Nebel aufgrund der Dolinen (Einbruchkrater) gefährlich! Winter: Meistens ist der Weg bis zur Riederhütte gut gespurt und durch Schneestangen klar markiert. Lawinenwarndienst beachten!

Knieschonende Variante:	Die Abstiege sind moderat und die Wege nicht ausgesetzt.
Kinder:	Im Bereich der Bergstation kann man auch mit kleineren Kindern ab ca. 6 Jahren erste Versuche mit den Schneeschuhen machen. Die Tour zur Riederhütte empfehle ich aber erst ab 10 Jahren. Das Gebiet um die Feuerkogelbahnen bietet eine Vielzahl an sehr netten Aktivitäten für Kinder an: Iglu bauen, Schneeschuhe erproben u.v.m. www.feuerkogel.net – Link Schneeschuhwandern.

Jahreszeit:

Ganzjährig möglich, für diese Tour ist die Benützung der Gondel wesentlich. Daher unbedingt die Zeiten der Bergbahn und die Betriebszeiten der Hütten abklären.

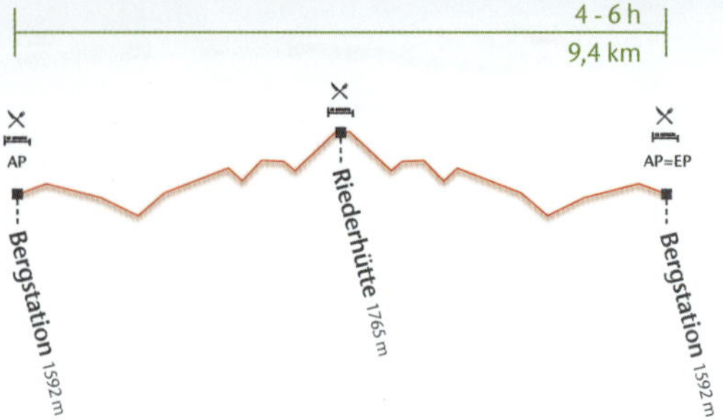

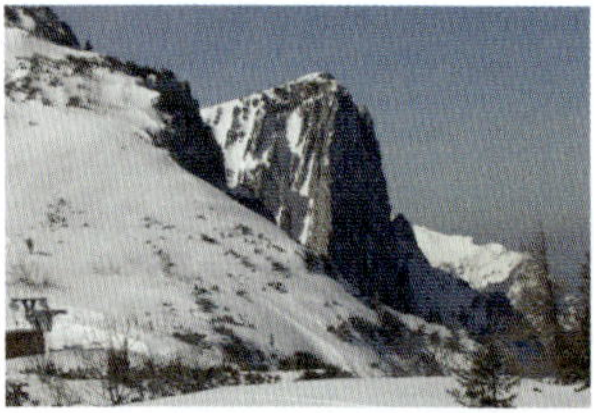

Etappe 1

Bereich Bergstation

einige Gehminuten, kaum Höhenmeter
Je nach Übernachtung unterschiedliche Gehzeiten und Höhenmeter.

Etappe 2

Bergstation - Riederhütte ●

2 ¼ - 3 h, 330 m▲, 140 m▼

Von der Bergstation geht es aufwärts an vielen Hütten, Gasthöfen und dem Hüttendorf vorbei. Bei der Ausstiegsstelle des Edeltal-

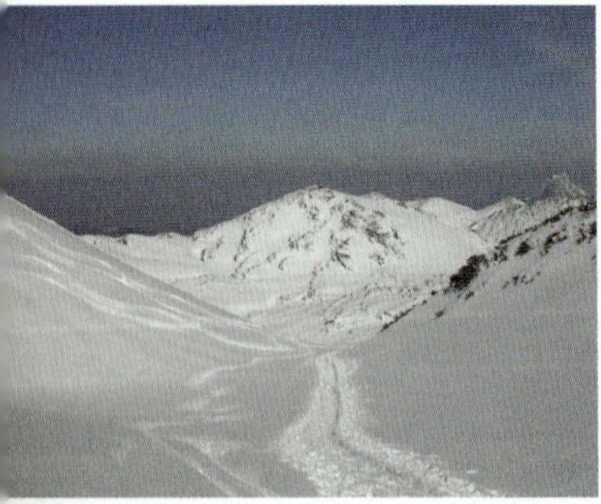

Schlepplifts bitte schnell über die Liftspur gehen und auf die aussteigenden Schifahrerinnen achten! Nun gibt es zwei Möglichkeiten: Ein bisschen anspruchsvoller, aber auch schöner ist es, wenn man den Hang des Heumahdgupfes auf einer meist gut sichtbaren Spur quert. Dies sollten aber nur jene machen, die bereits ganz sicher auf den Schneeschuhen stehen, da das Gelände zum Teil sehr steil ist. Für

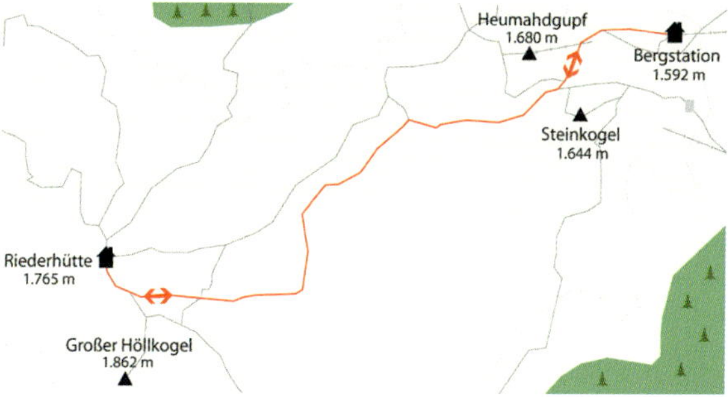

weniger Geübte, bei schwierigen Schneeverhältnissen und ab einer Lawinenwarnstufe 3 kann man zuerst an der Seite der Edeltalpiste

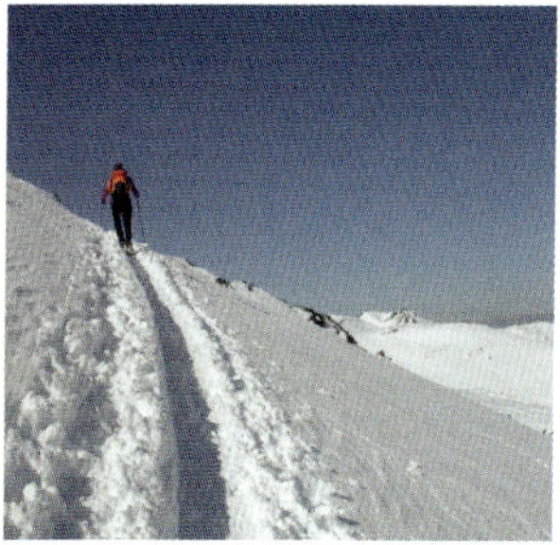

absteigen und danach den Schildern zur Riederhütte folgen. Ab hier sind auch die Schneestangen sehr gut sichtbar. Die Route führt nun ständig bergauf und bergab, meist in den kleinen Tälchen zwischen den höheren Gipfeln des Gamskogels, der Hochschneid, des Totengrabengupfs und unterhalb des Höllkogels, ist aber dank der Stangen sehr gut markiert.

Etappe 3

Riederhütte - Bergstation ●

1 ¾ - 2 ¼ h, 140 m▲, 330 m▼

Der Rückweg erfolgt auf dem Hinweg. Hinweis: Die Winterroute weicht leicht von der Sommerroute ab, ist jedoch sehr gut markiert und beschildert.

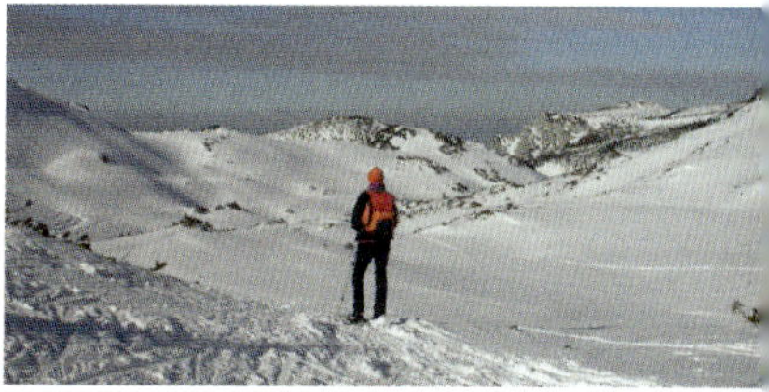

Hütten & Gaststätten:

Christophorushütte
(1592 m), nahe der Bergstation gelegene, gemütliche Hütte, mit guter Küche und schönen Schlafmöglichkeiten, 2- und 4-Bettzimmer (20 Betten), 28 Lagerplätze, +43-6133-5495, www.christophorushütte.at, mit der Bahn gekoppelt.

Kranabethhütte
(1543 m), etwas abgelegenere Hütte, mit sehr guter Küche, ehemalige Naturfreundehütte, 33 Schlafplätze, +43-664-3920001, www.kranabethhuette-feuerkogel.at, Mitte Mai–Ende Okt., Mitte Dez.–Ende Mär.

Riederhütte
(1765 m), gemütliche Alpenvereinshütte, die fernab von den Touristenströmen liegt, 2 Matratzenlager und 2 Mehrbettzimmer, Tel. +43-6133-93013, www.alpenverein.at/riederhuette, Mitte Mai–Ende Okt., Anf. Feb.–Ende Mär.

Infos:

Bergbahn: Feuerkogelbahnen
Tel. +43-50-140, www.feuerkogel.net, Öffnungszeiten: Weihn. - Anf. Apr. & Mitte Mai-Mitte Okt., wetterbedingte Änderungen möglich, aktuelle Zeiten unbedingt abklären!

Tourismus Ebensee
+43-6133-70510

Taxi Ebensee
+43-6133-5273.

Anfahrt:

Westautobahn (A1) von Salzburg Richtung Linz, Ausfahrt Regau auf die Salzkammergutstraße/B145 Richtung Gmunden – dann weiter nach Ebensee. Kurz vor dem Bhf. Ebensee Landeplatz nach rechts in die Hauptstraße. Nach rund 300 m wieder rechts in die Langbathstraße abbiegen, nach etwa einem Kilometer Parkmöglichkeiten im Bereich der Talstation. (Navi: 4802 Ebensee, Rudolf Ippischplatz 4).

Bus & Bahn:

Direktverbindung (ÖBB) Attnang Puchheim Richtung Stainach Irdning bis zum Ebensee-Landungsplatz. Vom Bahnhof gibt es im Winter häufig Zubringerbusse und im Sommer Linienbusse (sehr selten) zur Talstation, zu Fuß ca. 2 km.

Ausgangspunkt:
AP Bergstation der Feuerkogelbahn, EP =AP.

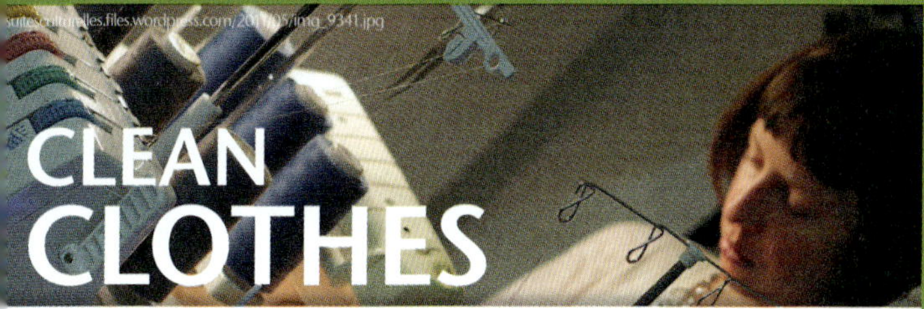

CLEAN CLOTHES

KAMPAGNE FÜR „SAUBERE“ KLEIDUNG WELTWEIT

Der Großteil unserer Kleidung wird in Lateinamerika, Asien und Afrika hergestellt. Die normale Arbeitszeit beträgt zwischen 14-17 Stunden täglich, 7 Tage die Woche! Die sklavenähnlichen Bedingungen der ArbeiterInnen erinnern an die Bedingungen in Europa im 19. Jahrhundert. Nur, dass diesmal Reich & Arm nicht mehr im selben Land, sondern 10.000 Kilometer entfernt voneinander leben. In den Fabriken hängen oft Markenhemden und Billighemden nebeneinander. Ein teures Markenhemd sagt keinesfalls aus, dass die Arbeitsbedingungen bei der Hestellung besser waren.

Die Clean Clothes - Kampagne, die von hunderten Organisationen und ArbeiterInnenverinigungen rund um die Welt getragen wird, setzt sich für die Rechte der ArbeiterInnen und eine Verbesserung der Arbeitsbedingungen in der internationalen Bekleidungs- und Sportartikelindustrie ein.

Wer bekommt die 100,– Euro für meine Sportschuhe?

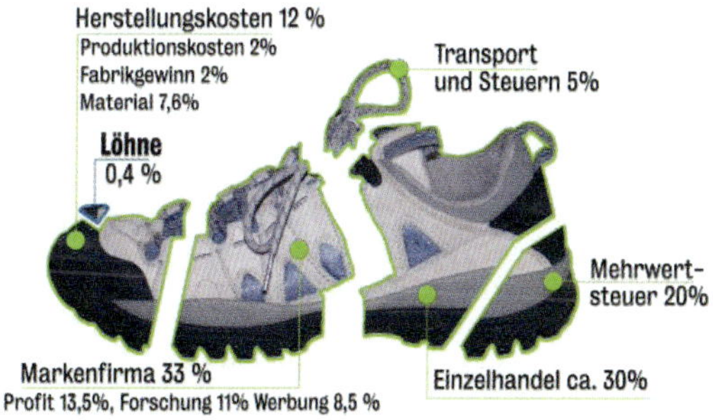

SCHREIBEN SIE UNS ODER RUFEN SIE UNS AN!

Abonnieren Sie konstenlos den Rundbrief der Clean Clothes Kampagne und informieren Sie sich über Herstellungsweisen - z.B. was hinter Markenartikel-Herstellern steckt:

CH: www.cleanclothes.ch D: www.sauberekleidung.de Ö: www.cleanclothes.at

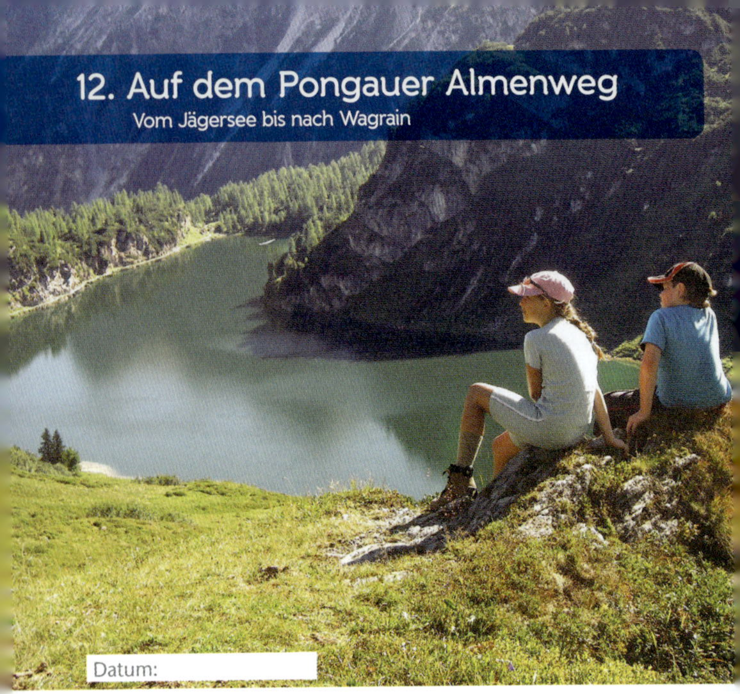

12. Auf dem Pongauer Almenweg

Vom Jägersee bis nach Wagrain

Datum:

Etappen: 8	Dauer: 41,5 km; 16 - 21 h	2030▲ 2260▼
technische Anf.: ★★★☆☆	Kondition: ★★★☆☆	Alter: ab 8 Jahren

Der gesamte Streckenverlauf des Salzburger Almenweges ist mit dem Symbol des Enzians gekennzeichnet. Insgesamt gibt es 31 Etappen mit 350 km, über 120 Almen und Hütten. Diese Hüttentour weicht etwas vom ausgeschilderten Weg ab, geht über 40 km mit 15 Almen. Gerade bei dieser Tour können die Etappen sehr gut je nach Kondition und Gehfreudigkeit zusammengefasst werden. Auch der Auf- und Abstieg kann mit Aufstiegshilfen bewältigt werden und entweder über das Ellmautal oder über das Alpendorf St. Johann gestartet werden. Der Aufstieg zum Tappenkarsee mit den vielen Wasserfällen ist einmalig schön.

Et.	Strecke	Anf.	Technik	Kond.	Zeit in h km	Hm▲▼
1	P Jägersee 1099 m Tappenkarseehütte 1820 m	🔴	★★★☆☆	★★★★☆	3 ¾ - 4 ½ 8,8	730 m keine
2	Tappenkarseehütte 1820 m Draugsteinalmen 1779 m	🔴	★★★☆☆	★★★☆☆	2 - 2 ¾ 3,5	260 m 300 m
3	Draugsteinalmen 1779 m Filzmoosalmen 1710 m	🔵	★★☆☆☆	★★☆☆☆	1 ¾ - 2 ¼ 3,8	280 m 350 m
4	Filzmoosalmen 1710 m Loosbühelalm 1767 m	🔴	★★☆☆☆	★☆☆☆☆	¾ - 1 ¼ 2	100 m 40 m
5	Loosbühelalm 1767 m Weißalm 1724 m	🔵	★☆☆☆☆	★☆☆☆☆	½ - ¾ 1,5	50 m 100 m
6	Weißalm 1724 m Ellmaualm 1794 m	🔵	★☆☆☆☆	★☆☆☆☆	½ - ¾ 1,3	90 m 20 m
7	Ellmaualm 1794 m Unterwandalm 1600 m	🔵	★★☆☆☆	★★☆☆☆	2 ¾ - 3 ¾ 9,7	250 m 440 m
8	Unterwandalm 1600 m Wagrain 862 m	🔵	★★☆☆☆	★★★★☆	3 ½ - 4 ½ 10,9	270 m 1010 m

Schwierigkeitsgrad:

Leicht - mittel. Sehr gut markiert, gut ausgebaute Wege und Steige. Der Aufstieg zum Tappenkarsee (Etappe 1) ist schmal und steinig.

Knieschonende Variante:	Knieschonend, wenn Abstieg mit Seilbahn (letzte Etappe).
Kinder:	Für Kinder ab ca. 8 Jahren. Erste Etappe: mit Taxi auf die Schwabalm bringen lassen. Attraktionen: Grafenberg-Bergstation-Abenteuerspielplatz „Wagraini", Spielplätze & Almtiere bei den Almhütten, Seilbahn zum Abschluss.

Jahreszeit:

Je nach Wetter- und Schneelage von Mitte Juni bis Ende Oktober.

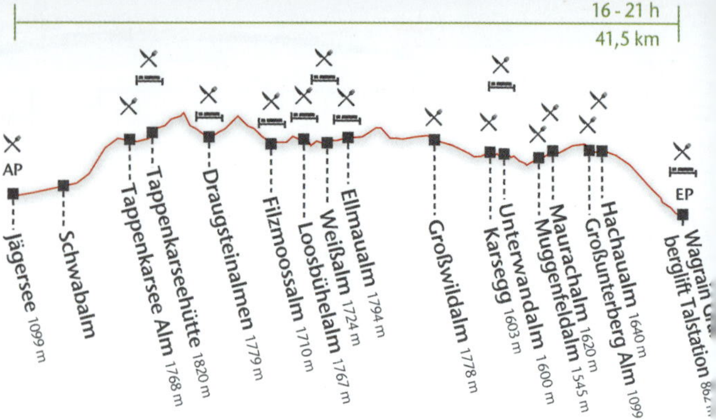

Etappe 1

Parkplatz Jägersee - Tappenkarseehütte ●

3 ¾ - 4 ½ h, 730 m▲ keine m▼

Vom Parkplatz des Jägersees führt der Weg Nr. 722 entlang des Sees. Bis zur Schwabalm geht es über einen befahrbaren Schotterweg relativ eben und gemütlich weiter. Eventuell bis hierher mit dem Taxi fahren (Erparnis: 1 h, ca. 100 Hm). Kurz nach dem Parkplatz (ab hier ca. 3 h, 630 Hm bis zur Tappenkarseehütte) beginnt der Weg anzusteigen und führt durch lichte Wälder über mäßig steile Serpentinen aufwärts. Immer wieder wird der Bach mit kleinen Wasserfällen gequert. Nach insgesamt ca. 700 Hm Aufstieg (ab Jägersee) ist das sogenannte Tappenkar mit dem größten Hochgebirgssee der Ostalpen erreicht. Weiter geht es rechts des Sees, vorbei an der Tappenkarseealm. Nach dem See müssen noch ca. 50 Hm bis zum Etappenziel zurückgelegt werden.

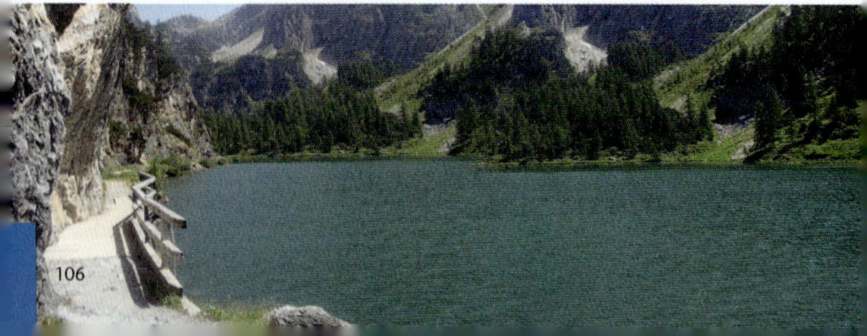

Etappe 2

Tappenkarseehütte - Draugsteinalmen ●

2 - 2 ¾ h, 260 m▲ 300 m▼

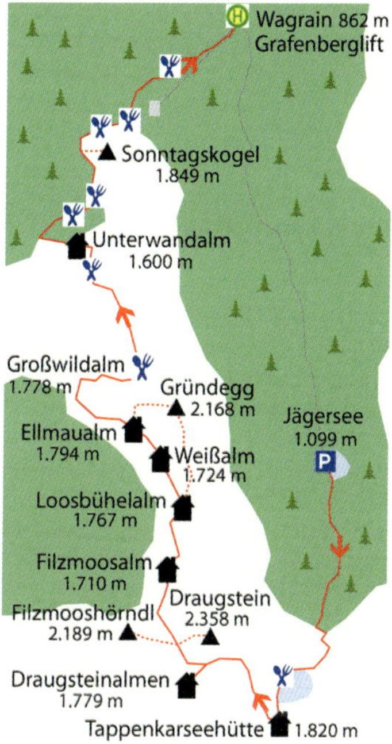

Direkt von der Tappenkarseehütte führt ein schmaler Steig (Nr. 702/721) zuerst steiler aufwärts in Richtung Karteistörl/Draugsteintörl. Schon bald zweigt der Weg Nr. 702 Richtung Draugsteintörl ab und führt unterhalb des Karteiskopfs (2203 m) stetig aufwärts bis zum Törl (2077 m), wo sich ein Holzkreuz befindet. (Gehzeit bis hierher ca. 1 h, 260 Hm). Der Abstecher zum Gipfel des Karteiskopfs ist bei guter Fernsicht sehr empfehlenswert (mittelschwierig, Auf- und Abstieg ca. ¾ - 1 h, 130 Hm). Wieder zurück am Törl, folgt man dem Weg Nr. 54/702a abwärts in ein kleines Hochtal, wo ein kleiner Bach fließt. Auf der rechten Seite thront der Draugstein (2358 m). Bei der nächsten Abzweigung wird der Höhenweg verlassen und es geht ca. 100 Hm abwärts zu den Draugsteinalmen, 1.779 m (ca. 1 h vom Draugsteintörl). Die linke Hütte ist die Schrambachhütte und die rechte die Steinmannhütte. Wenn man die letzten 100 Hm Abstieg (und nächsten Tag Aufstieg) zu den Draugsteinalmen nicht machen möchte, dann kann man von der Tappenkarseehütte weiter über den Filzmoossattel bis zur Filzmoosalm direkt gehen (Gehzeit von der Tappenkarseehütte - Filzmoosalm ca. 3 h, 440 m▲ 550 m▼), siehe Etappe 3.

Etappe 3

Draugsteinalmen - Filzmoosalm ●

1 ¾ - 2 ¼ h, 280 m▲ 350 m▼

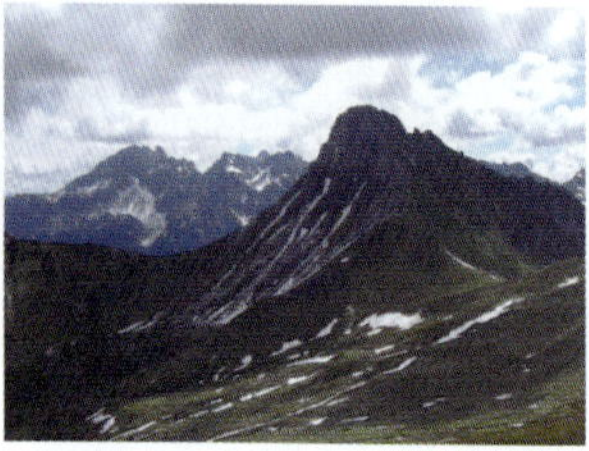

Von den Draugsteinalmen vorerst die 100 Hm von Etappe 2 wieder aufsteigen und dann nach links auf den Weg Nr. 720 weiter. Der Weg führt nun leicht ansteigend unterhalb der Südwestflanke des Draugsteins bis zum Filzmoossattel (2062 m). Der Abstecher auf den Draugstein (2358 m) ist schwierig, Auf- und Abstieg ca. 1 ½ - 2 h, ca. 300 hm. Achtung, der Weg ist schmal, steinig und zum Teil ausgesetzt und etwas für absolut Trittsichere und Schwindelfreie. Auf der gegenüberliegenden Seite des Draugsteins steht das Filzmooshörndl (2189 m), ein wundervoller Aussichtsberg, der einfacher zu steigen ist als der Draugstein. Trittsicherheit ist trotzdem erforderlich. Für den Aufstieg vom Filzmoossattel auf Weg Nr. 64 über die Filzmooshöhe (sehr schönes Gipfelkreuz) bis zum Gipfel des Filzmooshörndl, Auf- und Abstieg ca. 1 - 1 ½ h, 130 Hm. Nach dem Gipfel braucht man nicht mehr bis zum Sattel zurückzugehen, sondern kann gleich direkt zur Alm absteigen (gut ausgeschildert). Wer keinen Gipfel dazunehmen möchte, steigt direkt vom Filzmoossattel auf Weg Nr. 720 über schöne Almböden ca. 350 Hm bis zur Filzmoosalm ab.

Etappe 4

Filzmoosalm - Loosbühelalm ●

¾ - 1 ¼ h, 100 m▲ 40 m▼

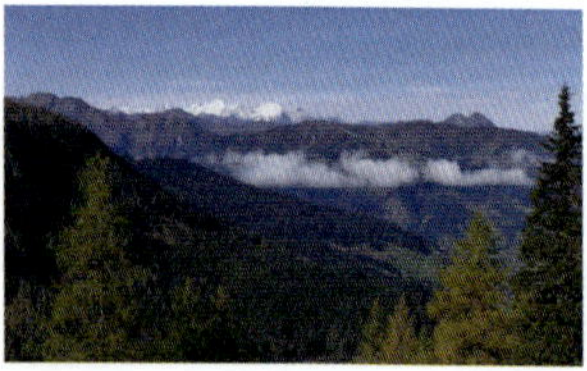

Von der Filzmoosalm geht es auf dem Weg Nr. 63 auf relativ gleich bleibender Höhe in Richtung Loosbühelalm. Bereits nach etwa 20 Min. wird die unbewirtschaftete Achtalm passiert. Weiter geht es über den sogenannten "Fleischgraben" im Wechsel zwischen Alm- und Waldböden zur Loosbühelalm. Der Weg

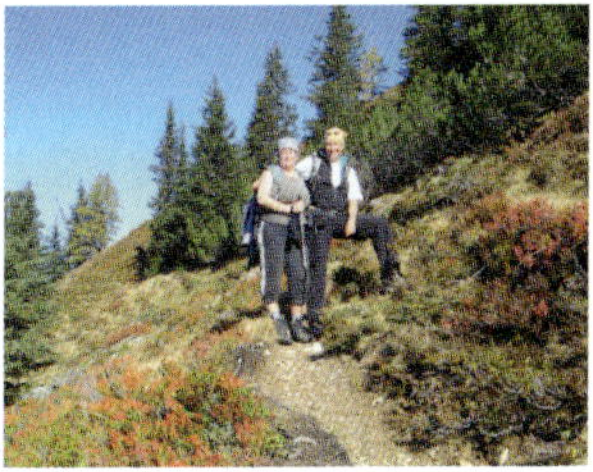

ist teilweise schmal und sehr ausgetreten. Die Etappen 4, 5 und 6 (von der Filzmoosalm bis zur Ellmaualm) empfehle ich zusammenzunehmen, da die Etappen sehr kurz sind. Grundsätzlich kann jedoch in jeder Etappe übernachtet werden. Gesamtgehzeit für alle 3 Etappen 1 ¾ - 2 ¼ h, 240 m▲ 150 m▼. Wer nicht den direkten Weg über den Pongauer Almweg gehen möchte, kann von der Loosbühelalm über eine wunderschöne Gipfeltour (Gründegg, 2168 m) bis zur Ellmaualm gehen. Sehr empfehlenswert, die Ausblicke sind grandios. Gehzeit: ca. 2 ½ - 3 h, Aufstieg 500 m, Abstieg 400 m, mäßig schwierig, aber sehr lohnend. Hier folgt man ab der Loosbühelalm dem Weg Nr. 60/64 relativ steil aufwärts und geht dann auf ziemlich gleichbleibender Höhe aussichtsreich am Kamm bis zum Gründegg, gut ausgeschildert. Danach Direktabstieg zur Ellmauhütte.

Etappe 5
Loosbühelalm - Weißalm ●

½ - ¾ h, 50 m▲ 100 m▼
Auf relativ gleichbleibender Höhe auf dem Weg Nr. 63 zur Weißalm.

Etappe 6
Weißalm - Ellmaualm ●

½ - ¾ h, 90 m▲ 20 m▼
Auch von der Weißalm geht es auf dem Weg Nr. 63 auf gleichbleibender Höhe bis zum Etappenziel weiter.

Etappe 7
Ellmaualm - Unterwandalm ●

2 ¾ - 3 ¾ h, 250 m▲ 440 m▼
Direkt von der Ellmaualm führt der Weg Nr. 63 hinüber bis zur unbewirtschafteten Henerbichlalm, wo der Weg dann etwas steiler bis zum Kartörl führt. Von hier hat man einen wunderschönen Ausblick auf den

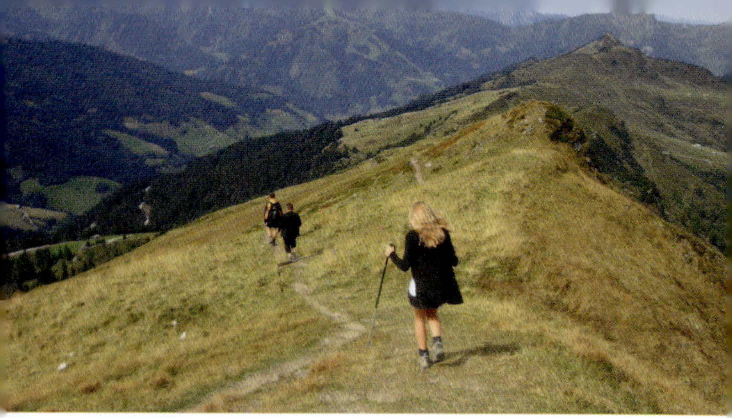

Hochkönig und zum Tennengebirge. Der Abstieg führt über die Spatalm und weiter über die Kleinwildalm, zwei unbewirtschaftete Almen, bis zur Großwildalm, wo man gut essen kann (bis hierher ca. 1 ½ - 2 h Gehzeit). Von der Großwildalm folgt man dem Güterweg abwärts bis zur 3. Serpentine, hier zweigt der Fahrweg zur Karseggalm nach rechts ab. Der ohne viel Höhenmeter verlaufende Weg folgt einer Forststraße durch einen sehr schönen Fichten-Hochwald bis zur bewirtschafteten, urigen Karseggalm. Ab der Alm geht es über einen schönen, leicht abwärts führenden Weg (Nr. 70) bis zur Unterwandalm. Auf der ganzen Etappe hat man wunderschöne Ausblicke aufs Großarltal.

Etappe 8

Unterwandalm - Wagrain ●

3 ½ - 4 ½ h, 270 m▲ 1010 m▼

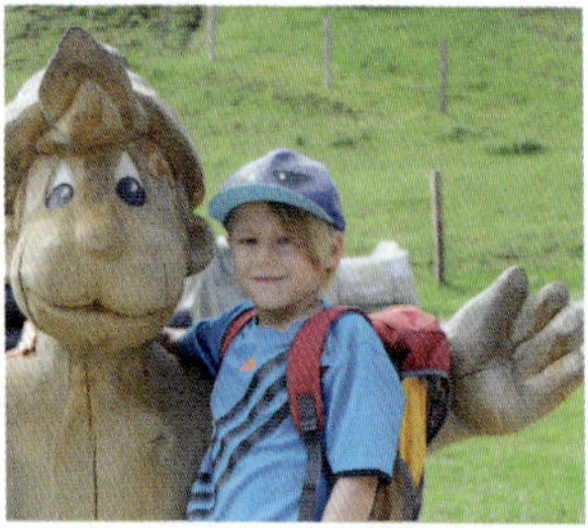

Von der Unterwandalm führt der Forstweg (Nr. 70) zur unbewirtschafteten Hochbruck Jagdhütte hinunter. Bei der Hütte dann nach rechts auf dem breiten Weg Nr. 71, vorbei an der bewirtschafteten Muggenfeldalm (Rothhofalm) bis zur Maurachalm. Hier wird der Salzburger Almenweg verlassen. (Möglichkeit, ihm weiter zu folgen: über Sonntagskogel zur Bergstation Grafenberg, zusätzlich 150 Hm und ½ h.) Nun über den Wagrainer Höhenweg, immer noch auf dem Weg Nr. 71 bis zur Kreuzung mit dem Weg Nr. 712 (führt von Alpendorf St. Johann herauf). Hier besteht auch die Möglichkeit, den Sonntagskogel (1849 m) zu besteigen (ca. ½ h, 150 Hm zusätzlich). Bei der Kreuzung führt der Weg zur Großunterbergalm zuerst leicht aufwärts und dann abwärts bis zur Alm und weiter bis zur Hachaualm. Ab der Großunterbergalm muss entschieden werden, ob man zu Fuß bis nach Wagrain gehen möchte oder doch mit der Bahn hinunterfahren (Zeitersparnis ca. 1 ½ - 2 h, 850 Hm Abstieg weniger). Für Kinder ist der Abenteuerspielplatz „Wagraini" ein absolutes Muss – unbedingt Zeit dafür einplanen. Besonders der Grafenbergsee ist eine Attraktion. Für alle, die zu Fuß gehen: dem Weg Nr. 713 von der Hachaualm abwärts, am Berggasthaus Höllenstein (1414 m) vorbei bis nach Wagrain folgen. Diesen Abstieg sollen wirklich nur ganz begeisterte GeherInnen machen, denn es geht hier einfach um das Gehen und nicht unbedingt um landschafltiche Schönheit. Besser die Bahn nehmen.

Hütten & Gaststätten:

Gasthof Jägersee
(1099 m), idyllisch, direkt am Jägersee gelegenes Gasthaus mit guter Küche, +43-6418-350, www.jaegersee.at, Weih. - Ende Mär., Anf. Mai - Mitte Okt.

Tappenkarsee Alm
(1768 m), alpines Gasthaus mit schöner Terrasse, direkt am See gelegen, +43-676-3409923, Jun. - Okt.

Tappenkarseehütte
(1820 m), großes Alpenvereins-Schutzhaus, etwas oberhalb des Sees gelegen, 32 Betten (2- und 4-Bettzimmer), 39 Lagerplätze (5-, 7-, 11-, 16-Platzlager), +43-664-5793178, www.tappenkarsee-huette.at, Anf. Jun. - Ende Sep.

Draugsteinalmen
zwei Almen, direkt am Fuße des Draugstein gelegen:

Steinmannhütte
(1779 m), schön gelegene Alm mit eigenen Bio-Produkten, Käserei und Bio-Hofladen, bei dem man sich mit Proviant eindecken kann, 10 Betten, +43-6417-265, www.steinmannbauer.at, Jun. - Ende Sep.

Schrambachhütte
(1779 m), gleich neben der Steinmannhütte gelegene Alm, viele hausgemachte Produkte, 15 Übernachtungsplätze, +43-664-7670652, Mitte Jun.–Ende Sep.

Filzmoosalm
(1710 m), sehr alte, urige Hütte, mit schöner Terrasse und guter Küche, 25 Schlafplätze, +43-664-3906640, Mitte Jun.–Anf. Okt.

Loosbühelalm
(1767 m), modernisierte Almhütte, hofeigene Produkte, großer Kinderspielplatz, 35 Betten, +43-6414-408, www.loosbuehelalm.at, auch im Winter geöffnet.

Weißalm
(1724 m), alte Hütte, die vor einigen Jahren stilgerecht restauriert wurde, 20 Lagerplätze im Komfortlager, +43-6414-411, +43-669-88787492, www.weissalm.at, Mitte Jun. - Mitte Okt.

Ellmaualm
(1794 m), alte, urige Almhütte mit selbstgemachten Produkten, 15 Schlafplätze, +43-664-4550411, www.ellmaualm-grossarl.at, Jun. - Anf. Okt.

Unterwandalm
(1600 m), sehr gemütliche Hütte mit Kinderspielplatz, 15 Lagerplätze, +43-664-2412908 oder +43-664-4536438, Ende Mai–

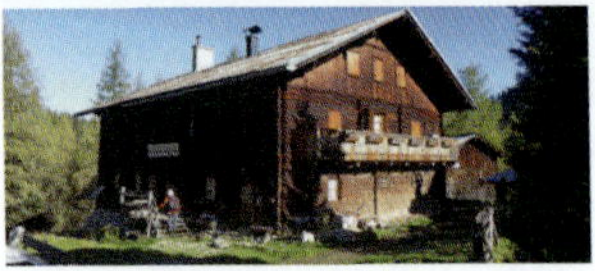

Mitte Okt.

Großwildalm
(1778 m), nette Sennhütte mit Produkten aus Eigenproduktion, +43-6414-333 oder +43-664-2240090, www.grossarltal.info/de/almen/grosswildalm.html, Jul.–Ende Aug.

Karseggalm
(1603 m), gemütlich und urig, älteste und ursprünglichste Hütte des Großarltales, ca. 400 Jahre alt, Kinderspielplatz und Streichelzoo, +43-664-9962188 oder +43-664-9150717, Anf. Jun. - Ende Okt.

Muggenfeldalm
(1545 m), bekannt für die guten Schnäpse, nette Terrasse, man kann Murmeltiere sehen, +43-6412-6423, Mitte Jun. - Ende Sep.

Maurachalm
(1620 m), auch hier sehr gute Schnäpse, viele hausgemachte Köstlichkeiten, +43-6414-293, Anf. Jun. - Mitte/Ende Okt.

Großunterbergalm
(1680 m), am Fuße des Sonntagkogel gelegene Hütte, +43-6413-20016 (Hütte) oder +43-664-5409946 (Tal), Jun. - Anf. Okt.

Hachaualm
(1640 m), neu errichtete Alm nahe der Bergstation Grafenberg gelegen, gute Küche, +43-664-3562465, Jun. - Sep.

Berggasthof Höllenstein
(1420 m), direkt neben der Gondelbahn gelegenes Alpengasthaus, mit guter Küche und schöner Terrasse, 10 Doppelzimmer, +43-6413-8446, www.hoellenstein.at, ganzj. geöffnet, Betriebsurlaub abklären.

Infos:

Tourismus Wagrain/Kleinarl
+43-6413-8448,
www.wagrain-kleinarl.at.

Tourismus Großarl
+43-6414-281,
www.grossarltal.info.

Bergbahn Grafenberg
Wagrain, hier auch Infos zum Abenteuerspielplatz Wagraini's Grafenberg, +43-6413-8238, www.bergbahnen-wagrain.at, Mitte Jun. - Anf. Okt., Vor- & Nachsaison nur an bestimmten Tagen geöffnet.

Taxi Wagrain
+43-6413-7200,
www.taxi-wagrain.at.

Anfahrt:

Tauernautobahn (A10) von Salzburg Richtung Villach, Ausfahrt Flachau, über die Wagrainer Straße/B163 bis nach Wagrain oder über die Pinzgauer Straße/B311 von Bischofshofen Richtung Lofer, in St. Johann auf die Wagrainer Straße/B163. Weiter nach Kleinarl. Durch Kleinarl und weiter bis zum Jägersee (Navi: Österreich, 5603 Kleinarl, Jägersee). Ich empfehle das Auto in Wagrain, bei der Talstation Grafenberglift (Navi: Österreich, 5602 Wagrain, Markt 59) zu parken und weiter mit dem Bus oder dem Taxi bis zum Jägersee (Bus) oder bis zur Schwabalm (Taxi) zu fahren. Siehe Infobox.

Bus & Bahn:

Direktverbindung (ÖBB) von Salzburg Richtung Schwarzach/St. Veit, in St. Johann umsteigen in den Bus Nr. 530 bis nach Kleinarl/Jägersee, hält auch an der Talstation Grafenberglift, Wagrain.

Ausgangspunkt:
AP Parkplatz Jägersee, EP Talstation Grafenberglift.

13. Der Hochkönig

Auf den Spuren des Mankei (Murmeltiers)

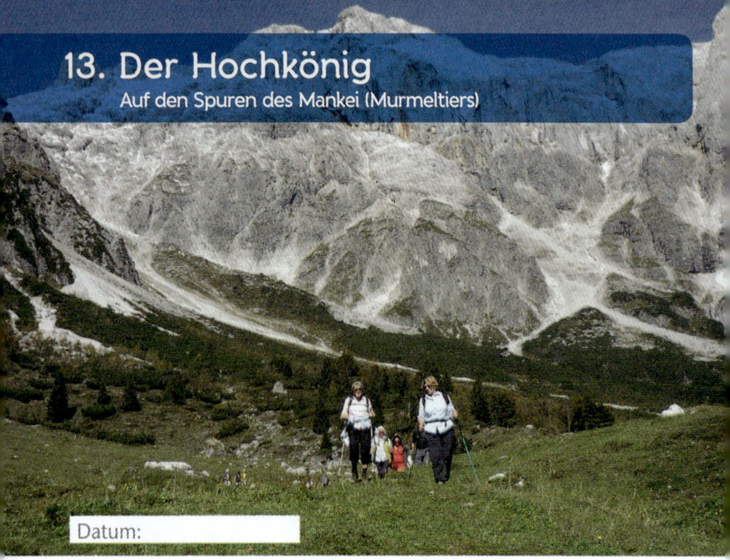

Datum:

Etappen: 5	Dauer: 28 km; 11 -14 h	1100▲ 1600▼
technische Anf.: ★★★☆☆	Kondition: ★★★☆☆	Alter: ab 8 Jahren

Der Hochkönig ist, wie viele Kalkgebirge, durch schroffe Bergspitzen gekennzeichnet. Am Fuße des Massivs, auf der sonnigen Südseite, befindet sich auf einer Seehöhe zwischen 1300 und 1600 m ein schöner Wanderweg. Die Tour beginnt in einem Seitental (Hinterthal) mit einem Schmetterling-Themenweg und führt dann im leichten Auf und Ab über unzählige kleinere und größere Almwirtschaften zu einem Berghotel (Arthurhaus), das als Ausgangspunkt für viele Touren dient, so z.B. Murmeltier-Themenweg. Konditionsstarke gehen den Höhenweg, der praktisch stetig den Hang quert, an einem Tag, die vielen Almhütten laden jedoch allesamt zu einer gemütlichen Rast ein, fast also eine Almhüttentour. Der Abstieg ins Tal (1140 Hm, Etappe 5) kann gut mit dem Bus gemacht werden. Übernachtungen sollten auch hier lange im Voraus gebucht werden.

Et.	Strecke	Anf.	Technik	Kond.	Zeit in h km	Hm▲▼
1	Hinterthal 1020 m Pichlalm 1434 m	●	★★★☆☆	★★★☆☆	2-2¾ 3,9	480 m 70 m
2	Pichlalm 1434 m Erichhütte 1545 m	●	★★★☆☆	★★☆☆☆	1½-2 3,3	240 m 130 m
3	Erichhütte 1545 m Arthurhaus 1499 m	●	★★★☆☆	★★★☆☆	3-4 9,4	210 m 260 m
4	Arthurhaus 1499 m Mitterfeldalm 1669 m	●	★☆☆☆☆	★☆☆☆☆	¾-1 1,9	170 m keine
5	Mitterfeldalm 1669 m Pfarrwerfen 530 m	●	★★★☆☆	★★★★☆	3-4 9,5	keine 1140 m

Schwierigkeitsgrad:

Mittel. Großteils sehr gut ausgebaute, nicht ausgesetzte Steige. Einige Male werden steinige Geröllrinnen gequert, jedoch nicht schwierig. Gut markiert.

Knieschonende Variante:	Durch die Bewältigung der letzten Etappe mit dem Bus (1140 Hm Abstieg) wird die Tour knieschonend. Die Wege queren zumeist den Hang, bis auf einen tiefen Graben (ca. ¼ h Abstieg).
Kinder:	Für Kinder ab ca. 8 Jahren. Viele Hütten mit Kinderspielplatz. Attraktionen: Schmetterling-, Murmeltier- und Wald-Themenweg. Die letzte Etappe besser mit dem Bus ab dem Arthurhaus absolvieren.

Jahreszeit:

In der schneefreien Zeit von Anfang Juni - Anfang/Ende Oktober. Öffnungszeiten beachten.

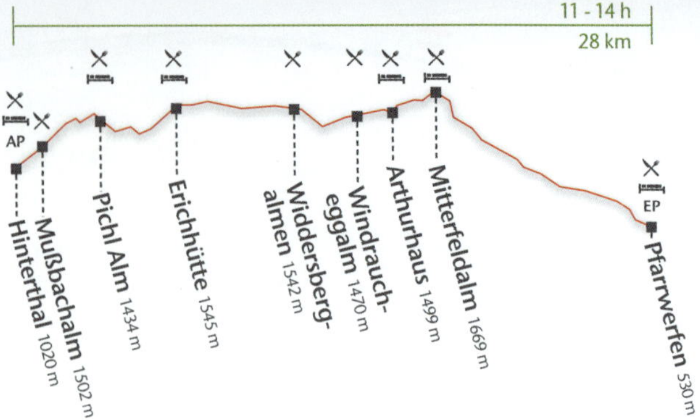

Etappe 1

Hinterthal - Pichlalm ●

2 - 2 ¾ h, 480 m▲ 70 m▼

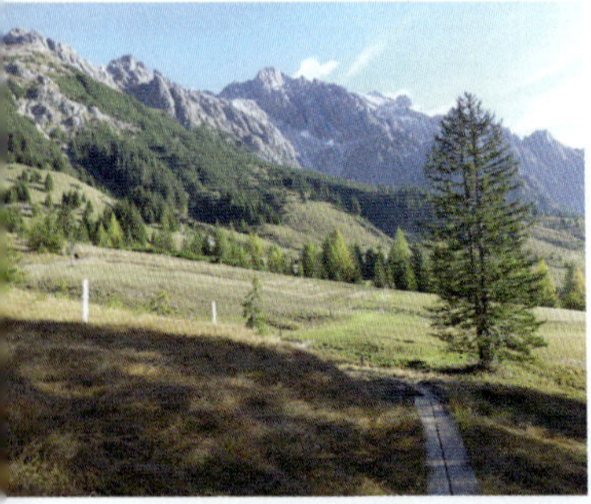

Von der Bushaltestelle in Hinterthal geht es zuerst in Richtung Kirche und kurz davor nach rechts, auf den Weg Nr. 401A, vorbei am Ghf. Obermußbach in Richtung Mußbachalm (1502 m). Bereits nach ca. 10 Minuten beginnt der Schmetterlingsweg, wo auf ca. 3 km viel Wissenswertes über Schmetterlinge gebracht wird. Die duftenden Blumenwiesen locken eine Vielzahl von ihnen an. Ob groß oder klein, jeder kann sich hier als Schmetterlingsforscherin betätigen, was sehr spannend ist. Nach etwa 30 Minuten auf dem Schmetterlingsweg (wenn man die Schautafeln anschaut, dann dementsprechend länger) gelangt man bereits auf die bewirtschaftete Mußbachalm, die zu einer Pause mit heimischen Produkten einlädt. Gleich nach der Alm steht noch eine Schautafel, wo es ein Quiz zum Thema Schmetterlinge gibt. Weiter geht es aufwärts, bei der Kreuzung mit dem Weg Nr. 436 (von der Poschalm) nach rechts Richtung Pichlalm. Der Almweg wird zu einem schönen Waldweg und führt durch ein sehr schönes Hochmoor bis zur kleinen Pichlalm.

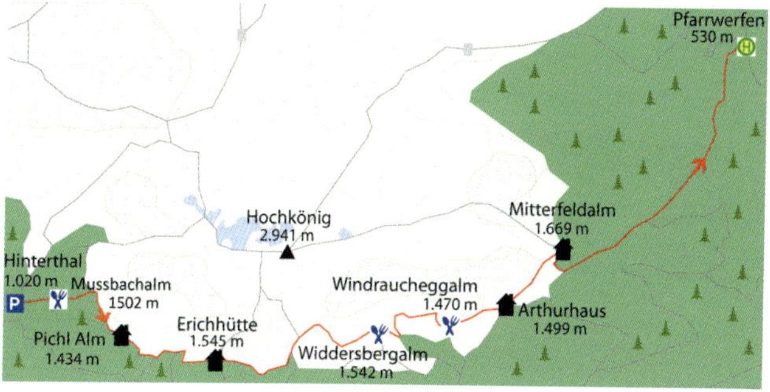

Etappe 2

Pichlalm - Erichhütte ●

1 ½ - 2 h, 240 m▲ 130 m▼

Von der Pichlalm führt der Weg Nr. 436/401A vorerst den Forstweg abwärts, bis zur unbewirtschafteten Mittereggalm, wo gegenüber der Wanderweg zur Erichhütte beginnt. Dieser führt am Anfang über schöne, blühende Almböden und dann durch lichte Wälder mit Latschen dazwischen. Teilweise ist der Weg schmal, aber nicht ausgesetzt. Bei Nässe erhöhte Vorsicht walten lassen. Bei einem tiefen Graben, zeitweise wasserführend, muss man leider bis zum Talgrund absteigen, damit dieser überquert werden kann. Immer wieder gibt es Thementafeln mit Erklärungen zur Natur, zum Wald und zur Geologie. Der Weg führt durch Latschen aufwärts, am Baumtelefon (unbedingt ausprobieren) und an einer Quelle, wo die Wasserflaschen aufgefüllt werden können, vorbei. Es folgen noch weitere Erosionsrinnen und auch Bachläufe, die gequert werden. Zum Teil erleichtern Brücken das Passieren. Die letzte ½ - ¾ h geht es dann nochmals ca. 200 Hm durch einen schönen Wald und über Almwiesen aufwärts zur beliebten Alpenvereinshütte.

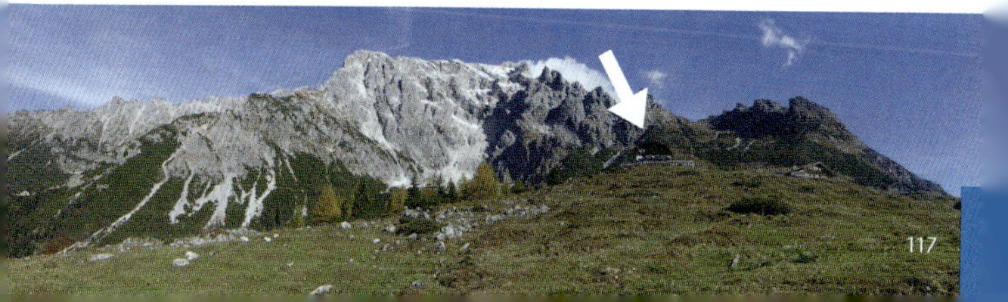

Etappe 3
Erichhütte - Arthurhaus ●

3 - 4 h, 210 m▲ 260 m▼

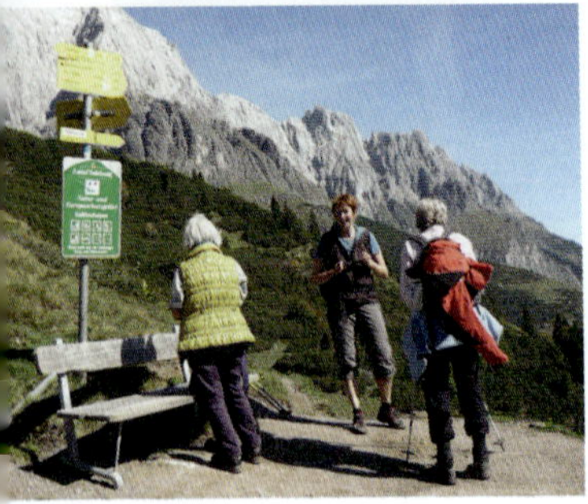

Von der Hütte führt der Weg über eine Almwiese direkt zu einem Gipfelkreuz, wo eine speziell errichtete kreisförmige Raststelle aus Naturholz zum bewussten Verweilen und „Begegnen" einlädt (Station 4 des Gesund- und Schlankwanderweges am Hochkönig). Nach beliebigem Innehalten geht es auf relativ gleicher Höhe, durch duftendes Latschengebüsch mit schönen Lärchen und Buchen durch die Kalkhochalpen, mit wunderbaren Ausblicken auf die Hochkönig-Südwände und den Alpenhauptkamm. Weiter geht es in einen tiefen Taleinschnitt, das Birkkar, wo riesengroße Felsblöcke von einem lang zurückliegenden Felssturz berichten. Der Weg führt auch über einige breite Schotterfelder, die aber sehr einfach zu überqueren sind. Der Almweg geht dann weiter auf und ab, bis zu den Widderbergalmen (1542 m), wo verschiedene Almen mit typischen Almschmankerln aufwarten. Auch kann man hier seine Trinkflaschen auffüllen. Bis zum Arthurhaus sind es noch etwa 1 ¼ - 1 ¾ h Gehzeit. Von den Almen geht es vorerst etwas steiler ins Riedingtal abwärts, der Weg ist zwar zeitweise schmal und etwas steinig, aber nicht schwierig zum Begehen. Im Riedingtal gibt es einen sehr schönen Wasserfall, wo man gut hinwandern kann, sehr empfehlenswert, um müde Wandererbeine zu erfrischen (Zustieg auf der rechten Seite des Riedingbaches, ca. 15 - 20 Min., wenige Höhenmeter aufwärts). Wieder auf dem Weg zurück, passiert man eine

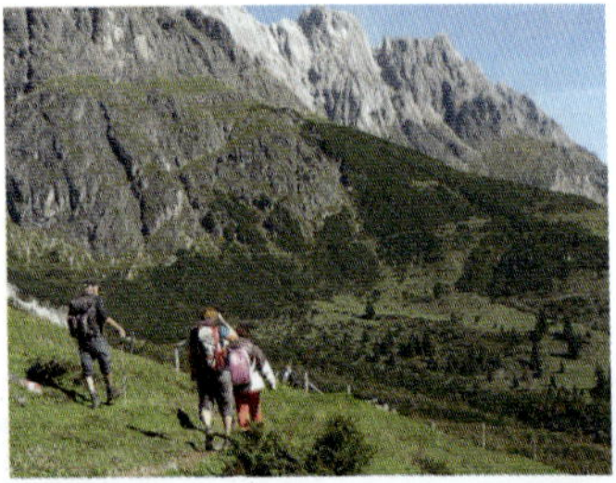

Infotafel des Skispringers Sepp (Buwi) Bradl, der hier im Riedingtal ein Trainingszentrum errichtet hat. Der Weg wird immer breiter, geht über in einen Forstweg und passiert noch die Windraucheggalm (1470 m), die letzte Einkehrmöglichkeit vor dem Arthurhaus. Die letzten 20 - 30 Minuten verlaufen auf einem breiten Forstweg, der kaum mehr Höhenmeter macht, über schöne Almwiesen unterhalb der Mandlwände, bis zum Berghotel Arthurhaus. Es bietet sich auch an, hier Station zu machen, Etappe 4 zur Mitterfeldalm als Tagesausflug (gleicher Rück- wie Hinweg) zu nehmen und dann mit dem Bus ins Tal zu fahren.

Etappe 4

Arthurhaus - Mitterfeldalm ●

¾ - 1 h, 170 m ▲ keine m ▼

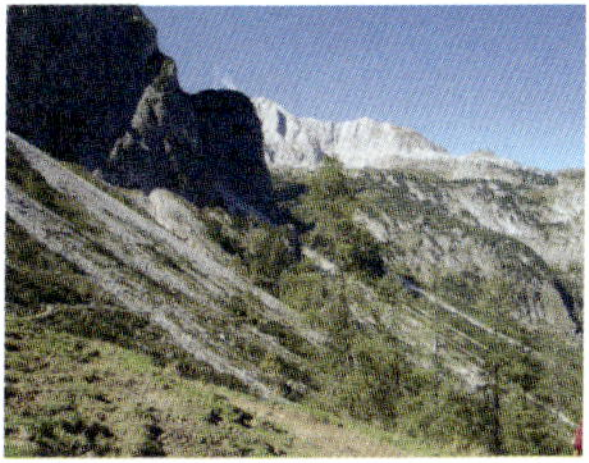

Direkt vom Arthurhaus, hinter der Sennerei Schweizerhütte führt ein breiter Schotterweg (Nr. 401A/430) stetig aufwärts bis zur Mitterfeldalm. Auf diesem Wegabschnitt ist man selten alleine, denn diese Wanderung bietet neben einer netten Einkehrmöglichkeit auch ein sehr alpines Ambiente und das bei ganz einfachem Zustieg.

Etappe 5

Mitterfeldalm - Pfarrwerfen ●

3 - 4 h, keine m ▲ 1140 m ▼

Dieser Abstieg führt über die Etappe Nr. 1 des Pongauer Almenweges (Schilder mit einem blauen Enzian), der von Pfarrwerfen bis zum Arthurhaus und weiter durch den gesamten Pongau (350 km, 550 bewirtschaftete Almen) führt. Von der Mitterfeldalm geht ein

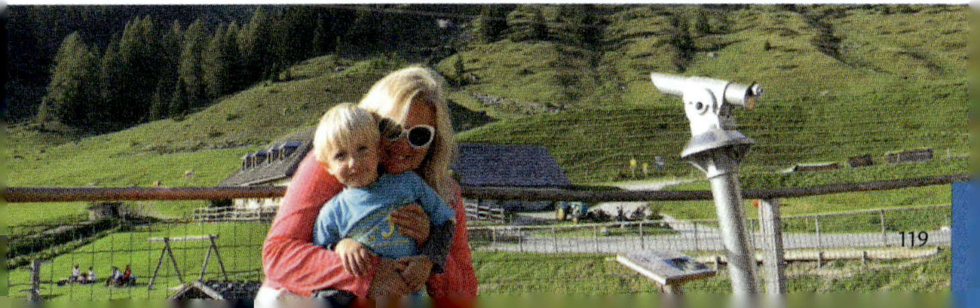

Steig mit der Nr. 83 zuerst relativ eben bis zu einem Abgrund. Jetzt wird es steiler und auch anspruchsvoller, aber nicht wirklich schwierig. Der Weg zur unbewirtschaftetenStegalm (1423 m) bietet immer wieder wundervolle Ausblicke auf die Täler und Berge rundherum. Im Juni, Juli und August blühen hier besonders prächtige Türkenbundlilien und im Spätsommer/Herbst findet man mit etwas Glück Steinpilze und Eierschwammerl (Pfifferlinge). Bei der Stegalm geht es bei einer Abzweigung nach links, immer wieder durch schattige Wälder und über freies Almgelände abwärts in Richtung Grünmaißalm/Pfarrwerfen. Bei der unbewirtschafteten Grünmaißalm wird der Weg breiter und führt über eine große Lichtung, immer entlang eines schönen, dichten Waldes. Nach der Lichtung gelangt man wieder auf den Weg Nr. 401A/435 (von der Mitterfeldalm über die Steinalm, dieser Abstieg ist auch schön und nicht allzu schwierig). Immer wieder wird der Weg schmäler und kürzt die Forststraße ab. Dort wo der Weg zum Jagdhaus Hölln geht, nach rechts abbiegen und dann lange durch das Höllental, immer leicht abwärts. Leider ist das Gasthaus Hölln, das direkt am Weg liegt, nicht mehr bewirtschaftet. Im Gebiet von Reitsam geht der Forstweg über in einen Asphaltweg, vorbei an schönen Bauernhöfen, direkt zwischen den Kuhweiden durch. Vorbei an der Häuseransammlung Oberschwabegg (745 m) mit schöner Aussicht auf das Tennengebirge. Der Asphaltweg geht in einen steileren Güterweg über, der bis zum Reitsamerhof an der Bundesstraße führt. Dort nach rechts, bis zu einer Brücke über die Salzach und dann wiederum links, über die Brücke drüber, auf der rechten Seite dann der Bahnhof von Pfarrwerfen.

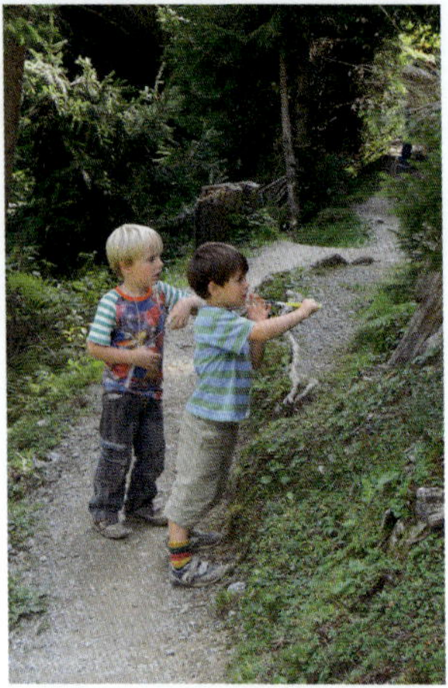

Weitere Tourenmöglichkeiten:

Auch im Hochköniggebiet sind die Gipfel rund um die Hütte oftmals sehr schwierig. Pichlalm: Lausköpfe (2190 m) ●, (für Anfängerinnen und Kinder unter 14 nicht geeignet, Trittsicherheit und Schwindelfreiheit unbedingt erforderlich), Aufstieg 2 - 2 ½ h, 750 Hm. Erichhütte: Taghaube (2159 m) ●, (ab 14, auch hier nur für trittsichere und schwindelfreie Bergeherinnen) Aufstieg 2 - 2 ½ h, 600 Hm. Arthurhaus: Hochkeil (1782 m) ●, Aufstieg 1 - 1 ¼ h, 280 Hm.

Hütten & Gaststätten:

Mußbachalm
(1502 m), Almhütte, mit eigener Käserei, liegt direkt am Schmetterlingsweg, +43-664-1268163, geöffn. zur Almsaison.

Pichlalm
(1434 m), sehr einfache und gemütliche private Berghütte, mit gutem Essen aus eigener Almwirtschaft, kleiner Kinderspielplatz vor der Hütte, wenige Schlafplätze, +43-6584-8165, von Ende Mai - Ende Okt.

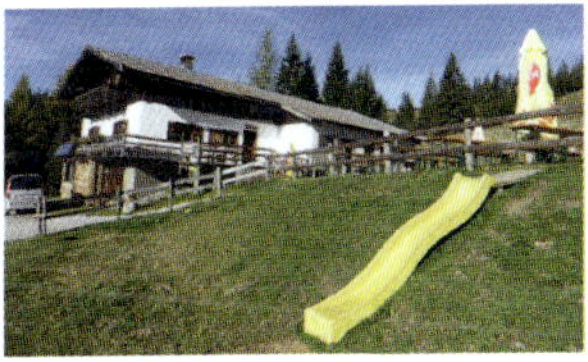

Erichhütte
(1545 m), sehr schön gelegene Alpenvereinshütte der Sektion Dienten Lend, 28 Schlafplätze, +43-664-2643553, www.alpenverein.at (unter Berg aktiv, Hütten), von Mitte Mai - Ende Okt.

Widdersberghütten (Vier Hütten)
(1542 m), diverse Almhütten, mit eigenen Almprodukten, Brandstätthütte +43-664-2743726, Molterauhütte +43-681-10725567 oder Schartenhütte +43-664-5148886, Anf. Juni - Anf./Mitte Okt.

Windraucheggalm
(1470 m), +43-664-2820236, Anf. Juni - Anf./Mitte Okt.; www.windraucheggalm.at

Arthurhaus
(1499 m), Berghotel mit sehr schönen Komfortzimmern (Zirbenholz), Saunabereich, eigene Sennerei, kinderfreundlich mit Streichelzoo, Spielplatz und den zahmen Murmeltieren „Fraufred und Manfred“, 29 Zimmer, mit Dusche/WC, TV und Telefon,

+43-6467-7202, www.arthurhaus.at, Mitte Mai - Ende Okt. und Anf. Dez. - Mitte Apr.

Mitterfeldalm
(1669 m), diese private Hütte liegt direkt unter den Mandlwänden, wegen der einfachen Erreichbarkeit viele Tagesgäste, gute Küche, 25 Lagerplätze, +43-664-6438077, www.mitterfeldalm.at, Mitte Mai - Ende Okt.

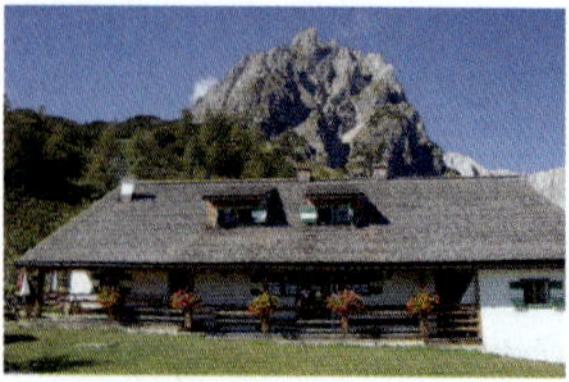

Infos:

Tourismus Hinterthal
Maria Alm, +43-6584-2038821, www.maria-alm.at.

Tourismus Pfarrwerfen
+43-6468-5390, www.pfarrwerfen.at.

Info zur Region
Hochkönig und Info Wanderbus (Saalfelden-Arthurhaus, über Hinterthal) von Mitte Mai - Anf. Nov., in der Nebensaison zum Teil Rufbus! Tel. +43-6467-7249 (60 Min. vorher), www.hochkoenig.at.

Taxi Pfarrwerfen
+43-6468-5381 / +43-6462-20333.

Taxi Maria Alm/Saalfelden
+43-664-3344888 oder +43-06584-2010.

Anfahrt:

Tauernautobahn (A10) von Salzburg Richtung Villach, am Autobahnkreuz Knoten Pongau/Bischofshofen weiter bis zur Ausfahrt Mühlbach/Dienten, dann auf der Hochkönigstraße/B164 bis nach Hinterthal. Autobahn (A8) von München Richtung Salzburg, Autobahnkreuz Inntal Richtung Innsbruck, in Wörgl abfahren auf die Loferer Straße/B178 bis St. Johann, dort weiter auf der Hochkönigstraße/B164 durch Saalfelden bis nach Hinterthal. Oder auf der A8 weiter Richtung Salzburg, Ausfahrt Traunstein/Siegsdorf auf die B306 in Richtung Inzell, dort weiter (div. Bundesstraßen) nach Lofer, Saalfelden, Maria Alm und Hinterthal. Inntalautobahn (A12) vom Westen kommend, bis Ausfahrt Wörgl, siehe oben. Gut ausgeschildert. (Navi: Österreich, 5761 Hinterthal, Untere Sonnleiten). Je nachdem, zu welcher Tageszeit man ankommt, mag es vielleicht praktischer sein, das Auto beim Endpunkt der Wanderung (Bahnhof Pfarrwerfen) abzustellen.

Bus & Bahn:

Direktverbindung (ÖBB) von Salzburg Richtung Wörgl, umsteigen in Lend auf Bus Nr. 631 bis Dienten und dann weiter mit Bus Nr. 620 nach Hinterthal (bei Maria Alm) oder umsteigen in Saalfelden Bus Nr. 620 nach Hinterthal. Im Sommer gibt es einen Wanderbus (Nr. 633) von Saalfelden zum Arthurhaus (mit Anschluss nach Bischofshofen). Rückkehr: Pfarrwerfen zurück ins Hinterthal: mit dem Zug entweder nach Lend oder nach Saalfelden und dann weiter mit Bus oder Wanderbus nach Hinterthal (siehe oben). Ab Arthurhaus mit dem Bus nach Mühlbach a. Hochkönig und dann nach Saalfelden oder Bischofshofen.

Ausgangspunkt:

AP Hinterthal (bei Maria Alm) Ortszentrum, EP Pfarrwerfen Bahnhof.

Am Wegrand:
Vom Meer zu den Alpen
Kalkgestein – Entstehung

Vor über 250 Millionen Jahren lag das Gebiet rund um den Hochkönig nahe dem Äquator. Wo ihr euch jetzt befindet, war einmal ein großes Meer, die sogenannte Thetys. Das Klima war extrem heiß, beinahe tropisch. Mikroorganismen, Schalen von kleinen Muscheln und Korallenstöcke sind abgestorben und zu Boden gesunken. Über Jahrtausende haben sich diese Kleinstlebewesen abgelagert. Die Schicht wurde immer dicker. Irgendwann wurde die Thetys dann kleiner, bis das Wasser vollständig verschwand. Durch die Verschiebung der Kontinente kam der Hochkönig dann irgendwann auf den Platz, wo er jetzt steht, und durch enormen Druck hat sich das Gebirge aufgefaltet. Im Kalkgebirge sind viele Höhlen (Dolinen) und das Wasser versickert schnell.

14. Nationalpark Hohe Tauern

Auf den Spuren der Goldgräber im Rauristal

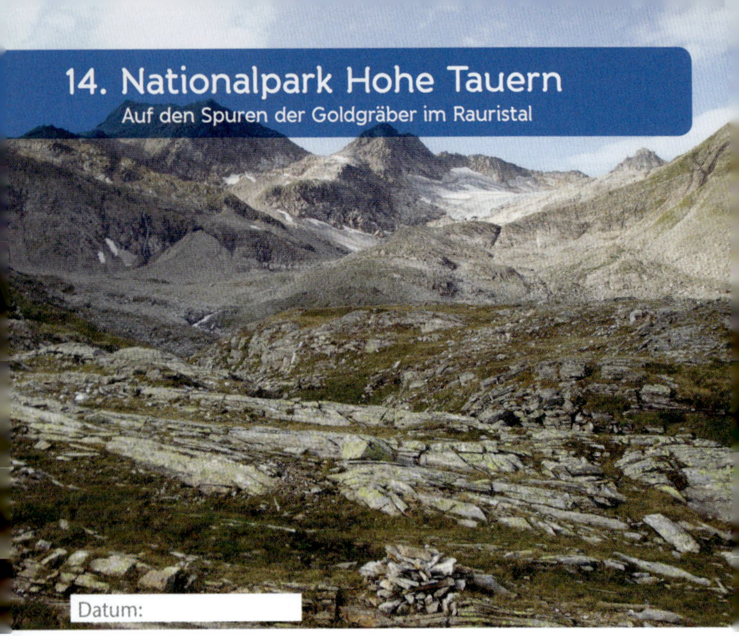

Datum:

Etappen: 4	Dauer: 20 km; 8 - 11 h	1160▲ 1160▼
technische Anf.: ★★★☆☆	Kondition: ★★★☆☆	Alter: ab 10 Jahren

Dies ist eine einmalig schöne Tour. Sie ist sehr abwechslungsreich und führt an Wasserfällen und Tümpeln vorbei. Bereits der Aufstieg über den Knappensteig ist empfehlenswert. Wer sich diese Etappe trotzdem sparen möchte, kann mit dem Auto bis zum Parkplatz Lenzanger (mit dem Bus noch weiter, bis Kolm Saigurn) fahren, siehe knieschonende Variante. Die zwei weiteren Etappen sind kurz, es gibt jedoch wunderbare Erlebniswege von den Hütten aus, für die sich allein schon eine Anreise auszahlt. So befindet sich beim Start beim Bodenhaus ein Goldwaschplatz. Am weiteren Wegverlauf gibt es den Tauernerlebnis/Gletscherweg, den 200 Jahre alten Rauriser Urwald und den Themenweg UrQuell – alles in der herrlichen Gegend des größten Nationalparks Österreichs.

Et.	Strecke	Anf.	Technik	Kond.	Zeit in h km	Hm▲▼
1	Mautstelle Bodenhaus 1230 m Kolm Saigurn 1598 m	●	★★★★★	★★★★★	2-2¾ 5,5	390 m 30 m
2	Kolm Saigurn 1598 m Neubau 2176 m	●	★★★★★	★★★★★	2-2¾ 2,5	580 m keine
3	Neubau 2176 m Gainschniggalm 1750 m	●	★★★★★	★★★★★	1¼-1¾ 3,3	keine 430 m
4	Gainschniggalm 1750 m Mautstelle Bodenhaus 1230 m	●	★★★★★	★★★★★	3-3¾ 8,7	190 m 700 m

Schwierigkeitsgrad:

Mittel. Gut ausgebaute und markierte Wege. Der Aufstieg über den Barbarafall überwindet zwei Steilstufen, die steinig, schmal und etwas ausgesetzt sind. Der Abstieg in Etappe 4 ist steinig und steil, kann aber umgangen werden.

Knieschonende Variante:	Start beim P Lenzanger in Kolm Saigurn, dadurch wird der steile Abstieg von der Mitterastenalm (Ende Etappe 4) gespart. Dann direkt von der Gaintschniggalm über den Rauriser Urwald absteigen und mit dem Bus von Kolm Saigurn bis Bodenhaus (Abstieg 150 Hm, ca. ½ - ¾ h).
Kinder:	Für Kinder ab ca. 10 Jahren. Attraktionen: Goldwaschen, Themenwege (Tauerngold, Gletscherpfad, Urquell), Rauriser Urwald.

Jahreszeit:

Das Naturfreundehaus Neubau liegt im hochalpinen Bereich und hat eine relativ kurze Zeitspanne offen, von Mitte Jun. - Ende Sep.

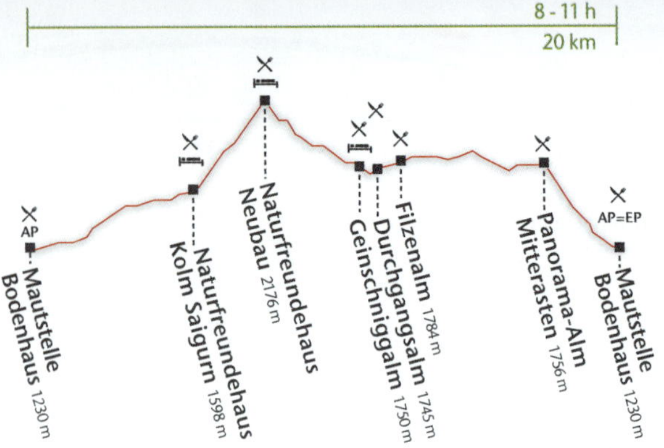

Etappe 1

Mautstelle Bodenhaus - Kolm Saigurn ●

2 - 2 ¾ h, 390 m▲ 30 m▼

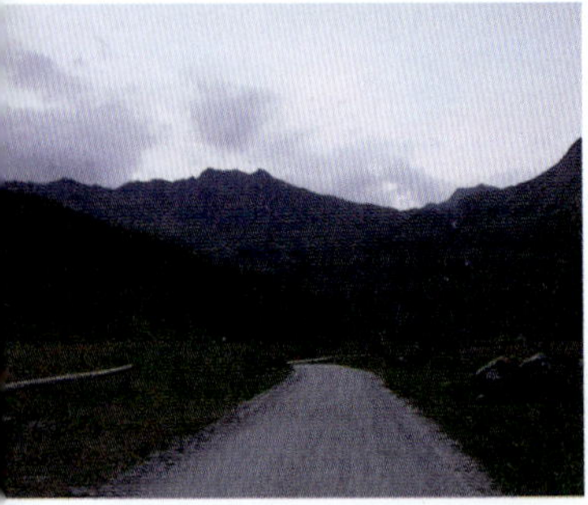

Die Tour beginnt beim Parkplatz des Gasthofs Bodenhaus, direkt an der Mautstelle. Zuerst geht man ca. 200 Meter auf der Zufahrtsstraße in Richtung Kolm Saigurn, bis links weg ein Pfad zum Goldwaschplatz führt. Hier an der Hüttwinklache gibt es die Möglichkeit, sein Glück zu versuchen (Informationen siehe Infobox. Wir empfehlen jedoch, Goldwaschen erst für das Ende der Tour einzuplanen oder wenn ohnehin eine Übernachtung in Rauris geplant wurde). Kurz nach dem Goldwaschplatz noch einige Meter auf der Straße entlang, bevor ein Weg nach rechts in den Wald führt. Der Weg Nr. 29 ist breit und sehr einfach zu begehen und führt in angenehmer Steigung den Durchgangswald aufwärts. Nach ca. 1 ½ h ist der Parkplatz Lenzanger erreicht, von dem aus das Knappendorf Kolm Saigurn und das Naturfreundehaus auf einer Schotterstraße in etwa ½ h erreicht wird.

Etappe 2
Kolm Saigurn - Naturfreundehaus Neubau ●

2 - 2 ¾ h, 580 m ▲ keine m ▼

Vom Naturfreundehaus in Kolm Saigurn beginnt gleich hinter dem Haus der vorerst flache Zustieg bis zum Ende des Tales. Der Weg (Nr. 122) führt anfangs flach und einfach durch einen lichten Wald, quert dann einen schönen Bach und wird dann zunehmend steiler und auch anspruchsvoller. Vorbei geht's am Barbarafall, einem sehr beeindruckenden Wasserfall, der besonders im Frühjahr und nach Regenfällen besonders mächtig ist. Gleich danach kommt eine Steilstufe, die Trittsicherheit erfordert. Zwischen den zwei Steilstufen ist die Wegführung flacher und geht über schöne Almflächen, die sogenannten Melcherböden. Von dort sind es noch ca. 45 Minuten bis zum Schutzhaus. Kurz unterhalb der Hütte wird es noch einmal steiler, auch hier ist Trittsicherheit sehr wichtig. Bei der letzten Abzweigung nach rechts in ein paar Minuten zum Etappenziel. Vom Naturfreundehaus aus kann der empfehlenswerte Tauerngold Erlebnisweg/Gletscherpfad mit den Themen Bergbau und Gletscher besucht werden, siehe Tourenmöglichkeit von der Hütte aus.

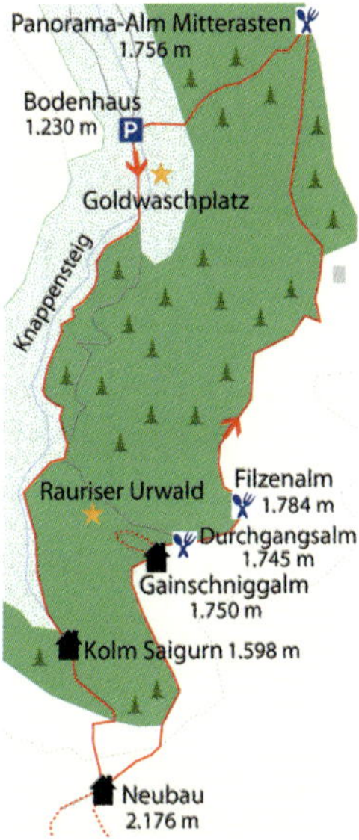

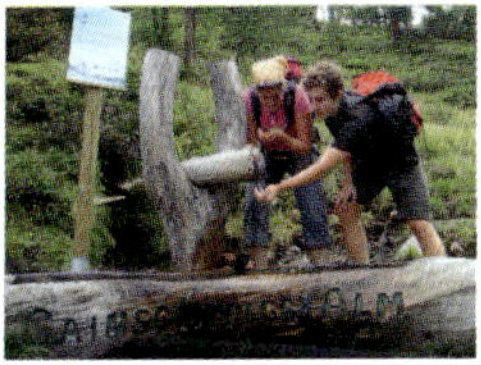

Etappe 3
Naturfreundehaus Neubau - Gainschniggalm ●

1 ¼ - 1 ¾ h, keine m ▲ 430 m ▼

Der Abstieg vom Schutzhaus Neubau erfolgt über den einfacheren Naturfreundeweg (Nr. 119) in Richtung Kolm Saigurn. Der Großteil des Abstiegs ist breit, einfach zu gehen und führt wieder über die Melcherböden. Es

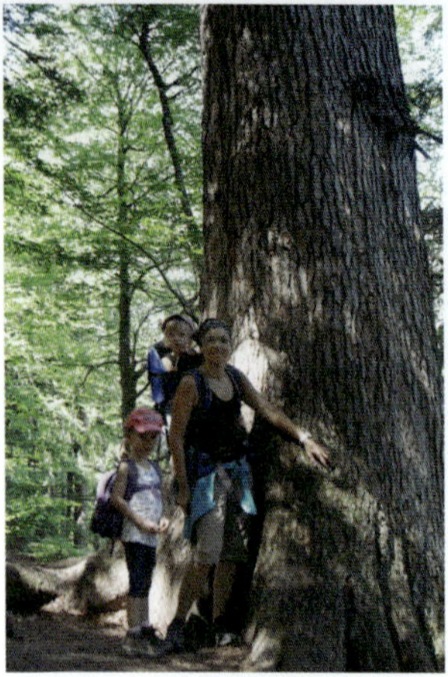

gibt jedoch immer wieder schmale, steinige und ausgesetzte Passagen. Hier bitte besondere Vorsicht und Kinder an der Hand führen. Weiter unten geht es auf einem angenehmen Weg in einen lichten Wald hinein. Bei einer starken Linkskurve führt ein schmaler Steig geradeaus weiter in Richtung Gainschniggalm und Durchgangsalm. Von hier ist das Etappenziel in ca. 5 min. erreicht. Die Gainschniggalm liegt nahe dem Rauriser Urwald, der unbedingt einen Besuch wert ist. Kurzbeschreibung des schönen, gut beschilderten Rundwanderwegs in den „Urwald", siehe Tourenmöglichkeiten von der Hütte aus.

Etappe 4

Gainschniggalm - Mautstelle Bodenhaus ●

3 - 3 ¾ h, 190 m▲ 700 m▼

Von der Gainschniggalm einige Meter abwärts bis zum Zufahrtsweg zur Durchgangs- und Filzenalm. Diesem Weg (Nr. 24) nun nach rechts aufwärts bis kurz unterhalb der Filzenalm folgen. Dort dann nach links immer abwechselnd über Almböden und durch lichte Wälder auf relativ gleichbleibender Höhe weiter. Immer wieder geht man an Almen vorbei, die aber nicht bewirtschaftet sind. Bei der bewirtschafteten Panorama-Alm Miterastenalm verlässt der Weg den Höhenweg und führt steil abwärts bis zum Bodenhaus. Der Abstieg (Weg Nr. 25) durch einen ursprünglichen, alten Wald ist etwas anspruchsvoller, aber nicht wirklich schwierig. Weiter unten wird der

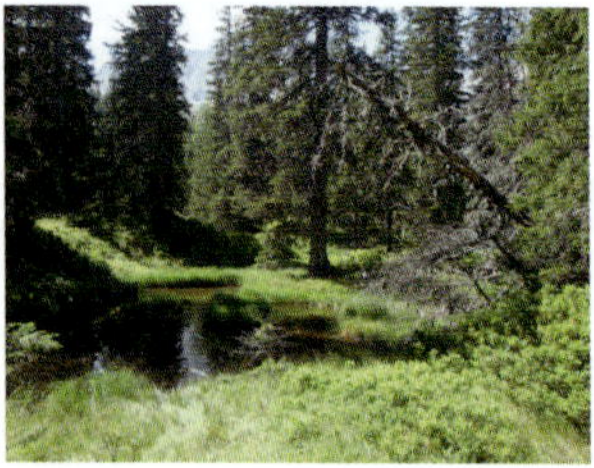

Themenweg Rauriser UrQuell begangen, der durch ein unbeschreiblich schönes Quellgebiet führt und von vielen auch als Tagesausflug zum Kraft-Tanken und Entschleunigen aufgesucht wird. Zahlreiche Wassertümpel, kleine und größere Wasserfälle, ein Trinkwasserbrunnen, gemütliche Bänke und Tische laden zum Verweilen ein.

Weitere Tourenmöglichkeiten:

Tauerngoldrundwanderweg/Gletscherlehrpfad (Erlebnisweg der Naturfreunde) ●, Gesamtgehzeit 2 ½ - 3 ¼ h, ca. 180 Hm. Infos beim Hüttenwirt. Dort gibt es auch einen Führer zum Erlebnisweg. Für Kinder ab 8 Jahren. Gainschniggalm: Rauriser Urwald ●, (zwischen 1550 und 1750 m), je nach Weg unterschiedliche Gehzeiten. In diesem Wald hat sich ein beachtliches Hochmoor gebildet, mit mehr als 80 kleineren Tümpeln und größeren Seen. Übrigens heißt es in alten Überlieferungen, dass dieser Wald das Reich der Wilden Frauen sei, die sich Gämsen als Milchkühe hielten. Ein Vergleich der Lebenswelten von früheren wilden Frauen und heutigen zahlt sich doch aus ;-)

Hütten & Gaststätten:

Bodenhaus
(1230 m), direkt an der Mautstelle gelegenes Gasthaus mit guter Küche, Produkte aus der Region, +43-6544-8111, www.bodenhaus.at, tägl. geöff.

Naturfreundehaus Kolm Saigurn
(1598 m), im Talschluss von Rauris gelegenes Naturfreundehaus, mit Nationalpark- und Bergbaumuseum (Zimmererhütte) und eigener Kapelle, 37 Lagerplätze, 13 Zimmerlager, 38 Betten (zum Teil mit eigener Dusche und WC), +43-6544-8103, www.sonnblickbasis.at, Jan. - Ende Okt.

Alpengasthof Ammererhof
(1620 m), gleich oberhalb von Kolm Saigurn gelegenes, sehr schönes Alpengasthaus, mit guter Küche und schönen Zimmern (besonders die Sternensuite), 33 Betten (Ein- und Mehrbettzimmer, 2 Appartements), 9 Lagerplätze, +43-6544-8112, www.ammererhof.at, Ende Dez. - Ende Mai, Mitte Jun. - Ende Okt.

Naturfreundehaus Neubau (2176 m), liegt mitten in den historischen Stätten des Goldbergbaues, Tauerngolderlebnispfad und Gletscherpfad starten von hier, sehr schöne Lage und gutes Essen, 22 Betten (4-, 6-Bettzimmer), 22 Lagerplätze, +43-6544-8181 oder +43-664-9462937, www.schutzhaus-neubau.at, Mitte Jun. - Ende Sep.

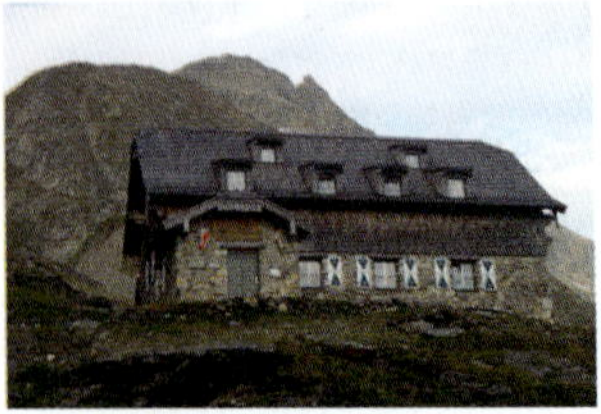

Gainschniggalm (1750 m), nahe dem Rauriser Urwald gelegene Alm mit Kinderspielplatz und vielen Tieren, 10 Lagerplätze, +43-664-4335236 oder +43-664-3346747, www.gainschniggalm.at, Anf. Jun. - Ende Sep.

Durchgangsalm (1745 m), schöne Alm mit sehr guter Küche, besonders zur „Schwammerlsaison" beliebt, +43-6416-7333 oder +43-664-1648103, Mitte Jun. - Ende Sep.

Filzenalm (1784 m), einfache Hütte mit selbstproduzierten Almprodukten, +43-664 5003477, Mitte Jun. - Mitte Sep.

Panorama-Alm Miterasten (1756 m), schön gelegene Almhütte mit einmaligem Panorama, +43-664-2026286, Ende Mai - Mitte Sep.

Infos:

Tourismus Rauris
+43-6544-20022, www.raurisertal.at.

Erlebniswelt Tauerngold
(Goldwaschplatz) +43-6544-7052 oder +43-664-5835369, www.goldsuchen.at, Anf. Jun. - Mitte Sep.

Nationalpark Hohe Tauern
Rauris - König der Lüfte, Ausstellung im Besucherzentrum im Ortsteil Wörth, dort gibt es auch Infos zu einer Wanderung ins Krumltal, wo man Bartgeier beobachten kann, +43-6562-40939, www.nationalpark.at, Anf. Mai - Mitte Okt.

Taxi Plössnig
Rauris, +43-6544-6444, www.ploessnig-reisen.at.

Anfahrt:

Tauernautobahn (A10) von Salzburg Richtung Villach, Knoten Pongau, auf der Pinzgauer Str./ B311 Richtung Zell am See bis Taxenbach, dort auf der L112 bis Rauris und dann weiter bis Bodenhaus, in Richtung Kolm Saigurn. Von Westen kommend über die Inntalautobahn (A12) von Innsbruck Richtung Inntaldreieck in Wörgl abfahren, kurz auf die Loferer Straße/B178 in Richtung St. Johann, nach 4 km auf die Brixentaler Str./ B170 bis Kitzbühel, dann auf die Zeller Straße/B168 bis Mittersill und weiter auf der B311 bis Taxenbach, weiter siehe oben. Parkplatz Bodenhaus (auch Parkplatz Lenzanger, weiter taleinwärts) kostenpflichtig. (Navi: Österreich, 5661 Rauris, Kolmstraße 6).

Bus & Bahn:

Direktverbindung (ÖBB) von Salzburg Richtung Wörgl, bis Taxenbach/Rauris, dort umsteigen in den Bus Nr. 640 bis Rauris und im Sommer weiter bis Kolm Saigurn.

Ausgangspunkt:
AP P Bodenhaus, AP=EP.

Am Wegrand:
Goldwaschen in der Ache
Beim Holzhütterl gibt es gegen eine Gebühr von 5 Euro Goldwaschpfannen. Nun immer ein kleines Häufchen Sand aus der Ache schöpfen und in kreisenden Bewegungen versuchen, das Gold herauszuwaschen.
Vielleicht siehst du es bald glitzern und funkeln?

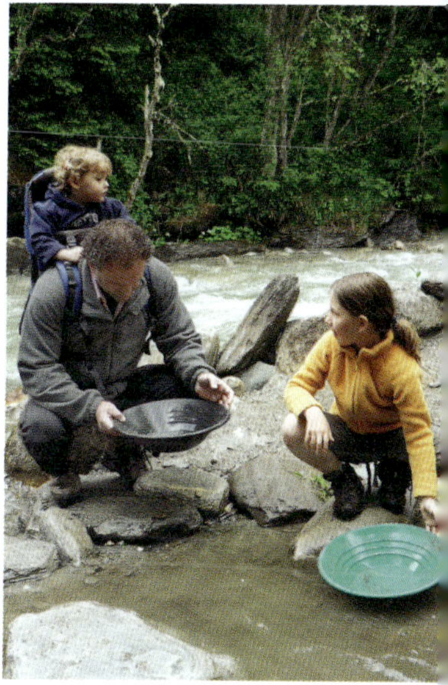

15.Quer durch das Karwendel

Vom Achensee bis Scharnitz

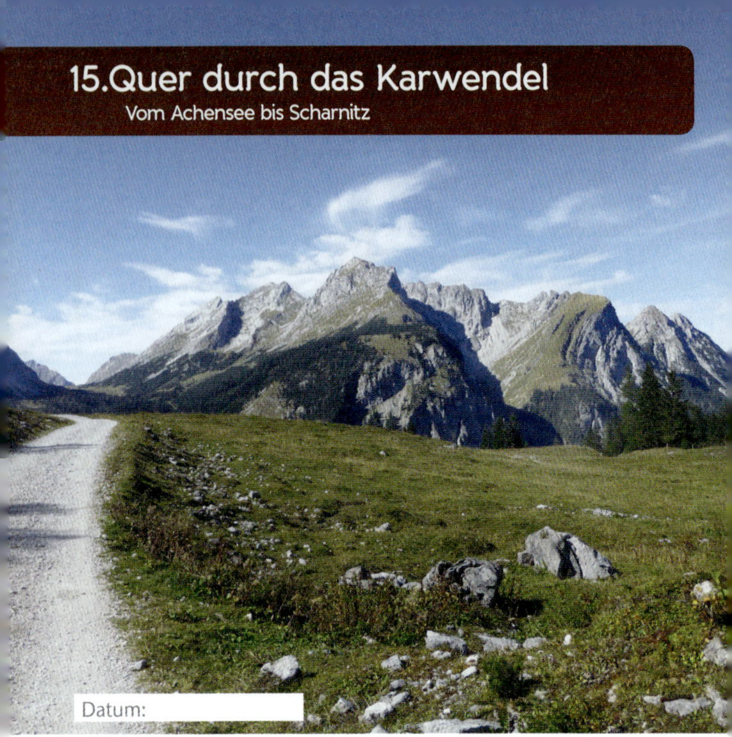

Datum:

Etappen: 7	Dauer: 51,3 km; 17 - 22 h	2220▲ 2210▼
technische Anf.: ★★★☆☆	Kondition: ★★★☆☆	Alter: ab 10 Jahren

Das Karwendel zeichnet sich durch langgezogene Täler und zerklüftete Kalkspitzen aus. Eine alternative und beschauliche Anreise kann mit der ältesten Dampf-Zahnradbahn der Welt von Jenbach nach Maurach hinauf gemacht werden. Anschließend mit dem Schiff über den Achensee nach Pertisau. Die Zustiege zu den Hütten sind meistens nicht sehr steil, dafür aber lang. Insgesamt eine sehr schöne, mittelschwierige Tour in herrlicher Landschaft.

Et.	Strecke	Anf.	Technik	Kond.	Zeit in h km	Hm▲▼
1	Touristinfo Pertisau 952 m Gramaialm 1262 m	● (blau)	★☆☆☆☆	★★☆☆☆	2-2¾ 8,2	310 m keine
2	Gramaialm 1262 m Lamsenjochhütte 1953 m	● (rot)	★★★☆☆	★★★★☆	2¼-3 4,4	690 m keine
3	Lamsenjochhütte 1953 m Binsalm 1502 m	● (rot)	★★★☆☆	★★☆☆☆	1½-2 3,3	30 m 470 m
4	Binsalm 1502 m Engalmen 1227 m	● (blau)	★★☆☆☆	★☆☆☆☆	¾-1 2,4	keine 290
5	Engalmen 1227 m Falkenhütte 1848 m	● (rot)	★★★☆☆	★★★★☆	2¾-3½ 6,2	720 m 100 m
6	Falkenhütte 1848 m Karwendelhaus 1771 m	● (rot)	★★★☆☆	★★★☆☆	3-4 8,8	400 m 480 m
7	Karwendelhaus 1771 m Scharnitz 964 m	● (blau)	★★☆☆☆	★★★★☆	4¾-5¾ 18	70 m 870 m

Schwierigkeitsgrad:

Mittel. Breite, gut ausgebaute und beschilderte Wege. Der Übergang zum Lamsenjoch (Etappe 3) ist schmal und etwas ausgesetzt.

Knieschonende Variante:	Die Abstiege sind moderat. In Etappe 3, von der Lamsenjochhütte zur Binsalm (470 Hm Abstieg) bei Knieproblemen besser auf der Forststraße bleiben. Die letzte Etappe kann durch Taxiabholung verkürzt werden, die Strecke ist zwar lang (18 km), jedoch nicht steil.
Kinder:	Für gehgewohnte Kinder, ab ca. 10 Jahren. Die Zustiege sind lang. Die letzte Etappe (7) unbedingt mit einer Taxiabholung ab der Larcherthütte (netter Rastbereich mit Gumpen) abkürzen.

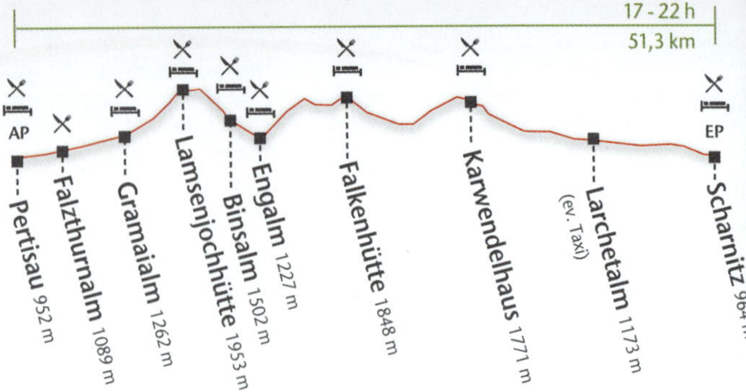

Jahreszeit:
In der Zeit von Anf. Juni - Mitte. Okt. Öffnungszeiten der Hütten beachten. Besonders im Herbst beeindruckend (Hirschröhren, Herbstfärbung)

Etappe 1
Touristinfo Pertisau - Gramaialm ●

2 - 2 ¾ h, 310 m▲ keine m▼

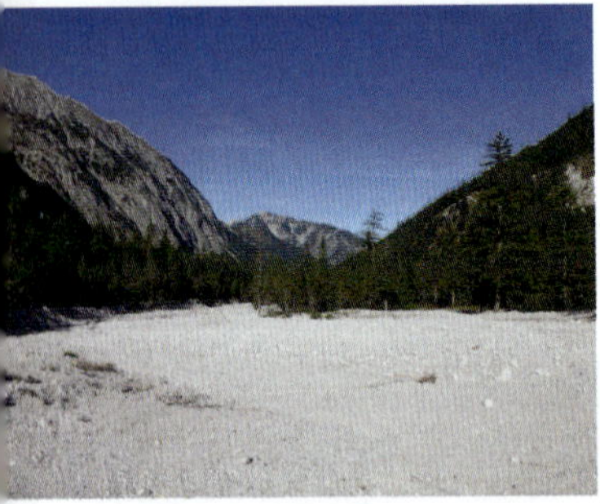

Die erste Etappe ist gemütlich (auch in unserem Kinderwagen-Wanderbuch Tirol beschrieben). Vom Ort Pertisau (Schiffanlegestelle, Touristinfo oder Karwendellift) führt der Weg vom See weg und aufwärts in Richtung Falzthurntal. Die Streckenführung durch den Ort ist zum Teil etwas verwirrend, deshalb empfehle ich im Zweifelsfall Einheimische nach dem Falzthurntal zu fragen. Bei der Anfahrt mit dem Schiff bieten sich herrliche Ausblicke auf die Gipfel. Zu Beginn des Falzthurntals führt der Weg (Nr. 201, Adlerweg, die Schilder weisen oftmals keine Nummern auf) über einen großen Parkplatz (Mautstelle) und auf dem asphaltierten Weg nach links. Die Wanderung verläuft immer abseits der Mautstraße, vorbei an saftigen Wiesen und durch dichte Wälder. Bis zur Falzthurnalm

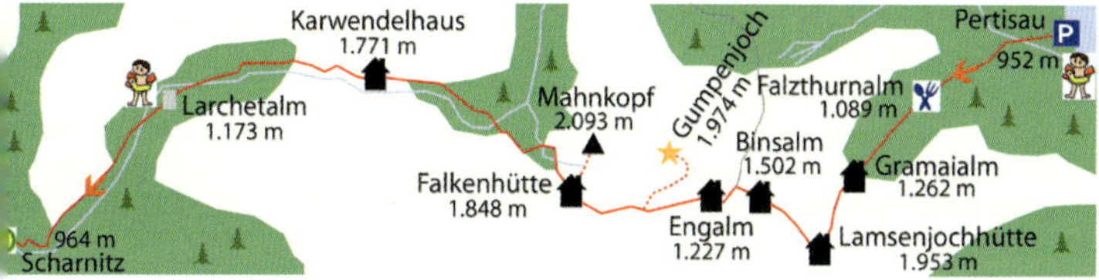

(ca. 50 min. von der Mautstelle) werden ca. 100 Höhenmeter bewältigt. Der zweite Streckenabschnitt ist anstrengender und dauert etwas länger. Nach der Alm gibt es die Möglichkeit, zwischen dem Wiesenweg (barrierefrei) oder dem Waldweg zu wählen. Beide führen zur Gramaialm.

Etappe 2

Gramaialm - Lamsenjochhütte ●

2 ¼ - 3 h, 690 m▲ keine m▼

Ab der Gramaialm geht der Asphaltweg in einen Schotterweg über, der anfangs nur leicht aufwärts bis zum Gramaier Grund führt. Bis hierher verläuft das Falzthurntal völlig karwendeltypisch: langgezogen und relativ flach. Ab hier wird es steiler und auch etwas anspruchsvoller. Viele kleine Trampelpfade führen über den Gramaier Grund direkt in die steile Flanke. Hier ist es wichtig auf dem Hauptweg zu bleiben. Er führt auf der linken Talseite zuerst über Kehren und dann eine Zeit lang am Hang, leicht ansteigend aufwärts. Die steile Flanke wird nun über unzählige, relativ flache Kehren, über Schotterfelder und durch Latschen überwunden. Immer wieder sind Gams (Gämsen) zu sehen, die in den steilen Wiesen nach Gräsern suchen. Am Ende des steilen Aufschwungs wird ein Querweg erreicht, mit der Abzweigung zur Lamsenjochhütte.

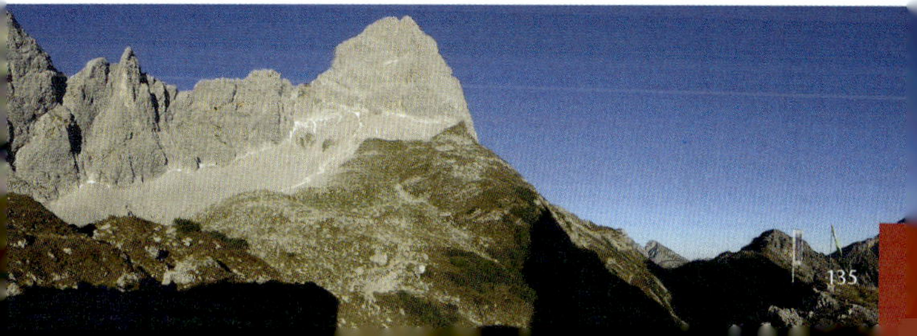

Etappe 3

Lamsenjochhütte - Binsalm ●

1 ½ - 2 h, 30 m▲ 470 m▼

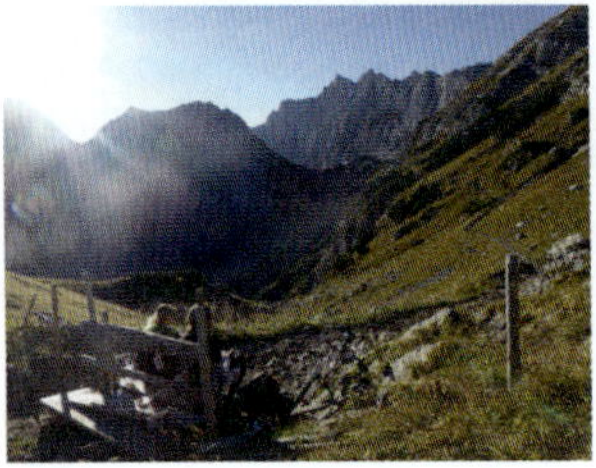

Von der Hütte geht es wieder zurück bis zur Abzweigung aus Etappe 2. Der Weiterweg führt nun auf relativ gleichbleibender Höhe, zum Teil etwas ausgesetzt bis zum westlichen Lamsenjoch (1940 m). An schmalen Passagen bitte Kinder an der Hand führen. Ab dem Joch geht es nun stetig abwärts ins Nachbartal „Eng". Nach ein paar Minuten geht der schmale Weg in einen breiten Forstweg über, der aber immer wieder auf kleinen Steigen abgekürzt werden kann. Diese Steige, die immer wieder den Forstweg queren, sind zum Teil etwas ausgewaschen und an manchen Stellen dadurch etwas geröllig, aber nicht schwierig. Leider sind auch die Markierungen zum Teil verwaschen und leicht zu übersehen. Wer es bequemer möchte, bleibt auf dem Forstweg und gelangt gemütlich bis zur Binsalm. Diese Etappe lässt sich gut mit Etappe 4 zusammenfassen.

Etappe 4

Binsalm - Engalmen ●

¾ - 1 h, keine m▲ 290 m▼

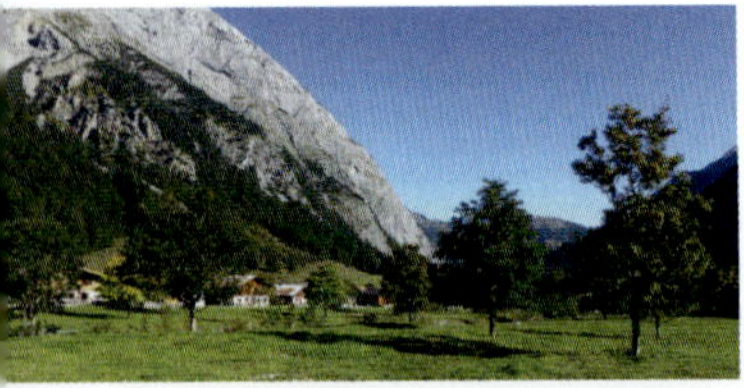

Hier führen zwei Wege abwärts: der eher eintönige Weg über die Forststraße oder der sehr abwechslungsreiche Panoramaweg. Ich empfehle den Panoramaweg, der, wie der Name schon sagt, wundervolle Ausblicke auf die Berggipfel des Karwendel bietet (zusätzlicher Zeitbedarf ca. 1 h, ca. 100 Hm zusätzlich aufwärts). Forstweg: Von der Alm folgt man dem sehr gut ausgebauten Forstweg bis zum Almdorf in der Eng. Achtung: nicht nach Eng abzweigen, sondern auf dem Forstweg zur Engalm bleiben. Panoramaweg: Der Weg führt von der Binsalm zuerst über einen Bach und dann auf der anderen Seite des kleinen Tälchens aufwärts, über einen Forstweg in den Wald hinein. Bei der unbewirtschafteten Drijaggenalm (1624 m) ist der höchste Punkt dieser Etappe erreicht. Ab nun verlässt man den breiten Weg und geht auf einem schmäleren Steig zum Teil steil, über Serpentinen abwärts (bei Nässe rutschig). Der eher selten begangene Weg bietet auf den freien Wiesenflächen eine sehr üppige Flora. Die Ausblicke ins Tal, auf das Almdorf Eng und auf Wasserfälle machen die Tour noch zusätzlich attraktiv.

Etappe 5

Engalmen - Falkenhütte ●

2 ¾ - 3 ½ h, 720 m▲ 100 m▼

Gleich hinter den Engalmen führt der Weg 201 nach rechts über Wiesen aufwärts. Immer wieder werden mächtige Ahornbäume passiert, die besonders im Herbst mit ihrer bunten Färbung begeistern. Nun heißt es über 500 Höhenmeter stetig, nie zu steil aufzusteigen. Der Weg führt durch Wälder, über Wiesen und über kleinere Bachläufe, immer wieder gibt es phantastische Ausblicke auf die Karwendelwände über dem Talschluss des Engtals. Am Hohljoch angekommen, weitet sich der Blick ins nächste Tal, das Laliderertal. Schon von Weitem ist die Falkenhütte, die wie ein Spielzeughaus direkt unter den Laliderer Wänden steht, zu sehen. Vom Hohljoch besteht auch die Möglichkeit, einen Abstecher zum Gumpenjoch zu machen. Hier lebt ein Rudel Steinböcke und die Wahrscheinlichkeit, sie zu sehen, ist hoch (ca. 2 - 2 ½ h für Hin- und Rückweg zusätzlich einplanen). Der Weg dorthin zweigt am Hohljoch nach rechts ab, führt über die Laliderer Hochleger unterhalb des Teufelskopfs und der Gumpenspitze vorerst relativ eben bis zum Fuß des Gamsjochs. Zum Schluss noch in die Mulde zwischen dem Gamsjoch und der Gumpenspitze aufsteigen. Dort ist auch ein wunderbarer Pausenplatz, von wo aus mit etwas Glück die Steinböcke zu sehen sind. Auf dem gleichen Weg

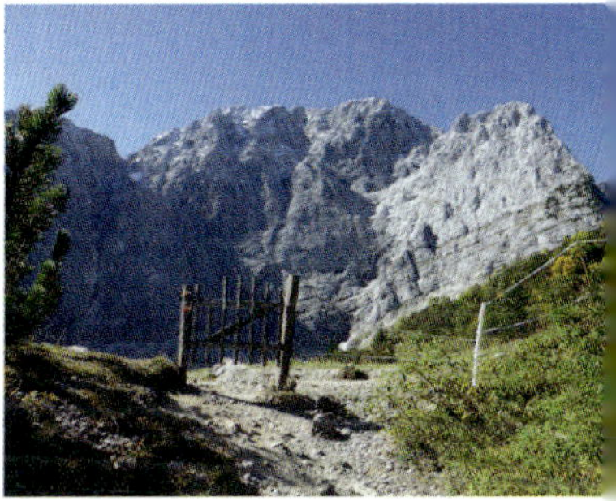

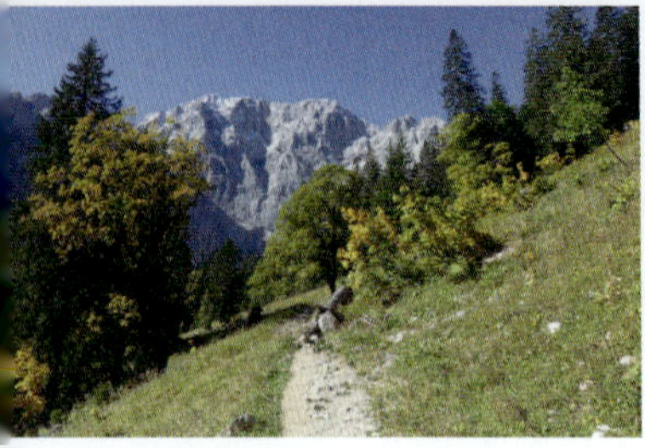

zurück. Der Weiterweg zur Falkenhütte führt vom Hohljoch leicht abwärts und zweigt dann nach links, wo der Weg ziemlich auf gleicher Höhe durch die Laliderer Reißen, ein Schuttfeld unterhalb der Laliderer Spitze, verläuft. Hier wimmelt es nur so von Gämsen. Beim Spielissjoch nach rechts, über den Forstweg aufwärts bis zur Hütte.

Etappe 6

Falkenhütte – Karwendelhaus ●

3 - 4 h, 400 m▲ 480 m▼

Von der Hütte geht es am Horst Wels Haus, einem Nebengebäude der Falkenhütte, vorbei und dann über einen leicht erodierten Wiesenweg mäßig steil abwärts. Sobald der Weg auf den Forstweg stößt, folgt man diesem nach rechts, vorbei an der unbewirtschafteten Ladizalm. Dort, wo der Forstweg eine ziemlich starke Kurve nach rechts macht, kommt direkt in der Kurve die Abzweigung nach links zum Kleinen Ahornboden und zum Karwendelhaus. Einfach den Schildern folgen. Es geht durch

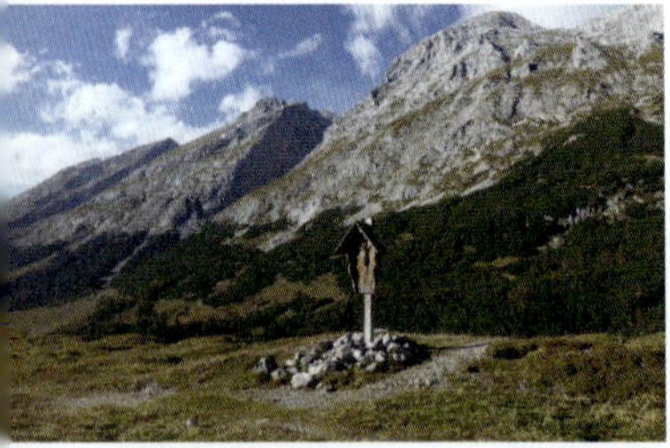

einen wunderschönen Fichtenwald bis zum Talboden des Johannestals, wo eine breite Geröllrinne überquert werden muss (nicht schwierig). Auf der anderen Seite dieser Rinne beginnt der kleine Ahornboden, mit wunderschönen Ahornbäumen und kleinen, idyllischen, nicht bewirtschafteten Almhütten. Hier gibt es jedoch einen Brunnen (auf der rechten Seite), bei dem die Wasserflaschen aufgefüllt werden können. Nach den Almhütten teilt sich der Weg für Gehende und Radelnde. Der Aufstieg für Wanderer wird schon bald schmäler und führt durch einen Wald stetig, nie steil, aufwärts. Das Tal wird immer enger und die Felsen

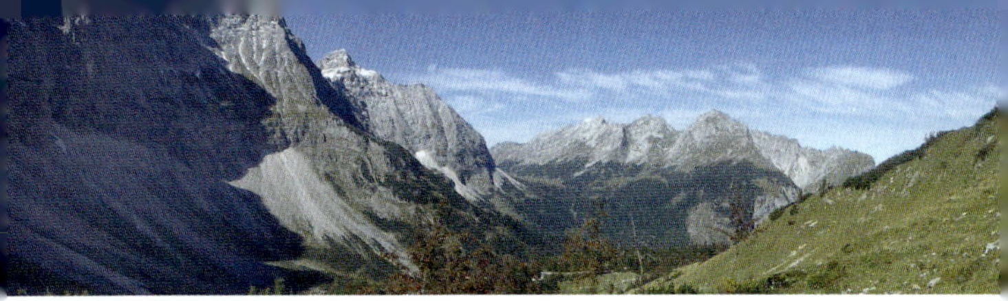

ragen nochmals über 500 Höhenmeter steil in die Höhe. Oben, wenn das Tal abflacht, stößt man wieder auf die Mountainbikestrecke, der man nach rechts folgt. Schon bald kommt ein Holzkreuz am Hochalmsattel (1803 m) in Sicht, wo eine nette Bank zum Verweilen einlädt. Nur noch ein paar Höhenmeter abwärts und das Karwendelhaus, das auf einem steilen Abhang oberhalb des Karwendeltales thront, kommt ins Blickfeld.

Etappe 7

Karwendelhaus - Scharnitz ●

4 ¾ - 5 ¾ h, 70 m ▲ 870 m ▼

Dort, wo die Fahne des Karwendelhauses weht, beginnt der Fußweg nach Scharnitz der immer nur kurz den Forstweg abkürzt. Gleich unterhalb der Hütte befindet sich die Hochalm mit der Hochalmkapelle. Die ersten 300 Hm werden über Kehren überwunden, hinab bis zum Talboden, der sich nun immer leicht abwärts bis nach Scharnitz zieht. Da das Karwendeltal eines der längsten Täler (18 km) im Karwendel ist, empfehle ich, ein Taxi von der Larcherthütte (2 ½ h vom Karwendelhaus aus) bis nach Scharnitz, zu nehmen (Telefonnummer siehe Info). Leider wurde die Larchetalm wegen Baufälligkeit geschlossen und sie wird auch in absehbarer Zeit nicht wieder öffnen. Aber die flachen Böden rund um die Alm und der schön mäandrierende Karwendelbach laden zum Verweilen und zum Plantschen (Achtung, Wildwasser) ein. Wer doch lieber zu Fuß gehen möchte (für Kinder jedoch zu langweilig), folgt dem Forstweg stetig talauswärts, an Hütten und Wildfütterungsstellen vorbei. Oberhalb von Scharnitz besteht die Möglichkeit, über den Birzelweg (Birzelkapelle) abzusteigen. Die Gehzeit bleibt etwa gleich.

Weitere Tourenmöglichkeiten:

Die Gipfel im Karwendel sind sehr schwierig zu besteigen. Hier die leichteren: Falkenhütte: Ladizköpfl (1920 m) ●, Aufstieg 10 - 15 Minuten, 80 Hm und Mahnkopf (2093 m) ●, Aufstieg 1 bis 1½ h, 280 Hm.

Hütten & Gaststätten:

Falzturnalm
(1089 m), Alm mit eigener Sennhütte, Almprodukte, +43-664-5101381, www.falzturn.at., Anf. Mai - Ende Okt., auch im Winter.

Gramaialm
(1262 m), schön gelegenes, luxuriöses Alpengasthaus, mit Abenteuerspielplatz, Barfußweg-Kneippbecken, Außensauna und Almgarten, 50 Komfortbetten, mit Bad, WC, Telefon, SAT-TV, +43-5243-5166, www.gramaialm.at, Anf. Mai - Ende Okt., im Winter keine Übernachtung.

Lamsenjochhütte
(1953 m), direkt unterhalb der Lamsenspitze gelegenenes Schutzhaus des DAV mit eigener Kapelle, die Hütte wurde mit dem Alpenverein-Umweltgütesiegel ausgezeichnet, 31 Zimmerlager, 96 Matratzenlager, +43-5244-62063, www.alpenverein-muenchen-oberland.de/lamsenjochhuette, Mitte Jun. - Mitte Okt.

Binsalm
(1502 m), Alm mit Jungvieh und typischer Tiroler Küche, 40 Betten, 40 Lager +43-5245-214 oder +43-650-5864404, www.binsalm.at, Mitte Mai - Ende Okt.

Engalmen
(1227 m), ein Almdorf, direkt auf dem großen Ahornboden, größte Melkalm Tirols, eigene Käserei & Bauernladen mit Almprodukten, begrenzte Schlafplätze, darum früh reservieren, +43-5245-227 oder +43-676-84118521, www.engalm.at, Mitte Mai - Ende Okt.

Falkenhütte
(1848 m), Alpenvereinshütte, besonders kinderfreundlich, E-Bike Akku-Ladestation, 28 Zimmerlager, 120 Matratzenlager, +43-5245-245 (Saison) oder +43-5243-93594 (Tal), www.davplus.de/falkenhuette, Anf. Jun. - Mitte Okt.

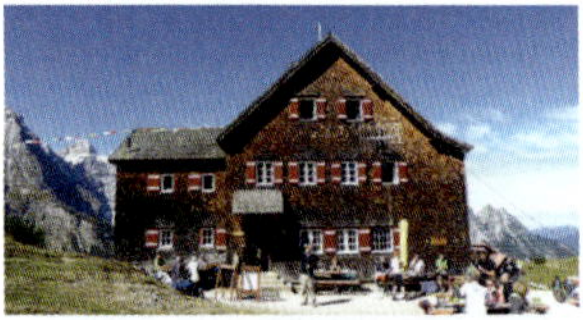

Karwendelhaus
(1771 m), dieses Alpenvereinshaus liegt am Ende des Karwendeltales, direkt über einem Abgrund mit sehr schöner Aussicht, 50 Betten, 140 Lagerplätze, +43-720-983554, www.karwendelhaus.com, Anf. Jun. - Mitte Okt.

Info:

Tourismus Pertisau
+43-595-300-0, www.achensee.com/tirol/pertisau.

Nostalgiebus bis zur Gramaialm
Info bei Sport Wöll, +43-5243-5871, www.sportwoell.at, Abfahrt direkt an der Schiffanlegestelle.

Tourismus Scharnitz
+43-5213-5204, www.scharnitz.tirol.gv.at.

Achensee Dampfzug
+43-5244-62243, www.achenseebahn.at.

Achensee Schifffahrt
+43-5243-52530, www.tirol-schiffahrt.at.

Taxi Achensee
Taxi Kröll, +43-5243-43280, www.taxikroell.com

Taxi Scharnitz
Taxi Mair +43-5213-5363 oder Taxi Ramona +43-664-4145242.

Anfahrt:

Inntalautobahn (A12) von Kufstein Richtung Innsbruck, Ausfahrt Jenbach, dort auf die Achensee Bundesstraße (B181) nach Maurach, dort Abzweigung nach Pertisau (L220). Von München kommend bis zur Autobahnausfahrt Holzkirchen, Richtung Tegernsee/Bad Tölz (B318). Am Tegernsee (B307) weiter zum Achenpass (941 m) und dann über die Staatsgrenze zum Achensee, dann Maurach und Pertisau. Rückweg: Von Scharnitz über die B177 auf die A12 und dann weiter nach Innsbruck/Jenbach. Nach München auf der B177 bis zur Grenze und dann auf der B2 durch Garmisch/Partenkirchen, dann Autobahn (A95). Bei dieser Tour muss man sich überlegen, wo man das Auto für längere Zeit parken kann. In Innsbruck und Scharnitz ist es nur über eine zum Teil hohe Gebühr möglich. Der Parkplatz in Pertisau ist (noch) kostenlos. (Navi: Österreich, 6213 Pertisau, Gramaialpe).

Bus & Bahn:

Direktverbindung (ÖBB) von Kufstein Richtung Innsbruck, in Jenbach umsteigen in den Bus 8332, bis Pertisau oder Bus 4080 bis Maurach und weiter mit 8332 bis Pertisau Karwendellift oder Tourismusverein. Oder mit der Achenseebahn von Jenbach bis zum Achensee und dann weiter mit dem Schiff (siehe Infobox). Rückweg: Mittenwaldbahn, von Innsbruck Richtung Garmisch direkt von Scharnitz aus.

Ausgangspunkt:
AP Pertisau, EP Scharnitz.

Ausrüstung – Checkliste

Ausrüstungsliste (Minimalausstattung):

- guter Bergrucksack (mit Regenschutz)
- 1 Paar Bergschuhe mit gutem Profil und Patschensocken für Hütte
- 1 warme Jacke + Pullover
- Regenbekleidung samt Hose
- Haube (Mütze) und Handschuhe
- 1 (leichte) Wanderhose ev. mit Zipp (um in Kurzhose zu verwandeln) und 1 leichte Jogginghose (zum Wechseln + Schlafen)
- je nach Länge der Tour 2 - 3 atmungsaktive T-Shirts (lang + kurz)
- Unterwäsche + Wandersocken nach persönlichem Bedarf
- Wasserflaschen für mind. 1l/Person (bei jeder Gelegenheit auffüllen)
- Proviant für 1 Tag (kann bei den Hütten nachgekauft werden)
- Energiespender (Traubenzucker, Schokolade, Müsliriegel)
- Sonnenschutz (Brille, Creme, Kappe od. Tuch)
- Rucksack-Erste-Hilfe (lt. Fachhandel)
- Hüttenschlafsack (oder Bettüberzug) + Polsterüberzug
- Kl. Taschen- oder Stirnlampe! (Batterien kontrollieren)
- Ausweis (auch Alpinvereinsausweise)
- Hilfreiches: Trillerpfeife (für Notsignal), Ohropax (für Schlaflager), Sicherheitsnadel, Schnur, Tape zum Flicken von Rucksack od. Schuhen
- Toiletteartikel (Zahnputzsachen, Binden/Tampons, Deo, Lippenschutz, kl. Seife, Kamm, Rasierer, ...) + kleines Handtuch
- Individuell: Teleskopstecken, Kartenmaterial, Fotoapparat + Ladekabel, Fernglas, ev. Badehose, Buch, kleines Kartenspiel, Taschenmesser, Sitzunterlage, Handy + Ladekabel, Schreibzeug (ev. Tage- oder Tourenbuch)

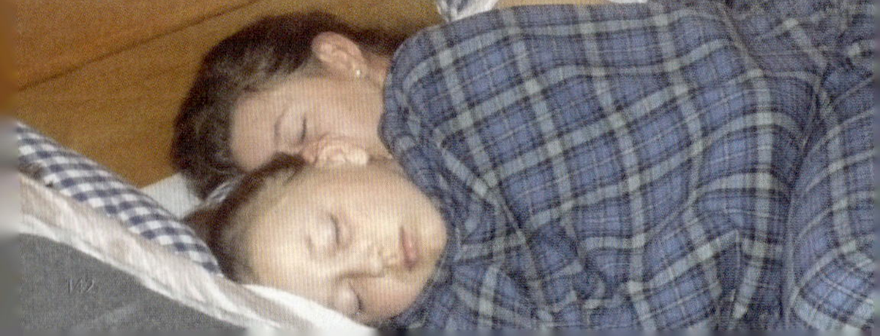

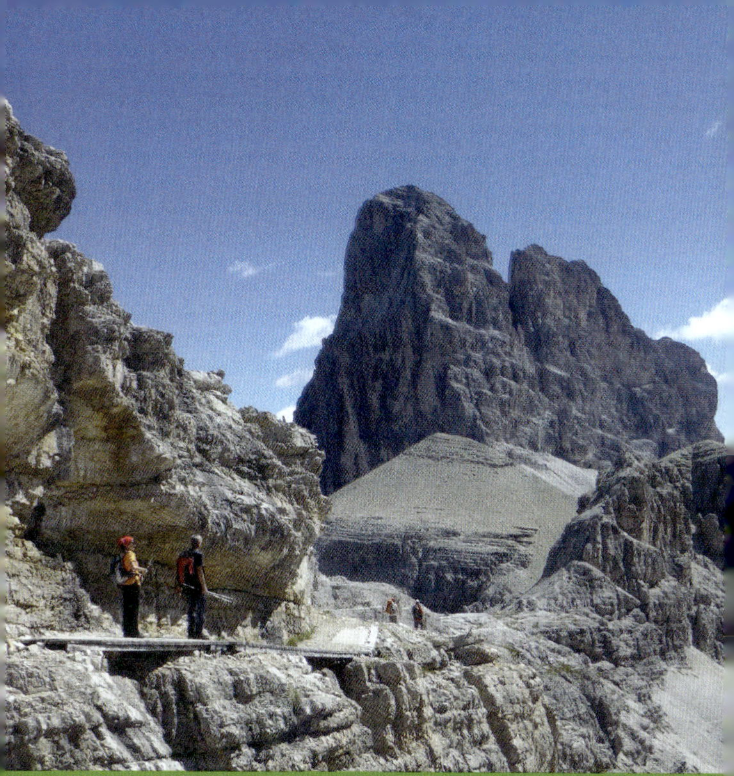

Teil 2

Mittelschwierige Touren

Teilweise mit knieschonenden Varianten

In diesem Teil sind mittlere bis schwierige Touren zu finden. Wann immer es möglich war, wurde eine knieschonende Variante beschrieben.

16. Königssee und Watzmann

Im Nationalpark Berchtesgaden

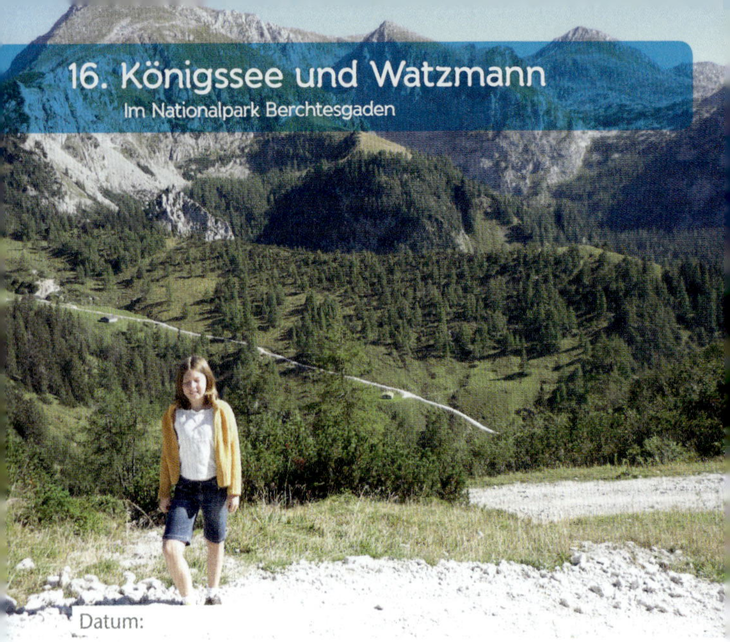

Datum:

Etappen: 4	Dauer: 35 km; 15 - 19 h	2250▲ 2250▼
technische Anf.: ★★★★☆	Kondition: ★★★★★	Alter: ab 12 Jahren

Diese Tour hat für Kinder einen entscheidenden Vorteil: Mit der Bahn geht's schon einmal ca. 1000 Hm hinauf. Die erste Etappe ist demnach gemütlich und kurz. Gehwillige können den Aufstieg auch auf eine oder zwei Etappen gehen. Landschaftlich ist das Gebiet um den fjordartigen Königssee kaum zu toppen. Immer wieder gibt es schöne Ausblicke auf den berühmten Watzmann und den Königssee und als Highlight gibt es am Ende der Tour eine Schifffahrt auf dem Königssee zurück zum Ausgangspunkt. Die Chance, beim Abstieg vom Schneibstein (zum Hochgschirr) Steinböcke zu sichten, ist relativ groß. Es gibt immer wieder Berichte, dass sie bis auf wenige Meter herankamen. Trotzdem sind sie sehr scheue Tiere.

Et.	Strecke	Anf.	Technik	Kond.	Zeit in h km	Hm▲▼
1	Talstation Jennerbahn 605 m Dr. Hugo Beck Haus 1260 m	●	★★☆☆☆	★★★★☆	3 ¼ - 4 ¼ 7,4	660 m keine
2	Dr. Hugo Beck Haus 1260 m Carl-von-Stahl-Haus 1736 m	●	★★★☆☆	★★★★☆	3 ½ - 4 ½ 6,8	770 m 290 m
3	Carl-von-Stahl-Haus 1736 m Gotzenalm 1685 m	●	★★★★☆	★★★★★	5 ¼ - 6 ¾ 12,5	820 m 880 m
4	Gotzenalm 1658 m Kessel 600 m	●	★★★☆☆	★★★★☆	3 - 4 7,9	keine 1080 m

Schwierigkeitsgrad:

Mittel - schwierig. Nur für Geübte. Trittsicherheit und Schwindelfreiheit wird vorausgesetzt. Nur bei bestem Bergwetter gehen! Der Übergang vom Stahl-Haus zur Gotzenalm über den Schneibstein („Kleine Reibn") und den Hochgschirr (Sattel) ist schwierig. Die Wege sind schmal und zeitweise etwas ausgesetzt.

Knieschonende Variante:	Die beschriebene Tour ist nicht knieschonend. Es kann jedoch bis zur Bergstation aufgestiegen (immer gut beschildert) und mit der Gondel abwärts gefahren werden.
Kinder:	Ab ca. 12 Jahren. Mit Kindern unbedingt Jennerbahn auffahren, ab Etappe 2 und Übernachtung am Stahl-Haus oder Schneibsteinhaus. Gehzeit von der Bergstation bis zum Stahl-Haus ¾ - 1 h, 70 m▲, 120 m▼

Jahreszeit:

In der schneefreien Zeit von Ende Mai bis Anfang Oktober. Öffnungszeiten der Hütten beachten.

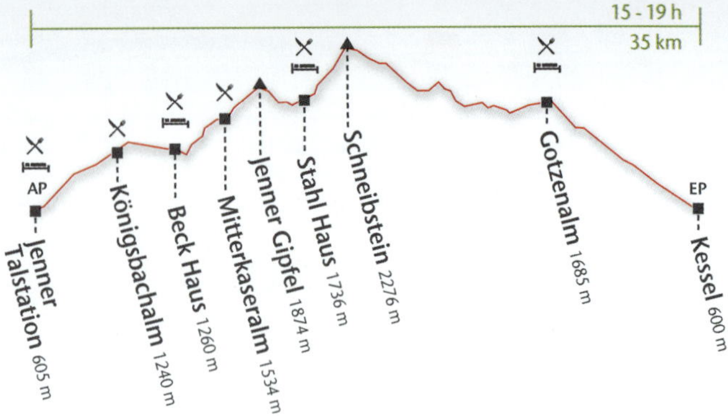

Etappe 1

Talstation Jennerbahn - Dr. Hugo Beck Haus ●

3 ¼ - 4 ¼ h, 660 m ▲, keine m ▼

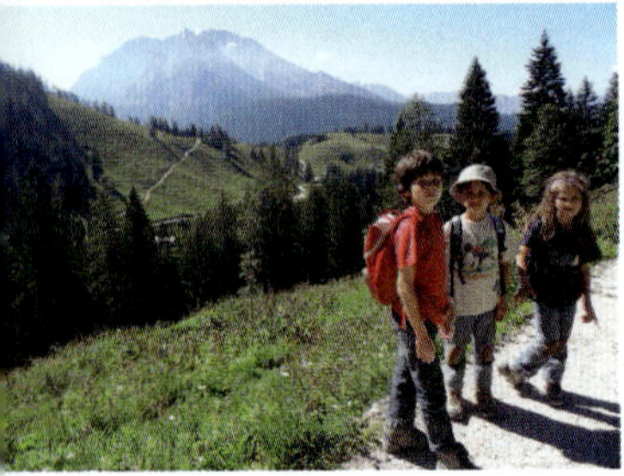

Hinweis: Die erste Etappe betrifft den Aufstieg über die schöne Königsbachalm zur Mittelstation der Bahn, als Alternative kann natürlich hinaufgefahren werden. Beschreibung Aufstieg: Vom Parkplatz immer dem gut beschilderten Weg zur Königsbachalm folgen. Zuerst entlang der Jennerbahn aufwärts, bei der ersten Kreuzung nach rechts (Weg 45/493) und bei der nächsten Abzweigung wieder rechts (Weg 493). Der Asphaltweg geht in einen sehr gepflegten, geschotterten Weg über. Man folgt dann dem Hochbahnweg, kommt auf einen breiten Forstweg (von Parkplatz Hinterbrand) und geht weiter bis zur Königsbachalm (1240 m), die zum Rasten einlädt. Bis hierher beträgt die Gehzeit ca. 2 ½ h. Bei der Alm geht es noch kurz auf dem Weg weiter aufwärts, dann aber den Weg Richtung Jenner Mittelstation (Weg 497) nach links einschlagen. Zuerst über eine Brücke und dann entlang des Höhenweges an der Abzweigung zum Jenner und Stahl-Haus vorbei, etwas später auf einem schmäleren Steig nach rechts zum Dr. Hugo Beck Haus (bestens ausgeschildert). Das Haus befindet sich in der Nähe der Mittelstation.

Etappe 2

Dr. Hugo Beck Haus - Carl-von-Stahl-Haus ●

(über den Jenner Gipfel)

3 ½ - 4 ½ h, 770 m▲, 290▼

(Ohne Jennergipfel: Aufstieg direkt von der Mitterkaseralm über Weg Nr. 498, 2 ¾ - 3 ½ h, 620 m▲, 130 m▼)

Hinweis: Diese Etappe ist von allen Etappen landschaftlich am wenigsten schön, besser ist es, mit der Jenner-Bahn zur Bergstation hinaufzufahren.

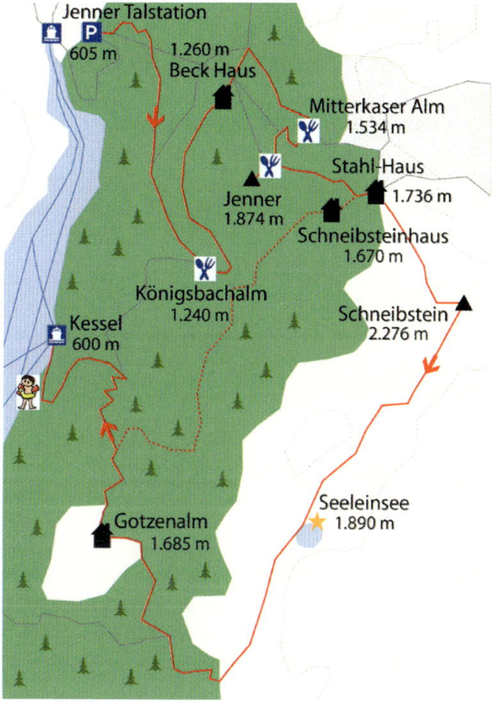

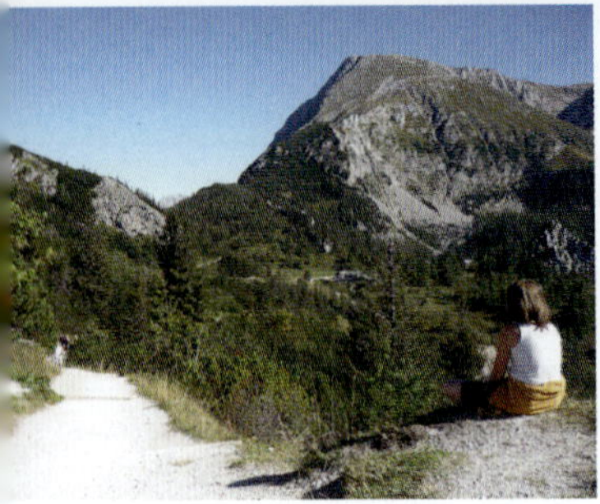

Wegbeschreibung Aufstieg: Vom Dr. Hugo Beck Haus abwärts bis zur Mittelstation und weiter zum Waldrand. Dort rechts über eine Stiege (Weg 498a – Krautkaserweg) am Rande der Skipiste hinauf und den Schildern folgen. Beim breiten Forstweg links bis zur bewirtschafteten Mitterkaser-Alm (1534 m). Von der Alm auf der steilen Asphaltstraße aufwärts, die nächste Abzweigung nach rechts und weiter bis zur Jenner Bergstation (1802 m). Wegbeschreibung ab Jennerbahn-Bergstation: Bei einem kurzen Abstecher auf den Jennergipfel wird man durch eine schöne Aussicht auf den Watzmann und den Königssee belohnt. Der weitere Weg führt vom Bergrestaurant abwärts zu einer Kreuzung und dann nach rechts (Weg 499). Der Weg führt abwärts, geht dann auf einen Höhenweg über, der auf relativ gleichbleibender Höhe bis zum Stahl-Haus führt. Ein paar Gehminuten weiter liegt das Schneibsteinhaus.

Etappe 3

Carl-von-Stahl-Haus - Gotzenalm ●

(über den Schneibstein, „Kleine Reibn" und den Hochgschirr, durchs Landtal)

5 ¼ - 6 ¾ h, 820 m▲, 880 m▼

Gleich vorab: Das ist eine anstrengende, aber schöne Etappe, deshalb empfehlen wir früh zu starten, um Zeit für ausreichende Pausen zu haben. Der Schneibstein erhebt sich praktisch vor der Terrasse des Stahl-Hauses. Der schmale Steig (Nr. 416) führt zum Teil sehr steil und etwas ausgesetzt aufwärts, man braucht immer wieder auch die Hände. Der Aufstieg zum Schneibstein ist nur trittsicheren und schwindelfreien Berggeherinnen (kleinere Kinder mit Zusatzsicherung!) vorbehalten. Nach ca. 1 ½ h ist der Gipfel erreicht. Vom Gipfel folgt man dem Weg weiter Richtung Südwesten, immer leicht abwärts, bis man zur Windscharte (hier Abzweigung ins Bluntautal und nach Golling) gelangt. Ab der Windscharte beginnt der etwas steilere Abstieg zum Seeleinsee, der auf der rechten

Seite umrundet wird. Bald danach kommt die Abzweigung Richtung Gotzenalm – über Hochgschirr/Landtal (Weg 416/493). Oben am Sattel angekommen, weitet sich der Blick in das Landtal. Mit etwas Glück kann die dort ansässige Steinbockkolonie beobachtet werden. Der Weg führt weiter abwärts, wird zunehmend steiler und auch schottriger, links und rechts ragen Steilwände in die Höhe. Schon von Weitem sieht man rechts deutlich einen schmalen Steig vom Hauptweg weg führen (Weg 493). Dieser Weg wurde schon vor langer Zeit in den Felsen geschlagen und führt immer ziemlich ausgesetzt dicht am Felsen entlang. Da der Weg sehr schmal und abschüssig ist, Kinder sichern oder an den besonders ausgesetzten Passagen an der Hand führen. Oben angekommen, wird der Weg wieder einfacher, führt durch Wälder und über relativ ebenes Almgelände, bis zur Gotzenalm.

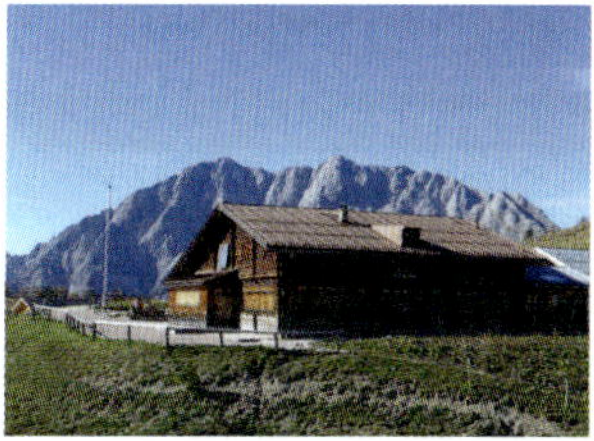

Kürzere und weniger schwierige Variante über den Almweg: Vom Carl- von-Stahl-Haus führt der Weg Nr. 498 über das Schneibsteinhaus abwärts, bis zur Abzweigung zur Priesbergalm (der Weg 498 würde weiter zur Königsbachalm führen) dort nach links, bei der Priesbergalm vorbei (hier ist ein schöner Pausenplatz), weiter bis zur Wegkreuzung mit dem Weg Nr. 495. Ab hier wird die Tour schwieriger. Der Weg über den Unteren Hirschenlauf ist zum Teil schmal und steinig. Einige Passagen sind auch ausgesetzt. Es sind nur ein paar Stellen, aber dort bitte Kinder an der Hand führen. Unten bei der Forststraße nach links und aufwärts über viele Kehren bis zur Gotzenalm.

Etappe 4

Gotzenalm - Kessel Schiffsanlegestelle ●

3 - 4 h, kaum ▲, 1080 m ▼

Von der Gotzenalm führt ein sehr breiter Weg (Nr. 493, Richtung Königsbachalm) vorerst leicht aufwärts, bevor er dann ziemlich steil abfällt. Achtung, hier sind immer viele Radfahrerinnen unterwegs. Kurz vor der Gotzenalm Diensthütte zweigt der Weg nach links ab (Nr. 494) und wird

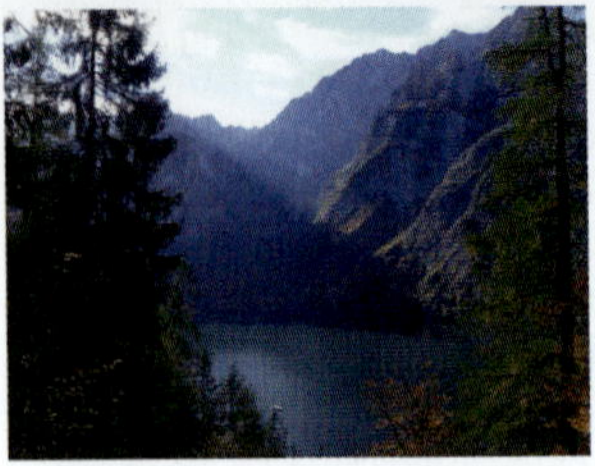

nach ein paar Minuten schmäler. Weitläufige Serpentinen führen durch das sehr steile Gelände. Hinweis: Der Weg ist oftmals ziemlich schmal und etwas ausgesetzt. Auch hier sollten kleinere Geherinnen an die Hand genommen werden. Unten an der Anlegestelle muss mit dem Schild ein Haltezeichen gesetzt werden, damit die Boote anhalten. Der Königssee ist zwar eiskalt, aber zum Füße-Eintauchen und Plantschen nach einer anstrengenden Tour herrlich.

Weitere Tourenmöglichkeiten:

Gotzenalm: Feuerpalfen (1741 m) ●, Aufstieg ¼ h, 60 Hm.

Hütten & Gaststätten:

Königsbachalm
(1200 m), schön gelegene Almhütte, mit guten, heimischen Produkten, +49-8652-5551, www.koenigsbachalm.de, Mai–Okt.

Dr. Hugo Beck Haus
(1260 m), Nähe Mittelstation, gut besuchte private Hütte, Kinderspielplatz, 38 Schlafplätze, Tel. +49-8652-2727 od. +49-160-7706341, www.hugobeckhaus.de, von Mai - Anf. Nov., Weihn. - Ende Mär., Di Ruhetag.

Mitterkaser Alm
(1534 m), nette Einkehr, mit gemütlichem Außenbereich, +49-8652-5100, Sommer & Winter geöffnet.

Bergrestaurant Jenner
(1802 m), direkt bei der Bergstation gelegenes Restaurant mit guter Küche, +49-8652-95810, Öffnungszeiten mit der Jennerbahn gekoppelt.

Carl-von-Stahl-Haus
(1736 m), schön gelegene Schutzhütte am Torrener Joch, direkt an der Grenze zwischen Bayern und Salzburg, Grenze verläuft direkt durch das Haus, 44 Betten, 58 Lagerplätze, Tel. +49-8652-6559922, www.watzapp.de/stahlhaus, ganzj. geöffnet (außer am 24.12.).

Schneibsteinhaus
(1670 m), etwas unterhalb des Stahl-Haus gelegenes, privates Schutzhaus, mit guter Küche, 4 Lager (58 Schlafplätze), 2-, 4-Bettzimmer (18 Betten), +49-8652-2596, www.schneibsteinhaus.de, Anf. Mai - Ende Okt.

Gotzenalm
(1685 m), großes Almgelände, wunderschön gelegene Hochalm mit fantastischem Blick auf den Königssee und auf die Watzmann-Ostwand, 15 Zimmerlager und 65 Matratzenlager, +49-8652-690900, www.gotzenalm.de, Pfingsten - Mitte Okt.

Infos:

Tourismus Königssee
Tel. +49-8652-1760, www.koenigssee.com.

Königsseeschifffahrt
Station Kessel ist Bedarfshaltestelle, durch Betätigen einer Schiebetafel wird der Mitfahrwunsch angezeigt, Tel: +49-8652-96360, www.seenschifffahrt.de/de/koenigssee

Jenner Bergbahn
+49-8652-95810, www.jenner-bahn.de, (renoviert 2018).

Taxi Berchtesgaden
+49-8652-4041, www.taxizentrale-berchtesgaden.de.

Anfahrt:

Tauernautobahn (A10) von Salzburg Richtung Villach, Ausfahrt Salzburg Süd nach Berchtesgaden dann Richtung Königssee. Aus Deutschland: Autobahn A8 von München Richtung Salzburg, Ausfahrt Piding, auf der B20 durch Reichenhall bis nach Berchtesgaden. Dort beim Kreisverkehr im Ort in Richtung Schönau/Königssee. Beim Königssee gebührenpflichtiger, riesiger Parkplatz. (Navi: D-83471 Schönau, Jennerbahnstraße 18).

Bus & Bahn:

Ab Salzburg (ÖBB) oder ab München (DB) mit der Bahn, nach Freilassing, dort entweder auf die Berchtesgadener Land Bahn (BLB) umsteigen oder direkt bis zum Bahnhof Berchtesgaden und weiter mit dem Bus Nr. 841 zum Königssee. Oder von Salzburg mit dem Bus Nr. 840 bis Berchtesgaden Bahnhof und weiter siehe oben.

Ausgangspunkt:

AP Parkplatz Jennerbahn, EP Schiffshaltestelle Kessel am Königssee.

17. Rund um den Spitzingsee

Abwechslungsreiche Tour rund um einen kleinen Bergsee

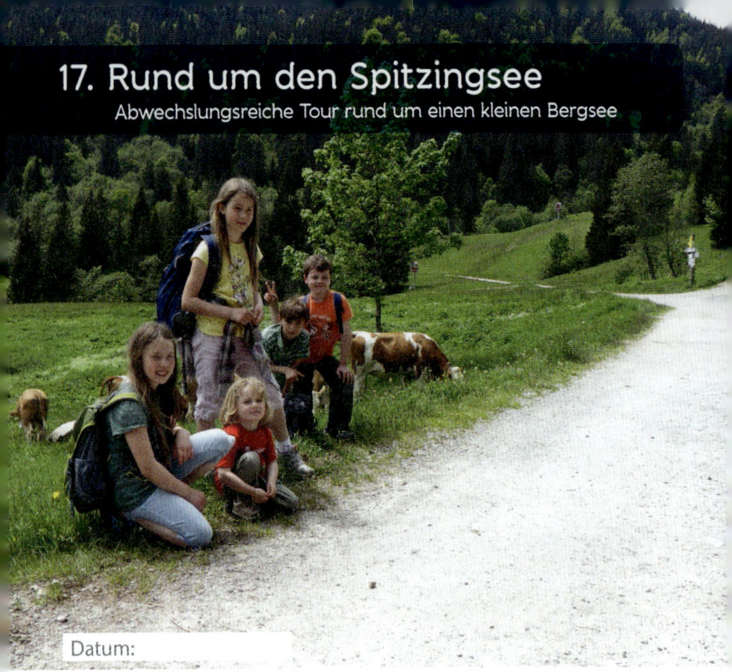

Datum:

Etappen: 6	Dauer: 20,8 km; 8 - 11 h	1030▲ 1030▼
technische Anf.: ★★★★☆	Kondition: ★★☆☆☆	Alter: ab 12 Jahren

Sehr kurze Teilstrecken mit wenigen Höhenmetern, kinderfreundliche Hütten und viele Tagesgäste (dank Taubenstein Kabinenbahn) kennzeichnen die Tour. Die Etappen können gut nach Belieben zusammengefasst werden. Der Spitzingsee ist ein kleiner Bergsee in den Bayrischen Alpen und liegt auf etwas mehr als 1000 m Seehöhe. Die Tour ist abwechslungsreich, mit Gumpen und einer schönen Schlucht und kann auch durch Gipfelbesteigungen verlängert werden. In diesem Gebiet erlangte ein Bär namens Bruno ein bisschen Berühmtheit, weil Jäger bei der Kümpflalm seine Wiederansiedlungspläne zunichte gemacht hatten.

Et.	Strecke	Anf.	Technik	Kond.	Zeit in h km	Hm▲▼
1	P Spitzingsattel 1130 m Schönfeldhütte 1410 m	●	★★★☆☆	★★☆☆☆	1 - 1 ½ 2,2	300 m 20 m
2	Schönfeldhütte 1410 m Taubensteinhaus 1556 m	●	★★★☆☆	★★☆☆☆	1 - 1 ½ 2,1	220 m 70 m
3	Taubensteinhaus 1556 m Rotwandhaus 1737 m	●	★★★★☆	★★☆☆☆	1 ½ - 2 3,3	270 m 90 m
4	Rotwandhaus 1737 m Blecksteinhaus 1060 m	●	★★★☆☆	★★★☆☆	2 ¾ - 3 ½ 7,3	90 m 770 m
5	Blecksteinhaus 1060 m Albert-Link-Hütte 1053 m	●	★☆☆☆☆	★☆☆☆☆	½ - ¾ 2	40 m 50 m
6	Albert-Link-Hütte 1053 m P Spitzingsattel 1130 m	●	★★☆☆☆	★☆☆☆☆	1 ¼ - 1 ¾ 3,7	110 m 30 m

Schwierigkeitsgrad:

Mittel . Gut ausgebaute Wege, nur einige Waldwege sind sehr steinig und schroff. Trittsicherheit wird vorausgesetzt. Der Übergang über den Taubenstein (Etappe 2) ist zum Teil sehr felsig und glatt. Drahtseilsicherung. Abstieg durch den Pfanngraben ist oft sehr ausgesetzt.

Knieschonende Variante:	Wenn die Tour in umgekehrter Richtung begangen wird und zum Schluss mit der Taubenstein Kabinenbahn abgefahren wird, gibt es nur ganz geringe Abstiege. Allerdings ist dann ein Aufstieg bei Etappe 4 von 770 Hm dabei.
Kinder:	Ab ca. 12 Jahren. Mit Kindern unbedingt die Taubenstein-Kabinenbahn verwenden (damit wird Etappe 1 übersprungen und ca. 500 Hm gespart). Hütten sind sehr kinderfreundlich. Am Weg gibt es viel Wasser (Bäche, Seen, Schluchten) und einige Kletterfelsen.

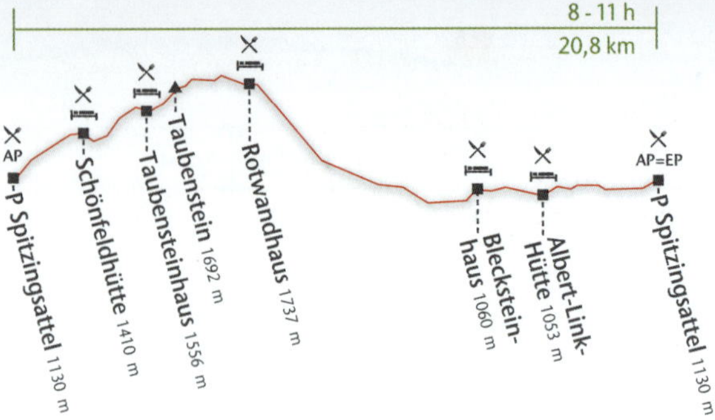

Jahreszeit:

Die Hütten haben alle das ganze Jahr geöffnet (Achtung: unterschiedliche Ruhetage), bei Schneelage ist die Tour jedoch nur sehr Geübten vorbehalten. Für Wintersportlerinnen ist der Weg von der Rotwandhütte zum Spitzingsee (außer Nov. u Dez.) präpariert, nicht über den Pfanngraben absteigen. Der Weg unterhalb des Taubensteins ist meistens gut gespurt, aber ausgesetzt! Lawinengefahr beachten!

Etappe 1

Parkplatz Spitzingsattel - Schönfeldhütte ●

1 - 1 ½ h, 300 m▲ 20 m▼

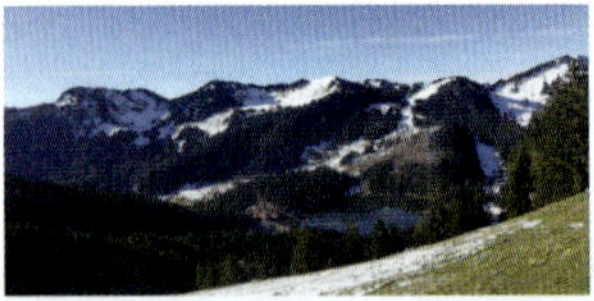

Vom Parkplatz am Spitzingsattel erfolgt der erste Anstieg über unzählige kleine Serpentinen einen relativ steilen Wiesenhang empor (Weg Nr. 643/644). Nach wenigen Minuten geht dieser schmale Wiesenpfad in einen steinigen Waldpfad über, der stetig aufwärts führt. Hier ist Trittsicherheit sehr wichtig. An besonders steinigen, schroffen Stellen ist erhöhte Achtsamkeit angebracht. An manchen Stellen helfen Holzstege beim Queren von feuchten Stellen. Kurz bevor der Wald aufhört, wird es etwas flacher, aber der Pfad bleibt immer noch sehr steinig und auch anspruchsvoll. Nach ca. ½ h Gehzeit führt der Weg aus dem Wald heraus und entlang eines Grashanges unterhalb des „Wilden Fräuleins" mäßig ansteigend aufwärts zur Schönfeldhütte.

Etappe 2

Schönfeldhütte - Taubensteinhaus ●

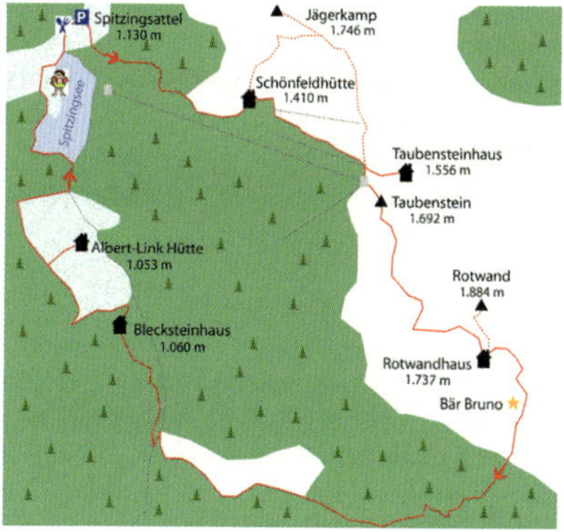

1 - 1 ½ h, 220 m▲ 70 m▼

Von der Hütte führt der Wanderweg Nr. 644 weiter Richtung Taubenstein. Die ersten paar Minuten führen entlang der Zufahrtsstraße leicht abwärts, bis auf der linken Seite ein Lift ist. Direkt beim Lifthaus führt der Weg einen Wiesenhang hinauf und bald darauf in einen lichten Wald. Immer wieder wechselt Wald- mit Almboden ab, wird aber niemals schwierig. Am Sattel angelangt, kurz vor der Bergstation der Taubenstein-Kabinenbahn, weisen die Wegweiser geradeaus weiter; in etwa 5 Minuten geh es leicht abwärts zur Hütte. Hier lohnt sich auf alle Fälle der Abstecher auf den Rauhkopf (1689 m), leicht, 80 Hm, ¼ - ½ h. Variante über Kamm: Es besteht auch die Möglichkeit, von der Schönfeldhütte über den Jägerkamp, die Schnittlauchmoosalm und Rauhkopf zum Sattel zu gelangen (siehe Karte). Diese Kammwanderung ist anspruchsvoller als der Normalweg, aber sehr schön und mäßig schwierig. Gehzeit von der Schönfeldhütte ca. 2 - 2 ½ h, 440 m▲, 230 m▼.

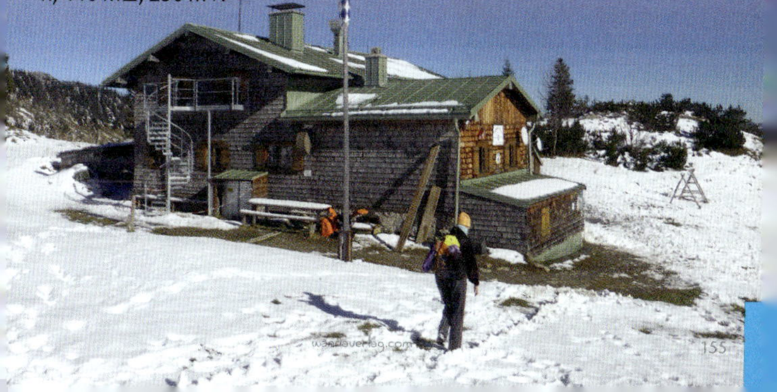

Etappe 3

Taubensteinhaus - Rotwandhaus ●

1 ½ - 2 h, 270 m▲ 90 m▼

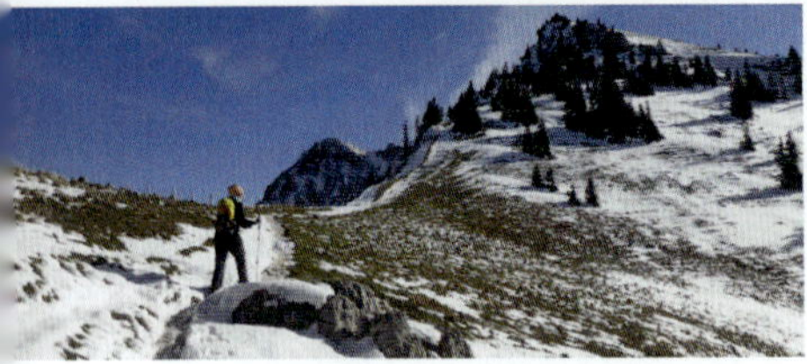

Vom Taubensteinhaus wieder zurück zur Wegkreuzung der Etappe 2, bis zum Sattel. Dort nach nach links (Weg Nr. 642), an der Bergstation vorbei und immer Richtung Taubenstein. Der Weg wird zunehmend schwieriger und auch ausgesetzter. Der Fels ist durch die zahlreichen Besucher zum Teil sehr glatt und abgewetzt. Darum bei Nässe besondere Vorsicht und kleinere Kinder bitte an der Hand führen oder sogar sichern. Immer wieder gibt es ausgesetzte Bereiche, die sehr steinig sind. Der Weg führt etwas unterhalb des Gipfels am Taubenstein vorbei. Ein Aufstieg auf den Gipfel (Trittsicherheit erforderlich) dauert aber etwa nur 5 Minuten und ist sehr lohnend. Direkt hinter dem Taubenstein wird der Weg breiter und auch einfacher zu begehen. Es geht auf relativ gleichbleibender Höhe am Lempersberg vorbei und dann aufwärts auf einen Sattel. Von hier ist dann die Rotwandhütte bereits zu sehen. Links führt ein Steig auf die Rotwand, unmarkiert und schwierig. Besser ist es, von der Hütte aus auf die Rotwand aufzusteigen. Vom Sattel geht es leicht abwärts in ca. 10 Minuten bis zum Ziel.

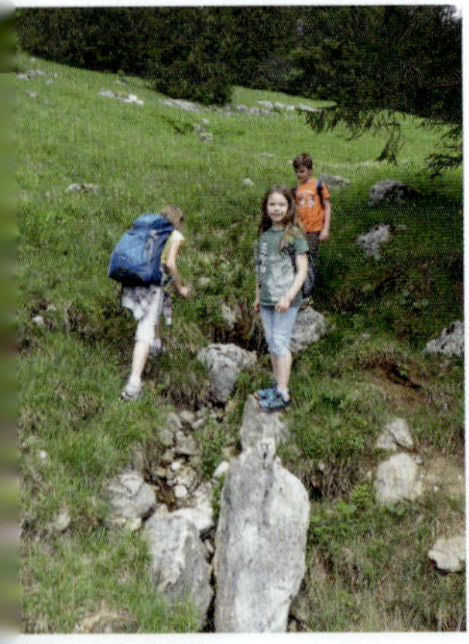

Etappe 4

Rotwandhaus - Blecksteinhaus ●

2 ¾ - 3 ½ h, 90 m▲ 770 m▼

Vom Rotwandhaus steigt man nicht gleich Richtung Spitzingsee ab, sondern geht nach rechts in Richtung Soinsee/Auerspitz. Dieser Weg über den Pfanngraben ist der schönere Abstieg zum Spitzingsee (Wegweiser Spitzingsee Ort über Pfanngraben, Waitzinger Alm, Gehzeit 4 h, Weg Nr. 646, 649). Wer es eilig hat oder direkt absteigen möchte, wendet sich beim Wegweiser nach links und geht direkt zum Spitzingsee. Die hier beschriebene Route führt jedoch nach rechts bis zur nächsten Abzweigung in der Kümpflscharte, dort nach rechts über die Weidehänge zur Kümpflalm. Bei dieser Alm musste der Braunbär Bruno sein Leben lassen. Bei der nächsten Verzweigung weiter geradeaus, über Gräben, Brücken und Steine bis zum Pfanngraben. Dort wird das Tal enger und der Bach hat sich tief in eine Schlucht eingegraben. Achtung, kleinere Kinder an den ausgesetzten Passagen an der Hand führen (besonders, wenn sie in die Schlucht blicken. Niemals gleichzeitig gehen und in die Landschaft schauen!). Der Weg ist zwar breit, der Ausblick in die tiefe Schlucht atemberaubend schön, aber auch ziemlich tief (20 - 30 m) und ausgesetzt. Weiter unten, wenn das Tal wieder breiter wird, haben sich wunderschöne Gumpen gebildet, wo herrlich geplantscht werden kann. Bitte aber besondere Vorsicht, denn die Gumpen sind zum Teil sehr tief und die Steine rutschig. Der Weiterweg führt an der Waitzingeralm/Winterstube vorbei, dort kurz auf der Zufahrtsstraße zur Valepp Alm nach links und ein paar Meter weiter gleich nach rechts, entlang des Bockerlbahnwegs. Dieser Weg wurde 1919 - 27 verwendet, um Holz nach einem verheerenden Windbruch abzutransportieren. Immer wieder gibt es darüber Infotafeln. Kurz vor dem Blecksteinhaus geht es noch einige Meter steil aufwärts.

Etappe 5

Blecksteinhaus - Albert-Link-Hütte ●

½ - ¾ h, 40 m▲ 50 m▼

Weiter den Bockerlbahnweg in Richtung Spitzingsee. Der Weg führt sehr schön über die (meist) blühenden Blumenwiesen der Valeppalm. Nach nicht einmal 20 Minuten kommt eine Abzweigung nach rechts zum Albert Link Haus. Für die Planung der Übernachtungen aufgrund der Kürze dieser Etappe mit der vorherigen oder nachfolgenden kombinieren.

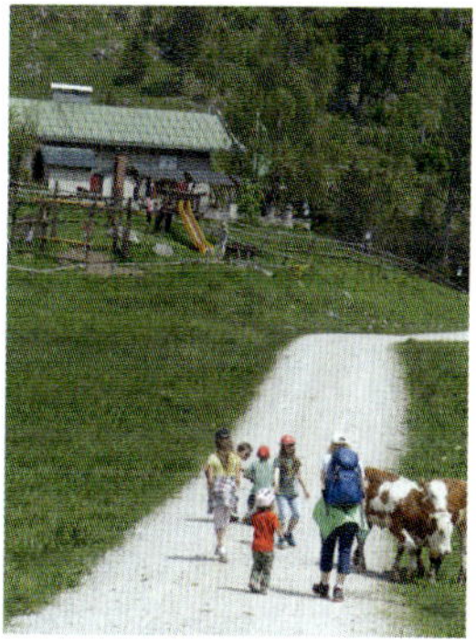

Etappe 6

Albert-Link-Hütte - Parkplatz Spitzingsattel ●

1 ¼ - 1 ¾ h, 110 m▲ 30 m▼

Vorerst den bekannten Weg von Etappe 5 zurückgehen, bis wieder der Weg der Bockerlbahn erreicht ist. Dort nach rechts in Richtung Spitzingsee, immer geradeaus, an einem Lift vorbei. Links ist dann der Berggasthof Rosskopf und rechts das Gasthaus „Alte Wurzerhütte". Weiter auf dem Rosskopfweg bis kurz vor dem See, dort nach links. Rechts über die Brücke würde es auf kürzestem Weg, vorbei an den Hotels, zum Spitzingseesattel gehen. Im Uhrzeigersinn ist's jedoch schöner. Dazu kurz vor der Klausenhütte auf die Seepromenade, zuerst durch einen schönen Wald, dann über Wiesen. Nach einer Brücke nach links, hier entfernt sich der Weg kurz vom Ufer und führt später, nach einem Steg, rechts wieder zurück. Weiter bis zur Nordspitze des Sees und dann über einen Gehweg neben der Fahrstraße hinauf bis zum Spitzingsattel.

Weitere Tourenmöglichkeiten:

Schönfelderhütte: Jägerkamp (1746 m) ●, Aufstieg 1 - 1 ½ h, 340 Hm.
Rotwandhütte: Rotwand (1884 m), ●Aufstieg ½ - ¾ h, 150 Hm.

Hütten & Gaststätten:

Brotzeitstüberl
(1130 m), direkt auf dem Parkplatz gelegenes Stüberl, hier wird Proviant für unterwegs angeboten, +49-160-99167990, www.brotzeit-stueberl.de, ganzj. geöffn., Mi Ruhetag.

Schönfeldhütte
(1410 m), schön gelegene Alm, DAV-Auszeichnung „So schmecken die Berge" und „Mit Kindern auf Hütten", 24 Zimmerlager in 2-, 3-, 4-Bettzimmern, 10 Matratzenlager, +49-8026-7496 oder +49-8026-71264 (Albert-Link-Hütte), www.davplus.de/schoenfeldhuette, ganzj. geöffn.

Taubensteinhaus
(1556 m), gemütliche Alpenvereinshütte mit sehr guter Küche, 10 Zimmerlager, 50 Lagerplätze, +49-8026-7070, www.taubensteinhaus.de, Ende Dez. - Ostern, Ende Mai - Anf. Nov.

Rotwandhaus
(1737 m), sehr großes, umgebautes Alpenvereinshaus mit der DAV-Auszeichnung „So schmecken die

Berge", Photovoltaikanlage und Biokläranlage, 37 Zimmer- u 38 Matratzenlager, +49-8026-3959880 oder +43-664-1645290, www.rotwandhaus.de, ganzj. geöff., 23. u. 24. Dez. geschl.

Blecksteinhaus
(1060 m), altes, aber sehr gemütliches Alpenvereinshaus mit guter Küche, DAV-Auszeichnung „So schmecken die Berge", 44 Schlafplätze, +49-8026-9246792, www.blecksteinhaus.com, ganzj. geöffn., Mai oder Jun. und Nov. Betriebsruhe, Di Ruhetag.

Albert-Link-Hütte
(1053 m), direkt am Bach gelegene Schutzhütte des Alpenvereins, DAV-Auszeichnung „So schmecken die Berge" und „Mit Kindern auf Hütten", 38 Betten (vier 2-Bettzimmer), 27 Matratzenlager, +49-8026-712 64, www.albert-link-huette.de, ganzj., geöffn., Mo Ruhetag, April Betriebsurlaub.

Infos:

Tourismus Schliersee/Spitzingsee
+49-8026-60650, www.schliersee.de
Alpenbahn Spitzingsee
+49-8026-9292230, www.alpenbahnen-spitzingsee.de, die Kabinenbahn tägl. geöffn., Revisionszeiten beachten.
Taxi Leitner, Spitzingsattel
+49-8026-920246 / +49-173-8786693, www.taxi-leitner.de.

Anfahrt:

Autobahn A8 von München Richtung Salzburg, Ausfahrt Irschenberg, Richtung Bad Tölz/Miesbach, auf der B472 nach Miesbach und auf der B307 weiter bis zum Schliersee, daran vorbei bis nach Neuhaus, am Ende Abzweigung nach rechts auf die Spitzingstraße, weiter bis zum Spitzingsattel. Von Westen kommend über die Inntalautobahn (A12) von Innsbruck Richtung Inntaldreieck, in Jenbach abfahren, auf der B181 über den Achensee, weiter auf die B307 bis Tegernsee und dann weiter zum Schliersee. Oder über Kufstein und den Thiersee. (Navi: Deutschland, 83727 Schliersee, Spitzingsattel 1).

Bus & Bahn:

Direktverbindung (DB) von München Richtung Bayrischzell, in Fischhausen-Neuhaus umsteigen auf Bus Nr. 9562 bis zum Spitzingsattel.

Ausgangspunkt:
AP P Spitzingsattel, AP=EP.

18. Hoch über dem Tegernsee

Auf der Via Alpina ins Isartal

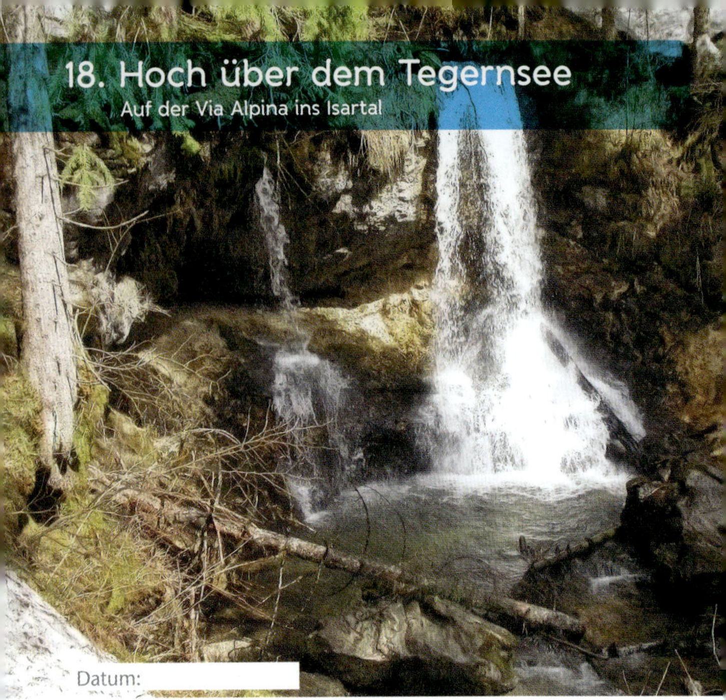

Datum:

Etappen: 4	Dauer: 19 km; 7 - 10 h	940▲ 1190▼
technische Anf.: ★★★★☆	Kondition: ★★★☆☆	Alter: ab 12 Jahren

Diese Tour folgt zum Teil der Via Alpina, dem violetten Weg, der in 66 Etappen durch drei Länder (Slowenien, Österreich, Deutschland) führt. Sie zählt nicht zu den schönsten in diesem Buch, aber vielleicht war bei meiner Begehung einfach nicht das richtige Wetter. Der Weg führt zum Teil anspruchsvoll durchs Gelände und ein Höhepunkt der Tour ist sicherlich die wie ein Adlerhorst gelegene Tegernseer Hütte, die zwischen Roß- und Buchstein gebaut wurde. Ein Kletterparadies, wo immer wieder Kletterer im Felsen hängen.

Et.	Strecke	Anf.	Technik	Kond.	Zeit in h km	Hm▲▼
1	Klamm 830 m Buchsteinhütte 1260 m	●	★★★☆☆	★★★☆☆	2-2 ¾ 5,2	430 m keine
2	Buchsteinhütte 1260 m Tegernseer Hütte 1650 m	●	★★★★☆	★★★☆☆	1 ½-2 2,2	420 m 30 m
3	Tegernseer Hütte 1650 m Lenggrieser Hütte 1338 m	●	★★★★☆	★★★☆☆	2-2 ¾ 6	90 m 400 m
4	Lenggrieser Hütte 1338 m Lenggries 680 m	●	★★★☆☆	★★☆☆☆	1 ½-2 5,6	keine 660 m

Schwierigkeitsgrad:

Mittel - schwierig. Nur für Trittsichere und Schwindelfreie, also Geübte geeignet. Ziemliche Mischung aus einfachen Wegpassagen und sehr anspruchsvollen. Schwierig ist z. B. der Auf- und Abstieg zur bzw. von der Tegernseer Hütte, der Übergang von der Tegernseer Hütte zur Lenggrieser Hütte über das Maria Eck. Es gibt leicht ausgesetzte Grate, Felspassagen mit Trittbügeln und Leitern und steinige und steile Ab- und Anstiege. Nur bei bestem Bergwetter gehen.

Knieschonende Variante:	Diese Tour ist nicht knieschonend.
Kinder:	Ab ca. 12 Jahren. Für Kinder, die bereits über Bergerfahrung verfügen und schwindelfrei sind, sehr spektakulär. Die Tegernseer Hütte liegt direkt an einem Felsen, hier besondere Vorsicht, aber die Lage begeistert.

Jahreszeit:

Die Tegernseer Hütte, die alpinste von den dreien hat zwischen Mitte Mai und Anfang November offen.

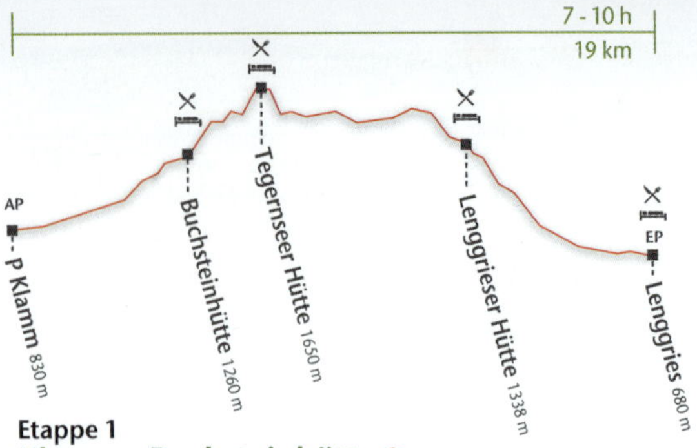

Etappe 1

Klamm - Buchsteinhütte ●

2 - 2 ¾ h, 430 m▲ kein m▼

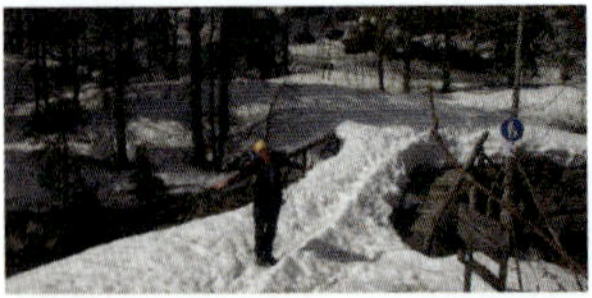

Vom Parkplatz Klamm vorerst auf dem Forstweg in das Schwarzenbachtal und nach etwa 5 Minuten Gehzeit nach links abzweigen. Über eine Holzbrücke und auf der anderen Bachseite nach rechts, immer der Beschilderung Roß- und Buchstein folgen. Der Weg führt sehr idyllisch am Bach und an einigen kleinen Wasserfällen entlang, bis man wieder auf die Forststraße zur Buchsteinhütte gelangt. Nun entweder auf der Straße gemütlicher, aber auch eintöniger weiter oder die steileren und steinigen Abkürzungen zwischen den Serpentinen nehmen. Die Abkürzungen sind nicht schwierig. Am Ende geht es relativ flach auf dem Zufahrtsweg zur Buchsteinhütte.

Etappe 2

Buchsteinhütte - Tegernseer Hütte ●

1 ½ - 2 h, 420 m▲ 30 m▼

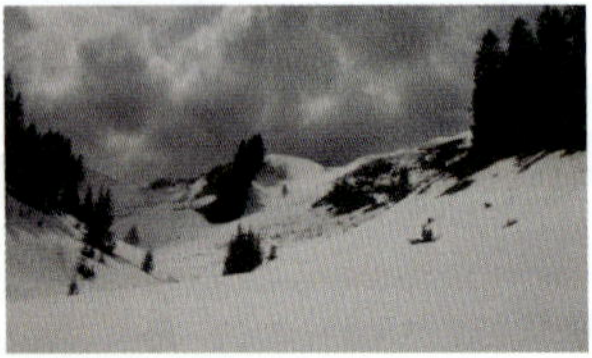

Von der Buchsteinhütte gibt es zwei Möglichkeiten, auf die Tegernseer Hütte aufzusteigen. Wer es eiliger hat oder Etappe 1 und 2 kombinieren möchte, kann den direkten Weg (ca. 50 min.) wählen. Wer es gerne

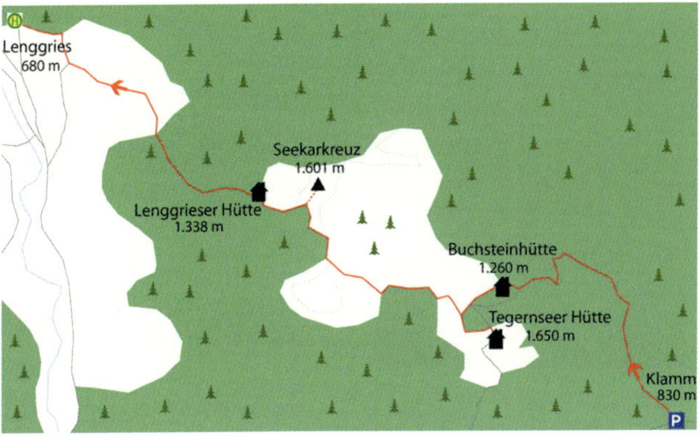

gemütlicher hat, geht etwas länger über die Roßfeldalmen. Beide Wege sind aber sehr schön und bei beiden ist das letzte Teilstück gleich und etwas anspruchsvoller. Wegbeschreibung über die Roßfeldalm: bei der Buchsteinhütte einfach den Schildern Richtung Roßfeldalm folgen. Der Weg führt abwechselnd über Almflächen und lichten Wald angenehm aufwärts. Bei der Alm angekommen, geht es bei der Abzweigung nach links leicht abwärts in Richtung Roß- und Buchstein. Bei der nächsten Abzweigung wieder nach links, noch kurz leicht abwärts queren und dann über Serpentinen aufwärts. Hier bitte besondere Vorsicht, der Weg ist steil und zum Teil etwas ausgesetzt. Kleinere Kinder unbedingt an der Hand führen oder sogar sichern, siehe Sicherungshinweis im Vorspann.

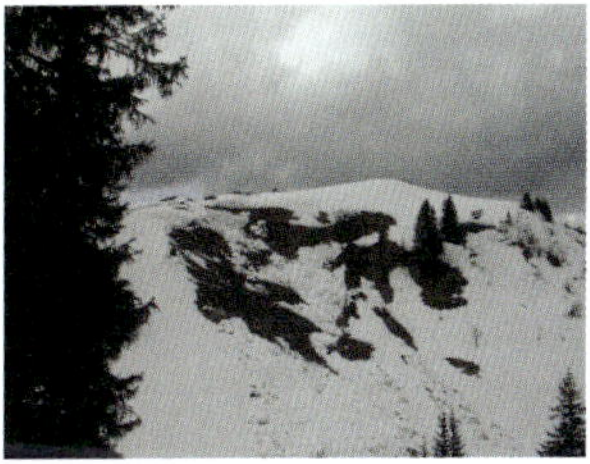

Etappe 3

Tegernseer Hütte - Lenggrieser Hütte ●

2 - 2 ¾ h, 90 m▲ 400 m▼

Von der Tegernseer Hütte vorerst den Stichweg bis zur Roßsteinalm wieder zurück. Hier wieder erhöhte Vorsicht (siehe Sicherungshinweis

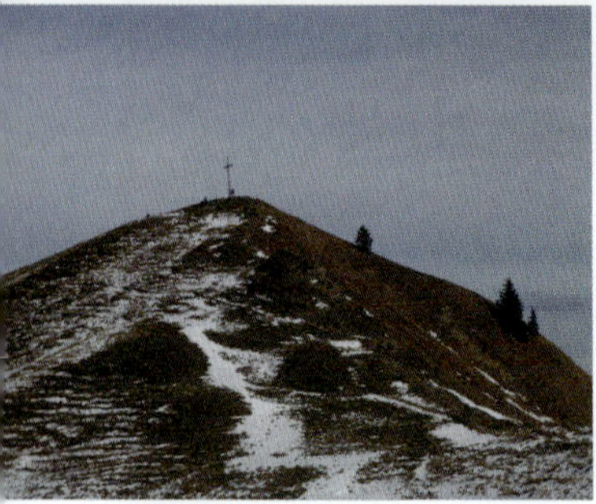

Etappe 2)! Von den Almen (Weg Nr. 621) führt vorerst ein ziemlich breiter Fahrweg in Richtung Lenggrieser Hütte. Bei der nächsten Kreuzung nach rechts in Richtung der Schönbergalmen. Nach ca. 20 min. zweigt rechts ein Wanderweg in Richtung Seekar/Lenggrieser Hütte ab, der teilweise durch den Wald und oberhalb von einer Wiese an einer Felswand vorbei führt. Der Weg, der zum Teil sehr schlammig sein kann, verläuft auf relativ gleichbleibender Höhe in Richtung Maria Eck (1469 m). Hier wird es anspruchsvoller und auch etwas ausgesetzter. An einer Stelle helfen Trittbügel und an einer anderen eine Leiter über die Felsen. Hier ist auf alle Fälle gutes Anhalten angebracht. Auch hier: weniger trittsicheren oder jüngeren Kindern bitte Hilfestellung geben, eventuell sogar sichern. Siehe Sicherungshinweis im Vorspann. Weiter geht es am Grat entlang bis zum breiten Rücken, der vom Seekarkreuz herunterzieht. Nun geradeaus im leichten Abstieg in 20 min. zur Lenggrieser Hütte. Der Gipfel des Seekarkreuzes ist in ca. 10 min. zu erreichen (70 Hm zusätzlich, ¼ h), bietet wunderschöne Ausblicke auf die Bergwelt rundherum und ist sehr einfach und lohnend. Auch hier kann der Weg etwas schlammig sein.

Etappe 4

Lenggrieser Hütte - Lenggries ●

1 ½ - 2 h, keine m▲ 660 m▼

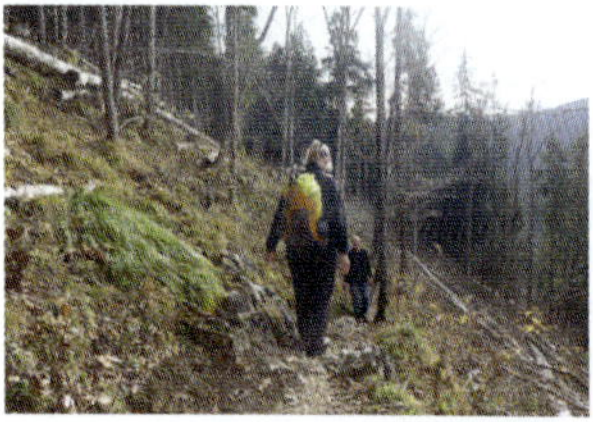

Von der Lenggrieser Hütte führt der Weg Nr. 621, der Grasleitensteig, am Anfang sehr steil durch einen Bergwald abwärts. Hier bitte besondere Vorsicht, denn der Weg ist zum Teil schmal und sehr steinig. Achtung auch auf die zahlreichen Wurzeln, die sich über den Weg ziehen. Trittsicherheit

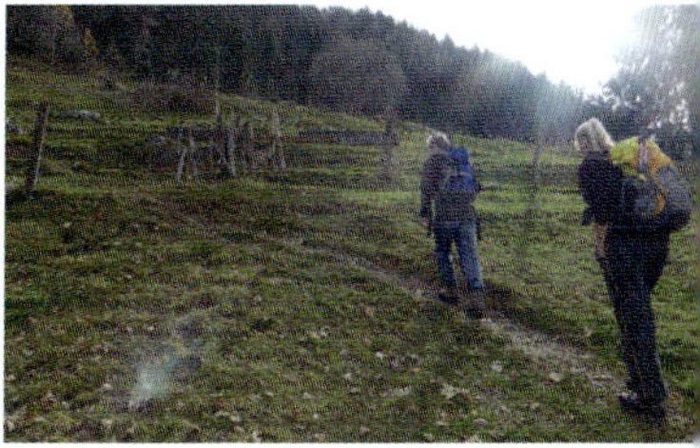

ist unerlässlich! Der Steig wird flacher und schmäler und quert den Hang. Sobald sich der Wald lichtet, geht es weiter über einen schmalen Pfad, der stetig über schöne Almflächen abwärts führt. Später wird daraus ein Forstweg, der dann in einen Asphaltweg übergeht. Hier einfach den Schildern durch Mühlbach nach Lenggries folgen. Auf der Zufahrtsstraße nach Hohenburg nach links und an der Hauptstraße nach rechts Richtung Lenggries/Bahnhof (Gehzeit ca. ½ h). Der Bus, der von der Hauptstraße wegfährt, geht nur sehr selten. Darum besser zu Fuß bis zum Bahnhof oder eventuell ein Taxi bestellen. Siehe Infobox.

Weitere Tourenmöglichkeiten:

Es gibt zahlreiche kleine Berge neben der Hütte, die aber zumeist über Klettersteige erreichbar und daher schwierig sind.

Hütten & Gaststätten:

Buchsteinhütte
(1260 m), sehr schöne alte Schutzhütte, die ein gemeinnütziger Verein betreibt, schöne Gaststube & Terrasse, 40 Schlafplätze, +49-80-29-244, www.buchsteinhuette.de, ganzj. geöffn., Mo Ruhetag.

Tegernseer Hütte
(1650 m), einmalige und beeindruckende Lage, ähnlich einem Adlerhorst, direkt am Felsen gelegen, herrliche Aussicht, gute Küche, 40 Lagerplätze, +49-8029-9979262 oder +49-175-4115813, www.tegernseerhuette.de, Mitte Mai - Anf. Nov., am So keine Übernachtung möglich.

Lenggrieser Hütte
(1338 m), einfache, aber sehr gemütliche Alpenvereinshütte, verwendet werden Produkte aus der Region, DAV-Auszeichnung „So schmecken die Berge", 50 Lagerplätze (mit eigenem Schnarcherlager), +49-8042-5633096 oder +49-171-4849349, www.lenggrieser-huette.de, ganzj. geöffn., Di Ruhetag.

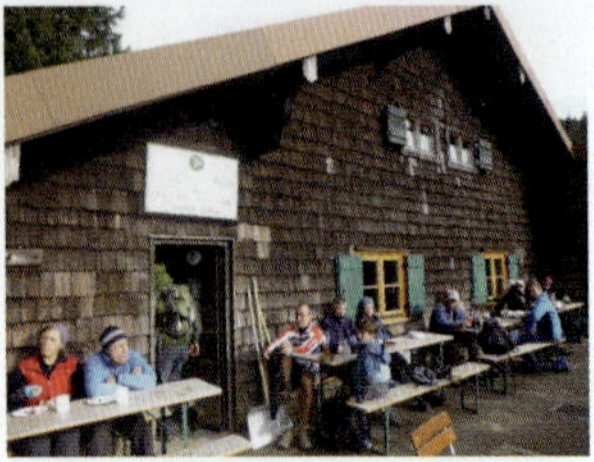

Infos:

Tourismus Kreuth
+49-8022-927380,
www.kreuth.de.

Tourismus Lenggries
+49-8042-5008-800,
www.lenggries.de.

Taxi Kreuth – Alpentaxi Tegernsee
+49-171-6866466/+49-8022-670 067, www.alpentaxi-tegernsee.de.

Taxi Heller
Lenggries, +49-8042-9740050 oder +49-160-8042429, www.taxi-heller-lenggries.de.

Anfahrt:

Autobahn A8 von München Richtung Salzburg, Ausfahrt Holzkirchen, weiter auf B318 Richtung Tegernsee, um den See (jedoch aufgrund des höheren Verkehrsaufkommens nicht durch Tegernsee). Weiter auf der B307 bis Kreuth/Klamm. Von Westen kommend über die Inntalautobahn (A12) von Innsbruck Richtung Inntaldreieck, in Jenbach abfahren, auf der B181 über den Achensee, weiter auf die B307 Richtung Tegernsee bis zum Parkplatz. Der Parkplatz Klamm/Kreuth ist gebührenpflichtig. (Navi: Deutschland, 83708 Kreuth, Klamm/Winterstube). Am besten lässt man das Auto in Kreuth/Klamm oder in Lenggries/Aufstieg Lenggrieser Hütte stehen und fährt öffentlich weiter oder lässt sich mit dem Taxi hin oder zurück bringen (sind nur 30 km). Parkplatz Lenggries/Hohenburg, am Eingang des Hirschbachtals ist auch gebührenpflichtig. (Navi: Deutschland, 83661 Lenggries, Hohenburg).

Bus & Bahn:

Direktverbindung (BOB) von München nach Tegernsee, dort umsteigen in den Bus Nr. 9550 und 9556 bis nach Klamm/Kreuth. Rückfahrt: von Lenggries mit der BOB bis München.

Ausgangspunkt:
AP Parkplatz Klamm/Kreuth, EP Lenggries, Bushaltestelle.

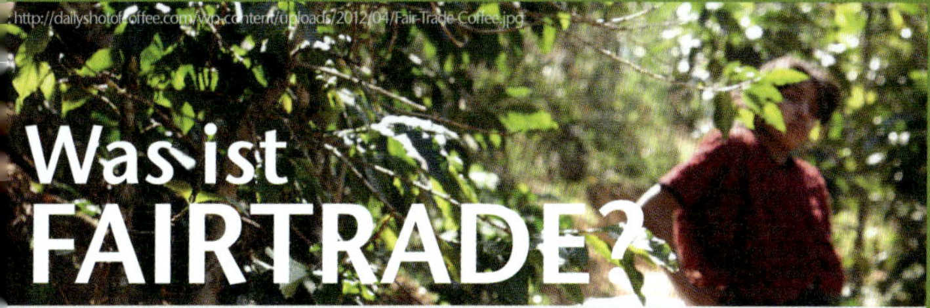
http://dailyshotofcoffee.com/wp-content/uploads/2012/04/Fair-Trade-Coffee.jpg

Was ist FAIRTRADE?

FAIRTRADE ist ein Verein zur Förderung des FAIREN Handels mit dem Süden. Nur wer sich an die strengen Auflagen hält, darf das FAIRTRADE-Siegel verwenden. Mitglieder des Vereins sind u.a.: Caritas, Katholische Jugendschaft, Evangelische Jugend, Grüne Bildungswerkstatt, Österr. Hochschülerschaft, PfadfinderInnen Österreichs, WWF-World Wide Fund for Nature und viele mehr.

WOFÜR STEHT DIESES FAIRTRADE-SIEGEL?

- Direkter Handel mit den ProduzentInnen und KleinbäuerInnen unter Ausschaltung der lokalen Zwischenhändler
- Dadurch FAIRE Preise für die ProduzentInnen & kontrollierter Warenfluss nach Europa
- Prämie für soziale & ökologische Entwicklung
- Gesetzliche Mindestlöhne & arbeitsrechtliche Mindeststandards
- Verbot von Kinderarbeit und sklavenähnlicher Zwangsarbeit
- Naturnahe & nachhaltige Anbaumethoden sowie
- Schutz des Regenwaldes
- Schutz natürlicher Gewässer & des Trinkwassers

Fairtrade
W.: www.fairtrade.net
W.: www.fairtrade.de
W.: www.fairtrade.at

19. Die Zugspitze

Auf den höchsten Gipfel Deutschlands

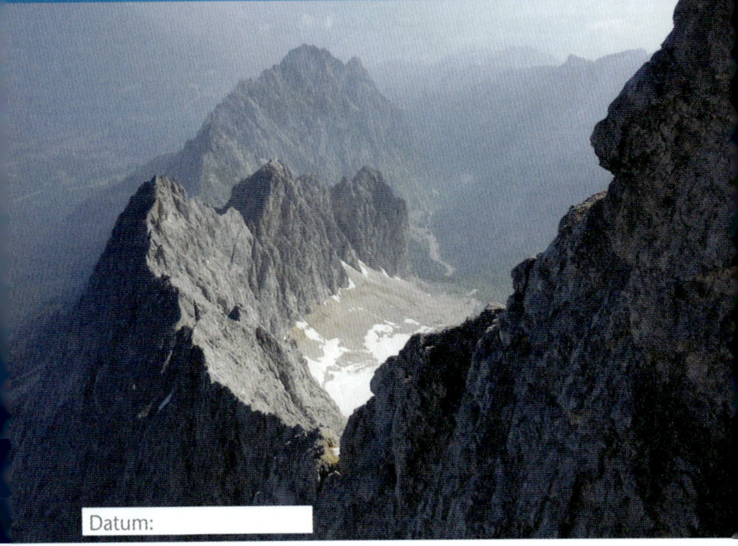

Datum:

Etappen: 3	Dauer: 22 km; 10 - 13 h	2340▲ 110▼
technische Anf.: ★★★★★	Kondition: ★★★★★	Alter: ab 12 Jahren

Hochalpine, konditionell wie technisch, schwierige Tour auf den höchsten Berg Deutschlands. Bergerfahrung und Schwindelfreiheit sowie bestes Bergwetter sind erforderlich. Die Route ist jedoch abwechslungsreich, wunderschön und insgesamt ein absolut spektakuläres Top-Ziel. Es gibt Klammen mit Gumpen, die zum Baden einladen, originelle Hütten mit eigenem Badeplatz und Liegestühlen oder musizierendem Personal und Bahnstrecken auf beeindruckender Höhe. Wer lieber abwärts statt aufwärts geht, kann die Tour auch umgekehrt machen. In diesem Fall sollte jedoch die Tour ab dem Zugspitzplatt starten.

Et.	Strecke	Anf.	Technik	Kond.	Zeit in h km	Hm▲▼
1	Garmisch-Partenkirchen 730 m Reintalangerhütte 1369 m	🔵	★★☆☆☆	★★★★☆	4 ½ - 5 ¾ 14,2	750 m 110 m
2	Reintalangerhütte 1369 m Knorrhütte 2052 m	🔴	★★★★☆	★★★★☆	2 ¼ - 3 3,1	680 m keine
3	Knorrhütte 2052 m Münchner Haus 2959 m	⚫	★★★★★	★★★★★	3 ¼ - 4 ¼ 4,7	910 m keine

Schwierigkeitsgrad:

Schwierig. Nur für Geübte, Trittsichere und Schwindelfreie! Hochalpine Tour, nur bei absolut verlässlichen Wetterverhältnissen! Wenn es im Tal regnet, kann es oben oft bereits schneien. Die Wege sind nicht immer ganz deutlich erkennbar, daher immer auf die Markierungen achten. Schwierig und steil und/oder ausgesetzt sind: Talende des Reintals, Zustieg vom Sonnalpin (Zugspitzplatt) bis zum Münchner Haus (teilw. Ketten und Drahtseile). Abstieg mit der Seilbahn.

Knieschonende Variante:	Durch den Abstieg mit der Gondel beinhaltet die Tour nur Aufstiege. Bitte selbst beurteilen, ob die vielen Höhenmeter aufwärts dem eigenen Knie zumutbar sind. Für die letzte Etappe Bahn benützen.
Kinder:	Für bergerfahrene, gehfreudige Kinder ab ca. 12 Jahren. Für jüngere Kinder Sicherungsausrüstung verwenden. Die letzte Etappe (Klettersteig, nur für Geübte) unbedingt mit der Bahn zurücklegen.

Jahreszeit:

Da Hochgebirge, Schneelage und Wetterbericht beachten. Die Hütten sind von Anfang Juni bis Mitte Oktober geöffnet.

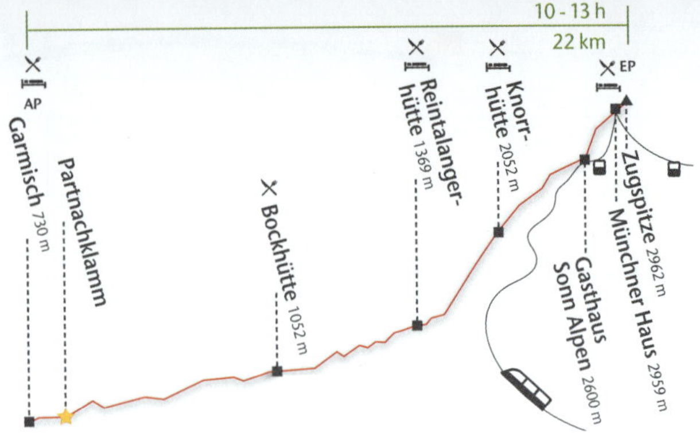

Etappe 1

Garmisch-Partenkirchen - Reintalangerhütte

4 ½ - 5 ¾ h, 750 m▲ 110 m▼

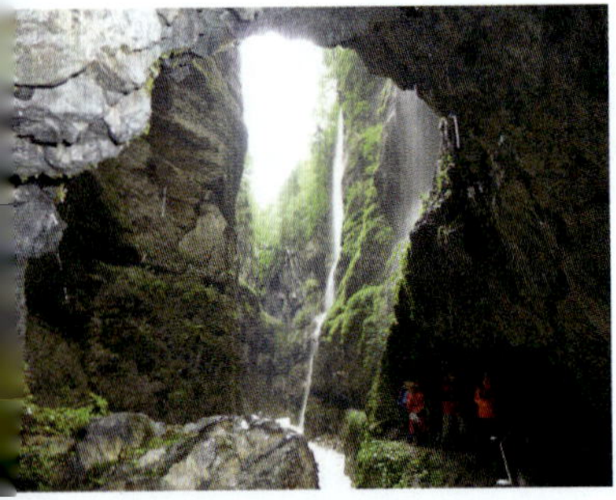

Vorab: Für diese Etappe muss bald in der Früh gestartet werden. Im Fall einer längeren Anreise sollte unbedingt im Tal eine Übernachtung gebucht werden. Die Wanderung beginnt am Olympiastadion von Garmisch-Partenkirchen (Busanbindung). Vom Stadion führt ein Asphaltweg (der Beschilderung folgen) bis zum Eingang der Partnachklamm. Bis hierher kann man auch bequem mit einer Pferdekutsche fahren. Beim Eingang der Klamm muss Eintritt bezahlt werden. Jetzt geht es auf gesicherten Wegen durch die Klamm, was ein ganz besonderes Schauspiel ist. Dieser nicht ganz trockene Zustieg, mit unzähligen Wasserfällen und einer tosenden Partnach an der Seite, ist sicherlich der Höhepunkt beim Zustieg durch das Reintal. Für die vielen, dunklen Tunnel ist eine Taschenlampe hilfreich. Nach der Klamm über eine Brücke und auf einem breiten Schotterweg aufwärts. Die vielen Abzweigungen ignorieren. Gleich nach

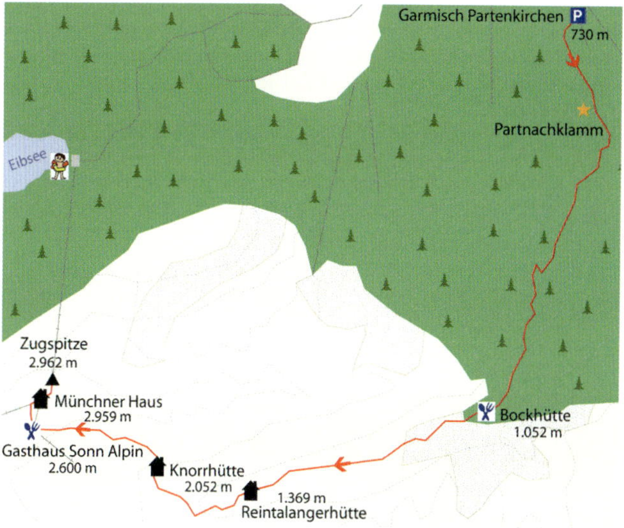

der Abzweigung zum Kreuzeck kann der Forstweg jedoch über einen kleinen Steig abgekürzt werden. Die Partnach hat sich immer wieder in den Felsen eingegraben. Man folgt dem Weg an der Mitter- und Hinterklamm vorbei. Die Schilder zur Reintalangerhütte und Zugspitze (Weg Nr. 801) weisen den Weg. Nach etwa 2 ¾ - 3 ¼ h taucht auf der anderen Bachseite die bewirtschaftete Bockhütte auf, die über eine Brücke erreicht

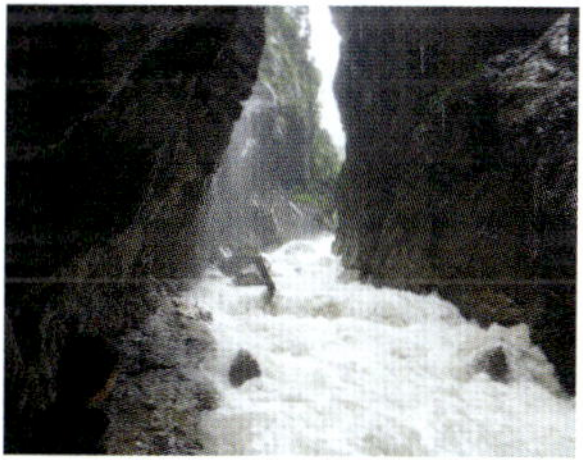

werden kann und sich für eine Rast anbietet. Zurück auf dem Weg wird der Wald bald verlassen und endlich bieten sich Ausblicke auf das immer enger werdende Tal. Bei der Quelle „Sieben Sprünge" tritt die Partnach wieder zu Tage. Auf den nächsten Kilometern flussaufwärts fließt die Partnach unterirdisch.

Die „Blaue Gumpe" mit ihrem türkisfarbenen Wasser lädt wieder zum Verweilen ein. Der Weiterweg führt an der zweithöchsten Wand der Ostalpen, der 1450 m hohen Hochwanner Nordwand, vorbei. Kurz vor dem Etappenziel zeigt sich noch ein besonderes Schauspiel, dort stürzt die Partnach aus einem scheinbar runden Loch über 30 Meter ins Tal darunter. Vom Wasserfall sind es nur mehr wenigen Minuten bis zum Ziel.

Etappe 2

Reintalangerhütte - Knorrhütte ●

2 ¼ - 3 h, 680 m▲ keine m▼

Dieser Weg ist auch der Weg der männlichen Erstbesteigerinnen. Von der Reintalangerhütte geht es weiter in Richtung Talschluss. Gleich nach dem Start besteht die Möglichkeit, zum Ursprung der Partnach, drei übereinanderliegenden Wasserfällen, zu wandern, was nur einen kleinen Umweg bedeutet und sehr empfehlenswert ist. Die Gehzeit von der Reintalangerhütte aus beträgt ca. ½ h. Einfach den Schildern folgen. Nachdem die Wege wieder zusammenkommen, wird es steiler und eine Steilstufe wird über Serpentinen überwunden. Gleich danach wird es noch einmal flacher und man kann für den Steilaufschwung am Talende noch einmal Kraft sammeln. Je höher man kommt, umso karger wird die Vegetation. Ging es anfangs noch durch Latschengebüsch, wechseln sich jetzt grasige Matten mit Stein und Fels ab. Bei der nächsten Weggabelung kann zwischen zwei Aufstiegswegen entscheiden werden: Für Geübte, die sich im felsigen Gelände wohl fühlen, ist der linke Weg empfehlenswert. Beim Veitelsbrünnel am Weg können nochmals die Wasserflaschen gefüllt werden. Bei dieser Variante jedoch wie immer die Sicherungsempfehlungen beachten. Der rechte Weg geht über zahlreiche Kehren über ein Geröllfeld, das zum Teil etwas erodiert ist, eintönig aufwärts. Die Wege sind manchmal schwierig zu erkennen, darum unbedingt den Markierungen folgen!

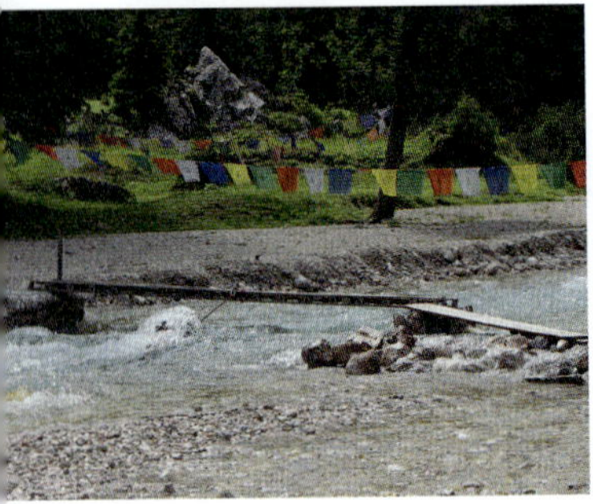

Etappe 3

Knorrhütte - Münchner Haus ● (mit Seilbahn ●)

3 ¼ - 4 ¼ h, 910 m▲ keine m▼
(mit Seilbahn 1 ¾ - 2 ¼ h, 530 m▲ keine m▼)

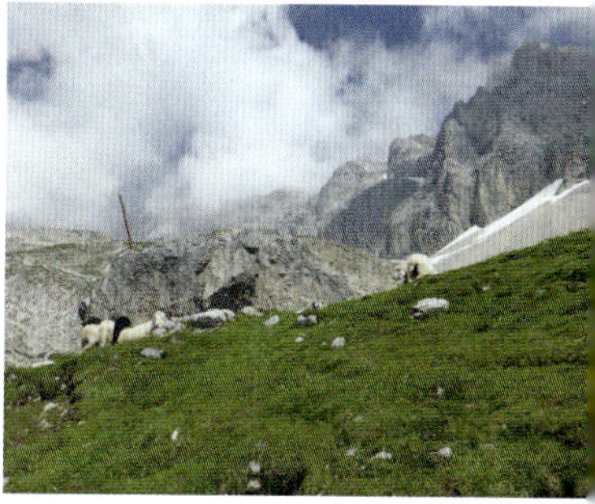

Von der Knorrhütte weiterhin der Markierung 801 folgen, der Weg ist aber meistens gut sichtbar und auch relativ einfach zu begehen. Bei klarem Wetter sind schon sehr früh die Lifte und die Gebäude am Zugspitzplatt zu sehen, was die Orientierung erleichtert. Direkt daneben steht die höchstgelegene Kapelle Deutschlands, sie kann auch besucht werden. Wer sich die letzten 380 Hm sparen will oder sich bei einem Aufstieg über den gesicherten Steig nicht absolut sicher fühlt, kann bzw. sollte mit der Bahn zum Gipfel hinauffahren (ev. vorher abklären, wann die letzte Bahn fährt).

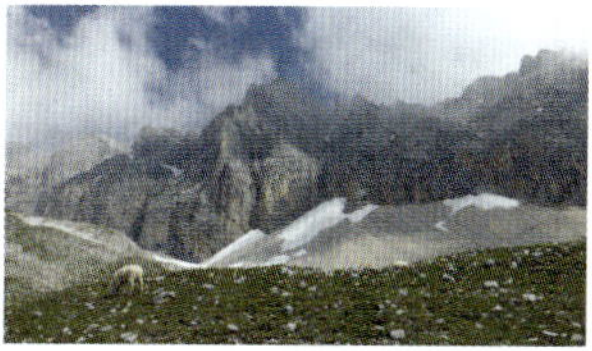

Der Aufstieg ist nur trittsicheren und schwindelfreien Berggeherinnen (Kinder mit Zusatzsicherung!) vorbehalten. Dazu vorerst über zahlreiche Kehren in Richtung Schneefernerhaus gehen, dann daran vorbei bis zum Einstieg des Steiges, der gleich oberhalb des Hauses liegt. Der Weg bis zum Klettersteig führt über relativ feinen Schutt, was den Aufstieg zum Teil ziemlich mühsam und auch eintönig macht. Der Steig durch den Felsen ist an einigen Stellen ziemlich ausgesetzt und schmal. Ketten und Drahtseile geben hier eine zusätzliche Hilfe.

Weitere Tourenmöglichkeiten:

Die Bergtouren bei dieser Tour sind sehr schwierig. Münchner Haus: Der letzte Anstieg auf die Zugspitze ist mit Drahtseilen gesichert ●, 5 Minuten, ca. 10 Hm vom Einstieg. Man muss unbedingt trittsicher und absolut schwindelfrei sein.

Hütten & Gaststätten:

Bockhütte
(1052 m), schön gelegene, 2011 neu erbaute Hütte direkt an der Partnach, +49-8821-9670768, www.bockhütte.de, während der Weidezeit, Ende Jun. - Mitte Sep.

Reintalangerhütte
(1369 m), sehr schön gelegene Hütte direkt am „Lido" der Partnach, mit Liegestühlen, großem schattigen Biergarten, 20 Betten und 90 Lagerplätze, +49 173 7089743 oder +49-8821-7089743, www.davplus.de/reintalangerhuette, Mitte Mai - Mitte Okt.

Knorrhütte
(2052 m), direkt oberhalb des Reintals gelegene Schutzhütte, steht direkt am Abbruch des Zugspitzplatts, mit herrlicher Aussicht, sehr schöne Terrasse, 28 Zimmerlager und 80 Matratzenlager, +49-151-14443496/+43-664-1360673 (Winter), www.davplus.de/knorrhuette, Ende Mai/Anf. Jun.–Anf. Okt.

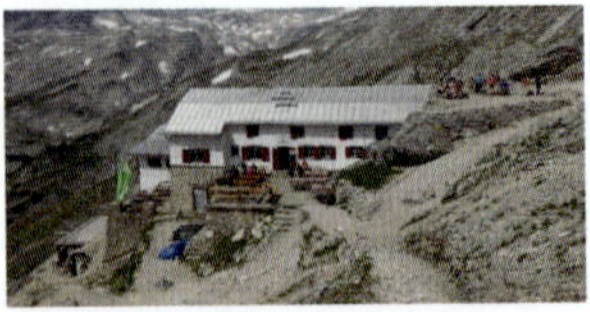

Sonnalpin, Zugspitzplatt
(2568 m), Alpengasthaus, durch die Nähe zur Bahn völlig überlaufen & auch ziemlich überteuert, Infos über Zugspitzbahn – Deutschland, siehe unten, die Öffn. sind mit der Bahn gekoppelt.

Münchner Haus
(2959 m), direkt an der Bergstation gelegen, daher auch ziemlich überlaufen, hier findet sich auch die höchstgelegene Photovoltaikanlage Deutschlands, Reservierung am Wochenende nur bedingt möglich, 27 Zimmerlager, +49-8821-2901, www.muenchner-haus.de, Mai–Okt.

Infos:

Tourismus Garmisch-Partenkirchen
+49-8821-180700, www.gapa.de.

Zugspitzbahn – Deutschland
(Eibsee-Seilbahn, Gletscher- und Zahnradbahn), +49-8821-7970, www.zugspitze.de., durchg. geöffn., Revisionszeiten beachten.

Zugspitzbahn – Österreich
www.zugspitze.at, +43-5673-2468 oder +43-5673-2309, Anf. Mai - Anf. Nov. (Vor- und Nachsaison nur bei guter Witterung).

Taxi Garmisch
+49-8821-1616 oder +49-8821-2408, www.taxi-garmisch.de.

Anfahrt:

Bundesautobahn 95 von München in Richtung Garmisch, bei Eschenlohe auf die Münchner Straße/E533 bis nach Garmisch. Von Süden, Richtung Innsbruck kommend auf der B177 bis zur Grenze und dann auf der B2 nach Garmisch oder vom Westen kommend bei Imst in Tirol auf der Fernpassstraße/B179 bis Leermoos und dort auf die Ehrwalder Straße/B187, ab der Grenze B23 bis Garmisch. In Garmisch den Schildern bis zum Olympiastadion folgen. Dort kann (noch) kostenfrei geparkt werden. (Navi: Deutschland, 82467 Garmisch-Partenkirchen, Karl-Martin-Neuner-Platz 1).

Bus & Bahn:

Direktverbindung (DB) von München nach Garmisch. Oder vom Westen kommend, Direktverbindung (ÖBB) von Innsbruck über Seefeld bis Garmisch. Dort umsteigen in den Stadtbus Linie 1 oder 2 oder in gut ½ h zu Fuß bis zum Olympiastadion.

Ausgangspunkt:

AP Parkplatz Olympiastadion Garmisch-Partenkirchen, EP Bergstation Zugspitze.

Am Wegrand: Zugspitze

Die Zugspitze ist mit 2962 m der höchste Berg Deutschlands. Bevor der Mensch eingriff, hatte die Zugspitze 3 Gipfel, den Ost-, Mittel- und Westgipfel. Nur der Ostgipfel zeigt heute noch seine ursprüngliche Form, der Westgipfel wurde 1938 von der Wehrmacht gesprengt und der Mittelgipfel musste 1930 der Seilbahn-Bergstation weichen. Einzig der Ostgipfel liegt gänzlich in Deutschland. Die Erstbesteigung gelang 1820 dem Vermessungsingenieur Josef Naus, seinem Messgehilfen Maier und dem Bergführer Johann Tauschl, die über die hier beschriebene Route durch das Reintal aufgestiegen sind. Nach Süden hin fallen die schroffen Gipfel auf das sogenannte Zugspitzplatt ab, eine Karst-Hochfläche mit unzähligen Höhlensystemen. Leider setzt der Klimawandel auch den drei Zugspitzgletschern zu. Mit Hilfe von Folien wird versucht, die rasante Schmelze zu verhindern. Die Winter sind jedoch nicht mehr kalt genug, um wieder genügend Eis und Schnee aufbauen zu können.

20. Auf dem Meraner Höhenweg

Hoch über Südtirols Tälern

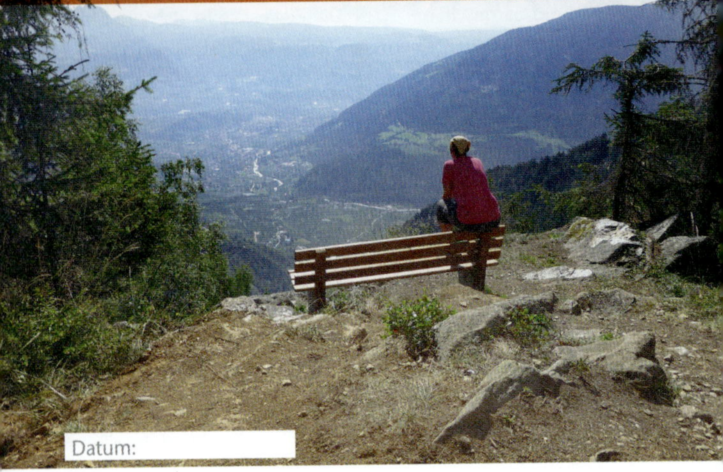

Datum:

Etappen: 8	Dauer: 28 km; 11 - 15 h	1240▲ 1080▼
technische Anf.: ★★★★☆	Kondition: ★★☆☆☆	Alter: ab 12 Jahren

Einer der schönsten Höhenwege mit vielen Stufen, Leitern, spektakulären Schluchten und Wasserfällen, aber aufgrund der abschüssigen Stellen nicht ganz leicht und mit Vorsicht zu begehen. Insgesamt ist der Höhenweg knapp 100 km lang und wird in den alpinen Teil und den weniger alpinen Teil gegliedert. Hier wird der weniger alpine Abschnitt im Naturpark Texelgruppe beschrieben, der im Schnalstal (Fundort Ötzis) startet und oberhalb von Meran im Dorf Tirol endet. Es gibt viele Übernachtungsmöglichkeiten, von einfachen Bauernhöfen, Schutzhäusern bis hin zu Almen, d.h. je nach Kondition und Laune können die Tagesetappen zusammengestellt werden. Alle Wege sind sehr gepflegt und immer wieder gibt es Baustellen, wo an der weiteren Verbesserung gearbeitet wird. Deshalb können kurzfristig Teile auch gesperrt werden – Infos vorab einholen.

Et.	Strecke	Anf.	Technik	Kond.	Zeit in h km	Hm▲▼
1	Katharinaberg 1245 m Linthof 1484 m	●	★★☆☆☆	★★☆☆☆	2-2 ¾ 5,9	300 m 60 m
2	Linthof 1484 m Pirchhof 1445 m	●	★★★☆☆	★☆☆☆☆	1 ¼-1 ¾ 4	100 m 140 m
3	Pirchhof 1445 m Ghf. Giggelberg 1565 m	●	★★★★☆	★★★☆☆	2 ½-3 4,7	240 m 120 m
4	Ghf. Giggelberg 1565 m Nasereit Hütte 1523 m	●	★★★☆☆	★☆☆☆☆	1-1 ½ 2,4	120 m 160 m
5	Nasereit Hütte 1523 m Hochganghaus 1839 m	●	★★★☆☆	★★☆☆☆	2 ¼-3 ¼ 5,7	390 m 60 m
6	Hochganghaus 1839 m Leiteralm 1522 m	●	★★★☆☆	★☆☆☆☆	1 ¼-1 ¾ 3	70 m 390 m
7	Leiteralm 1522 m Hochmuth 1400 m	●	★★★★☆	★☆☆☆☆	¾-1 2,3	20 m 150 m

Schwierigkeitsgrad:

Mittel. Zum Teil ausgesetze Wege, viele Drahtseile oder Leitern zur Sicherung. Trittsicherheit und Schwindelfreiheit unerlässlich.

Knieschonende Variante:	Obwohl die Hm im Abstieg gering sind, ist die Tour leider nicht knieschonend.
Kinder:	Ab ca. 12 Jahren. Super Tour für Kinder, da kaum lange Anstiege, es geht immer nur im leichten Auf und Ab dahin. Spannend sind die 1000-Stufen-Schlucht, die Hängebrücke, die unzähligen urigen Almen.

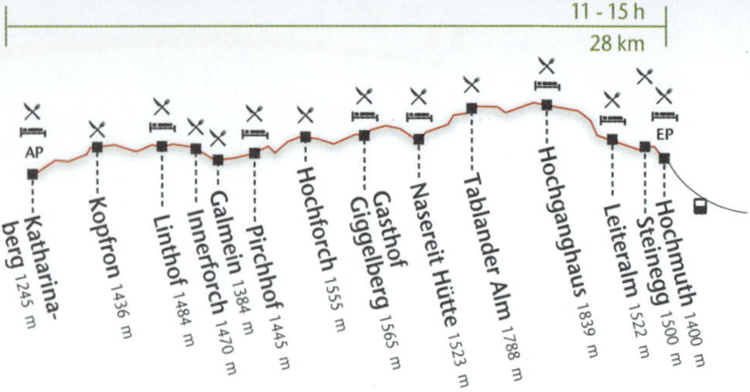

Jahreszeit:
Hier ist es ganz wichtig, die Öffnungszeiten genau abzuklären, denn die Gasthöfe/Bauernhöfe haben relativ lange offen (Mär. - Nov.), die Hütten aber viel kürzer (Jun., Jul., Aug., ev. bis Sep.). Hier empfiehlt es sich, die Tagesetappen nach der Öffnungszeit auszuwählen.

Etappe 1
Katharinaberg - Linthof ●

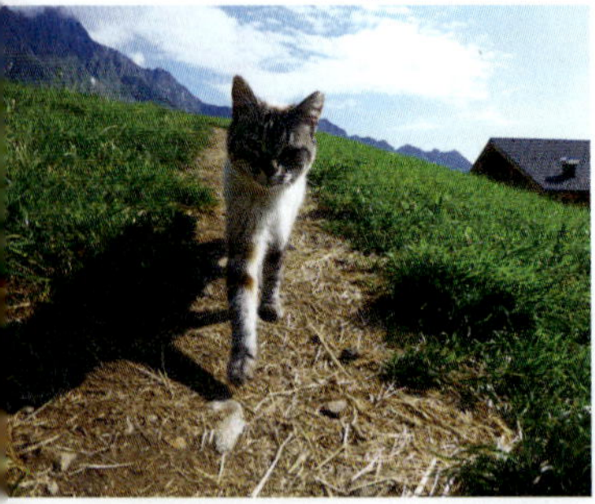

2 - 2 ¾ h, 300 m▲ 60 m▼
Von der Bushaltestelle in Katharinaberg wandert man auf der asphaltierten Höfestraße aufwärts, an einem hölzernen Wegkreuz vorbei, bis zu einer Linkskehre, wo der Weg Nr. 10A rechts abzweigt. Nun auf dem Wiesenpfad aufwärts, die steilen Wiesen der Schnalser Bergbauern querend, bis der Meraner Höhenweg, mit der Nr. 24, erreicht ist. Diesem Weg nun immer in Richtung Bergstation Unterstell (gut beschildert) folgen. Nach einem kurzen Waldstück mündet der schmale Pfad in einen geschotterten Fahrweg, bis zur Höfegruppe Untere Perfl, mit eigener Hauskapelle. Von hier führt eine sehr steile Steintreppe, die aber mit einem Geländer versehen ist, abwärts und überquert einen

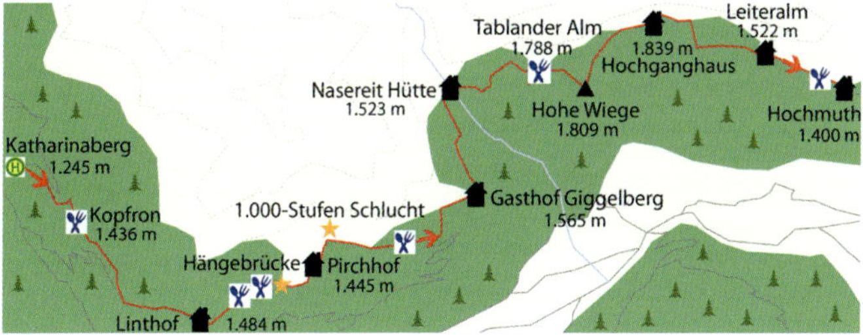

Bergbach. Gleich danach nochmals 100 Hm aufsteigen, am Bergbauernhof Wand vorbei, bis der Weg in eine Teerstraße übergeht. Dieser geradeaus bis zum Kopfronhof, einer kleinen Jausenstation, folgen. Später geht das Sträßchen in den Wald und in einen Steig über. Vorbei am Waldhof mit eigener Kapelle bis zur Jausenstation Inner-Unterstell. Gleich danach gibt es wunderschöne Ausblicke ins Schnalstal und auf Reinhold Messners Schloss Juval. Nun wird der Weg anspruchsvoller und auch schmäler und quert den Naturnser Sonnenhang bis zum Linthof.

Etappe 2

Linthof - Pirchhof ●

1¼ - 1 ¾ h, 100 m ▲ 140 m ▼

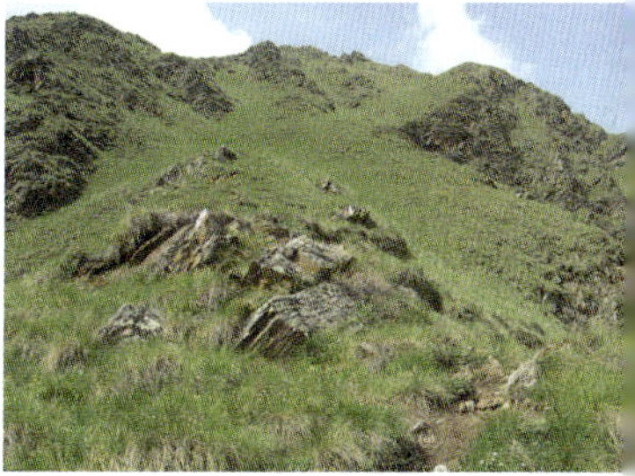

Auch diese Etappe des Meraner Höhenweges folgt jahrhundertealten Wirtschaftswegen (meist Zufahrtswege zu den Almgasthöfen, teilweise asphaltiert) hoch über dem Talboden. Immer wieder gibt es grandiose Ausblicke in den unterhalb liegenden Vinschgau. Der Weg ist zwar schmal und an vielen Stellen steinig, aber meist einfach zu begehen. Vorbei an den Höfen Innerforch und Galmein, die beide mit schönen Terrassen zum Einkehren locken. Gleich nach dem Galmeinhof wird eine Schlucht über eine wirklich spektakuläre Hängebrücke mit extremem Tiefblick gequert. Weiter über den Grubhof, wo man leider kurze Zeit auf Asphalt gehen muss, bis zum Pirchhof.

Etappe 3
Pirchhof - Gasthof Giggelberg ●

2 ½ - 3 h, 240 m▲ 120 m▼

Vom Pirchhof geht es am Anfang leicht aufwärts, bevor der Weg immer alpiner wird. Im Tal der 1000 Stufen wird auf unzähligen Stufen das Lahnbach- und das Brunnental gequert. Immer wieder geht es auf Leitern und Stufen abwärts, um sie danach auf der anderen Seite wieder aufwärts steigen zu müssen. Immer wieder warnen Schilder mit den Aufschriften: „Achtung erhöhte Steinschlaggefahr, den Gefahrenbereich zügig und vorsichtig durchqueren!" Dieser Abschnitt ist zwar gut mit Drahtseilen gesichert, verlangt aber trotzdem Trittsicherheit, Schwindelfreiheit und auch Kondition, weil es oftmals sehr steil aufwärts geht. Kleinere Geherinnen unbedingt an der Hand führen oder sogar sichern (siehe Sicherungshinweise im Vorspann). Aber an Schönheit ist dieser Abschnitt kaum zu übertreffen. Zahlreiche Wasserfälle bahnen sich ihren Weg durch tiefe Schluchten. Nach dem vielen Auf und Ab geht es dann gemütlicher auf relativ gleichbleibender Höhe weiter, an der Jausenstation Hochforch vorbei. Nun folgt der Weg kurze Zeit der asphaltierten Zufahrtsstraße abwärts, bevor es wieder auf schmalen Wegen in das nächste Tal hineingeht. Dieses Tal ist aber weit weniger spektakulär als das vorherige. Unmittelbar nach dem Tal ist das Etappenziel erreicht.

Etappe 4
Gasthof Giggelberg - Nasereith Hütte ●

1 - 1 ½ h, 120 m▲ 160 m▼

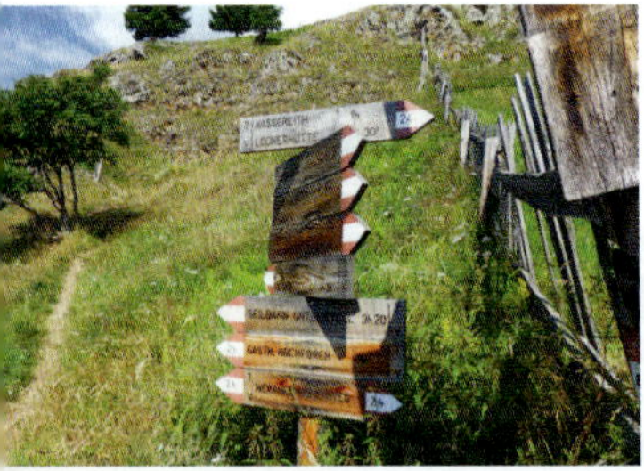

Vom Giggelberg geht es über eine Wiese und später in einen schönen Wald hinein. Besonders bei heißem Wetter ist dieser Abschnitt sehr angenehm. Der Weg ist gut ausgebaut und wurde 2013 mit unzähligen Steinstiegen erneuert. Immer wieder öffnet sich der Wald, dann sind Ausblicke auf den unteren Vinschgau und bereits Meran möglich. Unten im Partschinsertal lässt sich der riesige Wasserfall erahnen. Sobald der Weg aus dem Wald kommt, ist das Ziel der Etappe, die am Zielbach liegende Nasereit Hütte zu sehen. Der breite Weg führt hier über eine mächtige Schotterriese (Geröllfeld), die aber sehr gut zu begehen ist.

Etappe 5

Nasereit Hütte - Tablander Alm - Hochganghaus ●

2 ¼ - 3 ¼ h, 390 m▲ 60 m▼

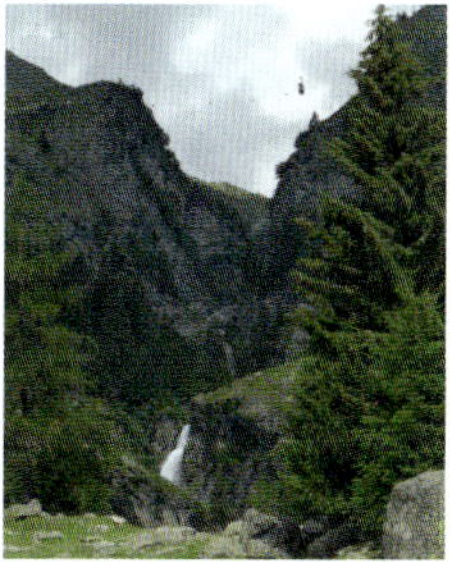

Bei der Nasereit Hütte führt eine Brücke über den prächtigen Zielbach, der weiter oben im Zieltal über zahlreiche kleine und größere Wasserfälle fällt. Weiter geht es teils durch Wald und teils über schöne Almböden auf schmalen Wegen in Richtung Osten. An besonders schmalen Stellen schützen Holzzäune. Immer wieder müssen Schotterrinnen durchquert werden, die zum Teil erodiert sind. Hier besondere Vorsicht. Weiter geht es an teils hausgroßen Felsblöcken, die vor Jahrmillionen von den Bergen gefallen sind, vorbei. Der Weg führt stetig aufwärts und mit etwas Glück sieht man auf den freien Almböden Mankei (Murmeltiere). Zu hören sind sie dauernd. Auf solch einem Almboden steht dann die Tablander Alm, leider gibt es aber hier keine Übernachtungsmöglichkeit mehr.

Von der Tablander Alm geht es ähnlich weiter. Almböden und Waldstücke wechseln sich ab. An freien Flächen gibt es gute Ausblicke auf den Partschinser Wasserfall. Immer wieder helfen Drahtseile über schwierige Stellen. Unterhalb des Aussichtspunkts Hohe Wiege (1825 m) wachsen im Sommer Feuerlilien. Nun geht es einige Höhenmeter im Wald abwärts, um danach wieder hinauf bis zur unbewirtschafteten Goidner Alm anzusteigen. Hier können die Wasserflaschen gefüllt werden. Der Weg wird zunehmend steiniger und führt über groben Blockschutt, der aber sehr gut zu begehen ist, bis zum Hochganghaus.

Etappe 6
Hochganghaus - Leiteralm ●

1 ¼ - 1 ¾ h, 70 m▲ 390 m▼

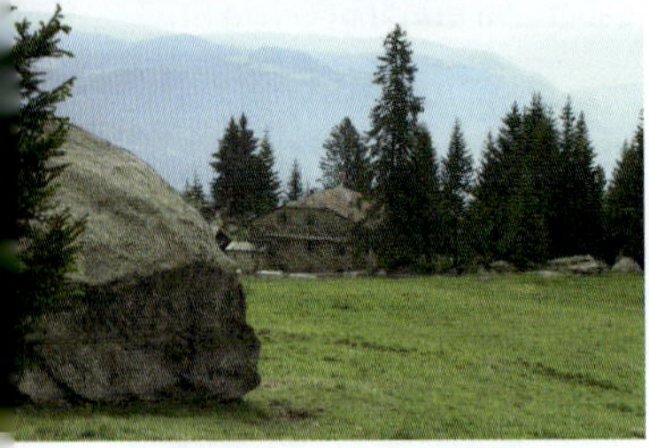

Vom Hochganghaus führt der Weg in Richtung Töllgraben, einer stark erodierten Rinne, die vom Töllbach geformt wurde. Diese schwierige Passage wurde 2011 durch eine über 50 m hohe Brücke entschärft. Weiter geht es durch mehrere geröllige Rinnen, die man schnell passieren sollte, da es hier auch immer wieder zu Steinschlägen kommen kann. Der sogenannte Hochgangweg, der vorerst auf ziemlich gleichbleibender Höhe den Wald quert, führt dann über zahlreiche Stufen bis zur Leiteralm hinunter. Der letzte Abschnitt ist durch die vielen Stufen, die zu bewältigen sind, mühsam, aber nicht schwierig.

Etappe 7
Leiteralm - Hochmuth ●

¾ - 1 h, 20 m▲ 150 m▼

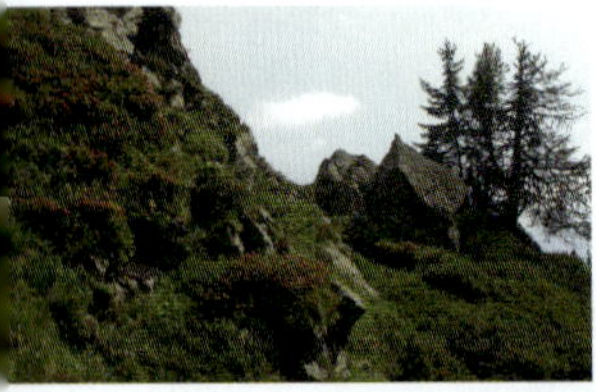

Von der Leiteralm geht es vorerst auf dem Hans-Frieden-Weg (Mark. 24) bis zu einem Graben leicht absteigend durch einen Wald. Nach dem Graben ändert sich der Weg, er wird zunehmend schmäler und ausgesetzter und führt durch die großteils felsigen Steilhänge. Auch hier ist Trittsicherheit und Schwindelfreiheit absolut wichtig. Kleinere Kinder unbedingt an der Hand führen oder sogar sichern (siehe Sicherungshinweise im Vorspann). Die Ausblicke ins Tal sind spektakulär. Wie auf der gesamten Strecke gilt: Zum Schauen immer stehen bleiben und anhalten! Der Weg ist nicht ganz ungefährlich. Auch hier gilt besondere Vorsicht vor Steinschlägen. Der Weg wird wieder zunehmend breiter und führt am Gasthaus Steinegg vorbei zum Gasthaus Hochmuth, wo auch die Bergstation der Seilbahn nach Dorf Tirol ist.

Weitere Tourenmöglichkeiten:

Die Gipfel rund um die Hütten sind meist sehr steil und schwierig.

Hütten & Gaststätten:

Kopfron
(1436 m), einfaches Gasthaus, +39-0473-679180, Sa Ruhetag.

Linthof
(1484 m), modernes Gasthaus, das noch sehr traditionell bewirtschaftet wird, mit vielen Tieren, gute Küche, nur 3 Zimmer, +39-3493-786678, www.linthof.com, ganzj. geöffn.

Innerforch
(1470 m), einfaches Gasthaus, +39-0473-679216, im Sommer geöffn., kein Ruhetag.

Galmein
(1384 m), +39-0473-668117, im Sommer geöffn., kein Ruhetag.

Pirchhof
(1445 m), schön gelegener Hof, „Urlaub am Bauernhof", gute Küche, Zimmer & Lager für 12 Personen, +39-348-8501414 oder +39-0473-667812, www.pirchhof.com, Mär. - Nov.

Hochforch
(1555 m), einfaches Gasthaus, +39-0473-667748, im Sommer geöffn., Sa Ruhetag.

Giggelberg
(1565 m), relativ neu gebautes Alpengasthaus, gute Küche, mit einem Damwildgehege, wo man bei der Fütterung zuschauen kann, 40 Betten (Doppelzimmer und Mehrbettzimmer), +39-0473-967566 oder: +39-338-5998953, www.giggelberg.com, Mär. - Nov.

Nasereit Hütte (Nassereit)
(1523 m), 2012/13 umgebaute Hütte, 15 Matratzenlager und 5 Doppelzimmer, +39-0473-968222, Mitte Apr. - Anf. Nov.

Tablander Alm
(1788 m), leider dzt. (2017) keine Übernachtungsmöglichkeit, +39-348-3762648, Mai - Nov.

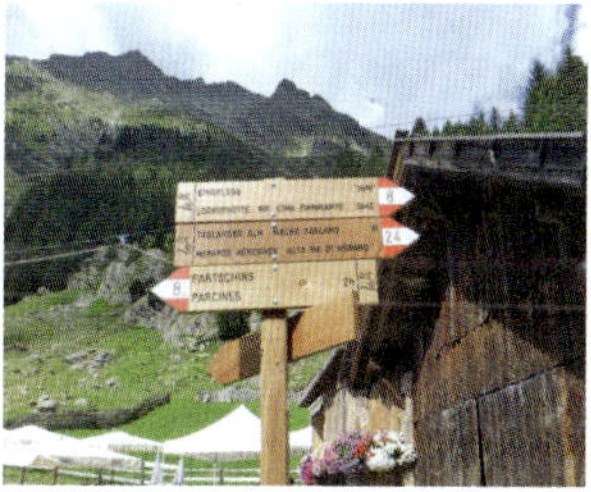

Hochganghaus
(1839 m), privates Schutzhaus, mit schönem Außenbereich und guter Küche, 40 Lagerplätze, +39-0473-443310, www.hochganghaus.it, Anf. Jun. - Ende Okt.

Leiteralm
(1522 m), schön gelegene Hütte, mit guter Küche, besteht aus einer neueren und einer älteren Hütte, 16 Betten, +39-338-3172484, www.leiteralm.com, Apr. - Okt. (Übernachtung nur Jun., Jul. und Aug.)

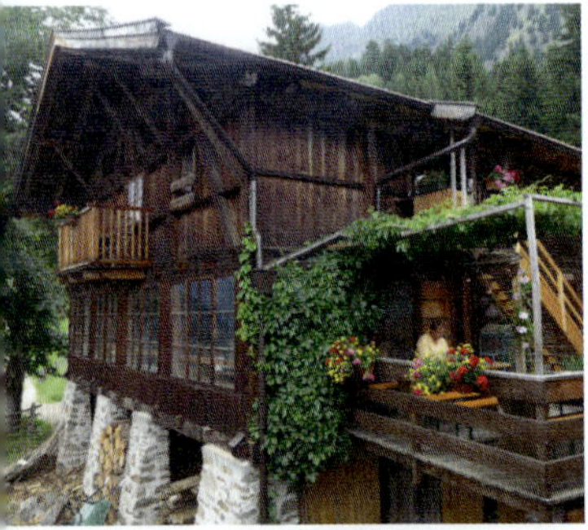

Gasthaus Steinegg
(1500 m), einfaches Gasthaus, +39 0473-229940, www.steinegg.it, Mitte Mär. - Mitte Nov.

Gasthof Hochmuth
(1400 m), hoch über Meran gelegenes Gasthaus, mit großer Sonnenterrasse, herrlicher Ausblick, liegt direkt neben der Seilbahnstation, 30 Betten, +39-333-2668484, www.hochmuth.it, Mitte März–Mitte Nov.

Infos:

Meraner Höhenweg
Infos vor dem Start der Tour online einholen, dort stehen auch aktuelle Ereignisse, wie Wegbeschaffenheit, Öffnungszeiten der Almen etc. www.hoehenweg.meran.info.

Tourismus Schnalstal
(Katharinaberg), +39-473-679148, www.merano-suedtirol.it/de/schnalstal/.

Tourismus Dorf Tirol
+39-0473-923314, www.merano-suedtirol.it/de/dorf-tirol/.

Tourismus Meran
+39-0473-272000, www.merano-suedtirol.it/de/meran.

Taxi Dorf Tirol
Fasolt-Zanon, +39-388-8923115 oder 0473-923115, www.taxi-sabine.com.

Anfahrt:

Inntalautobahn (A12) von Innsbruck Richtung Landeck, Knoten Oberinntal in Richtung Italien/Schweiz. Auf der Reschenstraße B180 durch den Landecker Tunnel in das Obere Inntal hinein. Immer weiter Richtung Italien, ab der Grenze auf der SS40 am Reschensee vorbei durch den Vinschgau, dann auf der SS38 bis zum Eingang Schnalstal. Vom Süden kommend durch Bozen und Meran in den Vinschgau hinein. Weiter durch Naturns und dann ins Schnalstal weiter. Die Abzweigung Katharinaberg kommt ca. nach 8 km auf der rechten Seite. Kostenlose Parkplätze im Ort. (Navi: Italien, 39020 Schnals, Katharinaberg). Für Anreisende aus dem Süden über Bozen empfehle ich, das Auto bereits in Dorf Tirol – bei der Talstation der Seilbahn Hochmuth stehen zu lassen (kostenpflichtig) und sich bis nach Katharinaberg mit dem Taxi fahren zu lassen (wer genug Zeit hat, kann auch mit den Bussen fahren). (Navi: Italien, 39019 Dorf Tirol, Haslachstraße). Das Parken in Meran ist sehr teuer und auch schwierig.

Bus & Bahn:

Direktverbindung (ÖBB) von Innsbruck zum Brenner, dort umsteigen (Trenitalia) in einen Zug bis Bozen oder Meran, oder direkt von Innsbruck nach Bozen und dort umsteigen in einen Regionalzug nach Meran. In Meran erneutes Umsteigen auf die Vinschgaubahn, bis nach Naturns, von dort Bus Nr. 261 bis nach Katharinaberg. Rückfahrt: Dorf Tirol, mit Bus Nr. 221 bis Bahnhof Meran.

Ausgangspunkt:

AP Ortszentrum Katharinaberg, EP Bergstation Seilbahn Hochmuth, Dorf Tirol.

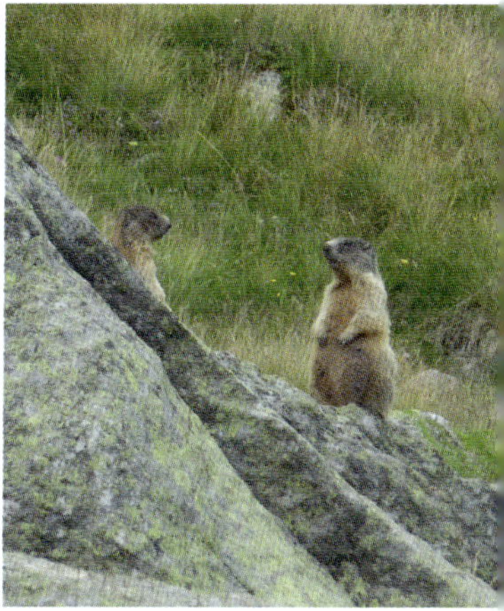

21. Quer durch den Rosengarten

Im Reich des Königs Laurin

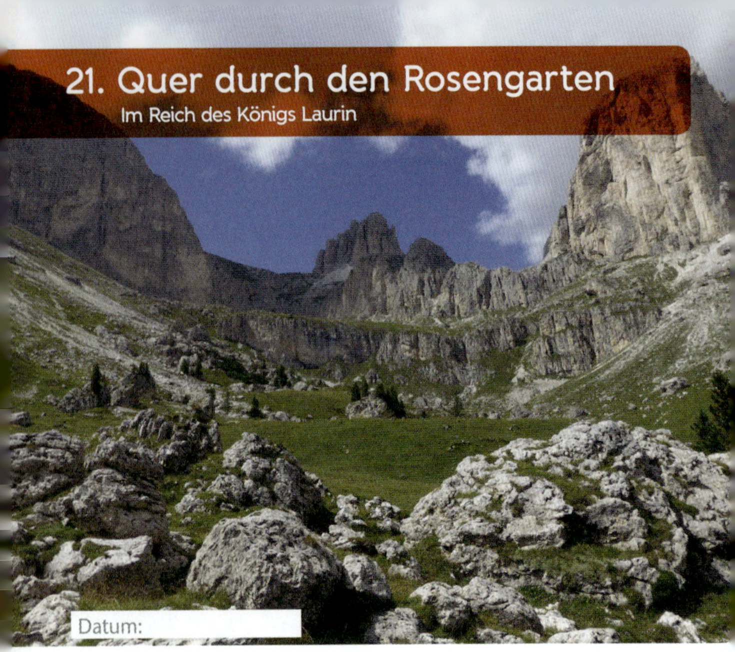

Datum:

Etappen: 7	Dauer: 24 km; 10 - 13 h	930▲ 2070▼
technische Anf.: ★★★☆☆	Kondition: ★★★☆☆	Alter: ab 10 Jahren

Schon von Weitem sieht man das Massiv des Rosengartens und besonders abends an Schönwettertagen leuchtet der Rosengarten des Königs Laurin. Die Schönheit und Bekanntheit des Gebietes zieht viele Menschen an, darum ist es sehr wichtig, die Hütten lange im Voraus zu buchen. Trotzdem gibt es auf der beschriebenen Tour immer wieder ruhige Teiletappen und dort lassen sich dann auch Gams und Mankei (Gämsen und Murmeltiere) beobachten. Und wer genau schaut, findet vielleicht auch eines der streng geschützten Edelweiß am Wegesrand. Ein Kennzeichen der Dolomiten ist mitunter auch ihr Artenreichtum – auf Schritt und Tritt blüht es. Kurz , eine landschaftlich einmalig schöne Tour.

Et.	Strecke	Anf.	Technik	Kond.	Zeit in h km	Hm▲▼
1	Kölner Hütte 2337 m Rotwandhütte 2283 m	🔴	★★★☆☆	★★☆☆☆	1 ½ - 2 5	150 m 200 m
2	Rotwandhütte 2283 m Rif. Negritella 1986 m	🔴	★★★☆☆	★☆☆☆☆	1 ¼ - 1 ¾ 3,5	30 m 330 m
3	Rif. Negritella 1986 m Rif. Gardeccia/Stella Alp. 1950 m	🔵	★☆☆☆☆	★☆☆☆☆	¾ - 1 2,6	20 m 60 m
4	Rif. Gardeccia/Stella Alp. 1950 m Preuss/Vajolet Hütte 2243 m	🔵	★★☆☆☆	★★☆☆☆	1 - 1 ½ 2	300 m keine
5	Preuss/Vajolet Hütte 2243 m Grasleitenpasshütte 2599 m	🔵	★★☆☆☆	★★☆☆☆	1 ¼ - 1 ¾ 2,3	360 m keine
6	Grasleitenpasshütte 2599 m Grasleitenhütte 2134 m	🔴	★★★☆☆	★★☆☆☆	1 - 1 ½ 2	keine 440
7	Grasleitenhütte 2134 m Tschaminschweige 1200 m	🔴	★★★☆☆	★★★★☆	2 ¾ - 3 ½ 6,6	70 m 1040 m

Schwierigkeitsgrad:

Mittel. Meist gut befestigte, breite und gut markierte Wege. Drahtseilsicherung bei einer schmalen Stelle. Die Gehzeiten stimmen zum Teil nicht mit den Schildern überein. Der Abstieg vom Grasleitenpass ist zum Teil sehr steinig und erodiert. Hier Markierungen etwas schwer sichtbar.

Knieschonende Variante:	Aufgrund des Abstiegs nicht knieschonend.
Kinder:	Ab ca. 10 Jahren, bei steileren Stellen und bei den Drahtseilsicherungen erhöhte Vorsicht, bei schwierigen Stellen bedarf es der Hilfestellung eines bergerfahrenen Erwachsenen.

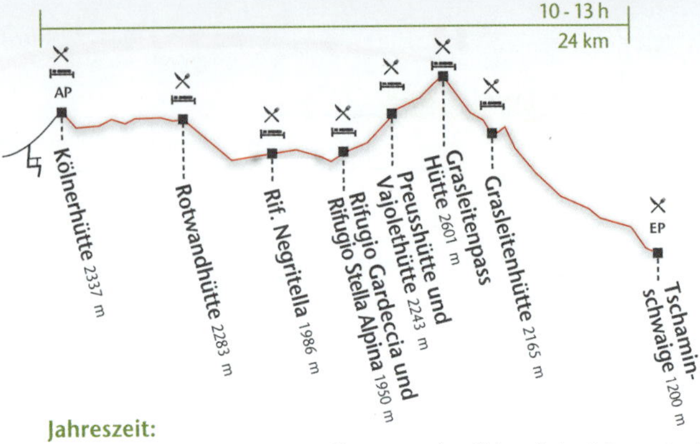

Jahreszeit:

Die Hütten im Rosengarten öffnen erst ziemlich spät im Jahr und schließen auch wieder relativ früh. Öffnungszeiten beachten.

Etappe 1

Kölner Hütte - Rotwandhütte ●

1 ½ - 2 h, 150 m▲ 200 m▼

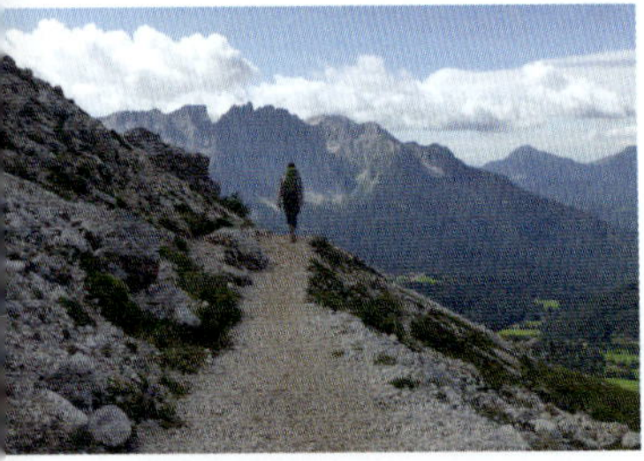

Am Anfang folgt die Tour dem Hirzelweg, einem der berühmtesten Höhenwege in Südtirol. Von der Kölner Hütte aus führt der Weg Nr. 549 zuerst einige Höhenmeter abwärts und dann immer im leichten Auf und Ab unterhalb der Rotwandfelsen entlang. Meistens ist der Weg relativ breit und so kann dem Gegenverkehr immer gut ausgewichen werden (Wichtig: Kinder immer an der sicheren Seite gehen lassen, ausweichen müssen die Erwachsenen!). Einige Passagen sind etwas steiniger und leicht ausgesetzt, hier kleinere Kinder an der Hand führen. Bei allen Abzweigungen stets auf dem Hauptweg bleiben und der Markierung Nr. 549 folgen. Die Höhenwanderung führt rund um die Rotwand, passiert einen Kletterfelsen, der durch eine ca. 10 m hohe Leiter erschlos-

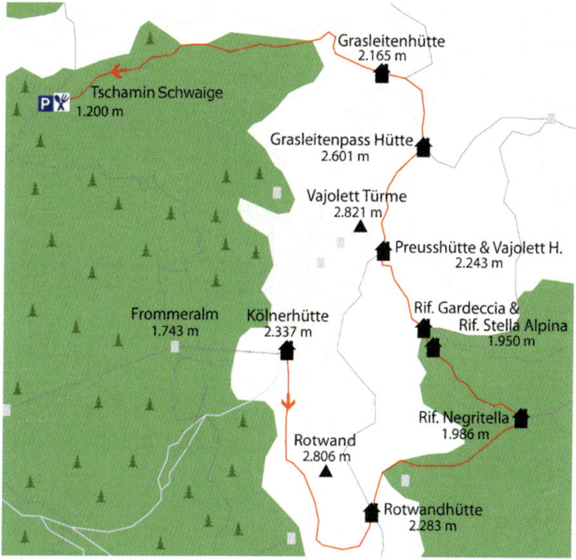

sen wurde. Hinaufklettern lohnt sich für Kletterfreudige, denn oben ist ein netter Aussichtsplatz. Wieder unten führt der Weg nach ca. ¾ h am Christomannos Denkmal, einem Adler aus Bronze vorbei. Es wurde dem gleichnamigen Politiker für die wirtschaftliche Erschließung Südtirols gewidmet. Aussichtsreich geht es bis zur Rotwandhütte weiter, die meistens gut besucht ist. Da die Etappen kurz sind, ist es ratsam, sie bereits bei der Planung je nach Kondition und Laune zusammenzufassen.

Etappe 2

Rotwandhütte - Rifugio Negritella ●

1 ¼ - 1 ¾ h, 30 m▲ 330 m▼

Von der Rotwandhütte führt der Weg Nr. 545 zuerst ziemlich steil abwärts (Achtung: zum Teil stark erodiert und rutschig), flacht dann aber auf dem Talboden der Malga Vaèl (2028 m) ab und führt als Fassaner Höhenweg

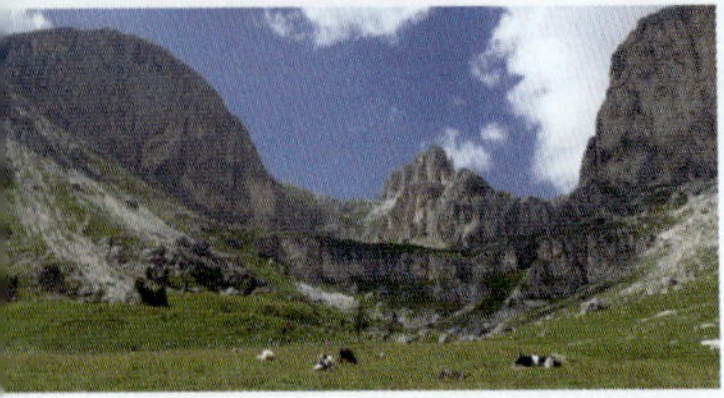

wieder im leichten Auf und Ab weiter. Die Wanderung bietet immer wieder wunderschöne Ausblicke, quert Almwiesen am Fuße eines sehr schönen Hochtals und führt entlang von Steilwänden auf einem breiten Band durch die Felsen. Hier wurde zur Sicherheit ein Drahtseil gespannt. Ziemlich am Ende dieser Etappe geht es noch durch einen Wald und über eine Skipiste aufwärts. Auf der Skipiste zweigt rechts ein Weg ab (20 min. noch bis zur Hütte), der dann in einen breiten Fahrweg übergeht und direkt zur Hütte Rifugio Negritella führt.

Etappe 3

Rif. Negritella - Rif. Gardeccia / Stella Alp. ●

¾ - 1 h, 20 m▲ 60 m▼

Von der Hütte geht es vorerst einige Meter auf dem Weg aus Etappe 2 zurück und dann die erste Abzweigung nach rechts, auf dem schmäler werdenden Weg (Nr. 540) weiter. Eigentlich genügt es der Menschenkolonne zu folgen, denn ab hier pilgern zum Teil richtige Prozessionen ins Vajolettal. Nicht umsonst wird diese Etappe als eine der schönsten des Rosengartens bezeichnet, den Andrang muss man versuchen auszuklammern. Der Weg führt durch einen wunderschönen, schattigen Wald, der mit Infotafeln auf Italienisch, Deutsch und Englisch ausgestattet wurde. Besonders interessant für Wissbegierige, die etwas über den Lebensraum Wald lesen wollen. Nach kurzer Zeit kommt dann schon das sehr touristisch erschlossene Gebiet der Gardeccia, mit mehreren Hütten. Wer die Tour abkürzen möchte, kann bis hierher mit einem Shuttledienst von Pozza (Fassatal) fahren.

Etappe 4

Rif. Gardeccia / Stella Alp. - Vajolet Hütte / Preuss Hütte ●

1 - 1 ½ h, 300 m▲ keine m▼

Die Wanderung führt auf dieser Etappe noch tiefer ins Vajolettal hinein. Zuerst geht's weiterhin auf dem breiten Weg Nr. 546 steil einen Hang hinauf. Schon bald flacht er wieder ab, führt aber stetig aufwärts. Schon von Weitem ist die berühmte Preuss Hütte auf einem gewaltigen Felsen zu sehen. Die letzten Höhenmeter überwindet die Straße noch über einige

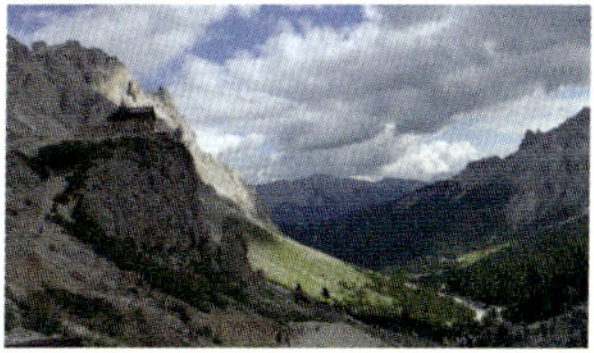

Kehren. Immer wieder ist das kecke Pfeifen von Mankei (Murmeltieren) zu hören. Schön langsam kommen auf der linken Talseite die mächtigen Vajolettürme in Sicht. Die Hütten befinden sich nahe dieser Felstürme, die sich mächtig in den Himmel recken.

Etappe 5

Vajolet Hütte / Preuss Hütte - Grasleitenpasshütte ●

1 ¼ - 1 ¾ h, 360 m ▲ keine m ▼

Auch auf dieser Etappe führt die Wanderung auf dem Weg Nr. 584 weiter in das Vajolettal hinein immer in Richtung Talschluss. Weithin ist die relativ neue Hütte auf der linken Seite des Grasleitenpasses zu sehen. Je weiter es nach oben geht, umso karger wird die Vegetation, die Steinwüste nimmt zu. Der Blick zurück ist atemberaubend schön, die bizarre Landschaft des Rosengartens ist hier heroben sehr eindrücklich zu sehen.

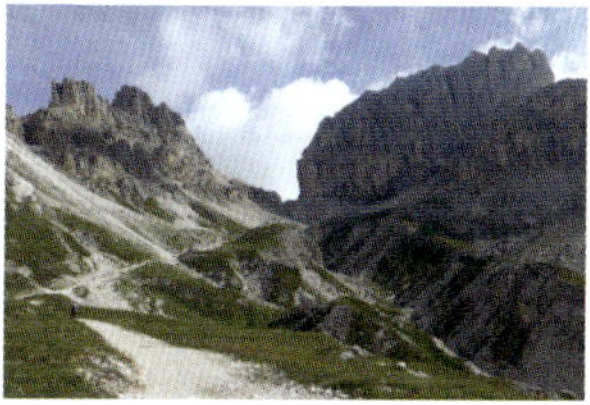

Etappe 6

Grasleitenpasshütte - Grasleitenhütte ●

1 - 1 ½ h, keine m ▲ 440 m ▼

Vom Grasleitenpass geht es ziemlich steil und zum Teil stark erodiert in den Grasleitenkessel, der wie eine große Steinarena wirkt, hinunter. Ab hier wird es ruhiger, denn die meisten gehen den schwierigen Weg zum Antermoia Pass weiter. Aufpassen beim Abstieg, lieber etwas langsamer gehen, da das Geröll oftmals rutschig ist. Der Weg (Nr. 11) ist nicht immer gut markiert, aber das Tal ist schmal und ein Verirren ist nicht möglich. Immer wieder müssen jedoch kleinräumig größere Felsen umgangen werden.

Weiter unten, wenn der Weg schon ziemlich flach wird, kommt man zu einer Weggabelung. Hier auf dem Weg (3A) weiter ins Grasleitental hinab (nicht rechts zum Molignon Pass). Der Steig wird zum Teil felsig und schmal. An einigen Stellen erleichtern Drahtseile das Überqueren. Hier kleinere Kinder an der Hand führen.

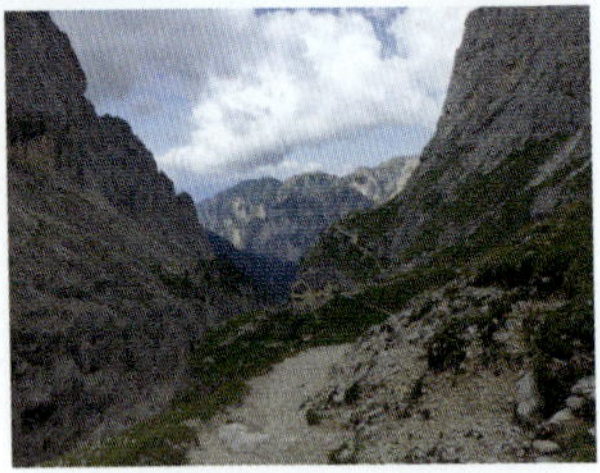

Etappe 7

Grasleitenhütte - Tschaminschwaige ●

2 ¾ - 3 ½, 70 m▲ 1040 m▼

Von der Grasleitenhütte geht es vorerst einige Höhenmeter aufwärts bis zum schönen Aussichtspunkt. Auch ein Blick zurück, zur imposant zwischen den steil abfallenden Felsschluchten gelegenen Grasleitenhütte lohnt sich. Weiter geht's, begleitet von schönen Ausblicken auf dem Weg Nr. 3A durch das Grasleitental immer abwärts. Die Vegetation wird üppiger und die ersten Zirben treten ins Blickfeld. Eine schöne Gelegenheit, Kindern die Vegetationsstufen in den Alpen sehr anschaulich zu erklären. Unten im Talschluss wird der Tschaminbach überquert und am Bachlauf entlang geht es über schöne Wiesen und durch Wälder. Immer wieder kommen Quellen, bei denen die Wasserflaschen aufgefüllt werden können. Leider ist hier das Pilzesammeln verboten, denn der eine oder andere Steinpilz lockt am Wegesrand. Bei der Tschaminschwaige lohnt sich auf alle Fälle noch eine Einkehr – dort kann man sich auch nach den Buszeiten vom Weißlahnbad nach St. Zyprian erkundigen. Sehr empfehlenswert ist auch das Naturparkhaus, das gleich neben der Bushaltestelle liegt. Sollte der letzte Bus gerade versäumt worden sein: Zu Fuß geht's in ca. 30 - 40 Minuten nach St. Zyprian.

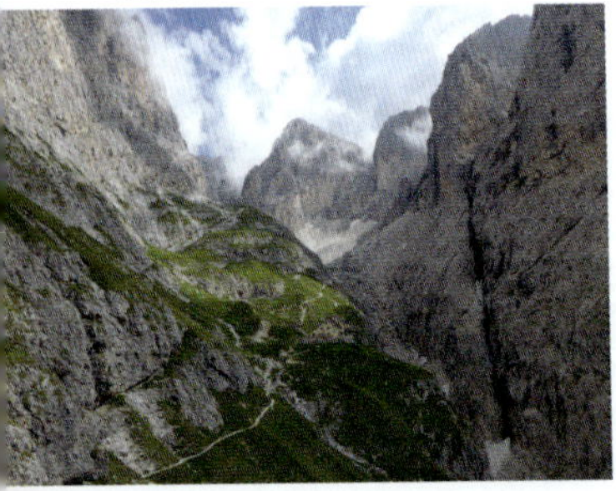

Weitere Tourenmöglichkeiten:

Die Gipfel im Rosengarten sind sehr anspruchsvoll und oftmals nur über einen Klettersteig erreichbar.

Hütten & Gaststätten:

Frommeralm

Malga Frommer (1743 m), direkt bei der Bushaltestelle & der Talstation (Aufstiegshilfe zur Kölner Hütte), +39-0471-612184, www.frommeralm.com, von Mitte März–Mitte April sowei August tägl. geöffnet, Mitte Mai–Ende Juli sowie Anf. Sep.–Ende Okt. Mittwoch Ruhetag.

Kölner Hütte

Rif. A. Fronza (2337 m), direkt bei der Bergstation gelegene Alpenvereinshütte, mit einem sehr modernen Anbau, durch die Nähe zur Bergstation sehr gut besucht, 20 Betten und 40 Lagerplätze, Zimmer max. 6 Plätze, +39-335-

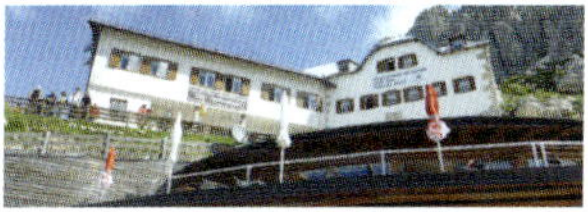

6563512 oder +39-346-5432962, www.rifugiofronza.com, Jun.–Sep.

Rotwandhütte

Rif. Roda di Vaèl (2283 m), wunderschön gelegenes Schutzhaus am Sattel des Ciampaz, direkt unterhalb der Rotwand, meist sehr gut besucht, 3 Zimmer mit 4 Betten und 2 große Schlafsäle (gesamt 62 Schlafplätze), +39-0462-764450 oder +39-0462-763548, www.rodadivael.it, Jun. - Okt.

Rif. Negritella

(1986 m), nahe der Bergstation Catinaccio gelegen, daher auch immer sehr gut besuchtes privates Haus, mit wunderschöner Aussicht, 35 Schlafplätze in 1- bis 8-Bettzimmer, +39-0462-760276 oder +39-335-6535126, www.negritella.net, offen im Sommer und im Winter, genaue Zeiten abklären.

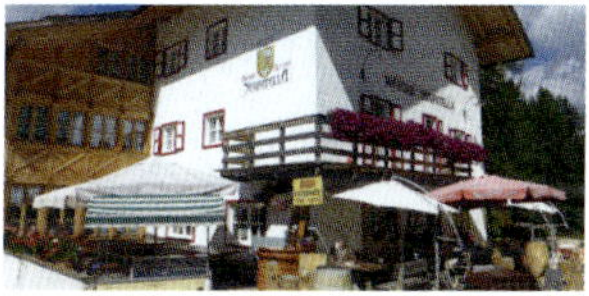

Rif. Gardeccia

(1950 m), mitten im Vajolettal, durch Shuttlebus erreichbar, 20 Zimmer (43 Betten), Tel. +39-0462-763152 oder +39-335-7432676, www.gardeccia.it, Anf. Jun. - Anf.

Okt., im Winter (Weihnachten–Ende März) keine Übernachtung.

Rif. Stella Alpina
(1950 m), gleiche Lage wie Rif. Carděccia, +39-0462-760349, www.rifugiostellaalpinaspizpiaz.com, Sommer & Winter geöffnet, genaue Zeiten abklären, Winter Übernachtung nur nach Vereinbarung.

Preuss Hütte
(2243 m), die Hütte thront sehr ausgesetzt auf einem Felsen, wunderbare Ausblicke und Einblicke in die Wand, Edelweiß und Murmeltiere kann man direkt vom Tisch aus beobachten (total genial), 10 Schlafplätze (ein Doppelzimmer und ein Mehrbettzimmer), +39-368-7884968, www.rifugiopaulpreuss.com, Ende Jun. - Ende Sep.

Vajolet Hütte
(2243 m), gleich neben der Preuss Hütte liegt das größere, nette, hochalpine Schutzhaus (Sektion Trient) mit 130 Schlafplätzen (1- bis 10-Bettzimmer), +39-0462-763292 oder +39-335-7073258, www.rifugiovajolet.com, Mitte Jun.–Ende Sep.

Grasleitenpasshütte
Rif. Passo Principe (2601 m), direkt am Grasleitenpass gelegenes, schön umgebautes, privates Schutzhaus, die neuen Besitzer haben viel Handarbeit in die Hütte gesteckt, sehr nettes Ambiente, 25 Betten, +39-339-4327101, www.grasleitenpasshuette.com, Ende Mai - Mitte Okt. (ohne Schnee), einige Wochenenden im Winter genaue Zeiten abklären.

Grasleitenhütte
Rif. Bergamo (2165 m), schön ge-

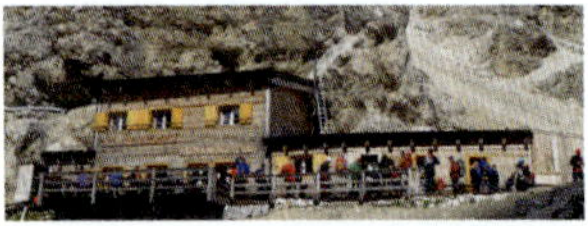

legenes Schutzhaus des Alpenvereins, direkt im Grasleitental, wo links und rechts die Felswände in den Himmel ragen, 40 Betten, 30 Lagerplätze, +39 0471 1632320 oder +39 347 089 4997 oder +39 348 411 5891, www.grasleitenhuette.com, Anf. Jun. - Anf. Okt.

Tschaminschwaige
(1200 m), schöne Hütte, die zum Abschluss der Tour noch mit saisonalen und regionalen Produkten aufwartet, Bach fließt durch den Garten, +39-349-2876453 oder +39-0471-1886215, www.tschaminschwaige.com, Juni–Anf. Okt.

Infos:

Tourismus Tiers
+39-0471-709600, www.seiseralm.it
Tourismus Welschnofen Karersee
+39-0471-619500, www.eggental.com
Panoramasessellift König Laurin
Zur Kölner Hütte (1.721 - 2.337 m), +39 0471 614 139, www.carezza.it/sommer/sommerlifte.html, Ende Mai - Mitte Okt., Zeiten über Tourismus Tiers abklären.
Taxi rund um den Rosengarten
Welschnofen, +39-329-2794617, www.dolomitenreisen.com oder Völser Aicha/Tiers, +39-333-8528729, www.hermobil.com.

Anfahrt:

Brennerautobahn (A13) Innsbruck - Bozen, Ausfahrt Bozen Nord (Bolzano Nord), auf die SS12 Richtung Bozen, beim Kreisverkehr links ins Eggental (SS241), durch Welschnofen (Nova Levante) Richtung Karerpass. Kurz vor dem Pass links Richtung Nigerpass. Kurz davor Frommeralm, hier ist auch der Sessellift zur Kölner Hütte. (Navi: Italien-39056 Welschnofen, Nigerstraße 14).

Bus & Bahn:

Direktverbindung (ÖBB) von Innsbruck zum Brenner, dort umsteigen (Trenitalia), Zug bis Bozen, oder direkt von Innsbruck nach Bozen, dort umsteigen in den Bus 185 bis Frommeralm oder Bus 180 bis Paolina Karrersee , dann weiter mit Bus 185 bis Frommeralm. Rückweg von St. Zyprian (S. Cipriano) Bus 185 nach Bozen. Vom Weißlahnbad fährt Bus Nr. 176 bis St. Zyprian, dort umsteigen (verkehrt selten, besser zu Fuß bis St. Zyprian, Gehzeit 30 - 40 min) auf Bus 185.

Ausgangspunkt:

AP Parkplatz Frommeralm, EP St. Zyprian, Weißlahnerbad.

Am Wegrand:
Die Sage vom Rosengarten

Einst lebte der Zwergenkönig Laurin hier in einem Bergkristallpalast. Ringsum ein Garten voll edler Rosen. Wegen einer unglücklichen Liebe stieß er bei seinem Tod einen Fluch aus, dass sich niemand mehr seiner Rosen erfreuen sollte, nicht bei Tag und nicht bei Nacht. Seither leuchtet der Garten in der Dämmerung in einem orange-rosafarbenen Licht auf.

22. Rund um die Drei Zinnen

Fantastische Rundtour um die berühmten Dolomitgipfel

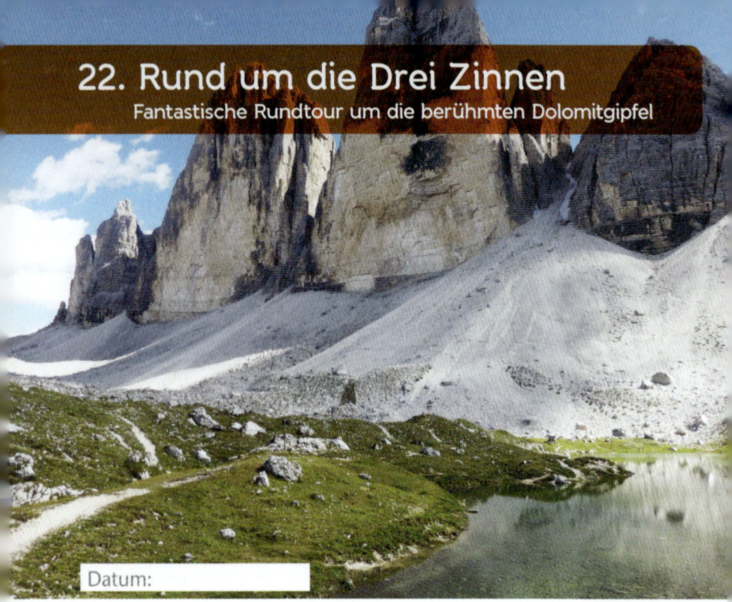

Datum:

Etappen: 7	Dauer: 27 km; 11 - 14 h	1550▲ 1550▼
technische Anf.: ★★★☆☆	Kondition: ★★★☆☆	Alter: ab 10 Jahren

Die Besonderheit dieses Landstriches wird nunmehr schon seit über 30 Jahren als Naturpark Sextener Dolomiten geschützt und seit 2009 gehören die Dolomiten auch zum UNESCO Weltkulturerbe. Kurz zusammengefasst: einmalig schön, grandiose Ausblicke, quirlige Hütten. Die vielen Menschen auf dem Weg muss man jedoch ausblenden können. Den Reiz dieser Tour macht sicherlich aus, dass sie durch zwei Provinzen – durch das deutschsprachige Südtirol und durch das italienischsprachige Belluno verläuft. Hier tobte zur Zeit des ersten Weltkrieges ein Gebirgskrieg, wo man auch heute noch die Tunnel (Taschenlampe nicht vergessen), die Schießscharten und so manchen Kriegsmüll finden kann. Je nach Kondition können die Etappen gut zusammengefasst werden, von der Auronzohütte in Etappe 5/6 geht auch ein Bus abwärts.

Et.	Strecke	Anf.	Technik	Kond.	Zeit in h km	Hm▲▼
1	P Fischleinboden 1454 m Talschlusshütte 1548 m	🔵	★☆☆☆☆	★☆☆☆	½-¾ 1,9	100m keine
2	Talschlusshütte 1548 m Zsigmondy Hütte 2224 m	🔴	★★★☆☆	★★★★☆	2¼-3 4,1	680 m keine
3	Zsigmondy Hütte 2224 m Büllelejochhütte 2528 m	🔴	★★★☆☆	★★☆☆☆	1-1½ 2,1	300 m keine
4	Büllelejochhütte 2528 m Lavaredohütte 2344 m	🔴	★★★☆☆	★★☆☆☆	1¾-2¼ 4,8	180 m 360 m
5	Lavaredohütte 2344 m Auronzohütte 2320 m	🔵	★☆☆☆☆	★☆☆☆☆	½-¾ 1,7	keine 30 m
6	Auronzohütte 2320 m Drei Zinnenhütte 2405 m	🔴	★★★☆☆	★★☆☆☆	2-2½ 5,3	290 m 210 m
7	Drei Zinnenhütte 2405 m P Fischleinboden 1454 m	🔴	★★★☆☆	★★★☆☆	2½-3¼ 7,1	keine 950 m

Schwierigkeitsgrad:

Die Tour verläuft auf gut befestigten und gut markierten Wegen. Die alten Kriegswege sind meist breit, zum Teil aber auch etwas ausgesetzt.

Knieschonende Variante:	Auffahrt zur Auronzohütte und Umrundung der Drei Zinnen. Die Tour hätte dann folgende Etappen: Auronzohütte - Drei Zinnen-Hütte - Büllelejochhütte (Weg Nr. 101, 1 h Gehzeit, 130 Hm) - Lavaredohütte - Auronzohütte.
Kinder:	Ab 10 Jahren, bei ausgesetzten Passagen bitte kleinere Kinder an der Hand führen. Abfahrt mit dem Bus von Auronzohütte nach Toblach möglich.

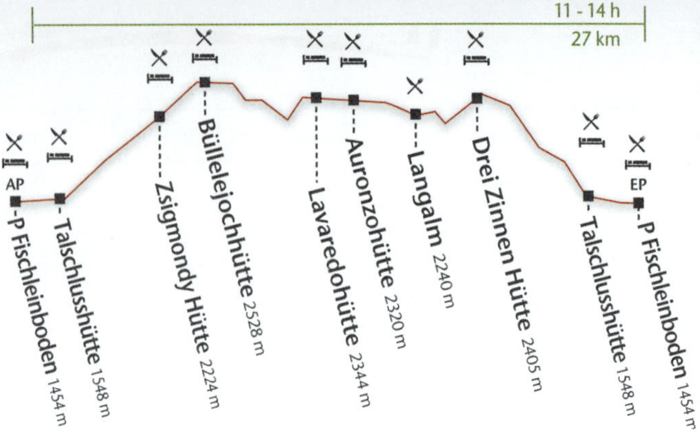

Jahreszeit:

Die Hütten rund um die Drei Zinnen öffnen erst ziemlich spät im Jahr und schließen auch wieder ziemlich früh. Öffnungszeiten beachten.

Etappe 1

Fischleinboden P – Talschlusshütte ●

½ – ¾ h; 100 m▲ keine m▼

Kurz nach dem Parkplatz passiert man die Fischleinbodenhütte und das Hotel Dolomitenhof - Alte Post, das vom berühmten Bergsteiger Sepp Innerkofler vor dem Ersten Weltkrieg erbaut wurde. Am breiten, für den Verkehr gesperrten Forstweg immer leicht aufwärts, entlang dem breiten steinigen Bachbett des Fischleintals, durch schöne Nadelwälder. Der Weg mit der Markierung Nr. 102 (Teil des Dolomitenhöhenwegs Nr. 5) ist auch für Kinderwägen geeignet. Wie der Name schon sagt, steht die Hütte am Talschluss des Fischleinbodens.

Etappe 2

Talschlusshütte – Zsigmondy Hütte ●

2¼ – 3 h; 680 m▲ keine m▼

Kurz hinter der Talschlusshütte verlässt man den Weg Nr. 102 (führt über das Altensteinertal zur Drei-Zinnen-Hütte, hier erfolgt auch der

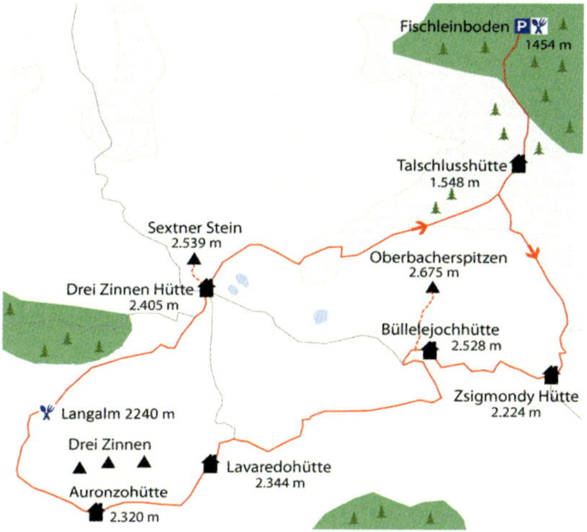

Rückweg) und folgt dem Weg. Nr. 103 (Dolomitenhöhenweg Nr. 5) in Richtung Zsigmondyhütte. Der Weg führt am gewaltigen Bergsturz von 2007 vorbei, zuerst steiler über Serpentinen aufwärts und dann mäßig ansteigend durch das Bachertal zur Zsigmondyhütte. Sie liegt inmitten der Sextener Sonnenuhr. Die Gipfel mit den klingenden Namen wie Zehner-, Elfer-, Zwölfer- und Einserkofel dienten in früheren Zeiten den Bauern zur Orientierung.

Etappe 3

Zsigmondy Hütte – Büllelejochhütte ●

1 – 1 ½ h; 300 m▲ keine m▼

Direkt bei der Hütte startet der Höhenweg Nr. 101, der leicht ansteigend über felsige Böden führt. Der Weg verläuft sehr aussichtsreich unter der steil aufragenden Zwölferkofel-Nordwand bis zum Oberbachernjoch. Ab jetzt führt der Weg weiter in der Provinz Belluno. Hier wendet man sich nach rechts und folgt dem alten Kriegsweg, der zum Teil in den Felsen geschlagen wurde, zur Büllelejoch Hütte.

Etappe 4

Büllelejochhütte – Lavaredohütte ●

1 ¾ – 2 ¼ h; 180 m▲, 360 m▼

Der Weg zum Büllelejoch verläuft die ersten paar Minuten relativ eben entlang eines in den Felsen geschlagenen Felsbandes, wo man wunderschöne Einblicke auf weitläufige Almböden und den sehr massigen Toblinger Knoten hat. Vom Büllelejoch kann man auch direkt zur Drei-Zinnen-Hütte gehen (Weg Nr. 101, 50 min., schmaler Pfad, über Geröll, zum Teil etwas steil). Der Weg (Nr. 104) zur Lavaredohütte führt aber auf der anderen Seite über Serpentinen abwärts, bis zu den grünen Böden unterhalb des Monte Cengia, mit einem wunderschön gelegenen, gleichnamigen See, der zum Verweilen einlädt. Weiter geht es gut markiert stetig aufwärts, an den Lavaredo Seen vorbei, bis zu einer Abzweigung nach links zur Lavaredohütte (rechts ginge es auf dem Weg Nr. 101 direkt über den Paternsattel zur Drei-Zinnen-Hütte).

Etappe 5

Lavaredohütte – Auronzohütte ●

½ – ¾ h; keine m▲ 30 ▼m

Der Weg Nr. 101 führt unterhalb der Südwände der Drei Zinnen fast eben zur Auronzohütte. Kurz nach der Hütte passiert man die Kapelle Madonna della Croda, die 1916 von der Alpenvereinssektion Cadore und Alpini Soldaten errichtet wurde. Ein Gedenkstein vor der Kapelle erinnert an die Erstbesteiger der Großen Zinne (2999 m) – an den Österreicher Paul Grohmann und den einheimischen Führer Franz Innerkofler. Etwas unterhalb der Kapelle steht ein Monument, welches an die Erfolge der italienischen Armee im ersten Weltkrieg erinnern soll. Der breite Weg ist auch für Kinderwägen machbar.

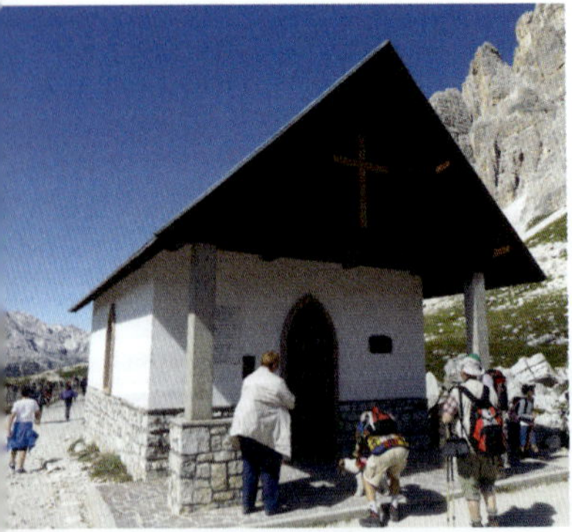

Etappe 6

Auronzohütte – Drei-Zinnen-Hütte ●

2 – 2 ½ h; 290 m▲, 210 m▼

Oberhalb des Parkplatzes (bis hierher gibt es auch eine Busverbindung von Innichen) quert der Weg leicht aufwärts zu einem Sattel – der Forcella Col de Mezzo (Weg Nr. 105 bzw. Dolomitenhöhenweg 4). Hier wird die Provinz Belluno wieder verlassen. Von oben hat man einen sehr schönen Rückblick auf den Misurinasee und auf die Spitzen der Misurinaberge. Der Weg geht nun stetig abwärts und quert einen steilen Schutthang, bis zur bewirtschafteten Langalm (2240 m). Der Blick von der Terrasse auf die Drei Zinnen ist grandios. Weiter führt der Weg an den Rienzseen vorbei und quert immer wieder kleine Wasserläufe. Der relativ breite Weiterweg fällt dann zum Teil sehr steil zum Rienzboden ab – links hat man schöne Einblicke in das Tal der Schwarzen Rienz. Vom flachen Almboden aus führen mehrere Kehren aufwärts bis zur Drei-Zinnen-Hütte am Toblinger Riedel.

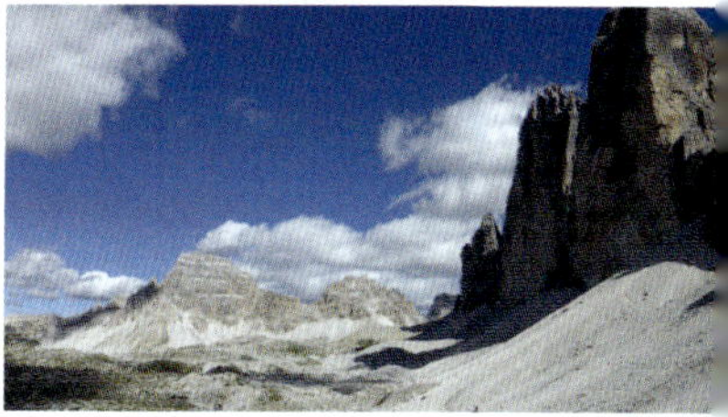

Etappe 7

Drei-Zinnen-Hütte – Fischleinboden P ●

2 ½ – 3 ¼ h; keine m▲ 950 m▼

Von der Drei-Zinnen-Hütte führt der breite Weg mit der Markierung Nr. 102 entlang der Bodenalpe mäßig steil abwärts. Immer mit dem Blick ins wildromantische Altensteinertal passiert man einen Wasserfall, der über die Felsen hinabstürzt. Der vorerst recht breite Weg wird zunehmend steiniger und steiler. Immer parallel zur tief eingeschnittenen Schlucht des Altensteiner Bachs geht es stetig abwärts, entlang der imposanten Nordwand des Einserkofels. Das weiter oben vorherrschende Latschengebüsch geht über in Nadelwälder. Bei der Kreuzung mit dem Weg Nr. 103, der zur Zsigmondyhütte führt, links halten. Schon bald taucht die Talschlusshütte (ev. noch einmal übernachten) auf. Der Rückweg zum Parkplatz ist bekannt.

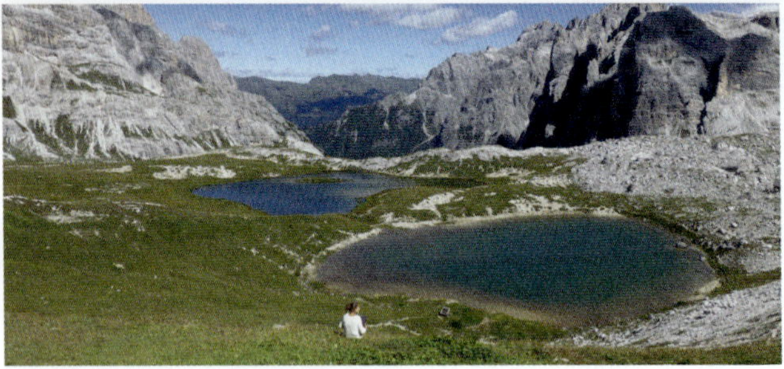

Weitere Tourenmöglichkeiten:

Die Gipfel von den Hütten aus sind oft sehr anspruchsvoll. Rund um die Hütten gibt es immer wieder Kriegsstellungen anzuschauen, die Infos dazu erhält man oft bei den Hütten, einfach fragen. Büllelejochhütte: Oberbachernspitze (2675 m) ●, Aufstieg ca. 30 - 40 min., 150 Hm, der Aufstieg verläuft zum Teil durch einen alten Kriegsstollen, der auch umgangen werden kann. Die Aussicht von dort ist phänomenal. Drei-Zinnen-Hütte: Es gibt einige Tunnelsysteme (Taschenlampe erforderlich), Infos beim Hüttenwirt. Der Hausberg, der Sextner Stein (2539 m) ist relativ einfach zu besteigen ●, Aufstieg 20 - 30 min., 120 Hm.

Hütten & Gaststätten:

Fischleinbodenhütte /Ristoro Piano Fiscalina (1454 m), nette Einkehr am Anfang & Ende der Tour, +39-0474-710044, Jun.–Okt., Weihnachten - Ostern, Fr. Ruhetag.

Talschlusshütte /Rif. Al Fondo Valle (1548 m), schön gelegene private Hütte, Kinderspielplatz und Streichelzoo, Naturholzzimmer (4, 6 oder 10 Personen) und sehr gute Küche, +39-0474-710606, www.talschlusshuette.com, von Mitte Mai bis Ende Okt. und von Weihn. bis Ostern, in der Vor- und Nachsaison Do Ruhetag.

Zsigmondy-Comici Hütte /Rif. Zsigmondy-Comici (2224 m), am Fuße des Zwölferkogels gelegene Schutzhütte mit 80

Übernachtungsmöglichkeiten, davon 40 Betten und 40 Lager, +39-0474-710358, www. zsigmondyhuette.com, nur im Sommer von Mitte Juni bis Mitte Sept. geöffnet.

Büllelejochhütte
/Rif. Pian di Cengia (2528 m), private Schutzhütte, sehr klein und urig, 13 Lagerplätze (Reservierung erforderlich), +39-337-451517, www.rifugiopiandicengia.it/de/, Anfang/Mitte Juni - Anfang/Mitte Okt., je nach Schneelage.

Lavaredohütte
/Rif. Lavaredo (2344 m), sehr gut besuchtes, privates, italienisches Schutzhaus, 5 Zimmer mit 4, 5 oder 6 Betten (inkl. Bettwäsche), +39-349-6028675, www.rifugio-lavaredo.com, Mitte Jun. - Ende Sept.

Auronzohütte
/Rif. Auronzo (2330 m), mit dem PKW und Bus erreichbare Schutzhütte des Italienischen Alpenvereins (CAI), direkt an der Südseite der Drei Zinnen gelegen, insgesamt 104 Betten (2-, 3- und 6-Bett-Zimmer), +39-0435-39002, www.rifugioauronzo.it, Ende Mai - Mitte Okt.

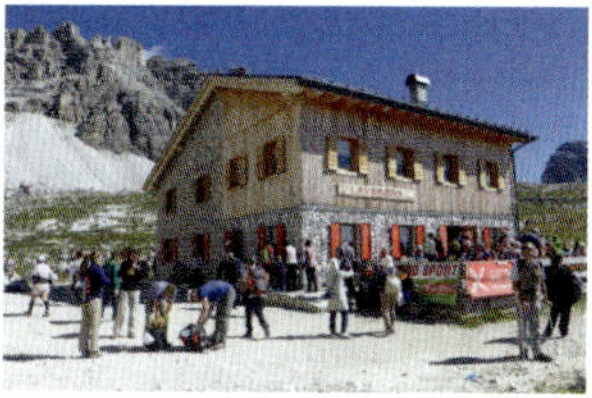

Langalm (2240 m)
schöne Almhütte, mit guten Kuchen und Produkten aus der Almwirtschaft, +39-342-8553644 oder +39 335 5470247, Mitte Jul. - Ende Sep.

Drei-Zinnen-Hütte
/Rif. A. Locatelli-S. Innerkofler (2405 m), sehr bekanntes, gut besuchtes Schutzhaus, des italienischen Alpenvereins (CAI) mit grandiosem Ausblick auf die Drei Zinnen, 40 Betten und 100 Lagerplätze, +39-0474-972002 oder +39-329-6690335 (Winter), www.dreizinnenhuette.com, von Ende Juni bis Ende Sept.

Infos:

Tourismus Sexten
+39-0474-710310, www.drei-zinnen.info/de/sexten/sexten.

Tourismus Innichen
+39-0474-913149, www.drei-zinnen.info/de/innichen/innichen

Tourismus Toblach
+39-0474-972 132, www.drei-zinnen.info/de/toblach/toblach.
Naturparkhaus Drei-Zinnen
Toblach, +39-0474-973017, www.provinz.bz.it/naturparke, von Mai bis Okt. und Weihn. bis März, genaue Öffnungszeiten abklären.
Taxi Innichen
Taxi Burgmann, +39-0474-913018.
Taxi Toblach
+39-348-2688899, www.peer-shuttle.it.

Anfahrt:

Brennerautobahn (A13) von Innsbruck Richtung Bozen, Ausfahrt Brixen - Pustertal (Bressanone - Val Pusteria) auf der SS49/E66 bis nach Innichen (San Candido), oder von Lienz/Osttirol über die Drautalstraße/Pustertalerstraße (B100/E66) bis Innichen, dort auf die SS52 Richtung Sexten (Sesto), durch Sexten durch bis nach Moos, dort Abzweigung ins Fischleintal, zum Hotel Dolomitenhof/Calet Alte Post. Gebührenpflichtiger Parkplatz am Fischleinboden.
(Navi: Italien-39030 Sexten, Fischleintal Str. 33).

Bus & Bahn:

Südtirol: Direktverbindung (ÖBB) von Innsbruck Richtung Lienz, oder Zug von Innsbruck Richtung Bozen – umsteigen in Franzensfeste (Fortezza). Direktzug (Trenitalia) nach Toblach (Dobbiaco) oder Innichen (San Candido).
Osttirol: Direktverbindung (ÖBB) Salzburg Richtung Klagenfurt, mit Umsteigen in Spittal und Lienz, von Lienz Direktzug nach Innichen. In Toblach (hier kann man sich das Naturparkhaus Drei Zinnen anschauen) oder Innichen auf Bus Nr. 446 umsteigen, direkt ins Fischleintal/Haltestelle Dolomitenhof. Auffahrt bis Auronzohütte: Buslinie 444 direkt von Toblach.

Ausgangspunkt:
AP P Fischleinboden, AP = EP.

Am Wegrand:
Im Ersten Weltkrieg tobte in den Sextener Dolomiten zweieinhalb Jahre lang ein immens grausamer Gebirgskrieg zwischen italienischen und österreichisch/ungarischen Truppen. Sommers wie winters. Als Kaiser Karl I. eines Tages seine Truppen besuchte, soll er der Überlieferung nach beim Anblick der Soldaten geweint haben.

Schreibt uns eure Eindrücke oder wenn sich etwas geändert hat. Wir veröffentlichen es gern auf unserer Homepage und in der nächsten Auflage - euer Einverständnis vorausgesetzt!

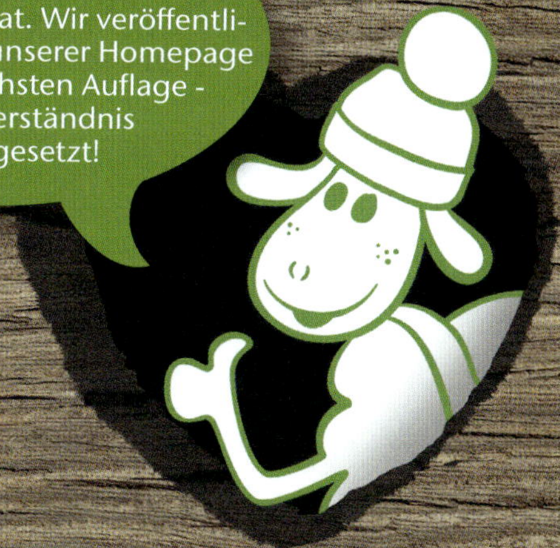

Platz für Notizen:

____

Kontakt: Elisabeth Göllner-Kampel

m: office@wandaverlag.com, **t:** +43 (0) 6246 735 44

23. Der Karnische Höhenweg

Aus dem ehemaligen Frontverlauf wurde der Friedensweg

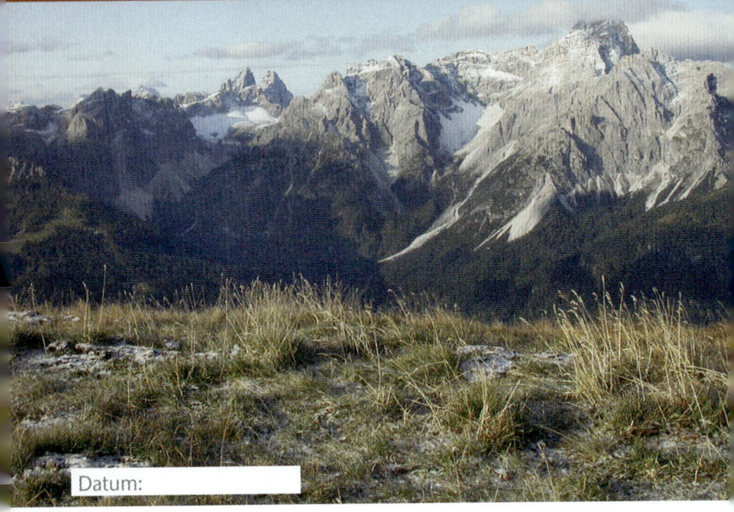

Datum:

Etappen: 6	Dauer: 32,8 km; 13 - 18 h	1240▲ 1840▼
technische Anf.: ★★★★☆	Kondition: ★★★☆☆	Alter: ab 10 Jahren

Durch die Auffahrt mit der Helmbahn beginnt die Tour hoch oben. Typisch für einen Höhenweg, geht's im leichten Auf und Ab dahin und immer wieder werden Gipfel überschritten, zum Teil mit Gipfelkreuzen. Die beliebte – und daher manchmal überlaufene – Route verläuft großteils am Karnischen Hauptkamm, immer an der Staatsgrenze zwischen Österreich und Italien. Insgesamt ist er 155 km lang und hat etwa 11 Übernachtungshütten. Die Beschreibung hier beschränkt sich aber auf die eher kürzeren Etappen des ersten Teils und der Abstieg erfolgt über ein schönes, bewaldetes Tal nach Obertilliach. Einige Kriegsrelikte wie Bunker und Schützengräben können besichtigt werden.

Et.	Strecke	Anf.	Technik	Kond.	Zeit in h km	Hm▲▼
1	Bergstation Helm Bahn 2050 m Hahnspielhütte 2200 m Sillianer Hütte 2447 m	🔴	★★☆☆☆	★★☆☆☆	1 ¾ - 2 ½ 4,3	400 m keine
2	Sillianer Hütte 2447 m Obstansersee Hütte 2300 m	🔴	★★★☆☆	★★★☆☆	3 ½ - 4 ½ 8,8	310 m 460 m
3	Obstansersee Hütte 2300 m Filmoor Standschützenhütte 2350 m	🔴	★★★★☆	★★★☆☆	2 ½ - 3 ¼ 4,7	280 m 230 m
4	Filmoor Standschützenhütte 2350 m Porzehütte 1942 m	🔴	★★★☆☆	★★★☆☆	3 - 4 6,5	160 m 570 m
5	Porzehütte 1942 m Obertilliach 1450 m	🔵	★☆☆☆☆	★★☆☆☆	2 ½ - 3 8,5	90 m 580 m

Schwierigkeitsgrad:

Mittel. Größtenteils einfache Wege. Schwierigere, d.h. schmälere und steinige Passagen sind der Auf- und Abstieg von der Pfannspitze, zwischen der Obstansersee Hütte und der Filmoor Standhütte und der Abstieg vom Heretriegel zur Porzehütte. Gute Markierungen (am Karnischen Kamm Weg Nr. 403 (03) und Europäischer Fernwanderweg E10).

Knieschonende Variante:	Wegen der geringen Abstiegshöhen relativ knieschonend (letzte Etappe wird mit Taxi empfohlen).
Kinder:	Ab ca. 10 Jahren. Immer wieder führt der Weg an Einrichtungen des ersten Weltkrieges vorbei, hier kann der Geschichtsunterricht hautnah erlebt werden. Hier bitte besondere Vorsicht! Taschenlampe nicht vergessen.

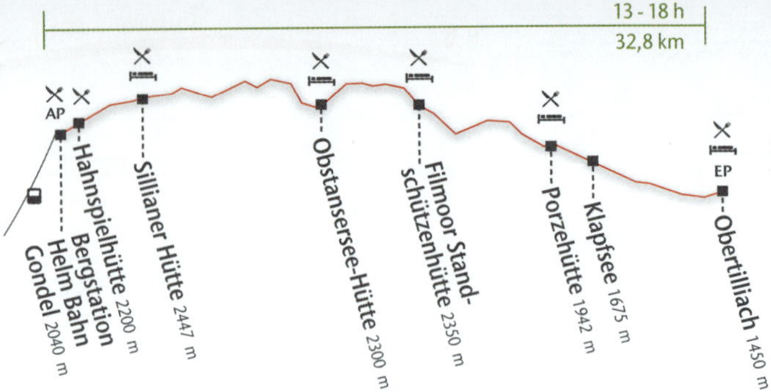

Jahreszeit:
In der Zeit von Mitte Juni - Ende September/Anfang Oktober, je nach Schneelage. Öffnungszeiten beachten.

Etappe 1

Bergstation Helm Bahn - Sillianer Hütte ●

1 ¾ - 2 ½ h, 400 m▲ keine m▼

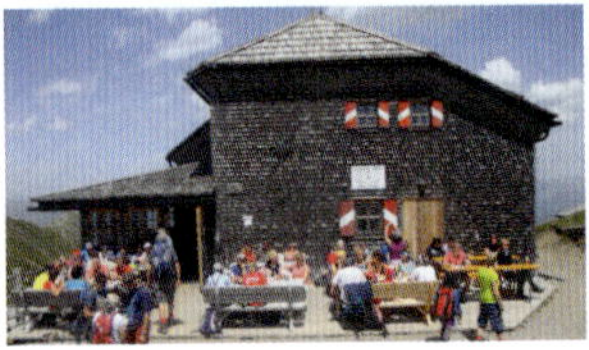

Die Etappe geht sich gut aus, wenn bis spätestens früher Nachmittag gestartet wird. Direkt von der Bergstation der Helm Bahn dem breiten Weg Nr. 4 folgen, der nicht schwierig zur Hahnspielhütte (leider keine Übernachtungsmöglichkeit mehr) führt. Von dort gibt es zwei Möglichkeiten, die sich aber von der Länge der Tour und vom Schwierigkeitsgrad nur gering unterscheiden. Die erste Option führt auf mäßig ansteigendem Höhenweg (Nr. 3) unterhalb des Helms stetig aufwärts. Wenn man die zweite Option über den Helm wählt (rote Tour, aber nicht schwierig), muss man direkt von der Hütte den Weg Nr. 4 nehmen. Hier werden etwa 30 Höhenmeter mehr zurückgelegt und der Anstieg ist am Anfang steiler und führt dann aber auf relativ gleichbleibender Höhe weiter. Nach ca. ¾ - 1 h treffen beide Wege wieder zusammen und führen dann als Weg Nr. 4 zur Sillianer Hütte.

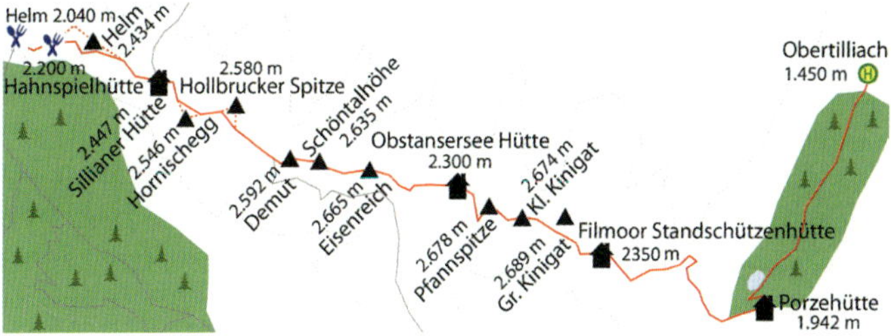

Etappe 2
Sillianer Hütte - Obstansersee Hütte ●

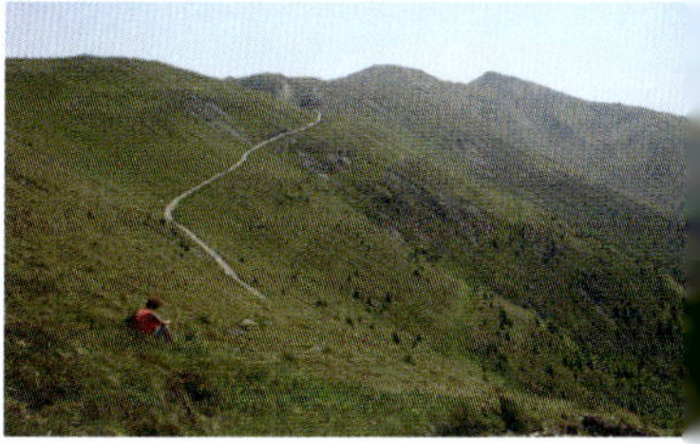

3 ½ - 4 ½ h, 310 m▲ 460 m▼

Auf dieser Etappe werden immer wieder Gipfel überschritten oder umgangen. Sie geht an Bunkern und Schützengräben vorbei. Von der Sillianer Hütte führt der Weg (Nr. 403) anfangs mäßig steil ansteigend aufwärts, bis man sich auf dem Karnischen Kamm befindet. Dieser Grat verläuft direkt an der Grenze zwischen Italien und Österreich. Die meisten Gipfel sind nicht schwierig und liegen am Hauptweg: Hornischegg (2550 m), Demut (2592 m), Schöntalhöhe (2635 m) und der Eisenreich (2665 m). Bei den zwei Gipfeln Hochgruben (2538 m) und Hollbrucker Spitze (2580 m) besteht die Wahlmöglichkeit, ob sie „mitgenommen", also bestiegen oder lieber bequemer umgangen werden. Der Aufstieg bei den letztgenannten ist etwas schwieriger, aber auch sehr spannend. Auf die Hollbrucker Spitze (schwarze Tour) sollten nur Erfahrene aufsteigen, hier bedarf es zusätzlich der Hände zum Hinaufklettern. Weiter geht es zum Hochgräntenjoch (2429 m), wo sich eine Gedänkstätte, die an die Opfer des ersten Welkrieges erinnern soll, befindet. Gleich neben der Gedenkstätte befindet sich der Hochgräntensee, wo man gut eine Pause einlegen kann. Hier ist ungefähr die Hälfte der Tour (je nach Gipfeln ev. auch schon mehr als die Hälfte). Danach werden die Gipfel Demut, Schöntalhöhe und Eisenreich über den Normalweg überschritten.

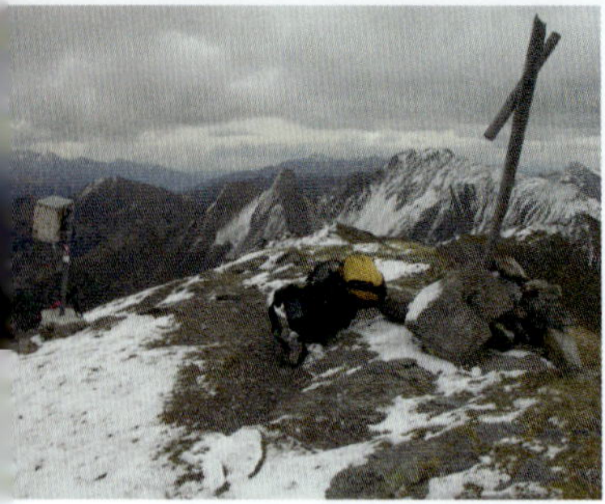

Vom letzten Gipfel sieht man bereits den Obstansersee und die gleichnamige Hütte daneben. Die letzten 350 Hm (ca. ¾ - 1 h) führen nicht schwierig auf gut ausgebautem Weg etwas steinig zur Hütte abwärts.

Etappe 3

Obstansersee Hütte - Filmoor Standschützenhütte ●

2 ½ - 3 ¼ h, 280 m▲ 230 m▼

Von der Obstansersee Hütte führt der Weg Nr. 403 zuerst am See vorbei in Richtung Rosskopftörl. Gleich nach dem See zweigt der Weg zur Pfannspitze nach rechts ab. Der Aufstieg bis zum Sattel führt über einen alten Kriegspfad, zum Teil steil, aber weitgehend nicht schwierig, fast 300 Hm aufwärts. Am Sattel wendet man sich nach links und geht über den steinig SW-Grat nochmals ca. 100 Hm bis zum Gipfel der Pfannspitze (2678 m). Einige Stellen sind schmal und etwas ausgesetzt und können bei Nässe sehr rutschig sein. Hier bitte

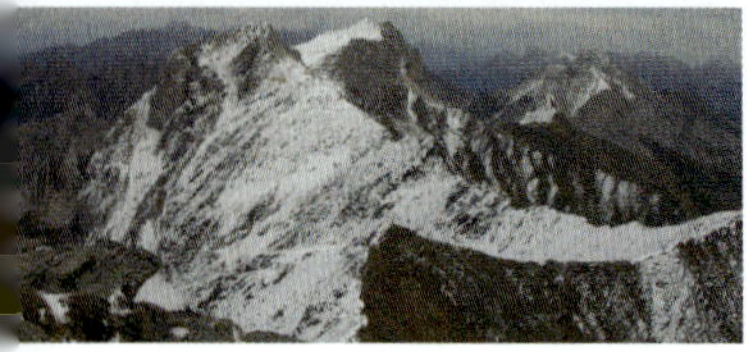

Kinder an der Hand führen. Nach einer Pause am Gipfel der Pfannspitze, mit großartigem Rundumblick, steigt man in den nächsten Sattel abwärts und geht über den Kleinen Kinigat (2674 m), über Schutthalden unterhalb des großen Kinigat bis zum Filmoorsattel (2453 m). Die letzten 100 Hm führen über grasige Hänge zur Filmoor Standschützenhütte abwärts.

Etappe 4

Filmoor Standschützenhütte - Porzehütte ●

3 - 4 h, 160 m▲ 570 m▼

Von der Standschützenhütte führt der Weg Nr. 403 vorerst abwärts bis zum Filmoor, das, gemäß dem Namen, zum Teil sehr moorig und feucht sein kann. Der Abstieg bis zum Stuckensee (2032 m), der im oberen

Leitental liegt, führt zum Teil über Serpentinen über eine Höhenstufe abwärts. Vom See beginnt dann der Aufstieg über schöne Almwiesen mit Latschengebüsch zum Heretriegel (2170 m) über einen stetig ansteigenden, nicht schwierigen Steig. Am Heretriegel kann man bereits die Porze Hütte auf der gegenüberliegenden Seite erkennen. Ein schmaler Steig führt im steten Auf und Ab durch das Roßkar und das Porzekar, wo an einer besonders schmalen Stelle, ein Drahtseil gespannt ist. Auf dem steinigen Rücken, der sich von der Roßkarspitze herabzieht, sieht man weithin einen Hochspannungsmasten, der zwar per se nicht zu den Naturschönheiten zählt, jedoch eine gute Orientierung bietet. Nach der Hochspannungsleitung geht es über einige Serpentinen abwärts durchs Porzekar, am Fuße der Nordwand des Porze (2589 m) vorbei, bis zur Neuen Porzehütte (1942 m).

Etappe 5

Porzehütte - Obertilliach ●

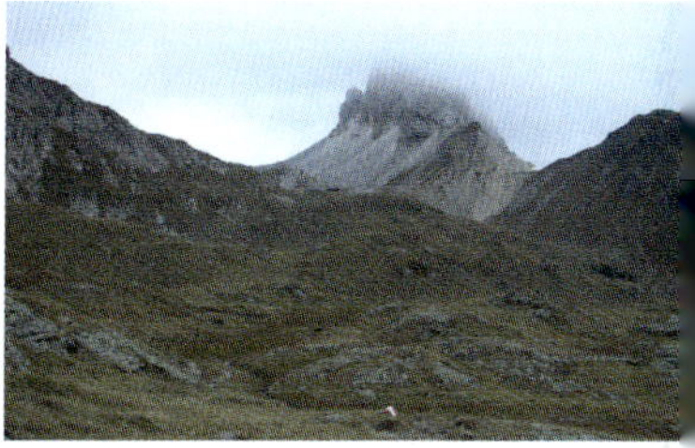

2 ½ - 3 h, 90 m ▲ 580 m ▼

Direkt von der Porzehütte geht der Fahrweg bis nach Obertilliach. Im oberen Bereich kann dieser Schotterweg über einen nicht schwierigen, steinigen Steig abgekürzt werden. Ab dem Klapfsee (1675 m) muss jedoch die Fahrtstraße talauswärts genommen werden, was etwas langweilig ist. Darum empfehle ich, ab dem Klapfsee ein Taxi (siehe Infos) zu nehmen. Am Ende des Tales muss nochmals einige Meter bis zur Bushaltestelle in Obertilliach aufgestiegen werden.

Weitere Tourenmöglichkeiten:

Der Karnische Höhenweg überschreitet zahlreiche Gipfel. Die zusätzlichen Möglichkeiten werden direkt bei der Tour beschrieben.

Hütten & Gaststätten:

Bergrestaurant Helm
(2040 m), neu renovierte Hütte, direkt an der Bergstation, mit großer Panoramaterrasse, guter Südtiroler Küche und Kinderspielplatz, +39-0474-710255, www.dreizinnen.com.com, Ende Mai - Mitte Okt.

Hahnspielhütte
Rif. Gallo Cedrone (2200 m), private Hütte nahe der Bergstation, mit schöner Terrasse und Kinderspielplatz, leider dzt. keine Übernachtungsmöglichkeit mehr, Tel. +39-0474-830046 oder +39-340-3934231, www.hahnspielhuette.com, Öffnungszeiten siehe Webseite.

Sillianer Hütte
(2447 m), von jungem Hüttenteam geführtes, gemütliches Alpenvereinshaus, mit guter Küche, 40 Lagerplätze, +43-664-5323802, www.alpenverein.at, Anf. Jun. - Anf. Okt. (Jun. und Okt. Anfrage erbeten).

Obstansersee Hütte
(2300 m), altes Alpenvereinshaus mit neuem Zubau, direkt am Obstanser See gelegen, 60 Lagerplätze, +43-4848-5422 oder +43-664-1618723, www.alpenverein.at, Ende Jun. - Ende Sep.

Filmoor Standschützenhütte
(2350 m), kleine und urige Hütte, ohne viel „High Tech", die ihren Namen zum Gedenken an die Gefechte der Schützen in diesem Gebiet erhalten hat, 14 Lagerplätze, +43-664-1127153 (Erreichbarkeit nur per SMS!), www.alpenverein.at, Ende Jun.–Mitte Okt.

Porzehütte
(1942 m), 1976 neu errichtete Schutz-hütte unter den Porzewänden, gute Küche & schöne Terrasse, 64 Lagerplätze, +43-664-3256452, www.alpenverein.at, Mitte Jun. - Ende Sep. Alle Hütten auf der österreichischen Seite sind mit dem Umweltgütesiegel des AV ausgezeichnet.

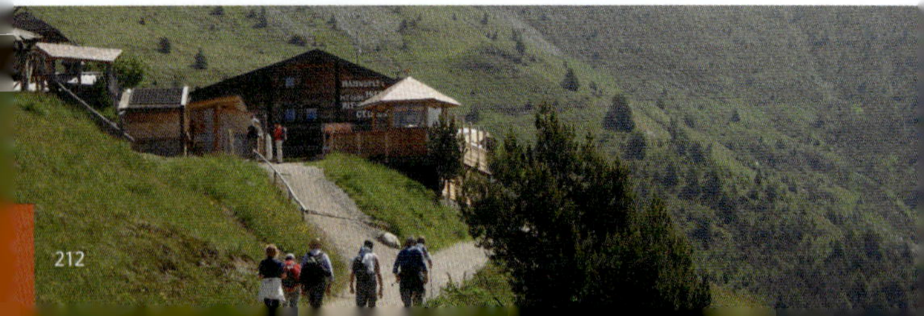

Infos:

Tourismus Sexten
+39 0474 710310,
www.drei-zinnen.info.

Bergbahnen Helm
Sexten, +39-0474-710355,
www.dreizinnen.com,
Ende Mai - Mitte Okt. (Mai - Mitte Jun. nur bei Schönwetter).

Hüttentaxi Fam. Bodner
+43-664-1618723 (Hüttenwirt).

Taxi Lienz
Bundschuh Reisen, +43-4852-63863, www.bundschuh-reisen.com.

Anfahrt:

Brennerautobahn (A13) von Innsbruck Richtung Bozen, Ausfahrt Brixen – Pustertal (Bressanone – Val Pusteria) auf der SS49/E66 bis nach Innichen (San Candido), oder von Lienz/Osttirol über die Drautalstraße/Pustertalerstraße (B100/E66) bis Innichen, dort auf die SS52 nach Sexten (Sesto). (Navi: Italien, 39030 Sexten, Dolomitenstraße, Helm). Besser das Auto in Sillian stehenlassen und öffentlich nach Sexten weiterfahren. Von Obertilliach (Ende der Tour) ist es einfach nach Sillian zu kommen.

Bus & Bahn:

Südtirol: Direktverbindung (ÖBB) von Innsbruck Richtung Lienz oder Zug von Innsbruck Richtung Bozen – umsteigen in Franzensfeste (Fortezza). Direktzug (Trenitalia) nach Innichen (San Candido). Osttirol: Direktverbindung (ÖBB) Salzburg Richtung Klagenfurt, mit Umsteigen in Spittal und Lienz, von Lienz Direktzug nach Innichen. Dort umsteigen in Bus Nr. 446 bis nach Sexten/Helm. Rückfahrt: Von Obertilliach nach Sillian gibt es einen Bus Nr. 4416. Wer nach Lienz muss, fährt nicht bis Sillian weiter, sondern steigt in Tassenbach entweder auf Bus Nr. 960X (Tassenbach Abzw. Lesachtal) oder auf den Zug nach Lienz um. Fahrzeiten vorher unbedingt abklären, um längere Wartezeiten in Tassenbach zu vermeiden. Eventuell mit dem Taxi bis Lienz fahren. Siehe Infobox.

Ausgangspunkt:
AP Parkplatz Helmbahn, Sexten,
EP Bushaltestelle Obertilliach

24. Die Lienzer Dolomiten

Osttirols blütenreiche Bergwelt

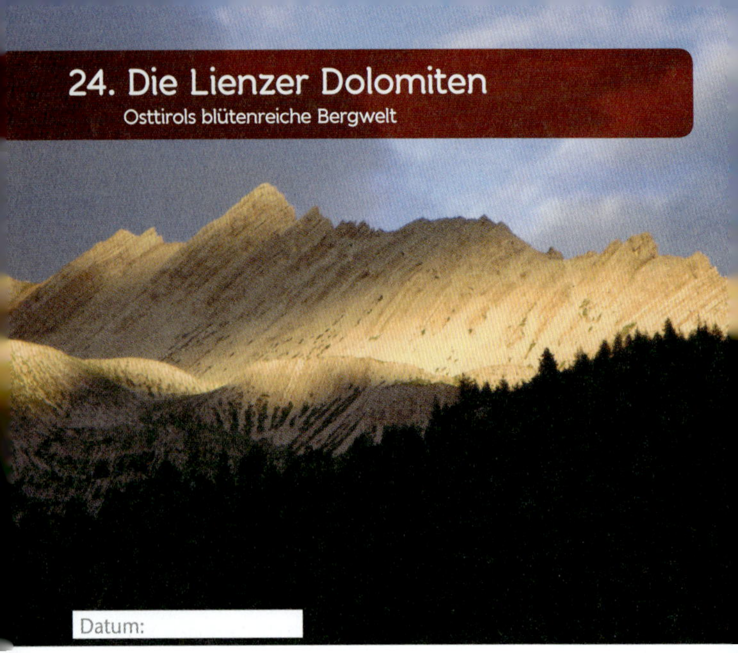

Datum:

Etappen: 4	Dauer: 16 km; 8 - 11 h	1400▲ 1400▼
technische Anf.: ★★★★☆	Kondition: ★★★☆☆	Alter: ab 12 Jahren

Diese Hüttentour führt sehr abwechslungsreich durch die Dolomiten Osttirols – über üppige Blumenwiesen, durch schattige Buchenwälder, lichte Lärchenwälder und wie es sich für dieses schroffe Gebirge auch gehört, über endloses Gestein. Die Hütten sind im Sommer zwar gut besucht, haben aber alle nette Wirtsleute und auch viel Charme. Egal, ob die quirlige Dolomitenhütte mit einmaliger Lage, die sehr alpin gelegene Karlsbader Hütte oder die urige Kerschbaumeralm. Unbedingt bei der An- oder Abreise Zeit einplanen, um den Wassererlebnispark Galitzenklamm im Tal zu besuchen. Hier gibt es neben einem schönen Klammweg auch den empfehlenswerten Wasserspielplatz (siehe Infos).

Et.	Strecke	Anf.	Technik	Kond.	Zeit in h km	Hm▲▼
1	P Klammbrücke 1100 m Dolomitenhütte 1620 m	●	★★★☆☆	★★★☆☆	1 ¾ - 2 ¼ 3,7	550 m 30 m
2	Dolomitenhütte 1620 m Karlsbader Hütte 2260 m	●	★★★☆☆	★★★★☆	2 ¼ - 3 3,9	640 m keine
3	Karlsbader Hütte 2260 m Kerschbaumer Alm 1902 m	●	★★★★☆	★★★☆☆	2 ¼ - 3 3,9	210 m 570 m
4	Kerschbaumer Alm 1902 m P Klammbrücke 1100 m	●	★★★☆☆	★★★☆☆	2 - 2 ½ 4,5	keine 800 m

Schwierigkeitsgrad:

Mittel. Größtenteils gut ausgebaute Steige. Etwas schwieriger, d.h. steiler ist die Teilstrecke von der Klammbrücke durch den Buchenwald. Manchmal gibt es auf der Strecke Drahtseile und breite Holztreppen bei steilem Gelände. Die Querung von der Karlsbader Hütte zum Kerschbaumer Törl ist zum Teil sehr schmal und etwas ausgesetzt. Die Gehzeiten auf den Schildern sind etwas knapp bemessen und eher nur von flotten Geherinnen zu schaffen. Trittsicherheit und Schwindelfreiheit ist erforderlich.

Knieschonende Variante:	Diese Tour ist leider nicht knieschonend.
Kinder:	Ab ca. 12 Jahren. An den schmalen Stellen bitte Kinder an die Hand nehmen. Der Wassererlebnis-Park sollte unbedingt besucht werden!

Jahreszeit:

In der schneefreien Zeit von Anf. Juni - Oktober. Die Dolomitenhütte hat länger und auch im Winter geöffnet.

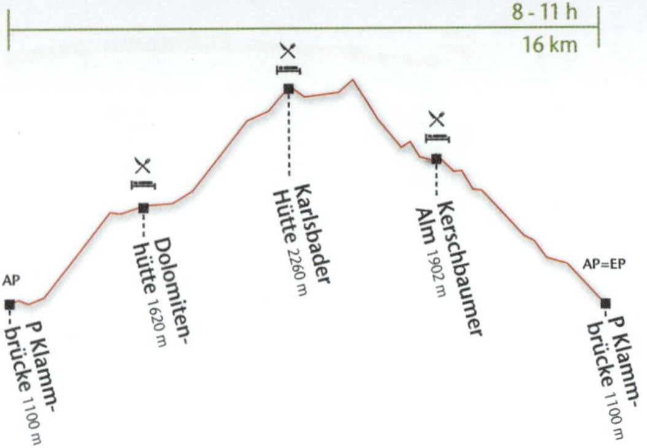

Etappe 1

Parkplatz Klammbrücke - Dolomitenhütte ●

1 ¾ - 2 ¼ h, 550 m▲ 30 m▼

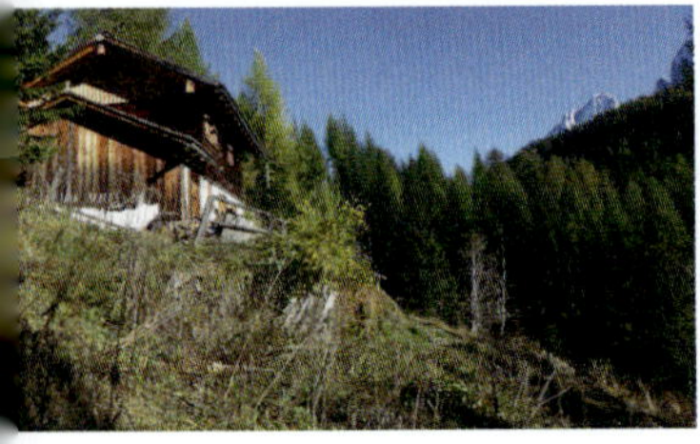

Vom Parkplatz führt der Steig gleich spektakulär über das Naturdenkmal Klammbrücke, dort wo der Bach sich eine tiefe Schlucht gegraben hat. Gleich nach der Brücke nach links auf den Franz Lerch Weg (Nr. 10a). Im leichten Auf und Ab geht es durch einen sehr schönen Buchenwald, wo der Weg zum Teil recht schmal wird – Drahtseile helfen hier beim Überqueren. Steilere Stellen werden bequem über Holztreppen überwunden. Kleinere Kinder hier kurz an der Hand führen. Wenn der Weg eine scharfe Rechtskurve macht, kommt unmittelbar danach die Abzweigung, zur Dolomitenhütte (Weg Nr. 12b – gut ausgeschildert). Nun geht es stetig aufwärts, zum Teil auch etwas steiler. Nach ca. 1 ¼ - 1 ¾ h nach der Klammbrücke kommt man zur idyllisch gelegenen Amlacher Wiesenhütte, einer privaten Jagdhütte, wo ein Brunnen etwas versteckt neben der Sitzgruppe liegt. Der Weiterweg folgt dann einer Forststraße nach rechts bis zu einer Asphaltstraße, der man weiter aufwärts bis zum Parkplatz (mit Bushaltestelle) folgt. Von hier sind es nur noch ein paar Minuten bis zur spektakulär gelegenen Dolomitenhütte.

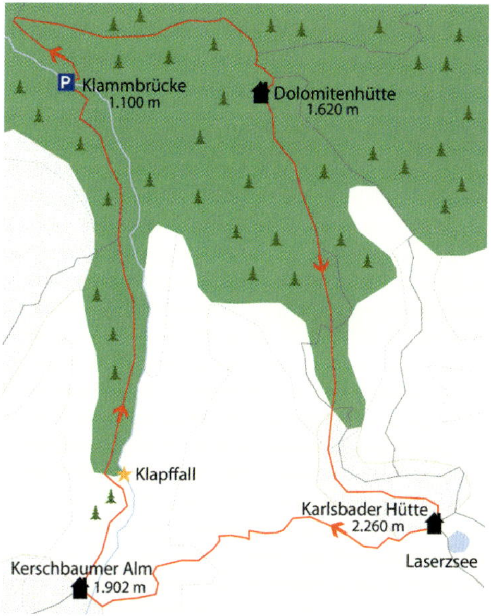

Etappe 2

Dolomitenhütte - Karlsbader Hütte ●

2 ¼ - 3 h, 640 m▲ keine m▼

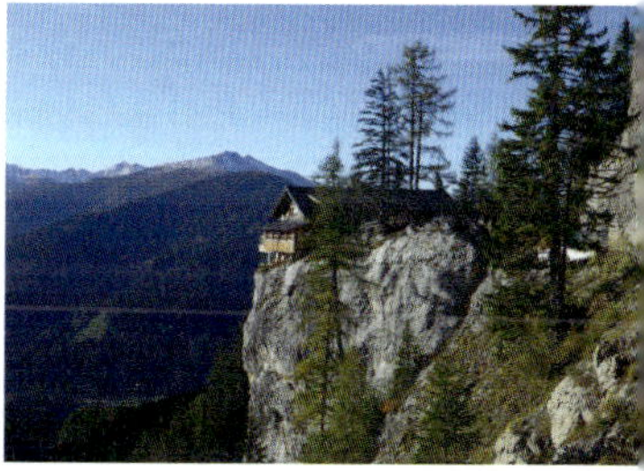

Direkt von der Hütte geht es anfangs ziemlich eben über einen breiten Forstweg (Egerländerweg, Nr. 12), immer in Richtung Talschluss. Nach etwa ½ h ist die kleine Insteinkapelle gleich neben der unbewirtschafteten Insteinalm (1681 m) erreicht. Hier wird der Opfer der Weltkriege und der Verunglückten in den Lienzer Dolomiten gedacht. Gleich danach

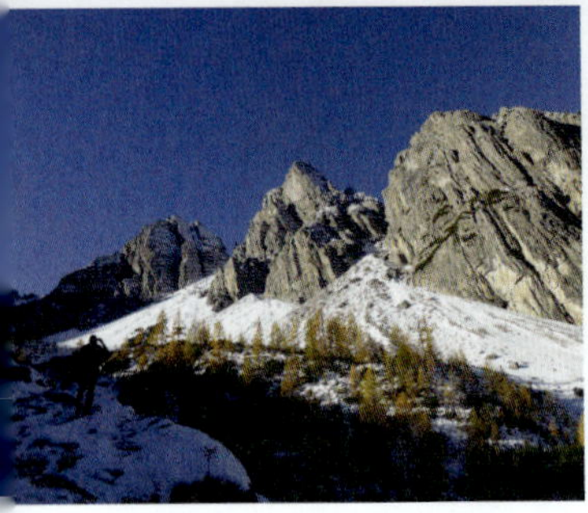

wird es steiler und der Forstweg führt über Kehren aufwärts. Diese Kehren können immer wieder über einen schmalen, markierten Steig, der zum Teil geröllig und steil ist, abgekürzt werden (mäßig schwierig). Wer es gemütlicher möchte, kann auf der Forststraße aufwärts gehen. Sobald der Aufstieg abflacht, zeigt sich bereits die Karlsbader Hütte, die inmitten der Felsen liegt. Auch hier führt sowohl eine Forststraße als auch ein Steig etwas abseits des Forstweges nach oben. Dieser Steig ist gut ausgeschildert und führt durch schöne Almwiesen. Am Ende wird es etwas steiler und leicht ausgesetzt, daher auch hier wichtig, dass man trittsicher und schwindelfrei ist.

Etappe 3

Karlsbader Hütte - Kerschbaumer Alm ●

2 ¼ - 3 h, 210 m▲ 570 m▼

Von der Hütte führt ein Querweg (Nr. 213) auf das fast gleich hoch gelegene Kerschbaumer Törl (2285 m). Zuerst steigt man einige Höhenmeter abwärts, quert den Abfluss des Laserzsees und geht dann weiter, zuerst über gröberes Geröll und dann durch Schutthänge unterhalb der Teplitzer Spitze und der Nordwand des Kerschbaumer Törlspitz.

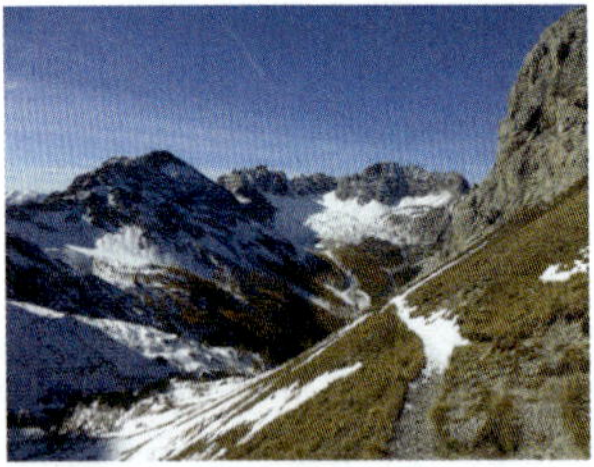

Der meist sehr schmale Steig verläuft im steten Auf und Ab und führt zum Schluss über Kehren steil und auch etwas ausgesetzt bis zum Kerschbaumer Törl hinauf. Bitte hier erhöhte Vorsicht und kleinere Kinder an schmalen Passagen an der Hand führen oder eventuell sogar sichern (siehe Sicherungshinweise im Vorspann). Am Törl gibt es wunderschöne Ausblicke auf die Dolomitberge rundum und ins Nachbartal mit der

Kerschbaumeralm. Direkt auf dem Sattel laden schöne Wiesen zum Verweilen ein. Mit etwas Glück können Gams (Gämsen) beim Grasen beobachtet werden. Der Abstieg führt über weite Serpentinen vorerst über Wiesen, später dann durch Schutthänge mit Latschenbewuchs und einzelnen Lärchen. Der Weg ist zum Teil steinig und führt über erodierte Rinnen, die aber durch eine geschickte Weganlage völlig unbedenklich zu überqueren sind. Je tiefer man kommt, umso mehr wird die Latsche von der Lärche abgelöst. Bald schon führt der Weg durch lichte Lärchenwälder und Almböden bis zum Schutzhaus Kerschbaumeralm.

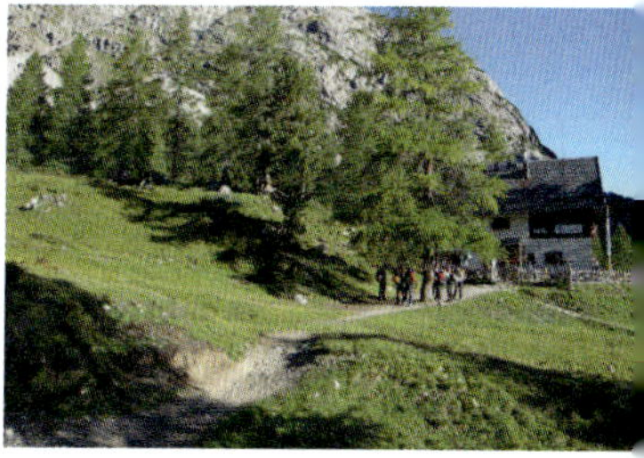

Etappe 4

Kerschbaumer Alm - Parkplatz Klammbrücke ●

2 - 2 ½ h, keine m ▲ 800 m ▼

Direkt von der Alm führt ein schmaler Steig abwärts bis zu den weiter unten gelegenen Almen. Dort gelangt man dann auf den Hauptweg (Nr. 10), der am Kerschbaumertalbach entlangführt. Jetzt heißt es eine Steilstufe zu überwinden, die zwar etwas anspruchsvoller, aber nicht wirklich schwierig ist. Der Weg führt über Holzplanken durch felsiges Gelände und quert einen Graben, der zum Teil stärker erodiert ist. Obwohl es in diesem Bereich immer wieder Veränderungen durch Unwetter gibt, wird der Weg gut gewartet. Nach dieser Steilstufe wird das Gelände wieder einfacher und der Weg führt weiter abwärts. Sobald sich der Wald etwas lichtet, sollte unbedingt Zeit für einen Blick zurück sein. Links neben der Steilstufe ist der sehr beeindruckende Klapffall, ein Wasserfall, der

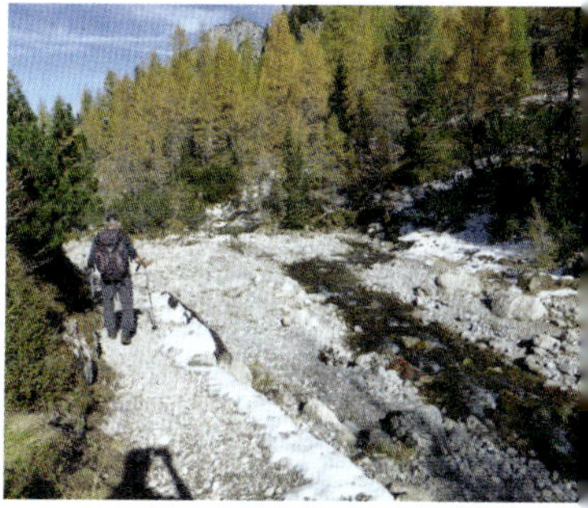

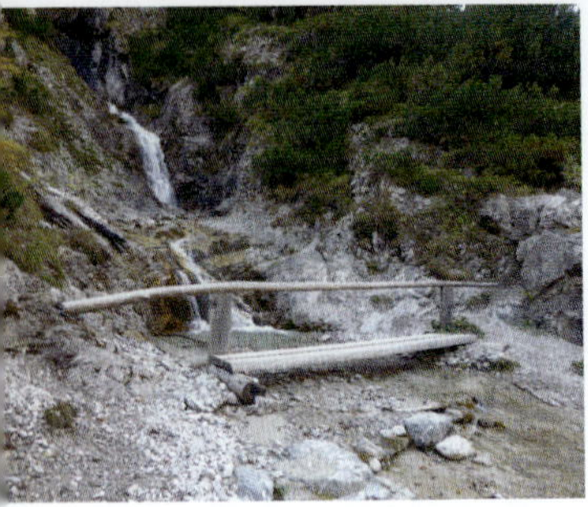

nach Niederschlägen mächtig durch ein enges Tal schießt, zu sehen. Ein einmaliges Schauspiel! Auch weiter unten quert der Weg immer wieder erodierte Rinnen, die aber niemals schwierig sind. Für den restlichen Weg gibt es zwei Möglichkeiten: entweder über den Forstweg zum Ausgangspunkt und Parkplatz (zum Teil etwas eintönig) abwärts oder auf einem etwas schmäleren Steig. Letzterer ist zwar etwas anspruchsvoller, aber natürlich auch interessanter. Einfach den Schildern folgen. Dieser Steig quert immer wieder den Forstweg. Ziemlich gegen Ende der Tour (restliche Gehzeit ca. ½ h) führt der Weg über eine Brücke, wo ein kleiner Wasserfall kleine Gumpen gebildet hat. Die müden Zehen werden es euch danken, wenn sie rasten und ins kühle Nass dürfen. Wenn sich der Wald lichtet, zeigt sich etwa 500 Höhenmeter weiter oben die Dolomitenhütte noch einmal in ihrer vollen Pracht auf dem Felsen thronend. Kurz vor dem Parkplatz wird die Hirschbrunn Quelle passiert, dort ist auch ein sehr einladender Picknickplatz.

Weitere Tourenmöglichkeiten:

Die Berge rund um die Hütten sind zu schwierig zum Besteigen.

Hütten & Gaststätten:

Dolomitenhütte
(1620 m), direkt auf einem Felsen gelegene private Hütte, wunderschöne Zimmer, mit Glasfronten, mit Bus erreichbar, 6 wunderschön ausgebaute Doppelzimmer unterhalb der Terrasse und 2 Mehrbettzimmer (19 Betten ges.), +43-664-2253782, www.dolomitenhuette.at, Mai–Okt., Dez.–Apr., zw. Ostern und 30. April Montag Ruhetag.

Karlsbader Hütte
(2260 m), direkt am Laserzsee gelegenes Schutzhaus des Deutschen Alpenvereins, umgeben von einer imposanten Felsszenerie, 31 Lagerplätze & 59 Zimmer

(2- bis 6-Bettzimmer), +43-664-9759998, www.karlsbaderhuette.at, Mitte Jun.–Mitte Okt.

Kerschbaumer Alm
(1902 m), recht uriges, eher älteres Schutzhaus des Lienzer Touristenklubs, umgeben von einem schönen, lichten Lärchenwald, 20 Lager und 13 Betten, in 4 Zimmern, +43-664-2202725 oder +43-664-3034647, www.kerschbaumer-alm.com, Mitte Jun - Ende Sep./Anf. Okt.

Infos:

Tourismus Lienz
+43-50-212-212, www.osttirol.com

Wassererlebnispark Galitzenklamm
+43-50-212212/+43-664-156-74-57, www.galitzenklamm.info.

Wanderbus
Dolomitenhütte oder Klammbrücke, fährt nur an einzelnen Tagen, Voranmeldung! +43-50-212500, www.osttirol.com.

Taxi Lienz
Bundschuh Reisen, +43-4852-63863, www.bundschuh-reisen.com.

Anfahrt:

Tauernautobahn (A10) von Salzburg Richtung Villach, Ausfahrt Lendorf auf die Draustalstraße (B100) in Richtung Lienz. Vom Westen kommend empfiehlt sich der Weg über den Felbertauern (B108). Durch Lienz durch, Richtung Silian nach Leisach. Nach Leisach über eine Brücke zur Galitzenklamm (unbedingt besuchen) & dann weiter auf einer Straße der Drau entlang flussaufwärts. Nach ca. 1 ½ km nach links, immer aufwärts, bis nach ca. 4 km (knapp 400 hm) der Parkplatz Klammbrücke kommt. Die Auffahrt ist zum Teil steil & sehr schmal, eine typisch österreichische Bergstraße. Ausgeschildert, aber Schilder oftmals nicht einfach zu sehen. (Navi: Österreich, 9909 Leisach, Klammbrücke).

Bus & Bahn:

Direktverbindung (ÖBB) von Salzburg Richtung Klagenfurt, in Spittal/Millstätter See umsteigen nach Lienz. Von hier kann man an einzelnen Tagen mit dem Wanderbus oder eventuell mit Taxi zur Klammbrücke fahren. Siehe Infobox.

Ausgangspunkt:
AP P Klammbrücke, AP=EP.

25. In den Nockbergen

Unterwegs im Biosphärenpark

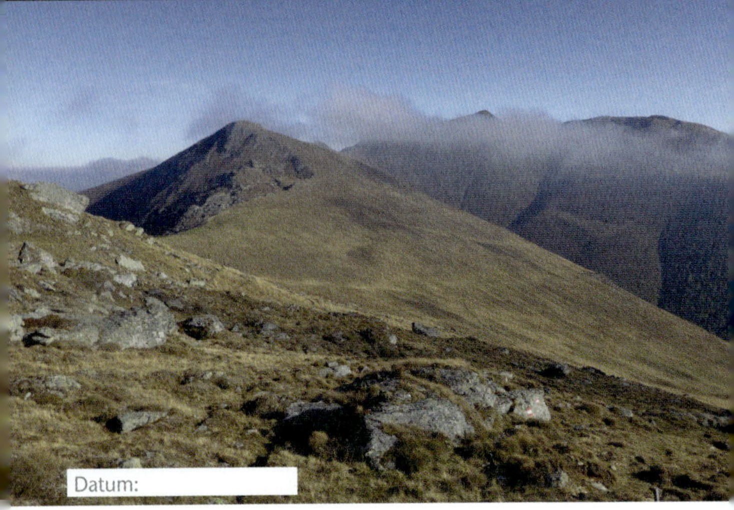

Datum:

Etappen: 6	Dauer: 30,5 km; 11-14 h	1530▲ 1450▼
technische Anf.: ★★★☆☆	Kondition: ★★☆☆☆	Alter: ab 10 Jahren

Der Salzburger Lungau und die angrenzenden Kärntner Nockberge wurden 2012 von der UNESCO als Biosphärenpark ausgezeichnet. Dabei wird das Augenmerk auf nachhaltige Entwicklung gelegt. Die Landschaft ist wunderschön, die Berggipfel einfach zu besteigen und zwei Themenwege werden auch gleich mitgenommen: aufwärts der Mühlenweg und abwärts der Wasserweg. Das Erlacherhaus ist ein großes Schutzhaus, die anderen Hütten aber ziemlich kleine Almen mit Flair, die einige wenige Schlafplätze anbieten. Im Sommer ein Blumenparadies und im Herbst ist die Hirschbrunst ein beeindruckendes Spektakel. Diese Tour kann durch etliche Gipfel, die fast am Wegrand liegen, ausgedehnt werden.

Et.	Strecke	Anf.	Technik	Kond.	Zeit in h km	Hm▲▼
1	Türkhaus Museum 920 m Petodnighütte 1458 m	🔵	★★☆☆☆	★★★☆☆	2-2½ 5,4	540 m keine
2	Petodnighütte 1458 m Erlacherhaus 1633 m	🔵	★★☆☆☆	★☆☆☆☆	¾-1 ¼ 2	180 m keine
3	Erlacherhaus 1633 m Erlacher Bockhütte 1960 m	🔴	★★★☆☆	★★★☆☆	2 ¾-3 ½ 6,1	430 m 110 m
4	Erlacher Bockhütte 1960 m Lärchenhütte 1640 m	🔴	★★★☆☆	★★☆☆☆	3 ½-4 ¼ 8,9	380 m 700 m
5	Lärchenhütte 1640 m Falkerthaus 1550 m	🔵	★★☆☆☆	★☆☆☆☆	¼-½ 0,7	keine 90 m
6	Falkerthaus 1550 m Bad Kleinkirchheim 1000 m	🔵	★★☆☆☆	★★☆☆☆	2-2½ 7,4	keine 550 m

Schwierigkeitsgrad:

Mittel. Größtenteils gut ausgebaute und markierte Wege. Der Abstieg vom Naßbodensee (Etappe 3) ist steinig, aber nicht ausgesetzt. Die Varianten über die Gipfel sind steinig und zum Teil etwas ausgesetzt und erfordern Trittsicherheit.

Knieschonende Variante:	Gemäß Wegbeschreibung bis zur Etappe 3, Erlacher Bockhütte. Von dort Richtung Lärchenhütte, zum Brunnachgatter, dann auf Weg 161 zur Bergstation und mit der Nationalparkbahn (Gondel) nach St. Oswald ins Tal.
Kinder:	Für gehgewohnte Kinder ab ca. 10 Jahren, werden die Gipfel mitgenommen, ab 12 Jahren. Attraktionen: Mühlen- und Wasserweg mit unzähligen Mühlen und Wasserspielplatz.

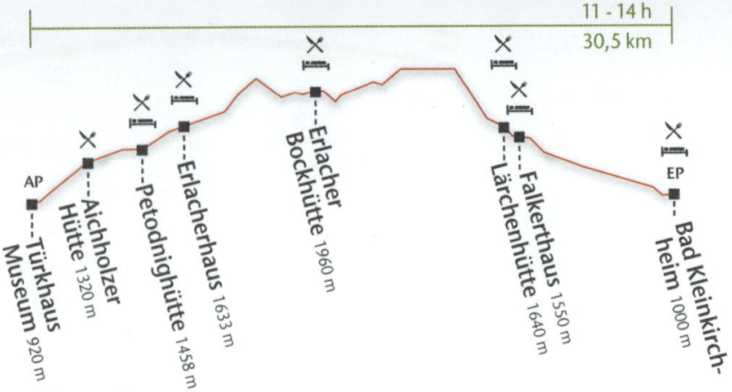

Jahreszeit:

In der schneefreien Zeit von Mai - Oktober, in der Vor- und Nachsaison unbedingt klären, ob die Hütten Übernachtungsgäste nehmen.

Etappe 1

Türkhaus Museum - Petodnighütte ●

2 - 2 ½ h, 540 m▲ keine m▼

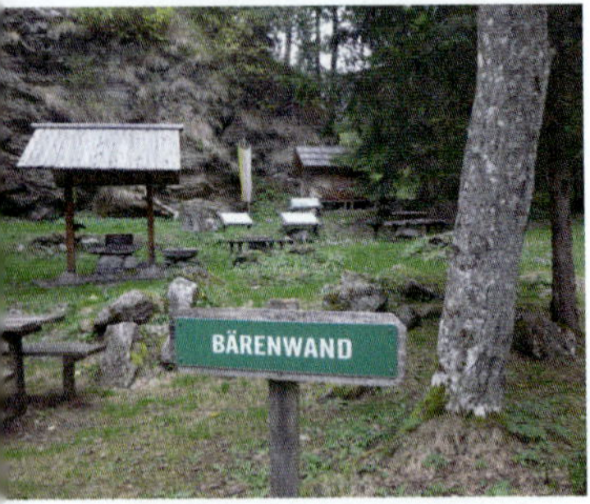

Die Tour beginnt am Eingang des Biosphärenparks Nockberge, beim Türkhaus, einem 500 Jahre altemn-Gehöft, das zu einem Museum umgebaut wurde. Hier beginnt auch der Kneipp- und Mühlenwanderweg, der ins Langalmtal, immer entlang des Roßbachs verläuft. Der Weg führt über weichen Waldboden stetig aufwärts, vorbei an unzähligen Mühlen, die zum Teil noch funktionieren, an der Kletterwand Bärenwand mit einem schönen Picknickbereich, an verschiedenen Kneippmöglichkeiten und an Schautafeln. Nach 1 -1 ½ h Gehzeit ist die bewirtschaftete Aichholzerhütte, eine nette kleine Almhütte erreicht. Immer wieder wechseln Wanderwege und Forstwege ab, die über schöne Almwiesen und durch dichte Wälder bis zur Petodnighütte führen.

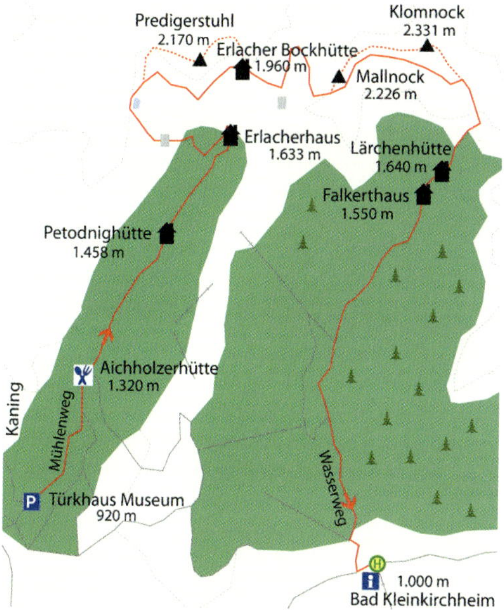

Etappe 2

Petodnighütte - Erlacherhaus

¾ - 1 ¼ h, 180 m▲ keine m▼

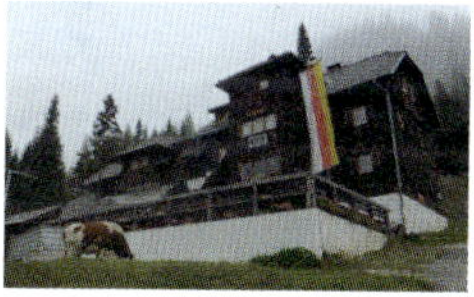

Von der Petodnighütte über eine Brücke und danach auf dem Forstweg (Nr. 122) nach rechts. Diese geht später in einen Wanderweg über. Am Ende von Etappe 2 geht's auf der Zufahrtsstraße zum Erlacherhaus. Wem das als Tagesetappe zu kurz ist, kann hier eine Mittagspause einlegen und dann die nächste Etappe anhängen. Will man jedoch den Gipfel „Predigerstuhl" auf Etappe 3 mitnehmen, ist eine Übernachtung im Erlacherhaus zu überlegen. Beide Hütten sind nette Übernachtungsplätze, die Bockhütte ist sehr einfach und urig.

Etappe 3

Erlacherhaus - Erlacher Bockhütte ●

2 ¾ - 3 ½ h, 430 m▲ 110 m▼

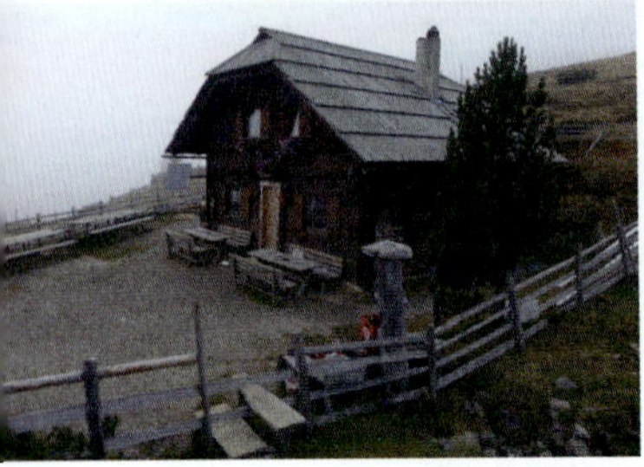

Vom Erlacherhaus führt der Weg Nr. 170 über einen breiten Güterweg bis zur Feldhütte (1758 m). Dann leicht ansteigend durch einen lichten Lärchenwald bis zur Abzweigung Rosennock/Naßbodensee. Dort nimmt man den rechten Weg bis zum Naßbodensee, wo es wunderschöne Ausblicke auf den Kleinen und Großen Rosennock gibt. Mit etwas Glück sind in Richtung Kleiner Rosennock Gämsen zu sehen. Beim Naßbodensee besteht die Möglichkeit, über den Predigerstuhl zu gehen (zusätzliche Zeit ¾ - 1 ¼ h, 140 Hm mehr). Vom See führt der Weg (Nr. 13) abwärts durch Latschengebüsch, unterhalb der imposanten Zunderwand entlang. Danach geht es über prächtige Almwiesen, die im Frühsommer besonders schön blühen, bis zur Erlacher Bockhütte. Wenn man aber nur eine kurze Etappe gehen möchte, kann man direkt über Weg Nr. 1701 zur Erlacher Bockhütte aufsteigen (Gehzeit 1 - 1 ½ h, 300 Hm). Wer eine Übernachtung weniger einplant, kann die Etappe 3 auslassen und direkt vom Erlacherhaus über die Oswalder Bockhütte zur Lärchenhütte (Etappe 4) gehen (3 ¾ - 4 ¾ h, 9,2 km, 560 m▲ 560 m▼). Dafür folgt man dem Weg (Nr. 122) in Richtung Oswalder Bocksattel. Beim Oswalder Bockhaus siehe Beschreibung Etappe 4.

Etappe 4

Erlacher Bockhütte - Lärchenhütte ●

3 ½ - 4 ¼ h, 380 m▲ 700 m▼

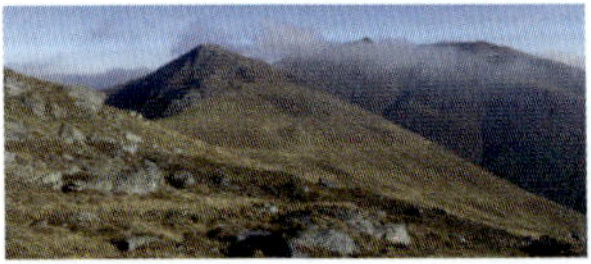

Von der Erlacher Bockhütte führt der Aufstieg kurz aufwärts, bis man wieder auf den Wanderweg Nr. 13 stößt. Diesem nach rechts bis fast zur Oswalder Bockhütte folgen, kurz vor

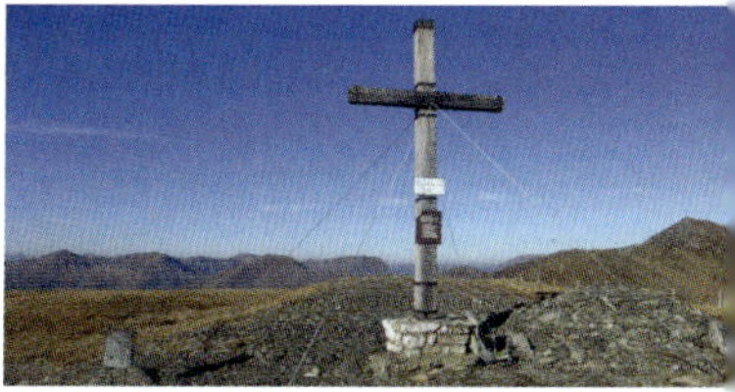

der Hütte nach links (Nr. 122) in Richtung Oswalder Bock Sattel. Bei einem kleinen See führt rechts ein schmaler Steig zum Oberen Bock Sattel aufwärts. Dort dem Weg in Richtung Brunnachhöhe bis zum Brunnachgatter folgen. Hier ändert sich die Richtung und nun geht's weiter (Nr. 161) in Richtung Mallnock/Klomnock weiter. Bei einem Holzübertritt geradeaus weiter auf dem Weg Nr. 9 in Richtung Flache Scharte/Falkert. (Anmerkung: Weg Nr. 161 über die Gipfel Mallnock und Klomnock hat zusätzlich 160 Hm und die Gehzeit verlängert sich um ca. ¾ - 1 ¼ h. Der Gipfelsteig ist anspruchsvoller als der Höhenweg, aber nicht sehr schwierig.) Wer es lieber knieschonend haben will, bleibt weiterhin auf dem Weg Nr. 9 der unterhalb der Gipfel leicht ansteigend aufwärts führt. Kurz nach der Abzweigung Klomnock/Mallnock (Weg Nr. 161, hier kommen all jene, die die Gipfel bestiegen haben, wieder herunter) kommt auf der rechten Seite die Abzweigung zur Lärchenhütte/Falkertschutzhaus/St. Oswald. Weg Nr. 1611 führt nun gut ausgebaut, relativ steil abwärts, an der Steinhalter Hütte vorbei und weiter auf einem Forstweg bis zur Lärchenhütte.

Etappe 5

Lärchenhütte - Falkerthaus ●

¼ - ½ h, keine m▲ 90 m▼

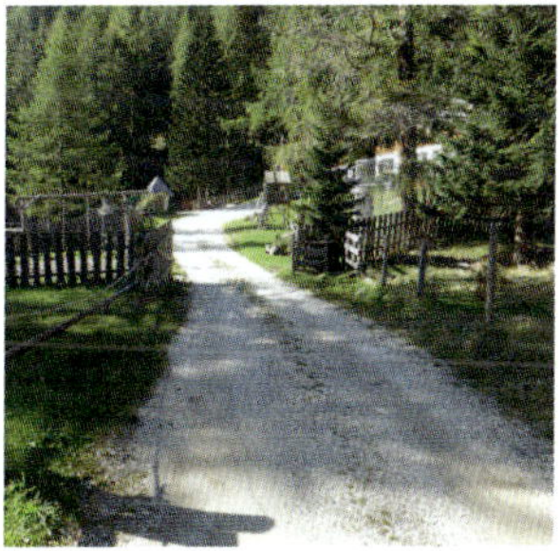

Aufgrund der kurzen Etappe 5 ist es empfehlenswert, diese Etappe zur vorherigen oder nachfolgenden anzuschließen. Von der Lärchenhütte führt hinter dem Haus ein schöner Waldweg abwärts bis zur Forststraße und zum Falkerthaus. Beide Hütten sind sehr schöne Übernachtungshütten, haben aber beide sehr wenige Übernachtungsplätze. Unbedingt im Voraus abklären.

Etappe 6

Falkerthaus - Touristinfo Bad Kleinkirchheim ●

2 - 2 ½ h, keine m▲ 550 m▼

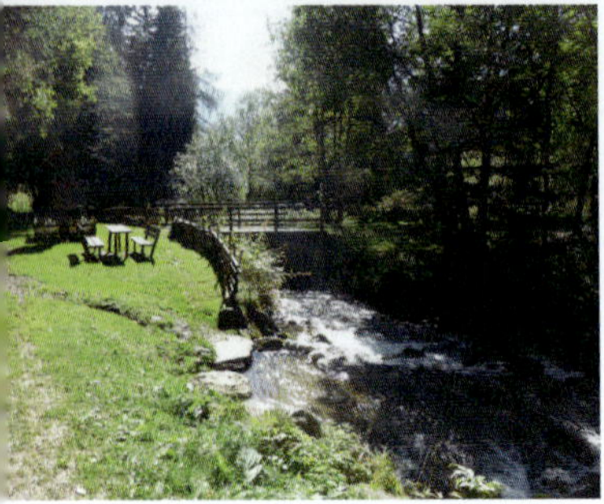

Vom Falkerthaus führt der Forstweg abwärts direkt nach St. Oswald, wo es auch eine Busverbindung nach Bad Kleinkirchheim gibt. Bis hierher Gehzeit ¾ - 1 h, ca. 300 Hm Abstieg. Wer aber lieber länger geht, der kann über den sehr schönen Wasserweg bis nach Bad Kleinkirchheim, an Bauernhäusern vorbei, abwärts gehen. Immer wieder laden Holzliegen zum Verweilen ein. Der Weg führt zum Teil über breite Schotterwege, kurz über eine Asphaltstraße & über einen schönen, schattigen Waldweg abwärts. In Bad Kleinkirchheim ist gleich gegenüber der Therme St. Kathrein, nahe der Touristinfo, der Wasserix Sinnespark, wo nach Lust & Laune geplanscht werden kann. Sehr empfehlenswert für die Großen zum Abkühlen & für die Kleinen zum Spielen! Info darüber im Tourismusverein Bad Kleinkirchheim, siehe Infos.

Hütten & Gaststätten:

✕ Aichholzer Hütte
(1320 m), urige Hütte mit einfachen, selbst gemachten Produkten, +43-676-3971260, www.langalmtal.at, Mai - Okt.

Petodnighütte
(1458 m), sehr alte Almhütte mit Charme, geführt von der „Lederhosen" Wirtin, mit Wasserkneippmöglichkeit, 8 Zimmer, Matratzenlager, +43-699-10322801, www.langalmtal.at, Mai - Okt.

Erlacherhaus
(1633 m), altes Haus mit modernem Anbau, schöner Terrasse, gutem Essen, 10 Komfortbetten (mit Dusche & WC), 20 Betten im alten Trakt, +43-676-4210545, www.erlacherhaus.at, Anf. Mai - Ende Okt.

Erlacher Bockhütte
(1960 m), einfache Almhütte mit Waschmögl. außerhalb der Hütte, urig & gemütlich, einfache Speisen, 4 Betten, +43-699-11975944, www.langalmtal.at, Mai - Okt.

Lärchenhütte
(1670 m), nette, gemütliche Almhütte, mit Erzeugnissen aus der eigenen Produktion, 2 Doppelzimmer, +43-676-5762291, www.laerchenhuette.com, Mai - Anf. Okt., auf Anfrage.

Falkerthaus
(1550 m), urige Hütte mit guter Küche und schöner Terrasse mit Kinderspielplatz und Streichelzoo, begr. Schlafmöglichkeiten, +43-4240-690 oder +43-676-5724090, www.falkerthaus.at, es gibt ein Hüttentaxi oder evtl. "Hüttenexpress" (beliebt bei Kindern), ganzj. geöffn., Betriebsschließung abklären.

Taxi Ebeneder
Bad Kleinkirchheim, +43-4275-6810, www.ebeneder.at.

Anfahrt:

Tauernautobahn (A10) von Salzburg Richtung Villach, Knoten Spittal an der Drau, auf B98 in Richtung Millstätter See, am See vorbei bis Radenthein. Dort Abzweigung auf die Knappenstraße in Richtung Kaning, bis zum Türkmuseum, das etwas außerhalb des Ortes liegt. (Navi: Österreich, 9545 Kaning, Dorfstraße). Am besten das Auto in Radenthein stehen lassen & mit dem Bus (oder einem Taxi) zum Türkmuseum & von Bad Kleinkirchheim wieder mit dem Bus zurück. Siehe öffentliche Verkehrsmittel.

Infos:

Tourismus Bad Kleinkirchheim
+43-4240-8212,
www.badkleinkirchheim.at.
Tourismus Radenthein
+43-4246-22880,
www.radenthein.gv.at
Biosphärenpark Nockberge
+43-4275-665, www.biosphaerenparknockberge.at.
Museum Türkhaus/Kaning
+43-676-7854340 oder +43-664-9108825, www.kaninger-muehlenweg.at. Mitte Jun. - Mitte Sep. (11:00-15:00).

Bus & Bahn:

Direktverbindung (ÖBB) von Salzburg Richtung Villach, bis Spittal an der Drau. Umsteigen in Bus Nr. 5140, bis Radenthein. Dort mit Bus Nr. 5142 bis nach Kaning, Türkhaus (nur an Schultagen). Rückfahrt: von St. Oswald mit Bus Nr. 5140 nach Radenthein (nur an Schultagen), sonst ab Kleinkirchheim Bus Nr. 5140 bis Radenthein (fährt immer).

Ausgangspunkt:
AP Türkhaus Kaning, EP Tourist Information, Bad Kleinkirchheim.

26. Die Rax

Alpine Tour auf dem Hochplateau

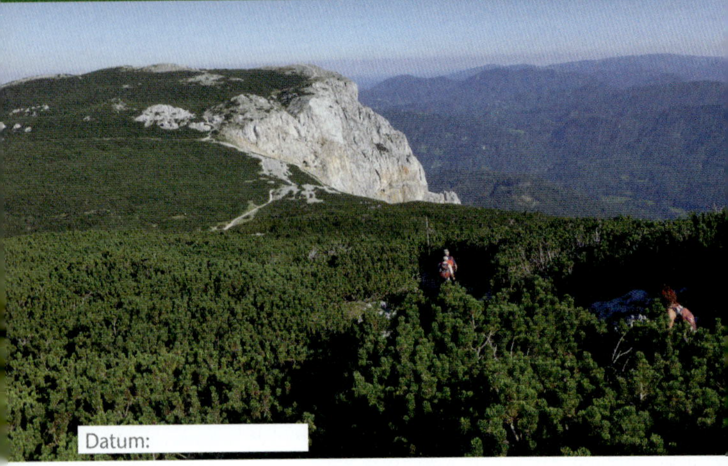

Datum:

Etappen: 4	Dauer: 17 km; 8 - 11 h	1310▲ 1310▼
technische Anf.: ★★★★★	Kondition: ★★★★★	Alter: ab 10 Jahren

Diese Hüttentour führt auf das Hochplateau der Rax, die sich einerseits durch liebliche Almböden und andererseits durch karges Kalkgestein auszeichnet. Das macht diese Tour sehr abwechslungsreich. Es besteht auch die Möglichkeit, von Hirschwang mit der Gondel auf das Plateau zu fahren und ohne den 700 Hm-Aufstieg zu den Hütten zu gelangen. Wer Glück hat, findet hier das geschützte Edelweiß an manchen Stellen und Gams sowie Mankei (Gämsen und Murmeltiere). Durch die Nähe zu Wien zählt die Rax zu den Naherholungsgebieten und auch das Trinkwasser für die Bundeshauptstadt kommt von der Rax. Eine seit 1873 bestehende, ca. 120 km lange Hochquellwasserleitung macht dies möglich. Klettersteigerfahrene können über den Karl Kantner Steig (hier nicht beschrieben, da Sicherungswissen notwendig ist) aufsteigen.

Et.	Strecke	Anf.	Technik	Kond.	Zeit in h km	Hm▲▼
1	P Preiner Gscheid 1070 m Karl Ludwig Haus 1804 m	●	★★★☆☆	★★★★☆	2¼ - 3 3	740 m keine
2	Karl Ludwig Haus 1804 m Habsburghaus 1785 m	●	★★★☆☆	★★★☆☆	2¾ - 3½ 6,6	430 m 450 m
3	Habsburghaus 1785 m Waxriegelhaus 1361 m	●	★★★☆☆	★★★☆☆	2½ - 3¼ 5,8	140 m 570 m
4	Waxriegelhaus 1361 m P Preiner Gscheid 1070 m	●	★☆☆☆☆	★☆☆☆☆	¾ - 1 1,6	keine 290 m

Schwierigkeitsgrad:

Mittel. Auf dem weitläufigen Kalkhochplateau ist es schwierig sich zu orientieren, deshalb ist – wie bei allen Hochgebirgstouren und besonders auch bei dieser – ein gutes Bergwetter sehr wichtig. Die meisten Wege sind gut ausgebaut und auch gut markiert. Der Abstieg vom Trinksteinsattel ist etwas steiler und steinig (Etappe 3). Der Göbel-Kühnsteig (Etappe 3) ist zum Teil schmal und führt über erodierte Schuttgräben. Der Zustieg zum Karl Ludwig Haus ist auch über den Karl Kantnersteig möglich, das empfehlen wir jedoch nur Versierten.

Knieschonende Variante:	Auf- und Abfahrt mit der Gondel ab Hirschwang an der Rax und nur auf dem Plateau wandern.
Kinder:	Für Kinder ab 10. Immer wieder sind grasende Gämsen oder mit etwas Glück auch Kreuzottern zu sehen.

Jahreszeit:

Die Tour ist mit den Öffnungszeiten der Hütten gekoppelt, die nach Wetter- und Schneelage variieren können.

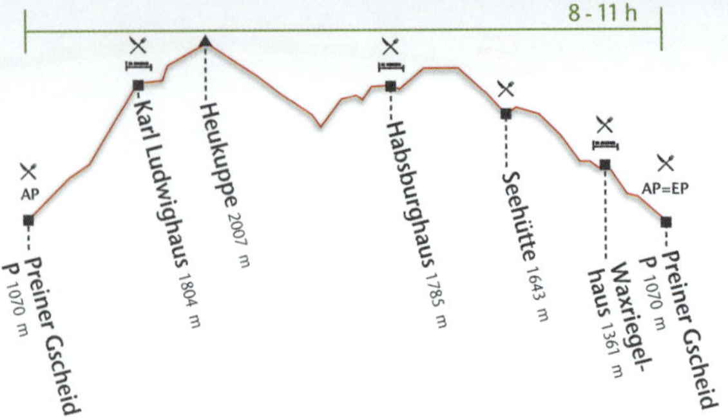

Etappe 1

Parkplatz Preiner Gscheid - Karl Ludwig Haus ●

2 ¼ - 3 h, 740 m▲ keine m▼

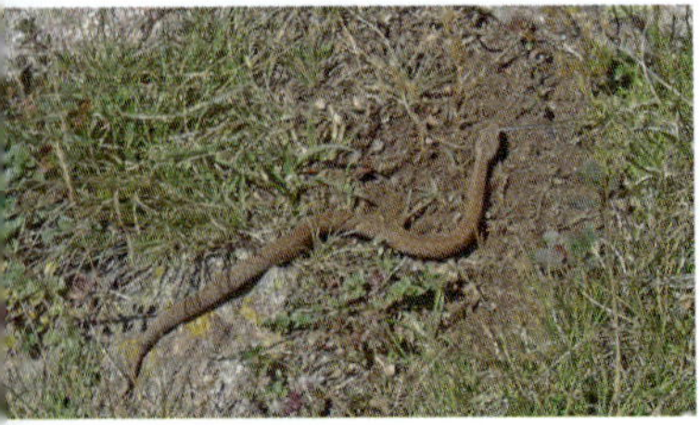

Vom Parkplatz Preiner Gscheid führt eine Forststraße den Berg hinauf – wer es anfangs gemütlicher haben möchte, geht die etwas flachere Forststraße aufwärts, wer es schneller angehen möchte, nimmt die Abkürzungen zwischen den Serpentinen. Wichtig ist aber, nicht zum Waxriegelhaus abzuzweigen, sondern immer den Schildern zum Schlangenweg zu folgen. Unser Weg (Nr. 829 – leider ist die Nummer nicht auf den Schildern verzeichnet) führt aus dem Wald und geht vorerst noch ganz gemütlich über die Siebenbrunnenwiese in Richtung des Siebenbrunnenkessels. Schon von Weitem ist der Weg zu sehen, der sich den Hang hinaufaufschlängelt. Ob der Name Schlangenweg nun daher kommt oder weil an heißen Sommertagen auch die eine oder andere Kreuzotter sich genüsslich in der Sonne räkelt, ist nicht bekannt. Schlangen sind jedoch scheue Wesen und suchen sofort das Weite, sobald sich jemand nähert. Der Schlangenweg führt mäßig steil, aber stetig aufwärts und ist ziemlich der Sonne ausgesetzt. Darum genug Wasser mitnehmen oder eventuell früher starten. Von Weitem ist das Karl Ludwig Haus auf dem Sattel zu sehen. Oben angekommen, führt der Weg nach links und fast eben bis zur Hütte.

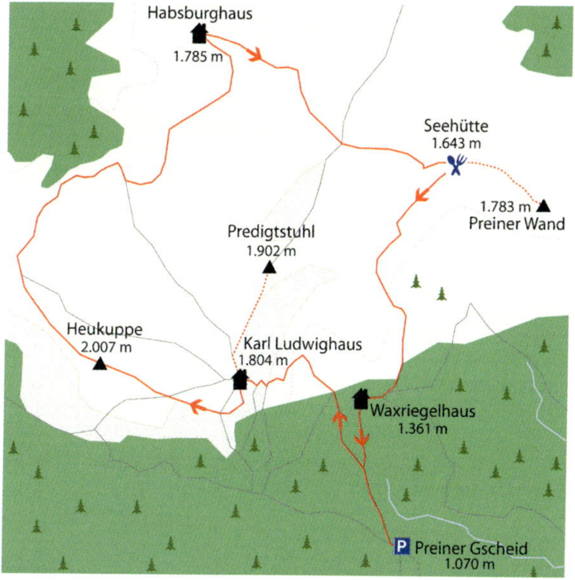

Etappe 2

Karl Ludwig Haus - Habsburghaus ●

2 ¾ - 3 ½ h, 430 m▲ 450 m▼

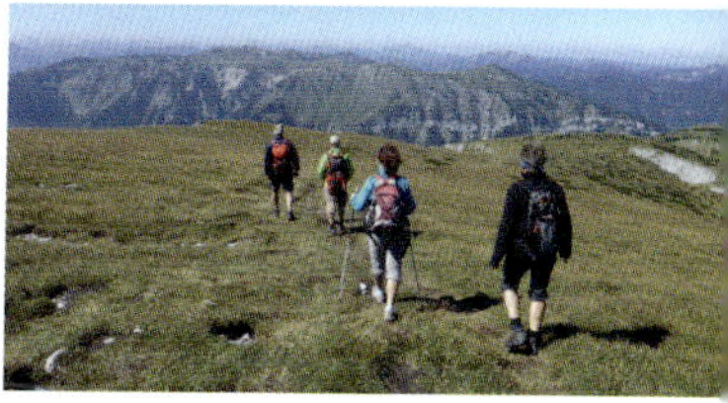

In der Nähe des Karl Ludwig Hauses befindet sich das Raxkircherl, wo man der Verunglückten auf der Rax gedenkt. Gleich in der Nähe ist auch der Absprungplatz für Paragleiterinnen und der Ausblick auf das Tal darunter ist grandios. Direkt vom Kircherl geht es auf einem kleinen Weg zum Fuße der Heukuppe, dem höchsten Berg auf der Rax, wo auch gleich der Aufstieg beginnt. Der Weg führt leicht steinig über einen breitgezogenen grasigen Rücken aufwärts. Am Gipfel befindet sich ein Kriegerdenkmal,

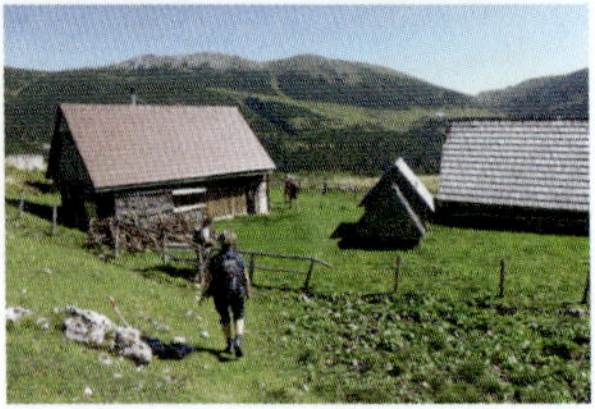

das an die Verstorbenen des ersten Welkriegs erinnern soll. Weiter geht's auf der anderen Seite der Heukuppe, wieder über einen breiten, grasigen Rücken, abwärts, bis kurz unterhalb des Gamsecks (wegen der schönen Aussicht lohnt ein kurzer Abstecher aufs Gamseck, der Umweg kostet ca. 10 min.). Wegweiser weisen den Weg zur unbewirtschafteten Grasbodenalm/Franzbauernhütte (1650 m). Es geht direkt durch die kleine Ansammlung von Almhütten durch. Gleich danach kommt eine beschilderte Abzweigung zum Habsburghaus, das von hier aus bereits auf einer kleinen Anhöhe zu sehen ist. Und doch dauert es nochmals ¾ - 1 h dorthin, denn vorerst müssen noch einige Höhenmeter in den Krumtalgraben abgestiegen werden, bevor es die 200 Hm zur Hütte wieder hinauf geht. Bei heißem Wetter ist die Sonne auch auf dieser Höhe schweißtreibend und der Weg durch die Latschen anstrengend. Deshalb besser auch in dieser Etappe früh starten und genügend Wasser mitnehmen.

Etappe 3

Habsburghaus - Waxriegelhaus ●

2 ½ - 3 ¼ h, 140 m▲ 570 m▼

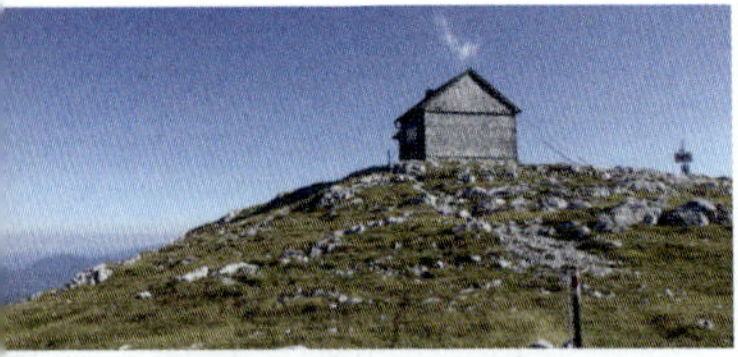

Von der Hütte aus gelangt man als erstes zum Jahnkreuz, einem eisernen Kreuz zum Gedenken an Karl Jahn, den ehemaligen Hüttenwirt, der 1919 beim Lebensmittel-Holen in einem Schneesturm umgekommen ist. Mäßig ansteigend geht es weiter auf den Trinksteinsattel. Dort sind mit etwas Glück Edelweiß zu sehen. Bitte nicht pflücken, sie sind streng geschützt und sehr selten. Von Weitem ist die Raxgmoahütte ([dt.] Raxgemeindehütte) zu sehen. Diese Hütte dient bei Schlechtwettereinbrüchen als Unterstandhütte und unmittelbar daneben steht die Bergrettungshütte (Hans-Nemecek-Diensthütte). Vom Trinksteinsattel kann die Neue Seehütte in einer Senke schon gesichtet werden. Der Abstieg durch die Latschen ist steil und etwas schwieriger, daher besondere Vorsicht walten lassen, speziell bei Nässe. Bei der Seehütte getrost eine längere Pause einlegen, denn der Weiterweg über den Göbel Kühnsteig dauert nur noch ca. 1 ¼ h. Bei der Seehütte besteht auch die Möglichkeit, auf einen recht einfachen Gipfel, die Preiner Wand (1783 m), zu steigen. Einfach den Schildern folgen. Der gelb markierte Steig zum Waxriegelhaus (im Winter gesperrt) führt zuerst leicht aufwärts und dann durch Latschengebüsch, zum Teil auf schmalen Wegen abwärts. Der Steig quert dabei auch einige Schuttgräben, wo besondere Vorsicht geboten ist, da der Weg auch etwas erodiert ist. Zum Schluss geht's gut ausgeschildert durch den Wald zum Waxriegelhaus. Konditionsstarke oder jene, die keine zusätzliche Übernachtung eingeplant haben, können die nächste Etappe noch dranhängen.

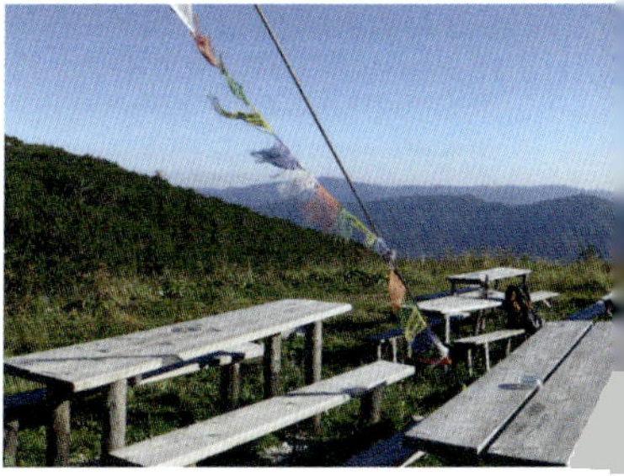

Etappe 4

Waxriegelhaus - Parkplatz Preiner Gscheid ●

¾ - 1 h, keine m ▲ 290 m ▼

Von der Hütte führt entweder die Fahrstraße oder ein Fußsteig zum Parkplatz Preiner Gscheid zurück. Der gut beschilderte Weg ist nicht zu verfehlen.

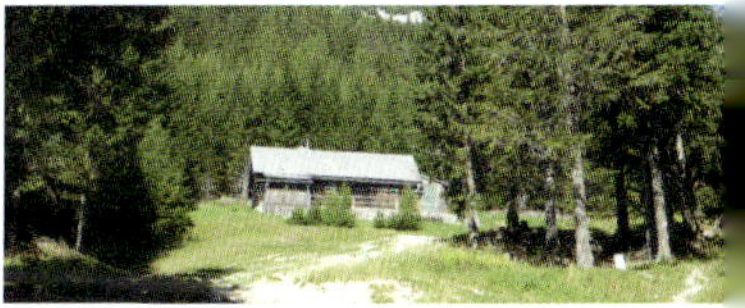

Weitere Tourenmöglichkeiten:

Karl Ludwig Haus: Predigtstuhl (1902 m) ●, Aufstieg 20 - 30 Min., 100 Hm.
Habsburgerhaus: Einige Gipfel rundherum bieten schöne Aussichtsberge. Hier gibt es sehr viele leicht zu besteigende Erhebungen, einfach in der Hütte fragen. Achtung: keine Markierungen! Hier leben sehr viele Gämsen, deshalb leise verhalten, damit die Tiere gesehen und beobachtet werden können.
Seehütte: Preinerwand (1783 m) ●, Aufstieg 30 - 40 Min., 140 Hm.

Hütten & Gaststätten:

Edelweißhütte Parkplatz
Preiner Gscheid (1070 m), direkt am Parkplatz gelegene Jausenstation, gute Hausmannskost, +43-676-7554881, www.edelweisshütte-rax.at, von Anf. Apr.–Ende Sep., Anf. Okt.–Ende März; Montag Ruhetag.

Karl Ludwig Haus
(1804 m), hochgelegenes Schutzhaus des ÖTK (Österreichischer Touristenklub), zertifizierter Biobetrieb, außergewöhnlich gute Küche, 38 Betten & 21 Lagerplätze, +43-2665-380 oder +43-699-11888972, www.karlludwighaus.at, Mitte Apr. - Anf. Nov.

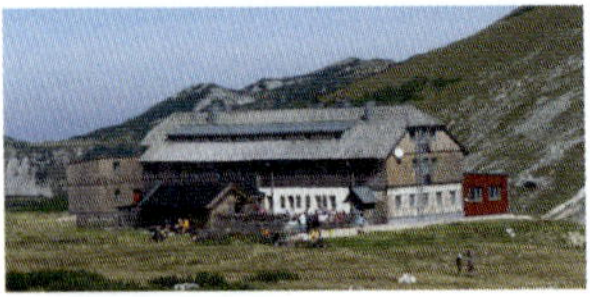

Habsburger Haus
(1785 m), direkt am Grieskogel gelegenes Alpenvereinshaus, mit einem wundervollen Ausblick und guter Küche, 35 Betten, 65 Lagerplätze, +43-2665/219, +43-650-7258593, +43-664-5731043 oder +43-664-3749340, www.alpenverein.at, von Ende Mai - Anf. Nov., je nach Wetterlage, ev. länger (auf Anfrage).

Neue Seehütte
(1643 m), hochalpines Gasthaus, mit einem Bushaltestellenschild vor der Haustüre (wer hier aber auf den Bus wartet, wartet ewig), sehr gute Küche, tolle Terrasse, keine Übernachtungsmöglichkeit, +43-676-7488719 oder +43-676-7488718, www.seehütte.at, von Mitte Mai–Anf. Nov tägl. geöffnet.

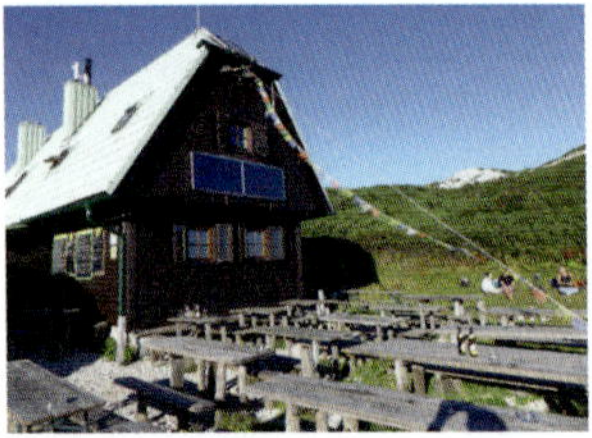

Waxriegelhaus
(1361 m), Schutzhaus der Naturfreunde Mürzzuschlag, es wird das eigengebraute Waxriegelbier ausgeschenkt (unbedingt probieren), sehr gute Küche, 25 Betten in 2- bis 4-Bettzimmern & 30 Lagerplätze, +43-2665-237, www.waxriegelhaus.at, ganzj. (365 Tage) geöffn.

Infos:

Tourismus/Naturparkbüro
Mürzer Oberland, +43-3857-8321, www.muerzeroberland.at.

Tourismus Reichenau a. d. Rax
+43-2666-52865, www.reichenau.at.
Taxi (Naturparktaxi)
Christian Ellmeier, Neuberg an der Mürz, + 43-3857-20170, www.naturparktaxi.at.

Anfahrt:

Westautobahn (A1): Von Westen aus Richtung Linz kommend: Ausfahrt Ybbs, auf die B25 Richtung Wieslburg, weiter bei Miesenburg dann auf die B28 & später auf die B20 nach Mariazell. Dort auf die B21 & dann B23 Richtung Mürzzuschlag, kurz nach Neuberg auf die L103 Richtung Kapellen & weiter bis zum Preiner Gscheid. Großer gebührenpflichtiger Parkplatz. Pyhrnautobahn (A9) von Norden kommend Richtung Graz – bei St. Michael in der Obersteiermark ausfahren, über Leoben, Bruck an der Mur. Von Graz kommend – beim Autobahnkreuz Knoten Peggau-Deutschfeistritz auf der S35 nach Bruck an der Mur & dann weiter nach Mürzzuschlag. Mürzzuschlag-West auf B23 Richtung Neuberg/Kapellen. Bei Kapellen bis zum Preiner Gscheid. Südautobahn (A 2) von Wien Richtung Süden, Knoten Seebenstein, auf die S6 Richtung Semmering/Bruck an der Mur. Bei Gloggnitz auf die B27 ins Höllental biegen, weiter auf die Wartholzstraße/L136, die in die Preiner Gscheidstraße/L135 übergeht. Bis zum Sattel hinauffahren. (Navi: Österreich, 2654 Prein an der Rax, Preiner Gscheid 85).

Bus & Bahn:

Direktverbindung (ÖBB) von Wien nach Payerbach/Reichenau (nur die Regionalzüge fahren direkt, im IC in Wr. Neustadt umsteigen). Von Süden kommend, in Semmering nach Payerbach/Reichenau umsteigen, von dort weiter mit dem Bus 1748 zum Preiner Gscheid.

Ausgangspunkt:

AP P Preiner Gscheid, AP=EP.

Am Wegrand: Die Kreuzotter

Wusstet ihr, dass Kreuzottern nicht, wie für Reptilien üblich, Eier legen? Die Eier werden im Mutterleib ausgebrütet. Um den Bauch warm zu halten, lässt sie ihn gerne von der Sonne bescheinen. Eine perfekte Anpassung an den Lebensraum Hochgebirge, denn außerhalb des Körpers wäre die Temperatur für die Eier zu niedrig.

27. Der Hochschwab

Im Reich der Steinböcke

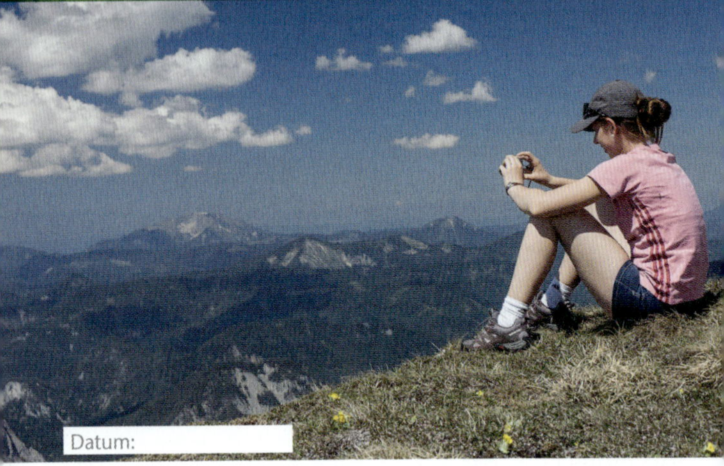

Etappen: 5	Dauer: 30 km; 13 - 16 h	1750▲1800▼
technische Anf.: ★★★★☆	Kondition: ★★★★☆	Alter: ab 12 Jahren

Erzherzog Johann gilt als „touristischer" Erstbesteiger des Hochschwabs. Touristisch deswegen, weil sein alleiniges Motiv Genuss war. Diese Tour hat nicht nur den Erzherzog begeistert, sondern auch die Verfasserin dieser Zeilen. Sie zählt landschaftlich zu den schönsten des Buches. Wunderbare Ausblicke begleiten die gesamte Tour. Rehe, Gämsen, Murmeltiere und Steinböcke sind nicht nur ab und zu zu sehen, sondern auf der gesamten Route. Unterhalb des Hochwarts saß ich mitten in einem Steinbockrudel und konnte dieses seltene Naturerlebnis kaum fassen. Hinweis: Auf der gesamten Etappe gibt es so gut wie keine Quellen. Deshalb sind bei dieser Tour gefüllte Wasserflaschen wichtig. Da die erste Etappe anstrengend ist, sollte bei längerer Anreise vor dem Start noch eine Übernachtung eingeplant werden.

Et.	Strecke	Anf.	Technik	Kond.	Zeit in h km	Hm▲▼
1	P Seewiesen 940 m Voisthaler Hütte 1654 m	●	★★★★★	★★★★★	3-4 7	760 m 50 m
2	Voisthaler Hütte 1654 m Schiestlhaus 2153 m	●	★★★★★	★★★★★	2½-3¼ 5,3	600 m 100 m
3	Schiestlhaus 2153 m Häuslalm 1526 m	●	★★★★★	★★★★★	4-5 8,2	230 m 860 m
4	Häuslalm 1526 m Sonnschienhütte 1523 m	●	★★★★★	★★★★★	1¼-1¾ 3,9	160 m 150 m
5	Sonnschienhütte 1523 m Jassing 880 m	●	★★★★★	★★★★★	1¾-2¼ 5,6	kaum 640 m

Schwierigkeitsgrad:

Mittel. Nur für Trittsichere und nur bei bestem Bergwetter, denn der Hochschwab ist für seine schnellen Wetterumstürze bekannt. Viele schmale Steige, teilweise über steiniges Geröll, nahe an Dolinen (Felsspalten) vorbei. In Etappe 3 helfen Ketten, eine stark erodierte Stelle zu überqueren. Teilweise folgt die Route den Weitwanderwegen 801 (Nordalpenweg) und 805 (Nord-Süd-Weitwanderweg). Alle Wege sind gut markiert und beschildert.

Knieschonende Variante:	Leider ist diese Tour aufgrund der Abstiege nicht knieschonend.
Kinder:	Ab ca. 12 Jahren. Nur für Gehgewohnte und Trittsichere. An einigen Stellen ist ein bisschen kraxeln angesagt. Die Hütten sind sehr kinderfreundlich.

Jahreszeit:

In der schneefreien Zeit von Mai - Oktober.

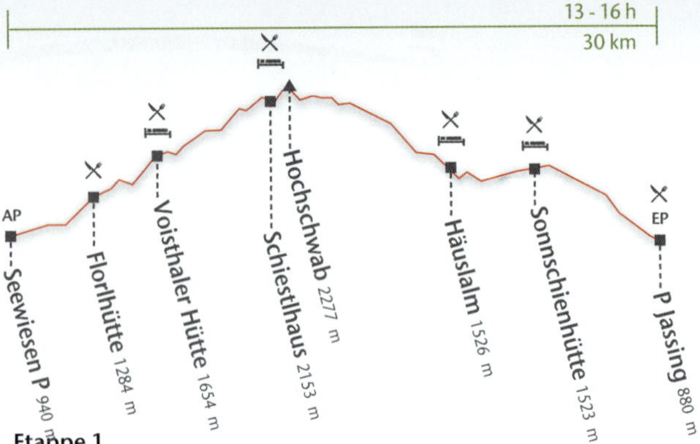

Etappe 1

Parkplatz Seewiesen - Voisthaler Hütte ●

3 - 4 h, 760 hm▲ 50 m▼

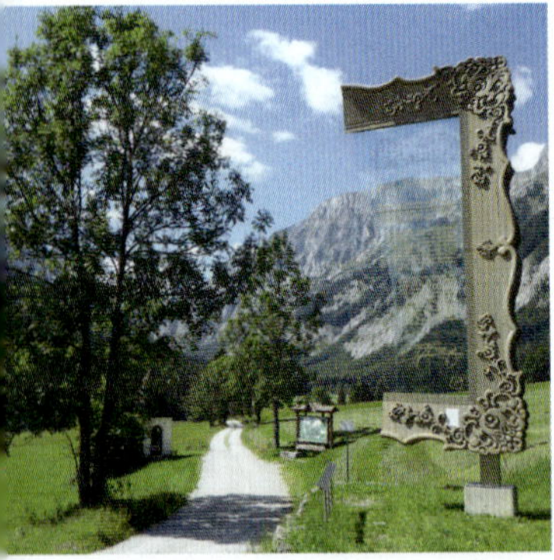

Hinweis: Der Aufstieg liegt schattig, weshalb diese Etappe – je nach Jahreszeit – auch noch am frühen! Nachmittag gestartet werden kann. In der ersten Stunde führt der Weg (801/805) ganz gemütlich, leicht ansteigend, bis zum Talschluss des Seetals. Am Ende des Tals führt der Weg dann stärker ansteigend aufwärts bis zur bewirtschafteten Florlhütte (1284 m) an der unteren Dullwitz (ca. Halbzeit der Tour), wo man sehr schön eine Pause machen kann. Weiter geht es dann durch lichte Nadelwälder, links und rechts ragen imposante Felswände empor. Am Sattel oben angelangt, steht das Franzosenkreuz zum Gedenken an den Kampf der Einheimischen gegen die Franzosen (Napoleon 1805). Das Tal führt dann noch relativ eben, leicht abwärts weiter (Voisthalergasse). Aus der Ferne ist das Schutzhaus, auf einer Erhebung thronend, zu sehen. Zum Schluss folgt noch kurz ein steiler Aufschwung, bevor links weg ein Steig zur Hütte führt.

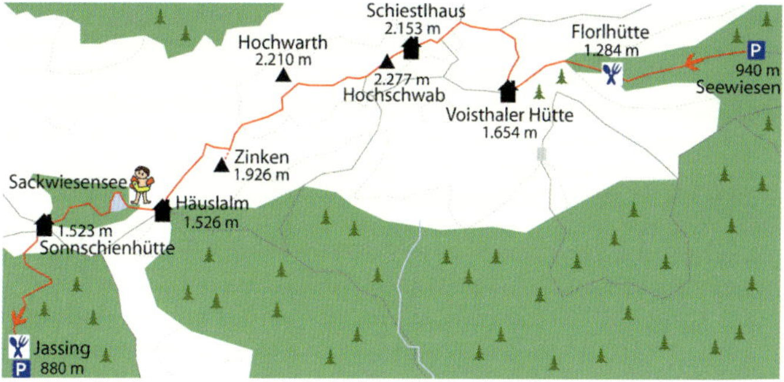

Etappe 2

Voisthaler Hütte - Schiestlhaus über den Jägermayersteig ●

2 ½ - 3 ¼ h, 600 m▲ 100 m▼

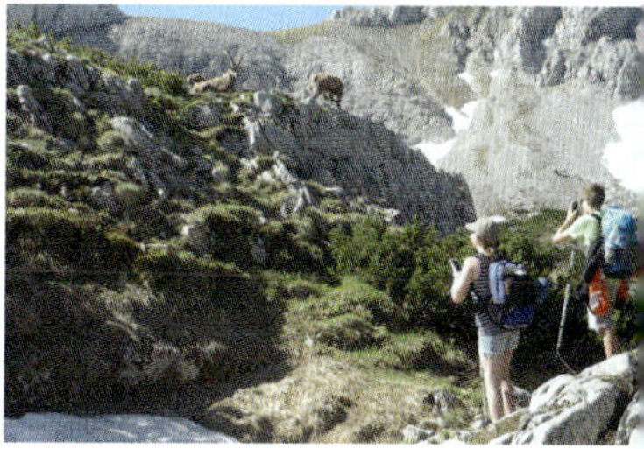

Von der Hütte muss man wieder auf den Weg 801/805 (bekannt aus Etappe 1), dafür kann aber ein Querweg direkt von der Hütte aus auf gleicher Höhe benutzt werden. Diesem Weg dann für einige Minuten folgen, bis zu einem Wegweiser, der nach rechts zum Jägermayersteig (Nr. 850) leitet. Geradeaus würde der Graf Meran Steig über den Rotgangboden direkt zum Schiestlhaus führen (Gehzeit 2 h). Obwohl der Jägermayersteig ein „Umweg" ist, empfehle ich trotzdem diesen Weg, da er weniger steil und weniger überlaufen ist und man unterwegs immer wieder Gämsen und manchmal Steinböcke (siehe Foto) beobachten kann. Der Steig führt mäßig ansteigend aufwärts, zwischen Latschen und Dolinen (große Löcher, wo unterirdische Höhlen im Kalk eingebrochen sind) durch. Die Aussicht auf die Steilwände der Aflenzer Staritzen ist sehr beeindruckend. Auf einem Sattel befindet sich ein Wegweiser zu einer Quelle, die aber verwurmt sein soll. Diese Quelle ist auch nicht immer wasserführend, weshalb ich auch den Abstecher nicht empfehle. Am Sattel befindet man sich am Fuße eines sanft ansteigenden breiten Tales, welches auf der lin-

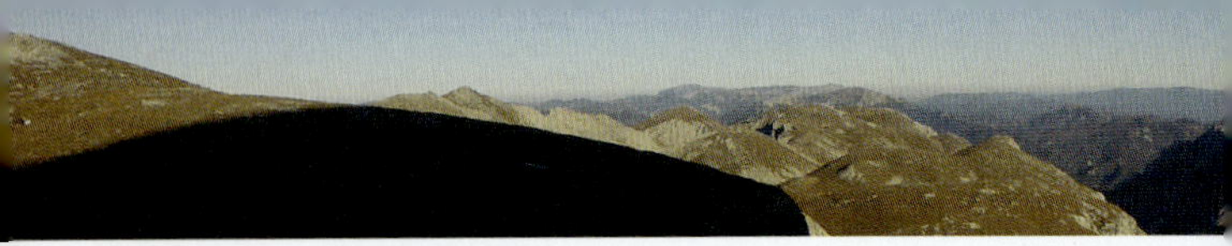

ken Seite über schöne Wege und entlang einer Schotterriese umgangen wird (Weg 853). Bald ist ein auf gleicher Höhe verlaufender Weg erreicht, dem man nach links folgt. Der Blick weitet sich, im Norden sind weitere Gebirge, wie z. B. der Ötscher zu sehen. Da hier weniger Menschen unterwegs sind, sind oftmals große Rudel Gämsen zu sehen, die genüsslich, nur einige 100 Meter entfernt, die Hänge nach Gräsern und Kräutern absuchen. Der Weg führt im steten Auf und Ab weiter, bis er wieder auf den ursprünglichen Weg 801/805 trifft. Ab hier ist der Weg zum Teil stark erodiert und leicht ausgesetzt. Ab der Wegkreuzung ist das Schiestlhaus in ca. ½ h erreicht.

Etappe 3

Schiestlhaus - Häuslalm über den Hochschwab ●

4 - 5 h, 230 m▲ 860 m▼

Vom Schiestlhaus sind die Aufstiegswege auf den Hochschwab sehr gut zu sehen. Ich empfehle den Aufstieg rechts von der zerklüfteten Furche, weil es der einfachere Weg ist. Auf der linken Seite gibt es eine etwas ausgesetzte Stelle. Nun dem Schild „Über die Schwabenleiten zur Fleischerhütte" folgen, dann gleich nach links abbiegen und einen relativ breiten, steinigen Weg (801/805) aufwärts. Am Hochschwabgipfel gibt es einen wunderbaren Ausblick in alle Himmelsrichtungen. (Bis hierher liegt die Richtzeit bei ca. ½ h Gehzeit.) Der Abstieg führt auf der gegenüberliegenden Seite des Anstiegs abwärts zum Fleischer Biwak (benannt nach Ferdinand Fleischer, Sektion Voisthaler, der unweit des Ausstieges „G'hackte" im Schneesturm umgekommen ist). Weiter geht's auf einem Höhenweg im steten Auf und Ab, vorbei an imposanten Berggipfeln über stark erodierte Sättel und weite Almböden. Unbedingt den Markierungsstangen folgen! In einem stark erodierten Graben wurden Halteket-

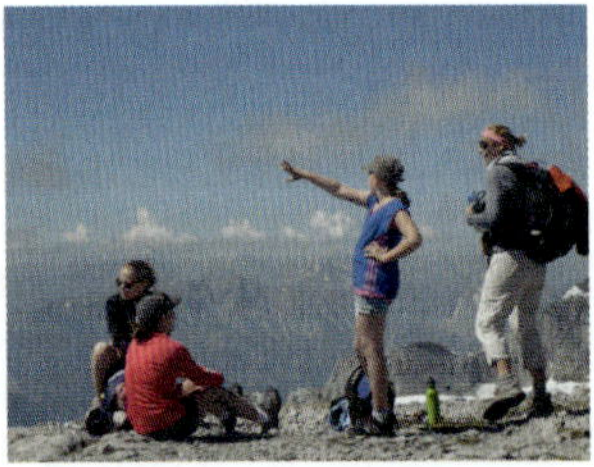

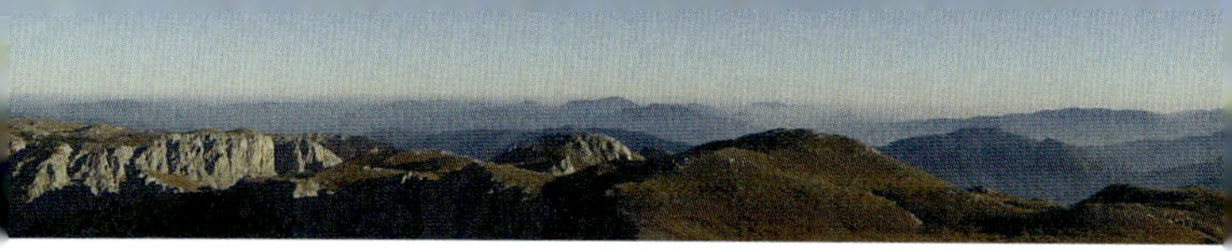

ten angebracht, um ein sicheres Queren zu erleichtern. Unterm Hochwart kann manchmal eine Herde von Steinböcken beobachtet werden und ganz in der Nähe sah ich auch Steinbockgeißen mit ihren Jungtieren. Bevor der Abstieg (durch den Häusltrog) zur Häuslalm beginnt, lohnt sich noch ein Abstecher zum Zinken (1926 m, s. Skizze), einen leicht erreichbaren Gipfel, mit schöner Aussicht (Aufstieg ca. 20 min, knapp 100 Hm). Da aber die Etappe sowieso schon sehr lange ist, unbedingt vorher abklären, ob es sich überhaupt zeitlich noch ausgeht. Wieder zurück auf dem Hauptweg, beginnt ein steiler Abstieg durch den Häusltrog, mit dichtem Latschengebüsch und

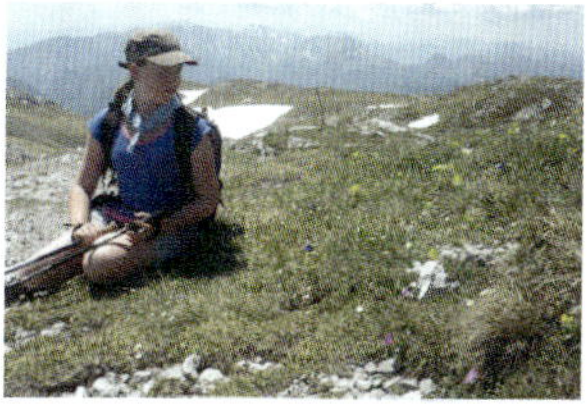

großen Dolinenkratern. Hinweis: Von hier bis zur Häuslalm steht die Sonne am Nachmittag richtig an. Diese Etappe war für unsere Kinder die anstrengendste. Der Abstieg ist sehr steinig, steil und geht durchwegs durch Latschen. Besondere Vorsicht bei Nässe, denn die Steine können rutschig sein.

Etappe 4

Häuslalm - Sonnschienhütte über den Sackwiesensee ●

1 ¼ - 1 ¾ h, 160 m▲ 150 m▼

Dieser Tag kann zu einem Erhol- und Badetag umfunktioniert werden, was ich sehr empfehle, die Etappe ist kurz und gemütlich. Oder aber man hat's eilig, dann kann direkt ins Tal abgestiegen werden. Hier gibts zwei Möglichkeiten, entweder über den Sackwiessee und die Sonnschienhütte, wie beschrieben – oder über den Klammboden nach Tragöß (Weg. Nr. 838 und dann Nr. 837). Die Abzweigung dafür kommt kurz nach der Häuslalm, auf dem Weg zur

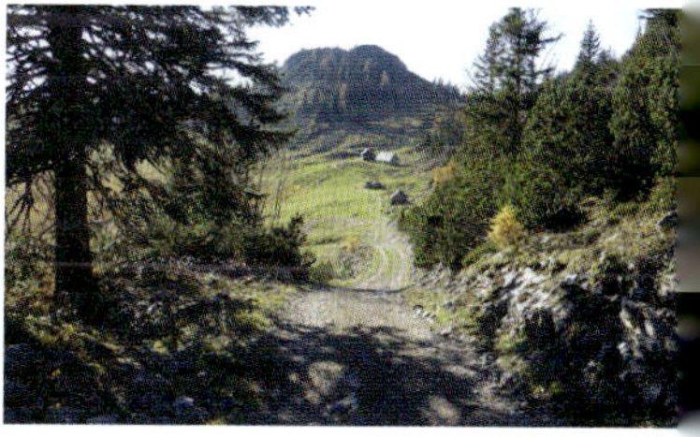

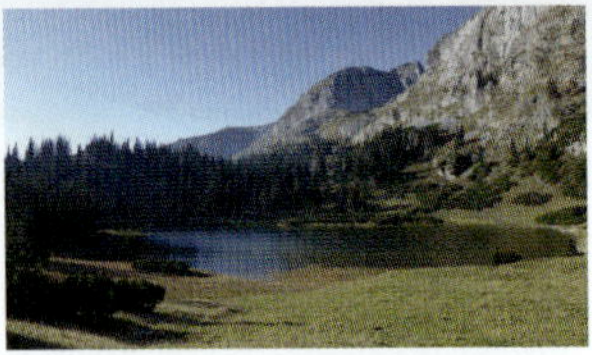

Sonnschien Hütte (etwas versteckt). Die hier beschriebene Etappe zur Sonnschienhütte führt auf gut ausgebauten Wegen über die Sackwiesenalm zum Sackwiesensee. Hier lohnt sich auf alle Fälle ein Abstecher. Man kann den See auch umrunden (zum Teil etwas sumpfig) – muss also nicht mehr auf den Hauptweg hinauf. Wer Lust hat, kann sich ins kühle Nass stürzen. Je nach Jahreszeit kann das Wasser aber etwas abgestanden riechen. Weiter geht es im steten Auf und Ab übers Rotmoos und Filzmoos zu Sonnschienhütte.

Etappe 5

Sonnschienhütte - Jassing ●

1 ¾ - 2 ¼ h, kaum m▲ 640 m▼

Von der Sonnschienalm weisen die Wegweiser die Richtung bis zur Abzweigung Russenstraße/Jassing. Der Forstweg zieht sich in Serpentinen ins Tal, dazwischen sind immer wieder Abkürzungen möglich. Diese sind zum Teil aber steil und geröllig. Achtung: Es gibt bis ins Tal fast keinen Handyempfang mehr! Ca. ¼ h vor dem P Jassing zweigt rechts eine Abkürzung zur Jassing Almhütte (Jausenstation) ab. Von dort oder vom P Jassing

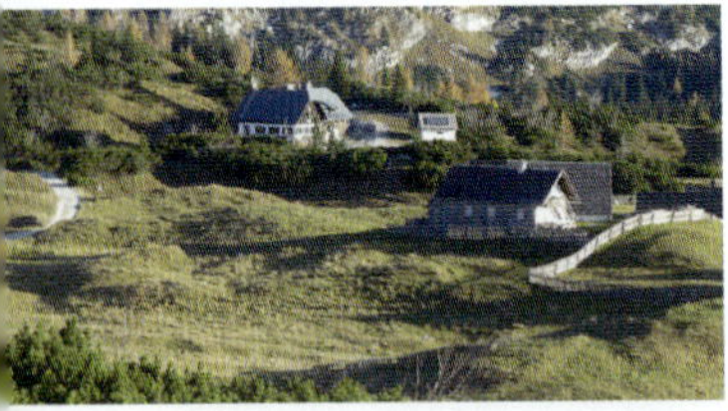

kann man sich nun von einem Taxi abholen lassen (teuer, aber trotzdem empfehlenswert) oder man geht die restlichen ca. 6 km auf einer Schotterstraße bis zur Bushaltestelle. Evtl. ergibt sich eine Mitfahrgelegenheit, denn der P Jassing ist meist ziemlich voll. Am Ende der Forsstraße (nach ca. 5,5 km) befindet das beliebte Ausflugsziel „Grüner See", ein türkis schimmernder See mit mehreren Gaststätten (s. Info, Tourismus Tragöß).

Weitere Tourenmöglichkeiten:

Die Tour kann auf dem Hochplateau noch weitergeführt werden. Leobner Hütte (1582 m) unter: www.alpenverein.at/leobnerhuette.

Hütten & Gaststätten:

Florlhütte

(1284 m), in der unteren Dullwitz, 2005 durch Blitzschlag zerstört und wieder neu aufgebaut, +43-664-3737417, Jul. und Aug. durchg. bewirtschaftet, Jun., Sep. & Okt. nur am Wochenende.

Voisthaler Hütte

(1654 m), schön gelegenes, sehr altes Schutzhaus des ÖAV, Sektion Voisthaler, +43-3861-24184, 25 Zimmerlager und 35 Matratzenlager, www.alpenverein.at, von Anf. Mai bis 26. Okt. durchgehend geöffnet.

Schiestlhaus

(2153 m), das erste hochalpine Passivhaus, mit Solarkollektoren, Wasseraufbereitung, Abwasserreinigung etc., sehr kinder- und hundefreundlich, +43-699-10812199, www.schiestlhaus.at, von Mitte Mai bis 26. Okt. durchgehend geöffnet.

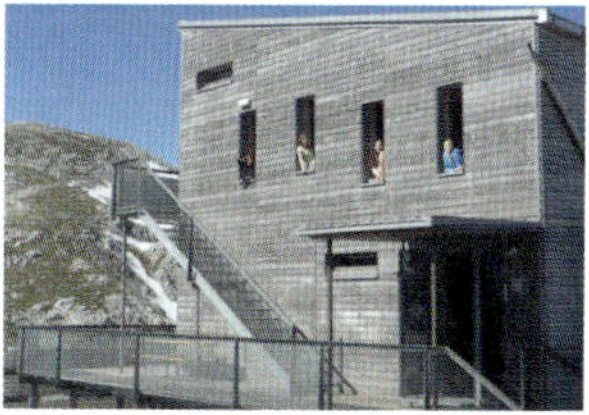

Häuslalm

(1526 m), 12 Schlafplätze, +43-664-9503352, www.haeuslalm.at, von Mitte Sep. - Mitte Okt. Hüttensperre, sonst im Sommer durchg. geöff., im Winter nur am Wochenende.

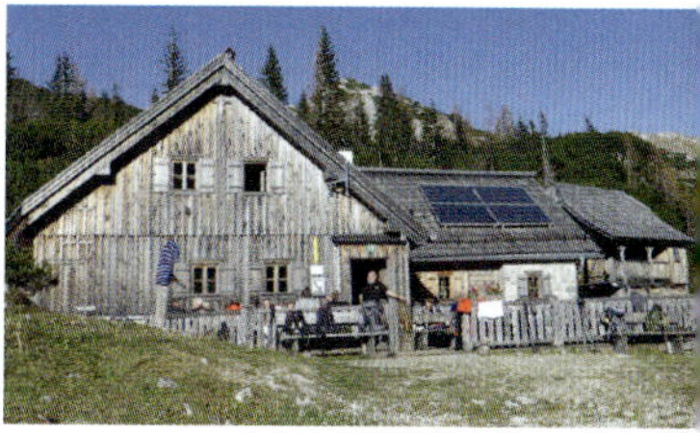

Sackwiesenalm

(1470 m), nahe der Häuslalm gelegen, eventuell auch Schlafmöglichkeit (14 Schlafplätze), +43-664-253 0369, Mitte Mai - Mitte Sep.

Sonnschienhütte

(1523 m), auf der gleichnamigen Sonnschienalm gelegene Schutzhütte des ÖAV, Sektion Voisthaler, 13 Betten, 50 Lager, +43-664-5112474 (schlechter Handyempfang, evtl. öfters probieren), www.sonnschienhuette.at, Anf. Mai - Mitte Sep.

Jassing Almhütte

Almhütte mit hauseigenen Schmankerln, +43-3868-20065

oder +43-3868-8704, www.jassinghuette.at, Jul. und Aug. täglich geöffnet, Vor- und Nachsaison Di und Mi Ruhetag.

Info:

Tourismus Turnau - Seewiesen
+43-664-3548485, www.turnau.at.

Tourismus Tragöß
+43-3868-8330,
www.tragoess-gruenersee.at.

Taxis
Hinweis: Vom EP bis zum AP ist mit einem Richtpreis von ca. € 100,-- zu rechnen. Taxi Hochschwabreisen (Aflenz) +43-3861-2400, Taxi Gombotz (Bruck/Mur) +43-3862-24990, www.taxigombotz.at oder Taxi Steiner (Bruck/Mur) +43-3862-51333, www.taxi-steiner.at.

Anfahrt

Hinfahrt: Pyhrnautobahn (A9), Knoten Voralpenkreuz Richtung Graz, bei St. Michael in der Obersteiermark, über Leoben, Bruck an der Mur nach Kapfenberg. Hier auf die Mariazeller Straße/B20 abzweigen und dieser bis nach Seewiesen folgen. Oder Südautobahn (A2), Wien Richtung Italien, Knoten Seebenstein in Richtung Semmering/Bruck an der Mur (Semmeringer Schnellstraße/S6). Bei Kriglach verlässt man die Schnellstraße, fährt durch den Ort und folgt der Grazer Straße bis zur Abzweigung Richtung Veitsch. Bei Großveitsch dann auf die Pretalstraße, bis man zur Mariazeller Straße kommt. Dort rechts bis nach Seewiesen, gleich nach der Bushaltestelle links, Einfahrt gut sichtbar. (Navi: A-8636 Seewiesen, Lettangerweg/Dullwitz).
Rückfahrt: von Tragöß-Oberort zurück nach Bruck/Mur und zur Autobahnauffahrt St. Michael (A9) oder weiter über die Semmeringer Schnellstraße/S6 zurück auf die A2. Eine Möglichkeit wäre, zum EP (oder P Grüner See, beide gebührenpflichtig, ca. € 3,-/Tag) zu fahren und mit dem Bus oder Taxi zum AP.

Bus & Bahn:

Hinfahrt: Ab dem Bahnhof Bruck/Mur Bus 172 nach Mariazell, Haltestelle Seewiesen am Hochschwab/Dullwitz. Vom Norden kommend, von St. Pölten mit der Mariazel-lerbahn bis Mariazell und dort auf den Bus 172 nach Bruck/Mur umsteigen. Rückfahrt: Von Tragöß-Oberort mit dem Bus 175 bis Bruck/Mur. Verkehrt relativ selten, eventuell mit dem Taxi fahren (siehe Infobox).

Ausgangspunkt:
AP Seewiesen, Haltestelle/ Dullwitz oder Parkplatz Seewiesental (etwa 1 km), EP P Jassing (Taxi) oder Tragöß-Oberort bzw. ½ km vorher (P „Grüner See").

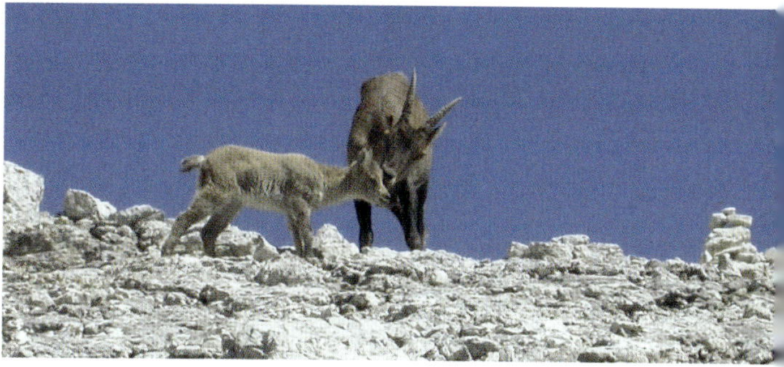

Am Wegrand:
Der Alpensteinbock

Zu beobachten auf den Touren Karwendel (Nr. 15), Königssee und Watzmann (Nr. 16) und Hochschwab (Nr. 27), wobei die Population am Hochschwab unvergleichlich beeindruckend ist. Anfang des 19. Jahrhunderts wurde der Steinbock fast ausgerottet. Vor allem seinem Horn wurden wundersame Heilwirkungen zugeschrieben. Dies führte dann zu einer vermehrten Jagd, bis hin zur fast vollständigen Ausrottung. Nur ein kleiner Bestand von nicht einmal 100 Tieren hielt sich am Gran Paradiso (Italien). Durch den strengen Schutz und die vielen Bemühungen, ihn wieder anzusiedeln, hat sich die Steinbockpopulation im gesamten Alpenraum auf ca. 40.000 Tiere erhöht.

28. Auf dem Hochplateau des Dachsteins

Höhenweg im Salzkammergut

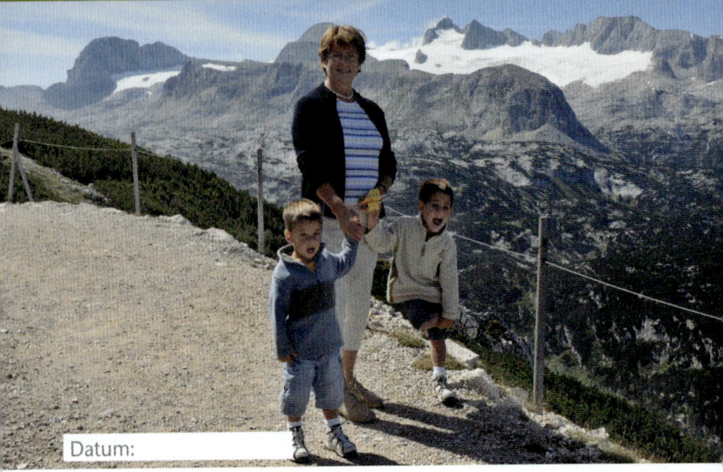

Etappen: 5	Dauer: 32 km; 11 - 15 h	820▲ 2360▼
technische Anf.: ★★★★☆	Kondition: ★★★☆☆	Alter: ab 12 Jahren

Das Dachsteingebiet, hoch über dem Hallstätter See im Salzkammergut, zählt zum UNESCO Weltkulturerbe und so diese Tour zu den schönsten. Es gibt unzählige Höhlen (Besuch der Dachstein Eishöhle oder der Dachstein Mammuthöhle möglich), atemberaubende Ausblicke, viele Lehrpfade und schön gelegene Schutzhütten. Und dann gibt es da noch die „Welterbe-spirale", eine Aluminiumkonstruktion, die die Form eines Schiffes aufweist und die „Five Fingers". Rundherum laden Relaxliegen zum Verweilen in der Natur ein. Der Karstlehrpfad am Heilbronner Rundwanderweg oder der Dachstein Natur Trail von der Gjaidalm über die Simonyhütte zum Wiesberghaus zeigen viel Wissenswertes über die Flora und Fauna, die Gletscherwelt und die Geologie. Am Weg können immer wieder Gams (Gämsen) und Mankei (Murmeltiere) beobachtet werden.

Et.	Strecke	Anf.	Technik	Kond.	Zeit in h km	Hm▲▼
1	Bergstation 2069 m über 5 Fingers zur Lodge 2063 m	●	★☆☆☆☆	★☆☆☆☆	1 - 1 ½ 3	130 m 130 m
2	Lodge 2063 m Gjaidalm 1738 m	●	★★☆☆☆	★★☆☆☆	2 ½ - 3 ¼ 8,2	70 m 400 m
3	Gjaidalm 1738 m Simonyhütte 2203 m	●	★★★★☆	★★★☆☆	3 - 4 6,8	620 m 150 m
4	Simonyhütte 2203 m Wiesberghaus 1884 m	●	★★★★☆	★★☆☆☆	1 - 1 ½ 3,5	keine 320 m
5	Wiesberghaus 1884 m Hallstatt 520 m	●	★★★☆☆	★★★★★	4 - 5 10,5	keine 1360 m

Schwierigkeitsgrad:

Mittel. Die Tour führt auf alpinen Wegen, Trittsicherheit unerlässlich. Die schwierigste Stelle (mäßig ausgesetzt) ist der Auf- und Abstieg zur Simonyhütte. Vorsicht vor Altschneefeldern! Weniger Bergerfahrenen empfehle ich, direkt von der Gjaidalm zum Wiesberghaus zu gehen.

Knieschonende Variante:	Die beschriebene Tour ist nicht knieschonend. Ausflug zur Five-Finger-Plattform jedoch möglich. Oder: von der Lodge zum Heilbronner Kreuz, dann zur Gjaidalm (400 Hm, breiter Weg, sanft abfallend) ev. mit Abstecher zum Wiesberghaus. Mit Gondel Auf- u. Abfahrten.
Kinder:	Für trittsichere und gehgewohnte Kinder. Wenn der Aufstieg zur Simonyhütte ausgelassen wird, dann ab ca. 10 Jahren. Taschenlampe mitbringen.

Jahreszeit:

Die Tour ist mit der Öffnungszeit der Bahn gekoppelt, da ein Aufstieg vom Tal sehr anstrengend und weit ist. Juni - Mitte/Ende Oktober.

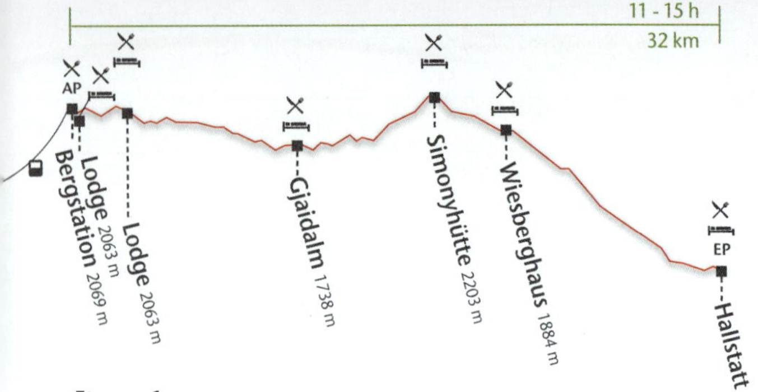

Etappe 1

Bergstation - Lodge ●

über die 5-Fingers & Welterbespirale am Gipfel des Krippensteins

1 - 1 ½ h, 130m▲, 130 m▼

mit Besuch der Eishöhle oder Mammuthöhle (je 15min, 70 Hm ▲▼)

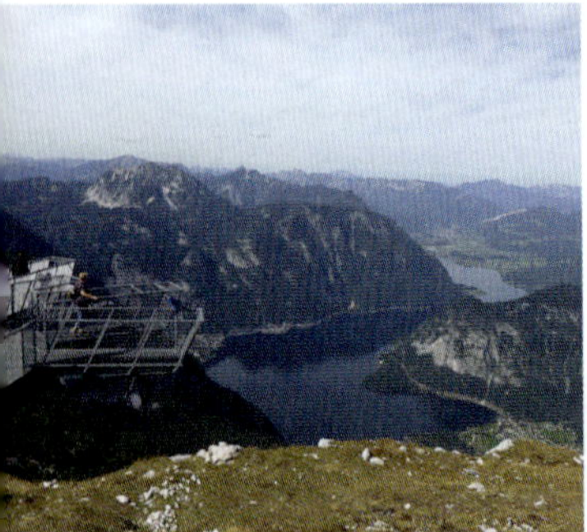

Natürlich kann man mit der Gondel hinauffahren und gleich die nächste Etappe gehen. Da es jedoch sowohl auf der Mittelstation als auch auf der Bergstation vieles zu erleben gibt, empfehle ich, in der Lodge (Nähe der Bergstation) bereits die erste Nacht zu verbringen. Nach etwa 5 Minuten mit der Krippensteinseilbahn erreicht man die Mittelstation, wo man sich als Höhlenforscher betätigen kann. Direkt von der Schönbergalm einfach den Schildern zur Riesen-Eishöhle oder zur Mammuthöhle folgen. Gehzeit jeweils ca. 15 Minuten, ca. 70 Hm. Zeitaufwand pro Höhle ca. 1½ - 2 h (Anmeldung an der Mittelstation erforderlich!). Beide Höhlen sind einfach zu begehen, spannend und sehr sehenswert. Nach dem Aufenthalt an der Mittelstation geht es weiter mit der Bahn bis zur Bergstation.

Von der Bergstation ist die Lodge in ein paar Gehminuten erreicht. Dort

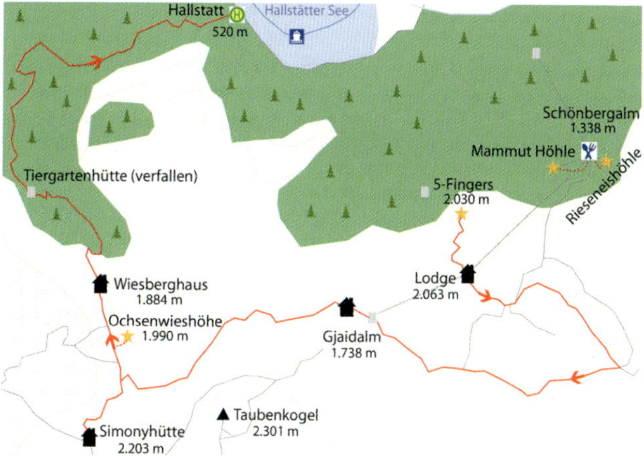

kann das Gepäck deponiert werden, bevor die imposanten 5-Fingers (Höhenplattform) und die Welterbespirale (gut beschildert) besucht werden. Dazu von der Lodge zurück zur Bergstation gehen und von dort den Schildern aufwärts folgen. Am Weg findet man viele Schautafeln mit

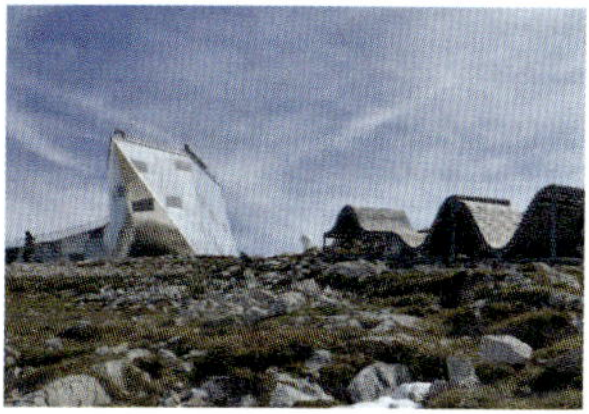

Erklärungen zur Fauna und Flora und zum Kalkgestein. Die Aussicht von den 5-Fingers ist atemberaubend. Auf dem Rückweg noch unbedingt auf den Gipfel des Krippensteins aufsteigen, rund um die Welterbespirale, direkt am Gipfel laden Holzliegen zum Verweilen ein.

Etappe 2

Lodge - Gjaidalm ●

2 ½ - 3 ¼ h, 70 m▲, 400 m▼

Wer aus Zeitgründen die Tour abkürzen möchte, kann von der Bergstation zur Gjaidalm mit einer Gondelbahn abfahren, obwohl diese Etappe landschaftlich sehr schön ist und auch sehr kurz-

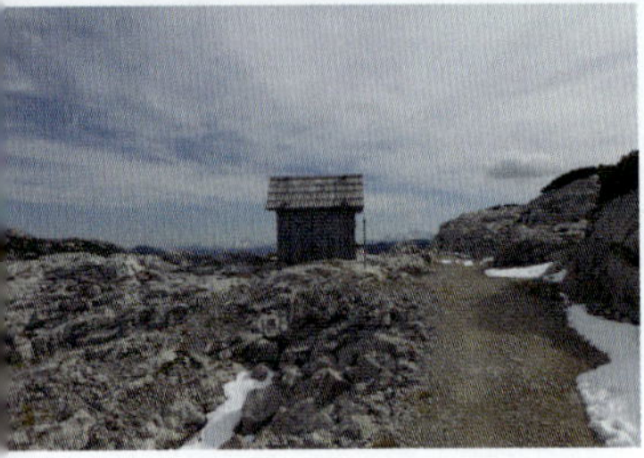

weilig. Diese Hochplateauwanderung ist für alle großen und kleinen „Naturforscherinnen" sehr spannend, da es am Wegesrand sehr viel zu entdecken gibt (Karstlehrpfad). Auch ist die Tour mit einem sportlichen Kinderwagen machbar. Von der Lodge folgt man dem breiten Schotterweg (Nr. 661) abwärts, geht an alten, ausrangierten Gondeln vorbei und bleibt immer auf dem Hauptweg, der ab der Abzweigung zum Margschierf (gut ausgeschildert) die Nummer ändert. Nicht dem Weg Nr. 661 weiter folgen, sondern auf dem Karstlehrpfad (Weg Nr. 664) bleiben. Auf dem Weg zum Heilbronner Kreuz kann ein Abstecher zum Eingang zur Krippenstein Eishöhle gemacht werden (ca. 5 Minuten, gut ausgeschildert, sehr imposant, Taschenlampe nicht vergessen, aber Vorsicht, nicht zu weit hineingehen!). Auf dem gesamten Weg werden mehrere Unterstandshütten passiert, die bei einem Wettersturz benützt werden sollten. Das Heilbronner Kreuz wurde im Gedenken an die Bergtragödie von 1954 errichtet, als 13 Personen einer Schule bei einem Schneesturm ums Leben gekommen sind. Vom Heilbronner Kreuz geht's am Karstlehrpfad weiter, vorbei an der Einmündung des Pfades Nr. 666 am Loskoppen und über Serpentinen bis zur verfallenen Hirzkaralm (kurz davor findet man eine Quelle aus dem Gestein sprudeln – nicht immer wasserführend). Dem Weg weiter folgen bis zur Seilbahnstation am Krippeneck und von dort auf dem gut ausgeschilderten Weg 650/654 zur Gjaidalm.

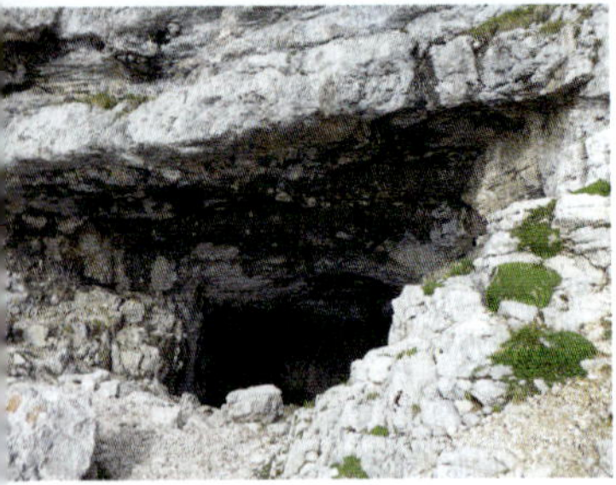

Etappe 3

Gjaidalm - Simonyhütte ●

3 - 4 h, 620 m▲, 150 m▼

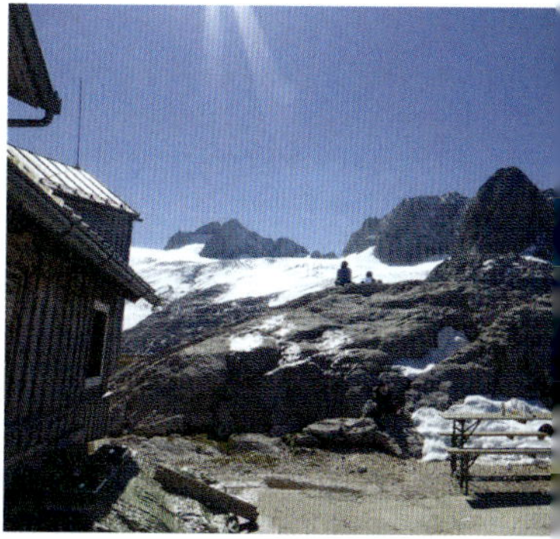

Direkt von der Hütte folgt man dem Weg Nr. 650/654 weiter Richtung Wiesberghaus/Simonyhütte, zuerst über eine flache, leicht feuchte Wiese zum ersten felsigen Aufschwung, der aber leicht zu überwinden ist. Nun wechseln sich ebene mit steileren Passagen ab, bis der Weg Nr. 650 bei der Seichenklamm auf einer Anhöhe (mit wunderbarem Gletscherblick) nach links weiterführt; der Weg 654 würde direkt zum Wiesberghaus führen. Wer die Simonyhütte auslassen möchte, geht hier über die Bärengasse in Richtung Wiesberghaus. Der Weg zur Simonyhütte ist sehr anspruchsvoll. Zur Simonyhütte aber geht es weiter aufwärts und man gelangt so auf den Weg 601, der vom Wiesberghaus herauf führt. Hier nach links bis zum Felsaufschwung, wo obenauf die Simonyhütte thront. Hier wird die Tour schwerer und alpiner, da auch im Sommer oftmals noch Schneereste das Gehen erschweren. Meistens sind gute Stapfspuren vorhanden, die das Überqueren dieser schwierigeren Stellen vereinfachen. Hier eventuell kleinere Kinder an der Hand führen oder sogar sichern (siehe Sicherungshinweis im Vorspann). Auf diesem Weg passiert man auch das „Hotel Simony", ein einfacher Steinverschlag, welcher 1843 als einer der ersten Stützpunkte am Dachstein errichtet und 1997/98 wieder renoviert wurde. Vom „Hotel" führt der Weg in wenigen Minuten zur Simony Hütte. Von dort gibt es einen Wahnsinnsblick auf den umliegenden Gletscher. Von der Simony Hütte gibt es einen markierten Weg (Nr. 601) zum Gletscher (mäßig schwierig, 1 h Hinweg, sehr lohnend).

Etappe 4

Simonyhütte - Wiesberghaus ●

1 - 1 ½ h, keine m▲, 320 m▼

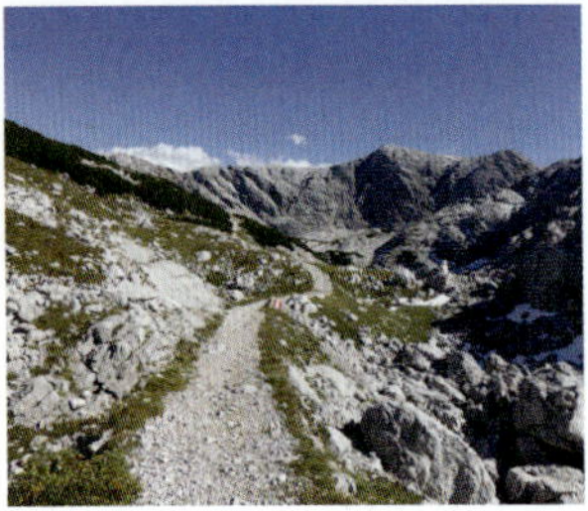

Auf dieser Etappe muss der Weg von Etappe 3 ein Stück abwärts gegangen werden. Wiederum gilt es bei den Schneefeldern erhöhte Vorsicht walten zu lassen. Nach der Steilstufe geht es relativ gemütlich bis zur Abzweigung Richtung Gjaidalm weiter. Bei der Wegkreuzung nun geradeaus, auf Weg Nr. 601 in Richtung Wiesberghaus. Nach ca. ¾ - 1 h kommt man zur Abzweigung Ochsenwieshöhe (1990 m), wo sich ein Abstecher auf den Gipfel lohnt. Der Abstecher dauert ca. 10 - 15 min., überwindet nur ein paar Höhenmeter und ist sehr lohnend. Die Naturfreunde haben dort oben ein schönes Pausenbankerl errichtet. Nach dem Abstieg nach rechts bis zum Wiesberghaus.

Etappe 5

Wiesberghaus - Hallstatt ●

4 - 5 h, keine m▲, 1360 m▼

Ab dem Wiesberghaus geht es auf dem Weg 601 stetig abwärts durch lichte Lärchen- und Zirbenwälder, vorbei an einigen Almhütten (hier ist auch die Bergrettungshütte) bis zum ebenen Boden der Wiesalm. Der Abstieg erfolgt auf einem alten Weg, der zum Teil schon von den Erstbesteigern rund um Simony gebaut wurde. Der Weiterweg führt durch die sogenannte Herrengasse, hier besteht auch die Möglichkeit, das Tiergartenloch, eine eingestürzte Höhle zu sehen. Es ist nur ein Blick hinunter möglich, kein Absteigen. Das Gelände ist sehr ausge-

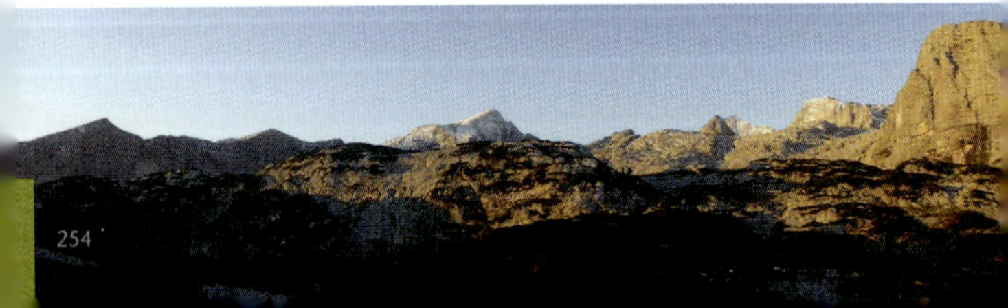

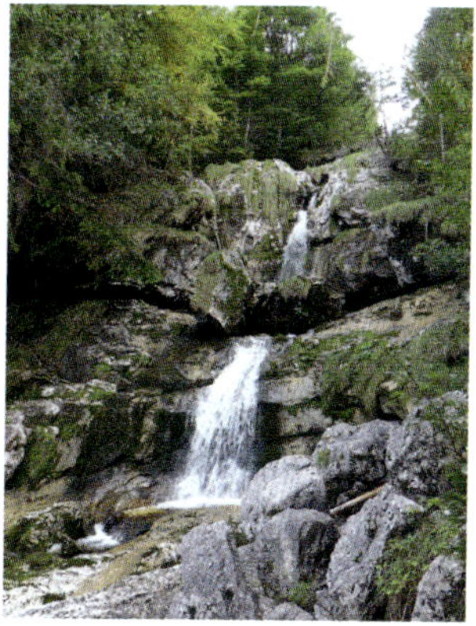

setzt und erodiert. Danach führt der Weg weiter an der verfallenen Tiergartenhütte vorbei. Etwas nach der Hütte sprudelt eine Quelle aus dem Berg (meistens wasserführend, außer bei langanhaltender Trockenheit). Weiter unten passiert man die Jägerrast, mit wunderschönem Blick auf Hallstatt. Man kommt nun an eine Forststraße, folgt dieser ein paar Meter abwärts, bevor links weg ein kleiner Weg in den Wald führt, der die Serpentinen der Forststraße abkürzt. Beim tosenden Wildbach ist links ein kurzer, lohnender Abstecher zum Waldbachursprung möglich. Vorbei geht es an der Waldbachstrub, wo sich der Bach ein tiefes Bett gegraben hat. Ab hier ist ein Taxitransfer möglich (ca. 1 ½ Abstieg werden „gespart"). Telefonnummer siehe Info. Weiter geht es auf der Straße abwärts, man verlässt aber nach dem Tunnel die Straße und geht über den sehr schönen und auch eindrucksvollen Gletschergarten. Auf ausgebauten und teilweise gesicherten Wegen wird nahe der tiefen „Gumpen" abwärts gewandert. Wieder zurück aauf dem Weg 601 geht's am Simonydenkmal vorbei und weiter bis nach Hallstatt.

Weitere Tourenmöglichkeiten:

Die Gipfel von den Hütten aus sind sehr anspruchsvoll. Simonyhütte: Gletscherlehrpfad, 1 h Gehzeit bis zum Gletscher, ca. 250 Hm. Durch den Rückzug des Gletschers geht er immer höher hinauf!

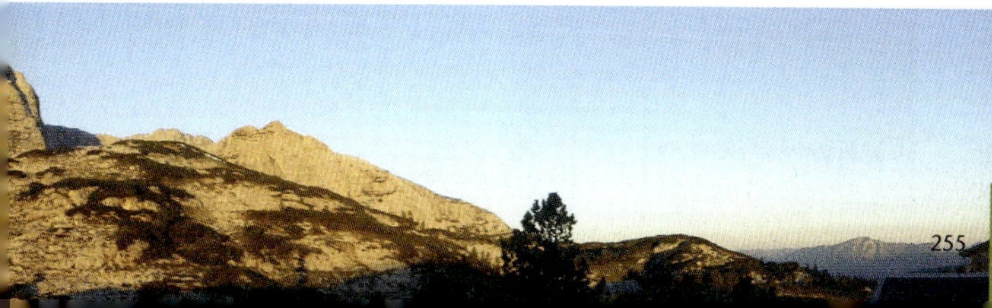

Hütten & Gaststätten:

Schönbergalm
(1350 m), Erlebnisrestaurant, sehr kinderfreundlich, hier können Kinder die Höhlenrutsche, die Kindergondel oder die Simonygalerie erkunden, Riesenspielplatz vor dem Haus, Besuch der Eishöhle, Mammuthöhle und des Höhlenmuseums möglich, gute Küche, +43-664-2172570 oder +43-6131-53112601, www.schoenbergalm.at, Öffnungszeiten mit Seilbahn gekoppelt.

Krippenstein Lodge
(2063 m), sehr komfortable Unterkunft nahe der Bergstation, 6 Komfortzimmer mit Dusche/WC, SatTV, 4 Mehrbettzimmer und 2 Matratzenlager (gesamt 55 Betten), +43-6131-21801 oder +43-664-3804054, www.lodge.at, mit der Seilbahn gekoppelt, von Mitte Mai - Ende Okt., ab Mitte Dez. - Ostermontag, je nach Schneelage.

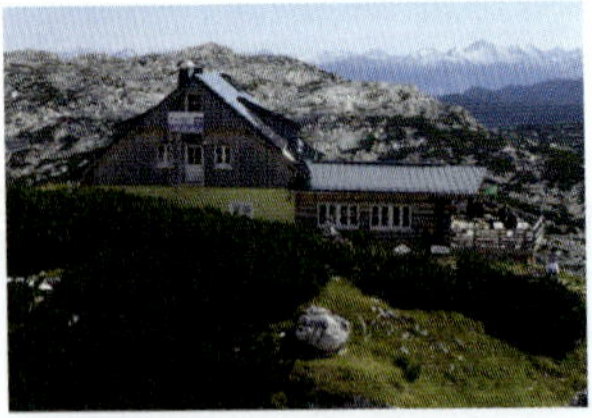

Gjaidalm
(1738 m), privates Schutzhaus, neue Pächter 2021, mit Sauna, Massage- und Meditationsraum, durch die Nähe zur Bahn untertags oft überlaufen, abends aber sehr gemütlich, gleich unterhalb der Hütte gibt es eine schöne Feuerstelle, 45 Betten und 50 Matratzenlager, +43 680 5597161, www.gjaidalm.at, Öffnungszeiten telefonisch oder online erfragen.

Simonyhütte
(2203 m), hochalpine & aussichtsreiche Alpenvereinshütte, thront auf einem Felsen, benannt nach dem Erforscher des Dachsteins Friedrich Simony, gute Küche, 42 Zimmerlager und 94 Matratzenlager (20 Notlager), +43-680-2196374, www.simonyhuette.com, Mitte Mai –Anf. Okt.

Wiesberghaus
(1884 m), gehört den Naturfreunden, Sektion Lenzing & ist das alpine Ausbildungszentrum der Naturfreunde in Oberösterreich, 41 Betten & 34 Matratzenlager, +43-664-1211370 (Hütte) oder +43-677-63439838 (Tal), www.wiesberghaus.com, Mitte Mai–26. Okt., Neujahr–Ostermontag.

Infos:

Tourismus Obertraun
+43-5-9509540, www.obertraun.net.
Tourismus Hallstatt
+43-5-9509530, www.hallstatt.net.
Bergbahn: Krippenstein
Tel. +43-50-140, www.krippenstein.com, Öffnungszeiten: Ende Apr. - 27. Okt., von Mitte Dez. - Ostermontag, aktuelle Zeiten unbedingt abklären!
Taxi Godl, Hallstatt
+43-664-4433674, www.taxi.hallstatt.net.

Anfahrt:

Westautobah (A1) von Linz Richtung Salzburg bei Regau auf die Salzkammergutstraße/B145 Richtung Gmunden - weiter nach Ebensee, Bad Ischl & Bad Goisern fahren. Bei Bad Goisern biegt man auf die L166 (Richtung Gosau & Hallstatt) ab, bleibt nach einigen Kilometern aber nicht auf der Hauptverkehrsstraße, sondern folgt der L547 Richtung Hallstatt und Obertraun. Kurz vor Obertraun biegt man dann rechts ab & folgt den Wegweisern zur Dachstein Welterbe Seilbahn. *Von Salzburg auf der B158 in Richtung St. Gilgen & Bad Ischl, Weiterweg siehe oben. *Von der Pyhrnautobahn (A9) vom Knoten Voralpenkreuz Richtung Graz bei der Ausfahrt Liezen zuerst auf die B320 & danach auf die B145, bis kurz vor Bad Aussee links weg die L547 Richtung Hallstatt abzweigt. Bei Obertraun wiederum den Wegweisern zur Seilbahn folgen. Hier ist ein großer Parkplatz. (Navi: 4831 Obertraun, Winkl 34).

Bus & Bahn:

Direktverbindung (ÖBB) Attnang Puchheim Richtung Stainach Irdning bis zum Bahnhof Obertraun, von dort zu Fuß (ca. 40 min) oder mit dem Bus Nr. 543 von Hallstatt/Gosaumühle kommend bis zur Dachsteinseilbahn. Von Bad Ischl gibt es einen direkten Bus (Nr. 542) bis zur Haltestelle Hallstatt/Gosaumühle & dann weiter bis zur Dachsteinseilbahn. Rückfahrt von Hallstatt entweder mit dem Bus 543 zurück zur Seilbahn (zum Auto), oder bis zur Gosaumühle & dann weiter mit Bus Nr. 542 nach Bad Ischl. Von Hallstatt kann man aber auch mit einem Boot zum Bahnhof Hallstatt fahren, der auf der anderen Seeseite liegt. Die Boote sind meist mit den Zügen der ÖBB abgestimmt. Sehr schöner Tourabschluss & besonders bei Kindern sehr beliebt.

Ausgangspunkt:

AP bei Dachstein Welterbe Seilbahn, EP Hallstatt, Ausgang Echerntal.

29. Am Fuße der Bischofsmütze

Entlang des Gosaukamms

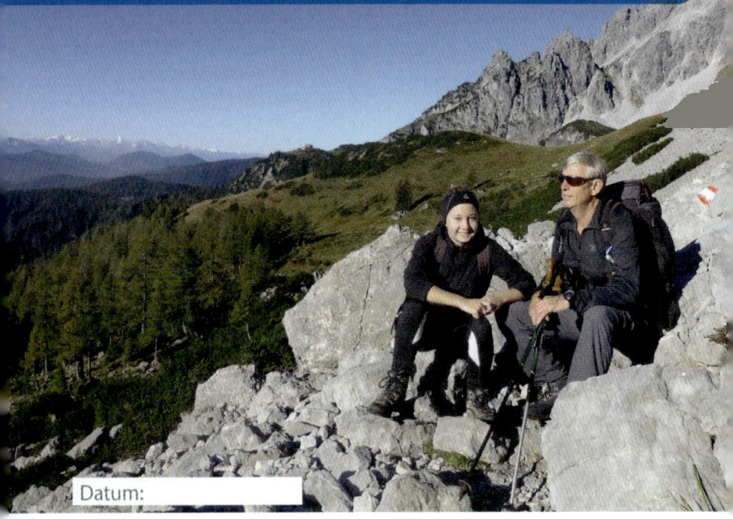

Datum:

Etappen: 4	Dauer: 18,6 km; 8 - 10 h	1000▲ 1320▼
technische Anf.: ★★★★☆	Kondition: ★★★☆☆	Alter: ab 12 Jahren

Die Bischofsmütze, eine Felsformation, die von mehreren Seiten wie die Kopfbedeckung eines Bischofs aussieht, ist bereits von Weitem zu sehen. An deren Fuß, entlang des Gosaukamms, gibt es eine wunderschöne, zum Teil aber auch technisch anspruchsvolle Hüttentour. Bis zu den Hofalmen, wo die Wanderung den Ausgangspunkt hat, geht's am besten mit dem Bus oder vielleicht mit einer der vielen Pferdekutschen. Die Hütten am Weg sind zum Teil sehr ursprünglich und urig und bieten sehr gutes Essen an. Die Ausblicke ins Tal und auf die umliegenden Berge, wie den Dachstein und das Tennengebirge sind grandios. Auch Gams und Murmeltiere können vielleicht gesichtet werden.

Et.	Strecke	Anf.	Technik	Kond.	Zeit in h km	Hm▲▼
1	P Hofalmen 1260 m Hofpürglhütte 1705 m	●	★★★☆☆	★★★☆☆	2½-3¼ 5,8	590 m 140 m
2	Hofpürglhütte 1705 m Stuhlalm 1467 m	●	★★★★☆	★★☆☆☆	2¾-3½ 6,6	220 m 460 m
3	Stuhlalm 1467 m Gablonzer Hütte 1550 m	●	★★★☆☆	★★☆☆	1½-2 3,6	190 m 100 m
4	Gablonzer Hütte 1550 m P Gosausee 930 m	●	★★★☆☆	★★☆☆	1¼-1½ 2,6	keine 620 m

Schwierigkeitsgrad:

Mittel. Immer wieder sind erodierte Bachläufe zu queren. Der Abstieg von der Durchgangsscharte ins Stuhlloch ist sehr steil und auch ausgesetzt, Drahtseile helfen beim Abstieg. Schwindelfreiheit und Trittsicherheit sind unbedingt nötig!

Knieschonende Variante:	Diese Tour ist leider nicht knieschonend, da der Abstieg ins Stuhlloch sehr steil ist (knapp 250 Hm).
Kinder:	Ab ca. 12 Jahren. Bei der Durchgangsscharte (Stuhlloch) besondere Vorsicht, da der Weg ausgesetzt ist. Die Hütten sind sehr kinderfreundlich. Besonders attraktiv ist die Möglichkeit, vom Ausgangspunkt zu den Hofalmen mit der Kutsche zu fahren.

Jahreszeit:

In der schneefreien Zeit von Ende Mai - Anf. Oktober. Auf die Öffnungszeiten der Hütten achten.

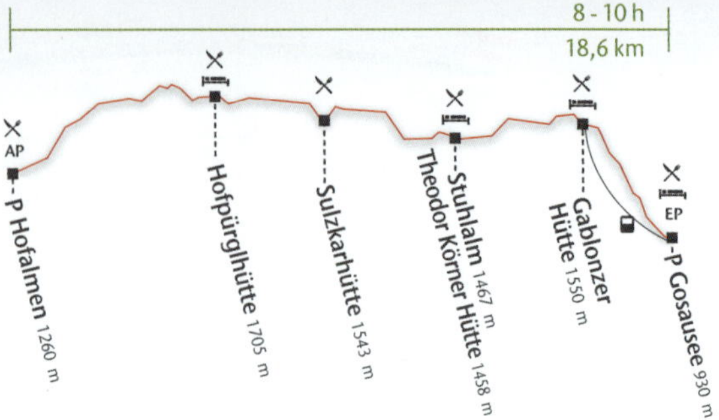

Etappe 1

Parkplatz Hofalmen - Hofpürglhütte ●

2 ½ - 3 ¼ h, 590 m▲ 140 m▼

Von den Hofalmen führt ein sehr schön ausgebauter und breiter Weg (Nr. 617) zum Almsee, an diesem vorbei und immer leicht ansteigend aufwärts. Schon bald wird der Weg schmäler, steiniger und auch steiler und führt immer dem Bachlauf entlang. Die Vegetation wird karger, die schönen, stattlichen Lärchen machen bald den Latschenkiefern Platz. Am Ende des Weges 617 gelangt man auf den Linzerweg/Dachstein Rund-

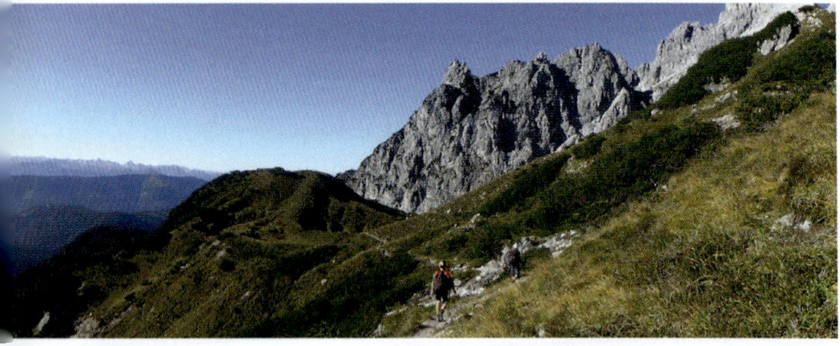

wanderweg (Nr. 601), dem man nach links folgt. Im steten Auf und Ab führt der Steig immer am Fuße von steilen Wänden entlang in Richtung Hofpürgelhütte. Der Steig ist meistens gut ausgebaut, führt aber an einigen Stellen über Geröll und Steine, hier können die Hände sehr hilfreich sein. Das Ziel stetig vor Augen, laden ein paar kleinere Aussichtshügel

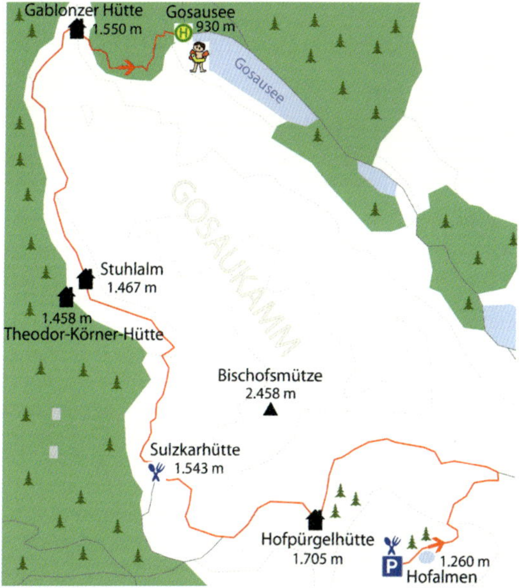

zum Verweilen ein. Diese perfekten Pausenplätze bzw. kleinen Aussichtsberge sind leicht zu erklimmen und liegen meistens nur ein paar Minuten vom Weg entfernt. Aufgrund der Übersichtlichkeit des Geländes kann die Tour gut abgeschätzt werden.

Etappe 2

Hofpürglhütte - Stuhlalm über Sulzkaralm ●

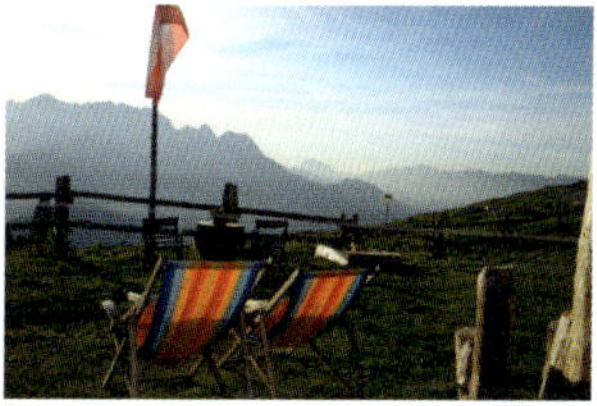

2 ¾ - 3 ½ h, 220 m ▲ 460 m ▼

Von der Hofpürglhütte führt der Nordalpenweg (Nr. 601) weiter, ab hier heißt er auch Austriaweg (Nr. 611). Die Schilder weisen im-

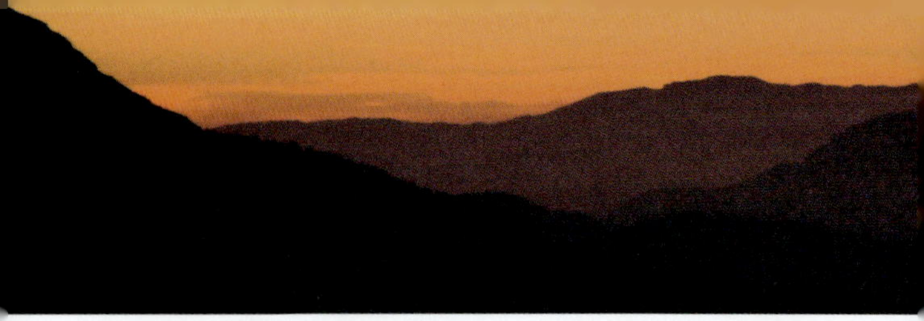

mer in Richtung Gablonzer Hütte und Theodor Körner Hütte, die sich gleich neben der Stuhlalm befindet. Anfangs ist der Weg ein ausgetretener Trampelpfad, der aber dann zunehmend schwieriger und steiniger wird, weil man immer wieder ausgewaschene Bachläufe überqueren muss, die zum Teil stark erodiert sind. Nach ca. 1 h Wanderung taucht unterhalb des Höhenweges die Sulzkaralm auf,

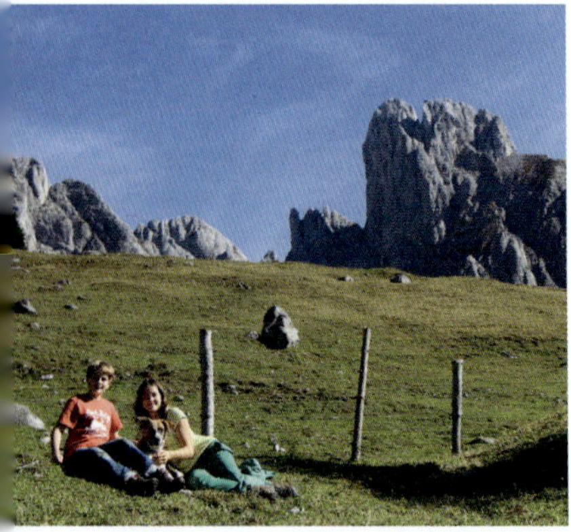

bei der selbsterzeugte Butter und Käse serviert werden. Einziger Wermutstropfen – die Alm liegt ca. 100 Höhenmeter tiefer, die danach wieder aufgestiegen werden müssen. Ein Abstecher, um dort Rast zu machen, lohnt sich jedoch. Ohne Abstieg zur Sulzkaralm verkürzt sich die Gehzeit um ca. ¼ - ½ h (mit Auf- und Abstieg). Wieder auf dem Hauptweg, führt der Austriaweg auf ein Jöchl, die Durchgangsscharte (1601 m) hinauf, wo es zum Teil etwas ausgesetzt ist. Seilsicherungen helfen über die abschüssigen Passagen hinüber. Vom Jöchl geht es dann ca. 250 Höhenmeter in engen, teilweise mit Drahtseil gersicherten Serpentinen über Holzstufen hinunter in das Stuhlloch. Nach dieser Hürde führt der Weg weiter durch eine dichte Latschenzone leicht aufwärts auf die sogenannte Moosebene und weiter zur Theodor Körner Hütte und zur Stuhlalm.

Etappe 3

Stuhlalm - Gablonzer Hütte ●

1 ½ - 2 h, 190 m▲ 100 m▼

Weiter führt der Austriaweg stetig aufwärts – zuerst über Wiesen und dann durch ein kurzes Waldstück. Der anfänglich recht breite und gut ausgebaute Weg wird zunehmend steiniger und führt unterhalb der schroffen Westflanke des Donnerkogels entlang. Immer wieder pfeifen Murmeltiere und sind Gämsen zu sehen. Schon fast am Ende der Tour steigt der Weg nochmals bis zum höchsten Punkt, dem Törleck (1618 m) an. Danach geht es über gut ausgebaute Stufen bergab zur Gablonzer Hütte.

Etappe 4

Gablonzer Hütte - Parkplatz Gosausee ●

1 ¼ - 1 ½ h, keine m▲ 620 m▼

Wer es gemütlich möchte, fährt mit der Gosaukammbahn ins Tal. Alle, die lieber gehen, wählen von der Hütte vorerst einen breiten Forstweg abwärts bis zu einer scharfen Linkskurve, wo ein schmaler Steig Nr. 620 zum Gosausee abzweigt. Dieser Steig führt zum Teil sehr steil durch den Wald abwärts und weist immer wieder sehr rutschige Stellen auf. Zum Teil müssen steinige Passagen durch Geröll überwunden werden. Man geht an der Krautgartenhütte vorbei, die leider nicht bewirtschaftet ist, und kommt stetig dem Gosausee näher. Direkt unten am See gibt es einige sehr nette Stellen, um sich noch abzukühlen. Direkt am See liegt ein großes Gasthaus und der Parkplatz, von wo aus auch die Busse für die Retourfahrt starten.

Weitere Tourenmöglichkeiten:

All die Gipfel im Gosaukamm sind zu schwierig zum Besteigen.

Hütten & Gaststätten:

Hofalmen
(1260 m), schön gelegene Almen, mit guter Küche, mit Auto, Bus und Pferdekutsche erreichbar. Oberhofalm (Gabel) (1268 m), +43-6457-3300 oder +43-664-4457781, www.oberhofalm.at, Ende Apr. - Anf. Nov., Di Ruhetag. Unterhofalm (Gabel) (1280 m), +43-664-3566751, www.unterhofalm.at, Anf. Mai - Ende Okt.

Hofpürglhütte
(1705 m), schön gelegenes, alpines Schutzhaus des OEAV, direkt unterhalb der Bischofsmütze, 29 Zimmerlager, 71 Matratzenlager, +43-6453-8304 oder +43-676-3718566, Infos über www.alpenverein.at, Anf. Jun. - Anf. Okt.

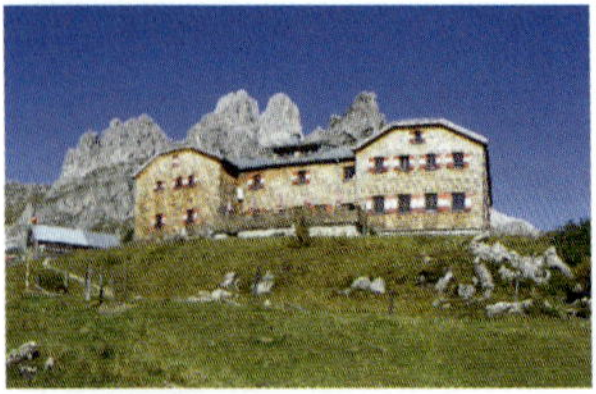

Sulzkaralm
(1543 m), kleine, urige und unverfälschte Almhütte. Vor Ort selbst gemachte Butter und Käse. +43-6453-8516 oder +43-664-2745909, Mitte Jun. - Ende Sep.

Stuhlalm
(1467 m), die Hütte liegt auf der Südseite des Gosaukamms, mit fantastischem Blick auf den Nordabbruch der Bischofsmütze, gute Küche, +43-664-1131152, www.stuhlalm.at, Anf. Jun. - Ende Okt.

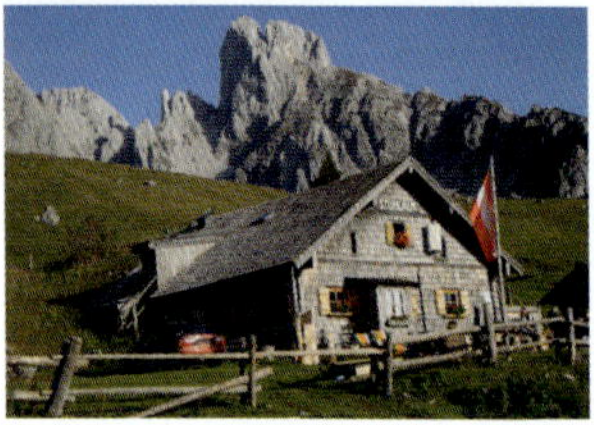

Theodor-Körner-Hütte
(1466 m), in der Nähe der Stuhlalm, sehr schön gelegene Hütte des OEAV, Akademische Sektion Wien, 3 DZ & 2 Bettenlager (insg. 33 Schlafplätze), +43-680-2216024, www.koerner-huette.at, Anf. Jun. - Mitte Okt.

Gablonzer Hütte
(1550 m), direkt an der Piste gelegenes Schutzhaus , wurde als Genießerhütte („So schmecken die Berge") des OEAV ausgezeichnet, 30 Zimmerbetten und 42 Lagerbetten, +43-6136-8465, www.gablonzerhuette.at, von Mitte Mai - Ende Okt., Mitte Dez. - Ende März.

Infos:

Tourismus Filzmoos
+43-6453-8235, www.filzmoos.at.
Tourismus Gosau
+43-5-9509520, www.dachstein-salzkammergut.at.
Bergbahn Gosaukammbahn
(Gablonzer Hütte): +43-50-140, www.dachstein.at, Mitte Mai - Ende Okt., nur Sommerbetrieb.
Taxi Filzmoos
+43-6453-8273 oder +43-664-1806453, www.taxi-jaeger.at.
Taxi Gosau
+43-6136-8893.

Anfahrt:

Hinfahrt: Tauernautobahn (A 10) von Salzburg Richtung Süden nach Villach, Ausfahrt Eben, Richtung Radstadt, unter der Autobahnbrücke durch und sofort links auf die Filzmooserstraße/ L219 abbiegen. Pyhrnautobahn (A9), Knoten Voralpenkreuz Richtung Graz, Ausfahrt Liezen, auf die B320 bis Schladming, dort über Ramsau nach Filzmoos (L711 und L219). In Filzmoos empfehle ich auf den Wanderbus umzusteigen. Siehe Öffis. Auffahrt bis zu den Hofalmen möglich (Mautstraße). Ich empfehle das Auto in Bischofshofen stehenzulassen und mit Öffis weiterzureisen (siehe Infobox). (Navi: Österreich, 5532 Filzmoos, Unterhofalm 220).

Bus & Bahn:

Hinfahrt: Direktverbindung (ÖBB) von Salzburg nach Bischofshofen, dort umsteigen in den Bus Nr. 511 nach Eben und weiter mit Bus 521 nach Filzmoos. Von Filzmoos zu den Hofalmen gibt es einen Wanderbus (siehe Infobox). Rückfahrt: Vom Gosausee fährt ein Bus nach Bad Ischl und von dort auf die Bahn umsteigen (über Salzburg nach Bischofshofen). Es gibt auch einen Bus über den Pass Gschütt (Nr. 470), der aber recht selten fährt. Darum vorher unbedingt die Rückfahrt organisieren.

Ausgangspunkt:

AP Parkplatz Hofalmen, EP Parkplatz, Gosausee.

Am Wegrand: Bischofsmütze

Immer wieder bröselt ein bisschen von der Bischofsmütze ab. Die Erosion ist für viele Kalkgebirge ein enormes Problem. Bei einem riesigen Felssturz in den 1990er Jahren brach eine etwa 100 m breite Felswand von der Ostseite ab. Näheres zu Kalkgebirgen Seite 123.

30. Lungauer Seentour

Zum Murursprung

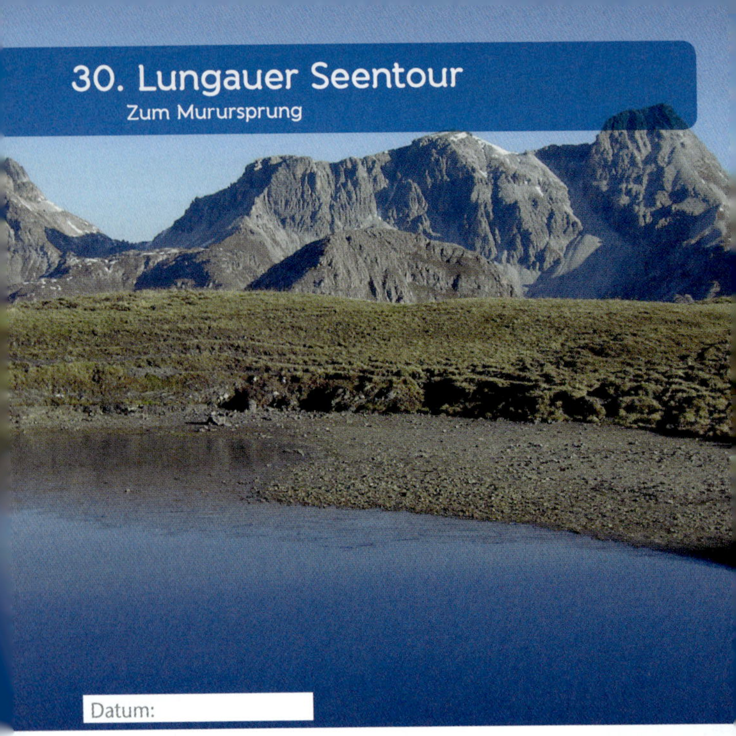

Datum:

Etappen: 5	Dauer: 32,5 km; 14 - 17 h	1850▲ 1850▼
technische Anf.: ★★★★☆	Kondition: ★★★☆☆	Alter: ab 12 Jahren

Die Tour im Gebiet Niedere Tauern führt an den Murursprung heran. Die Mur fließt dann von der Salzburger Region Lungau in die Steiermark und deren Landeshauptstadt Graz und dann weiter nach Ungarn. Wasser begleitet die gesamte Tour, sei es in Form von Bächen oder mehreren Bergseen. Das zu bewandernde Gebiet ist wunderschön mit seinen vielen Almen unterhalb der imposanten Berggipfel. Insgesamt ein Top-Ziel und etwas einsamer als die anderen herausragenden Ziele in diesem Buch.

Et.	Strecke	Anf.	Technik	Kond.	Zeit in h km	Hm▲▼
1	Arsenhaus 1341 m Sticklerhütte 1750 m	●	★★☆☆☆	★★★☆☆	2½-3¼ 7,3	440 m 30 m
2	Sticklerhütte 1750 m Königalm 1667 m	●	★★★☆☆	★★★★☆	3-3¾ 6,3	530 m 610 m
3	Königalm 1667 m Franz-Fischer-Hütte 2020 m	●	★★★★☆	★★★★☆	3¼-4 6,7	590 m 240 m
4	Franz-Fischer-Hütte 2020 m Jakoberalm 1839 m	●	★★★☆☆	★★☆☆☆	1¾-2¼ 3,9	110 m 290 m
5	Jakoberalm 1839 m Wald 1340 m	●	★★★☆☆	★★★☆☆	3-3¾ 8,3	180 m 680 m

Schwierigkeitsgrad:

Mittel. Steil, aber unschwierig ist der Abstieg von der Riedingscharte & der Übergang vom Haselloch zur Fischerhütte ist schmal & etwas ausgesetzt. Erhöhte Vorsicht beim Queren der Bachläufe, dort oftmals Altschnee!

Knieschonende Variante:	Die Tour ist leider nicht knieschonend.
Kinder:	Ab ca. 12 Jahren. Das Murtal aufwärts ist zwar nur eine Forststraße, von daher langweilig, aber die Mur bietet immer wieder Stellen zum Plantschen und Dämme bauen. Der Weg zur Murquelle (Etappe 1) ist sehr schön und nicht nur für Kinder beeindruckend. Viele Bäche und Seen, die zum Plantschen einladen.

Jahreszeit:

Von Mitte Juni - Ende September haben die Hütten geöffnet.

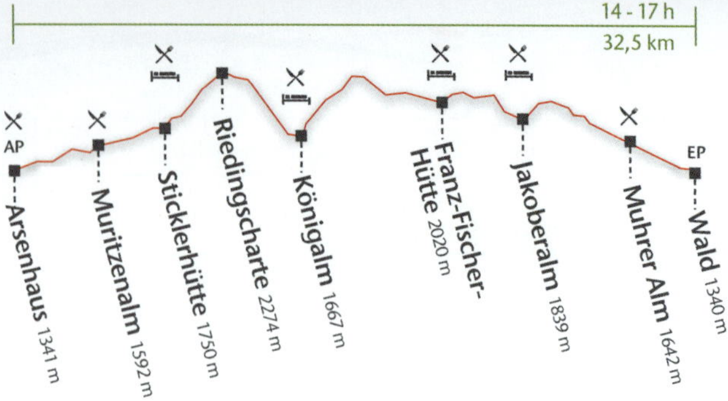

Etappe 1

Arsenhaus - Sticklerhütte ●

2 ½ - 3 ¼ h, 440 m▲ 30 m▼

Vom Arsenhaus, einem ehemaligen Lagerhaus zur Zeit, als im Rotgüldental noch Arsen abgebaut wurde, startet der Weg (Nr. 740) in Richtung Mur. An der Mur angelangt, geht es nun stetig aufwärts bis zum Parkplatz mit Schranken (bis hierher kann mit dem Auto oder Taxi gefahren werden und ab hier ist es noch ca. 1 h Gehzeit bis zum Etappenziel). Vorbei an einer Kapelle bei der Muritzenalm, dann weiter zur Zalußenalm, immer entlang der Mur aufwärts bis zur Sticklerhütte. Wer sich diese Etappe sparen möchte, kann mit dem Tälerbus bis zur Sticklerhütte fahren. Ich finde die Wanderung aber auch sehr schön, weil sie immer an der Mur entlangführt. Beim Etappenziel tut sich auf der linken Seite ein wunderschönes, breites und alpines Trogtal auf, das man unbedingt sehen sollte.

Abstecher Sticklerhütte zum Mururspung (●, Aufstieg 1 - 1 ½ h, 150 Hm): Der Wanderweg (Nr. 711) führt über schöne Almböden und später etwas steiniger durchs Gelände zum Mururspung (1898 m), wo die Mur unter einem Felsblock auf der linken Talseite heraussprudelt. Es ist immer ein besonderes Erlebnis, zu den Ursprüngen von großen Flüssen zu wandern und auch hier bietet sich ein schönes Schauspiel. Zurück geht es auf dem gleichen Weg.

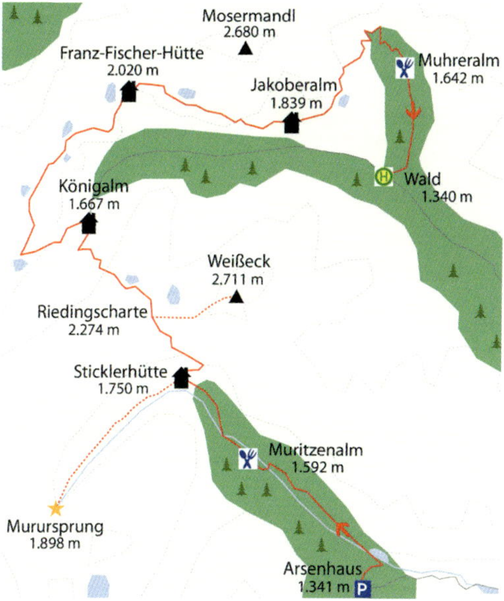

Etappe 2

Sticklerhütte - Königalm ●

3 - 3 ¾ h, 530 m ▲ 610 m ▼

Von der Sticklerhütte führt der Weg Nr. 740 immer am Hang entlang, zum Teil recht steil aufwärts über schöne Bergwiesen mit kleinen Wasserläufen. Der Weg ist gut zu gehen und nicht ausgesetzt. Bei der Reinkarhütte (bis hierher ca. ¾ - 1 h Gehzeit, 330 Hm), Bei der Reinkarhütte (2080 m), einer privaten Schäferhütte, gibt es einen Brunnen, um die

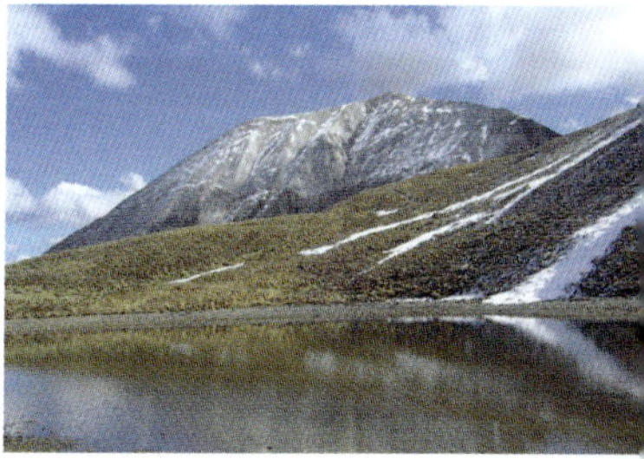

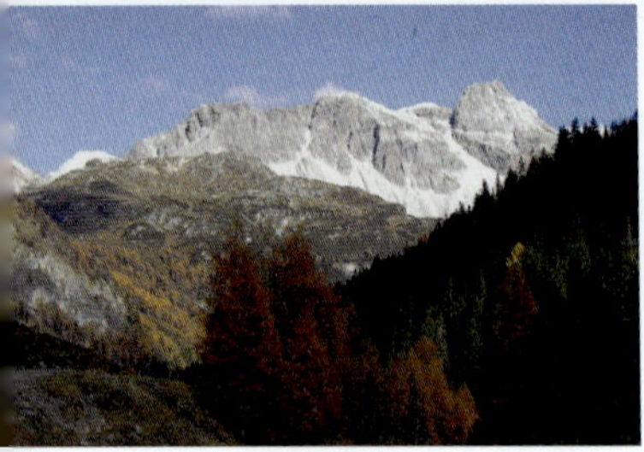

Wasserflasche wieder aufzufüllen. Die Aussicht auf das Murtal darunter ist ein Traum. Weiter geht es in ein kleines Hochtal bis zur Riedingscharte (2274 m). Bis hierher ca. 1 ½ - 2 h Gehzeit von der Sticklerhütte, 530 Hm. Hier besteht die Möglichkeit, auf das Weißeck (2711 m) zu wandern, ●, Aufstieg 1 - 1 ½ h, 440 Hm. Der Weg ist gut markiert, führt aber auf schmalen Wegen aufwärts. Trittsicherheit ist unumgänglich! Von der Scharte geht es nun mäßig steil auf dem Weg Nr. 711 abwärts, an der Boarnlacke (2215 m) vorbei. Ein sehr schöner Platz, um Pause zu machen. Weiter unten wird der Weg dann etwas anspruchsvoller und führt über steile Wiesenhänge abwärts. Unten gelangt man dann auf den Zufahrtsweg zu den Almen ins innere Riedingtal, dort nach rechts, an der Zauneralm vorbei und in wenigen Minuten weiter zur Königalm.

Etappe 3

Königalm - Franz-Fischer-Hütte ●

3 ¼ - 4 h, 590 m▲ 240 m▼

Von der Königalm führt gleich hinter dem Haus der Aufstieg zum Haselloch (2135 m), Gehzeit von der Hütte 1 ½ - 2 h, 470 Hm. Der Weg Nr. 722 führt steil über Almwiesen mit vielen, zum Teil dichten Haselstauden aufwärts, immer wieder wird eine Forststraße gequert. Beim Haselloch (2136 m), einem kleinen Almsee, befindet man sich genau an der Grenze zwischen dem Lungau und dem Pongau. Dort verlässt man den Weg Nr. 722 und geht nach rechts immer in Richtung zur Franz-Fischer-Hütte. Der Weg ist anfangs steil und führt dann weiter entlang der weniger steilen Flanke des Schierecks bis zum

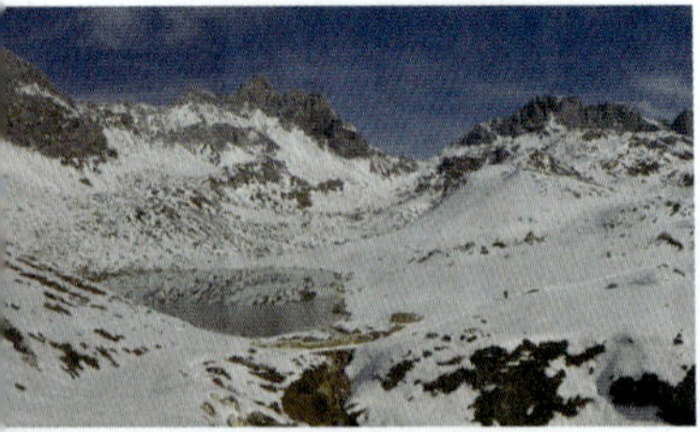

höchsten Punkt dieser Tour (ca. 2240 m). Weiter geht es an einem kleinen Bergsee vorbei, der Weg führt jetzt für ca. 200 Hm abwärts. Immer wieder müssen Bäche überquert werden, die im Frühsommer oftmals noch Schnee aufweisen. Hier bitte besondere Vorsicht. Etwa 1 h vom Haselloch entfernt kommt man auf einen weitläufigen Almboden. Der Tauernhöhenweg Nr. 702 zieht von der Weitlahnerscharte herunter. Diesem Weg nun weiter in Richtung Franz-Fischer-Hütte folgen. Kurz vor dem Ilgsee (2097 m), der wunderschön von Felsen eingerahmt ist, wird es noch einmal steiler. Von hier dauert es noch ca. ½ - ¾ h bis zum Etappenziel. Wer also noch genügend Zeit bis zur Abenddämmerung hat, kann hier gemütlich den Nachmittag ausklingen lassen. Kurz vor der Franz-Fischer-Hütte wird noch der Zaunersee passiert, der kurz unterhalb der Fischer-Hütte liegt.

Etappe 4

Franz-Fischer-Hütte - Jakoberalm ●

1 ¾ - 2 ¼ h, 110 m▲ 290 m▼

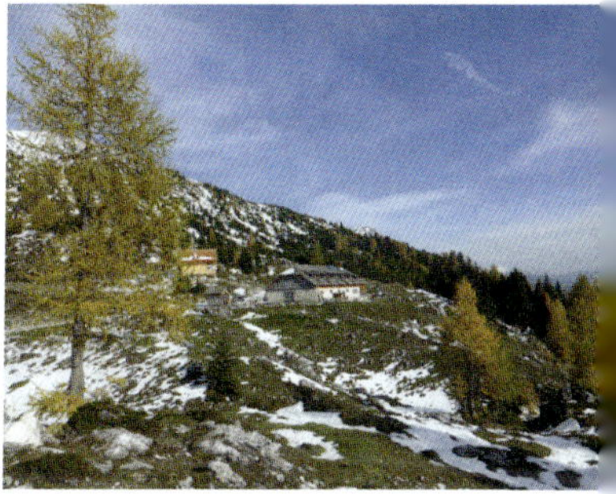

Direkt hinter der Franz-Fischer-Hütte führt nach rechts der Weg Nr. 702 stetig aufwärts und umgeht dann auf relativ gleichbleibender Höhe ein Hochtal. Kurz danach sind die zwei Esserseen erreicht, zwei richtig schön gelegene, idyllische Bergseen, wo man mit etwas Glück Molche sehen kann. Gleich nach den Seen fällt der Steig rund 100 Hm steil zur nicht bewirtschafteten Gruberkarhütte ab. Der Weg wird zwar steiniger, ist aber nicht schwierig zu gehen. Nach der Alm geht es wieder leicht aufwärts, von links kommt der Weg vom Mosermandl, einem imposanten Berggipfel herunter. Gleich danach geht es durch Latschen steil und steinig abwärts und bald ist unterhalb die Zufahrtsstraße zur Jakoberalm und danach die Jakoberalm selbst zu sehen. Der Weg führt dann oberhalb dieser Straße auf relativ gleichbleibender Höhe in Richtung Hütte, die letzten Meter werden auf dem Forstweg zurückgelegt.

Etappe 5

Jakoberalm - Wald ●

3 - 3 ¾ h, 180 m▲ 680 m▼

Zuerst führt der Weg Nr. 702 stetig aufwärts bis zum traumhaft gelegenen Rothenwändersee auf ca. 2000 m Höhe (bis hierher ca. ¾ - 1 h, 170 Hm). Vom See führt ein Steig im leichten Gefälle abwärts und geht in einen breiten Forstweg über. Weniger idyllisch sind in diesem Bereich die Lüftungsschächte des Tauernautobahntunnels, die jedoch bald passiert sind. Für Kinder ist es vielleicht trotzdem interessant zu sehen, wie die Luft in einen Autobahntunnel kommt. Weiter geht es in das Großkesselgebiet und zur idyllischen und bewirtschafteten Muhreralm (1620 m) hinunter. Der restliche Abstieg dauert noch ca. eine ¾ - 1 h bis zur Mautstelle im Riedingtal, wo man mit dem Tälerbus (oder dem Taxi) bis nach Zederhaus und weiter Richtung Murtal fahren kann.

Weitere Tourenmöglichkeiten:

Sticklerhütte, Murursprung (1898 m) ●, Aufstieg 1 - 1 ½ h, 150 Hm.

Hütten & Gaststätten:

Muritzenalm
(1592 m), einfache urige Almhütten mit kleiner Kapelle, zur Almsaison bewirtschaftet.

Sticklerhütte
(1750 m), neuer Pächter ab 2021, schöne Alpenvereinshütte, verwenden regionale Produkte, 14 Betten, 48 Lagerplätze, +43-316-8222660, www.sticklerhuette.com, Anf. Jun. - Ende Sep.

Zauneralm
(1733 m), nahe der Königalm gelegene kleine Almhütte mit hofeigenen Bio-Produkten. Kleiner Spielplatz, drei 3-Bettzimmer & ein 4-er Lager, +43-6478-378 oder +43-650-3870063, Anf./Mitte Jun.–Mitte/Ende Sep.

Königalm
(1667 m) idyllische Almhütte mit vielen hausgemachten Produkten, schöne Terrasse, kleiner Kinderspielplatz, 6 Doppelzimmer, +43-664-2523297, www.koenigalm.at, Anf. Jun.–Mitte Okt.

Franz-Fischer-Hütte
(2020 m), 2014 neu gebaute Alpenvereinshütte, wunderschö-

ner Holzbau, herrliche Terrasse in schönster Lage, 25 Betten, 15 Lager, +43-664-7957960, www.franzfischer-huette.at, Mitte Jun.–Ende Sep.

Jakoberalm
(1839 m), schöne urige Alm mit sehr guter Küche, 2 Doppelzimmer, 18 Lagerplätze, +43-664-1588662, Jun.–Ende Okt.

Muhreralm
(1642 m), urige Alm, Speisen aus eigener Produktion, sehr gute Almprodukte, +43-6477-8369, www.muhrerbauer.at, Mitte Jun.–Ende Sep.

Infos:

Tourismus Muhr
+43-6479-218, www.muhr-tourismus.at.
Tourismus Zederhaus/ Naturpark Riedingtal
+43-6478-801, www.naturpark-riedingtal.at.
Tälerbus Murtal & Riedingtal
wwww.taelerbus.at, von Anf. Jun. - Anf. Sep.
Taxi Muhr
Bliem Johann, +43-6479-215.
Taxi St. Michael
(nahe Zederhaus), +43-6477-8111, www.bacher-reisen.com.

Anfahrt:

Tauernautobahn (A10) von Salzburg Richtung Villach, Ausfahrt St. Michael im Lungau, kurz Richtung Zederhaus, in Oberweißburg nach links auf die Muhrer Landesstraße, bis zum Arsenhaus. (Navi: Österreich, 5583 Muhr, Hintermuhr). Am besten ist es, das Auto in Unterweißburg stehen zu lassen, denn dort bleibt sowohl der Bus ins Murtal als auch der Bus aus dem Riedingtal stehen. Parken ist dort laut Touristinfo kein Problem.

Bus & Bahn:

Direktverbindung (ÖBB) von Salzburg Richtung Villach oder von Salzburg mit Bus Nr. 270 Richtung Tamsweg, in St. Michael auf Bus Nr. 760 nach Muhr. Direktverbindung (ÖBB) von Graz nach Radstadt, dann mit Bus 780 bis Mauterndorf, weiter mit Bus 770 bis St. Michael, weiter wie oben. Der Tälerbus fährt bis zum Arsenhaus bzw. zur Sticklerhütte. Bitte im Internet Aktuelles recherchieren.

Ausgangspunkt:
AP Parkplatz Arsenhaus, Muhr, EP Bushaltestelle Wald, Zederhaus.

31. Eine „kaiserliche" Tour

Zwischen Wildem und Zahmem Kaiser

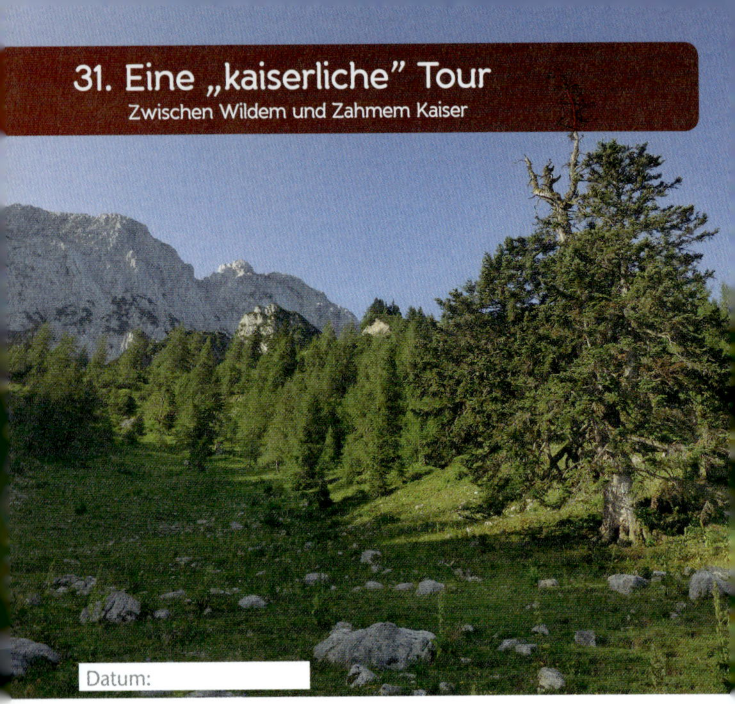

Datum:

Etappen: 7	Dauer: 23 km; 9 -13 h	1260▲ 1630▼
technische Anf.: ★★★★☆	Kondition: ★★★☆☆	Alter: ab 12 Jahren

Der Wilde Kaiser besteht aus zwei Gebirgszügen – dem Wilden und dem Zahmen Kaiser. Der Wilde Kaiser ist ein karges Kalkgebirge mit vielen Hochgebirgswegen, der Zahme Kaiser ist stärker bewachsen, vor allem mit Latschen, aber auch nicht wirklich zahm. Die beschriebene Tour bietet schöne Kulissen, gewandert wird großteils über sanfte Almwiesen entlang der imposanten Kalkfelsen. Aufgrund der kurzen Teiletappen empfiehlt es sich, je nach Kondition mehrere Etappen zusammenzufassen. Die Gehzeit auf den Schildern ist oftmals knapp bemessen.

Et.	Strecke	Anf.	Technik	Kond.	Zeit in h km	Hm▲▼
1	P Hintersteiner See 882 m Stöfflhütte 1199 m	●	★★★☆☆	★★☆☆☆	1 ¼ - 1 ¾ 2,9	320 m keine
2	Stöfflhütte 1199 m Kaindlhütte 1293 m	●	★★★☆☆	★★☆☆☆	1 ½ - 2 3	270 m 170 m
3	Kaindlhütte 1293 m Anton-Karg-Haus 829 m	●	★★★★☆	★★☆☆☆	2 ½ - 3 ¼ 6,1	60 m 520 m
4	Anton-Karg-Haus 829 m Vorderkaiserfeldenhütte 1388 m	●	★★★☆☆	★★★★☆	2 ½ - 3 ¼ 5,6	610 m 60 m
5	Vorderkaiserfeldenhütte 1388 m Ritzaualm 1161 m	●	★☆☆☆☆	★☆☆☆☆	½ - ¾ 1	keine 230 m
6	Ritzaualm 1161 m Ghf. Veitenhof 709 m	●	★☆☆☆☆	★★☆☆☆	¾ - 1 ¼ 2,7	keine 450 m
7	Ghf. Veitenhof 709 m Kufstein 500 m	●	★☆☆☆☆	★☆☆☆☆	½ - ¾ 1,7	keine 200 m

Schwierigkeitsgrad:

Mittel. Großteils gut ausgebaute Wege. Einzig der Bettlersteig (Seile und Stahlstifte) ist alpin und nur für Trittsichere und Schwindelfreie geeignet.

Knieschonende Variante:	Aufgrund des Bettlersteiges leider nicht knieschonend.
Kinder:	Ab ca. 12 Jahren (Bettlersteiges ist schwierig aber abwechslungsreich). Kinderfreundliche Hütten.

Jahreszeit:

Hüttenöffnung (nach Witterung) Anf. Mai - Ende Okt. Wanderbus zum Hintersteiner See: Mitte Mai - Anf. Okt, daher ev. mit Taxi hinauffahren.

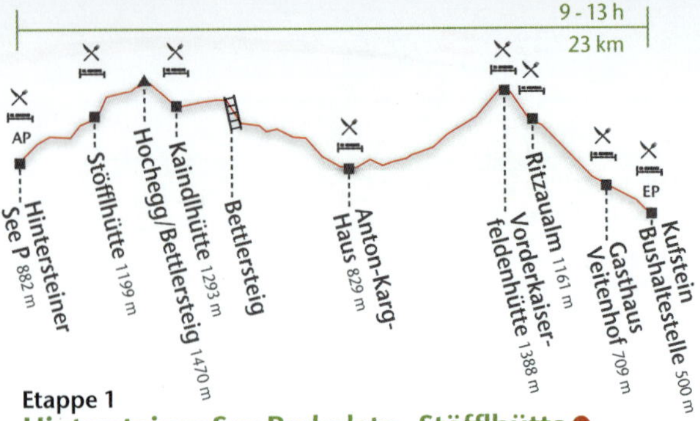

Etappe 1

Hintersteiner See Parkplatz - Stöfflhütte ●

1 ¼ - 1 ¾ h, 320 m ▲ keine m ▼

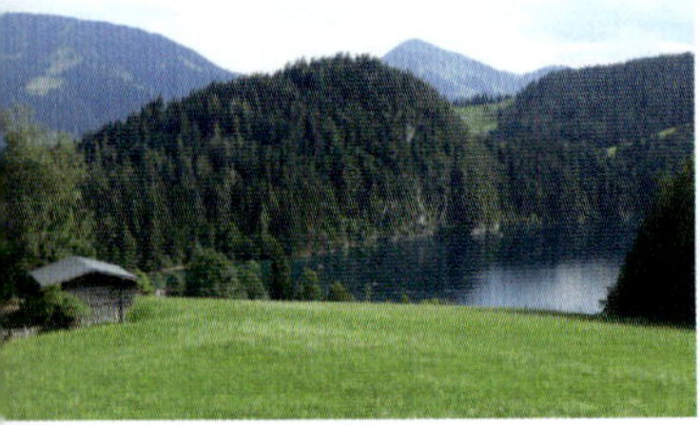

Direkt vom Parkplatz Hintersteiner See die geteerte Straße beim Seestüberl vorbei aufwärts gehen. Etwa 200 m oberhalb des Gasthauses zweigt ein Wanderweg (Nr. 45a) in Richtung Walleralm/Kaindlalm nach rechts ab. Dieser Weg führt zum Teil mäßig steil, vorerst über Wiesen und später durch den Wald stetig aufwärts. Immer wieder gibt es schöne Ausblicke auf den Hintersteiner See. Der Wanderweg geht über in einen Forstweg. Bei einer Weggabelung (Sojerweg Mitte, 1054 m) gibt es zwei Möglichkeiten: entweder gemütlich, aber etwas eintönig über den Forstweg oder steiler, über einen schmalen Steig, der aber gut zu begehen ist, zur Walleralm. Der Steig kürzt ca. 5 Minuten ab. Nach der Abkürzung gelangt man wieder auf den Forstweg, dem man bis zur Hütte folgt.

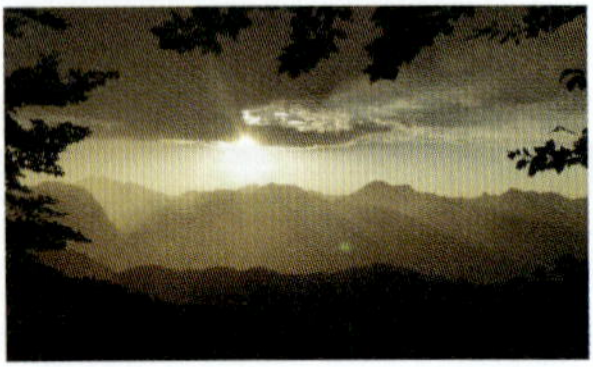

Etappe 2

Stöfflhütte - Kaindlhütte ●

1 ½ - 2 h, 270 m ▲ 170 m ▼

Von der Stöfflhütte steigt man ein paar Höhenmeter bis zur Walleralm (1199 m) auf, ab hier wird der Weg

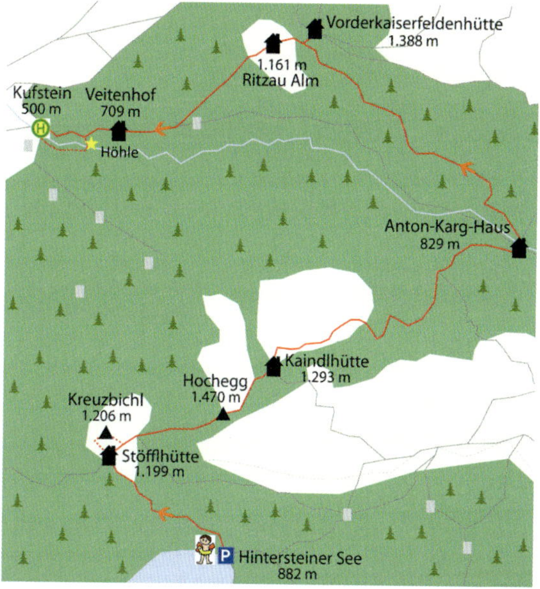

Nr. 827 schmäler und führt sehr schön über Almwiesen und bald wieder im Wald aufwärts. Der Aufschwung zum Hochegg (1470 m) wird etwas steiler, aber ist immer noch nicht schwierig zu begehen. Von

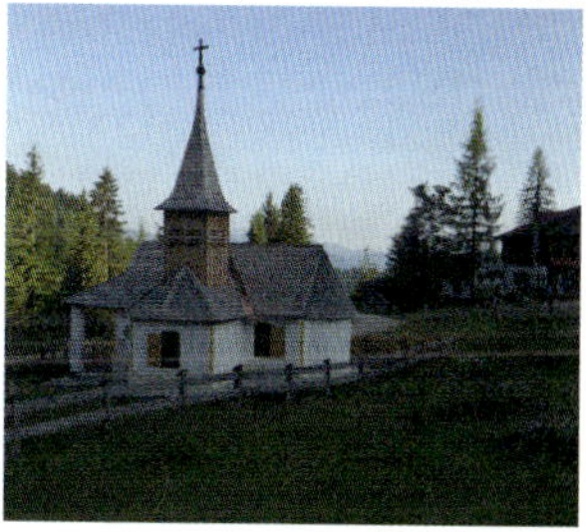

diesem „sanften" Gipfel mit Gipfelkreuz hat man sehr schöne Ausblicke auf die schroffen Gipfel des Wilden und des Zahmen Kaisers. Vom Gipfel dauert es noch ungefähr 20 Minuten bis zur Hütte. Der Abstieg führt auf einem gut ausgebauten Steig abwärts bis zum Hüttendorf der Steinbergalm, wo die Kaindlhütte steht.

Etappe 3

Kaindlütte - Anton-Karg-Haus ●

2 ½ - 3 ¼ h, 60 m▲ 520 m▼

Vorab: Der Weg über den Bettlersteig ist schwierig, aber landschaftlich sehr schön. Von der Kaindlhütte geht es vorerst auf einem schönen Almwiesensteig unterhalb der Steilwände des Wilden Kaisers auf relativ gleichbleibender Höhe bis zum Einstieg in den Bettlersteig, dem Ansensattel (1371 m). Der Weg ist sehr gut (Weg Nr. 827) ausgeschildert. Ab dem Sattel wird es sehr abenteuerlich und alpin, d.h. schmal und ausgesetzt. Ab hier nur mehr für Geübte! Drahtseile und in den Fels geschlagene Felsenstifte helfen beim Abstieg. An schwierigen Stellen Kinder an der Hand führen oder sogar sichern. Sicherheitshinweise s. Einleitung. Später folgen zahlreiche Serpentinen. Nach der Durchquerung eines Grabens geht es tief und relativ flach in einen Geländeeinschnitt hinein. Danach müssen wieder einige Höhenmeter zum nächsten Sattel aufgestiegen werden. Gleich dahinter taucht die private Jagdhütte Straßwalch auf, wo man seine Wasserflasche wieder auffüllen kann. Nahe der Hütte gibt es ein paar sehr schöne und lauschige Plätze, um eine Rast zu machen. Gleich oberhalb der Hütte sieht man die eindrucksvolle Straßwalchschlucht, wo Kletterinnen wie kleine Wesen in der Wand hängen. Der Weiterweg geht genauso abwechslungsreich wie bisher weiter, führt durch

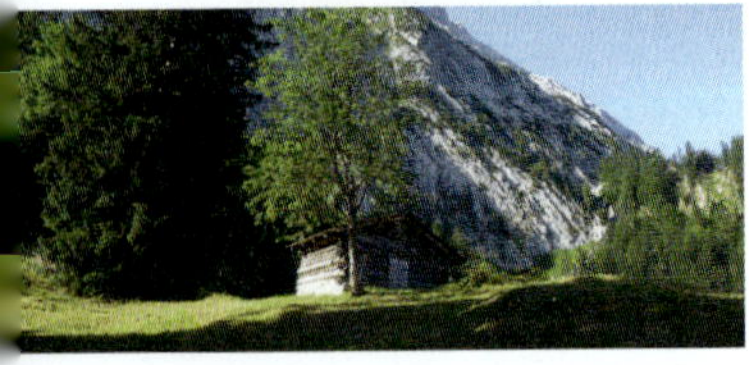

Schluchten und über Bäche durch einen schönen Wald. Auch hier gibt es wieder Drahtseile und zum Teil sind Eisenstifte geschlagen worden, um einen sicheren Tritt zu gewähren. Gegen Ende hin wird der Weg wieder breiter und führt bis zum Anton-Karg-Haus.

Etappe 4

Anton-Karg-Haus - Vorderkaiserfeldenhütte ●

2 ½ - 3 ¼ h, 610 m▲ 60 m▼

Vom Anton-Karg-Haus geht es zuerst über eine Brücke des Kaiserbachs. Hier folgt man den Schildern zur Hechleitalm/Vorderkaiserfeldenhütte (Weg Nr. 827). Achtung, nicht auf dem Weg zur Vorderkaiserfeldenhütte über den Feldalmsattel gehen! Der Weg ist breit und gut ausgebaut und führt zuerst durch einen schönen Fichtenwald aufwärts und dann wieder einige Höhenmeter abwärts bis zu einer Fahrstraße und einem schönen Bach, wo große Gumpen zum Verweilen einladen. Achtung, auch hier gibt es zwei Wege zur Vorderkaiserfeldenhütte. Nicht dem Weg in Richtung Pyramidenspitz folgen, sondern dem Weg zur Hechleitalm! Zuerst geht es noch einige Meter auf einem Forstweg talauswärts, bis zur gut sichtbaren und beschilderten

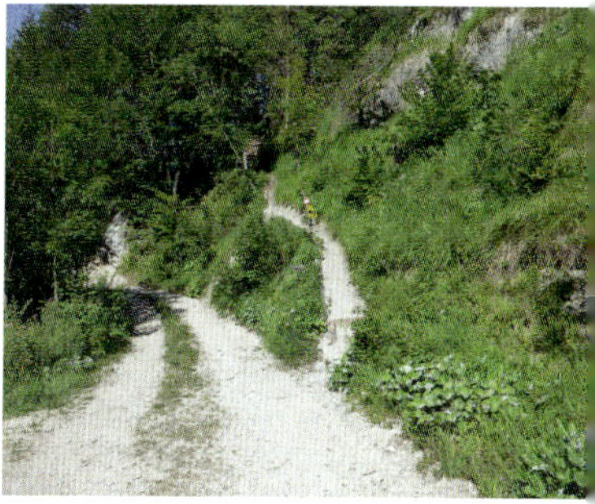

Abzweigung, wo ein schmaler Steig rechts vom Forstweg wegführt. Nun stetig aufwärts durch einen Wald, bis man wiederum auf einen Forstweg zur Hechleitalm stößt. An der Alm vorbei immer dem Forstweg folgen. Bei einer Forstweg-Kreuzung geradeaus gehen, an einem Schranken vorbei. Kurz danach geht es wieder auf einen schmalen Steig den Wald hinauf, direkt in die „Hölle", einige Felsen in einer schattigen Waldmulde, wo sich zwischen den Felsen ein Weg durchbahnt (diesen aber nicht nehmen). Damit dies aber auch keinesfalls übersehen werden kann, hat man mit roter

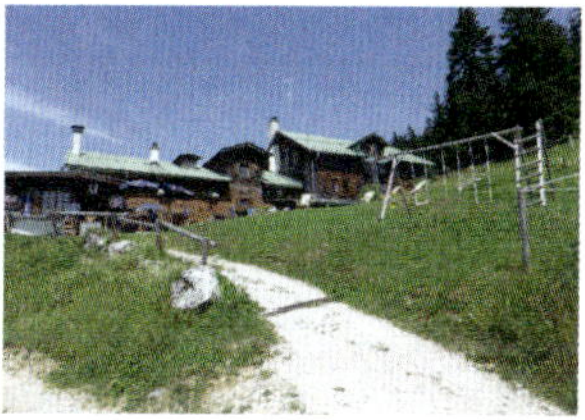

Farbe groß „Hölle" geschrieben. Der Weg in diesem recht schattigen Bereich ist meistens etwas matschig und führt rechts an der Hölle vorbei. Weiter gehts ziemlich steil und steinig, aber ungefährlich bis zum Zufahrtsweg zur Kaiserfeldenhütte und weiterhin ansteigend zum Etappenziel.

Etappe 5

Vorderkaiserfeldenhütte - Ritzaualm ●

½ - ¾ h, keine m ▲ 230 m ▼

Von der Hütte zuerst ein Stück von Etappe 4 zurück und danach abwärts auf dem Forstweg über einige Kehren bis zur Ritzau Alm mit der Josefskapelle. Alternativ kann hier die Tour beendet und von der Vorderkaiserfeldenhütte direkt ins Tal abgestiegen werden (Gehzeit 1 ¾ - 2 ¾ h, knappe 900 Hm). Ab hier bietet es sich auch an, je nach Kondition die Etappen zusammenzulegen.

Etappe 6

Ritzaualm - Gasthaus Veitenhof ●

¾ - 1 ¼ h, keine m▲ 450 m▼

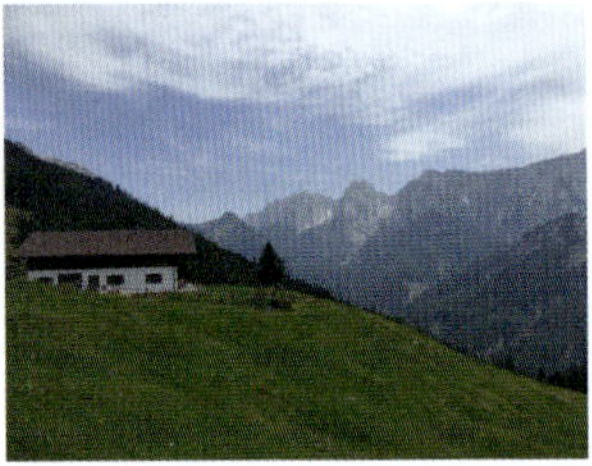

Von der Hütte führt der Weg Nr. 816 über Wiesenböden in einen sehr steilen Buchenwald. Der Weg ist zwar breit, aber grobschottrig, wodurch das Abwärtsgehen nicht angenehm ist. Nach über 350 Hm Abstieg gelangt man auf den Zufahrtsweg in Richtung Pfandlhof, die Route führt jedoch nach rechts weiter zum Veitenhof.

Etappe 7

Gasthaus Veitenhof - Kufstein Bushaltestelle ●

½ - ¾ h, keine m▲ 200 m▼

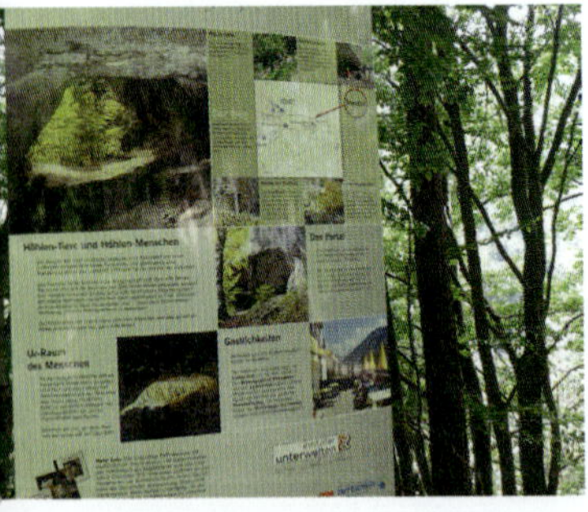

Vom Veitenhof geht es auf dem Forstweg weiter abwärts, an der Infotafel zur Tischofer Höhle vorbei. Nun trennen sich die Wege. Entweder über die besuchenswerte Höhle absteigen (mehr Zeit einplanen) oder die Forststraße abwärts. Variante über die Höhle: Der Besuch ist empfehlenswert, hier wurden Knochen von Bären gefunden (ca. ¼ h Abstieg, einfach). Unbedingt eine Taschenlampe mitbringen. Ab der Höhle kann man dem Weg weiter abwärts folgen, über den Kaiserbach und auf der anderen Seite des Bachs einige Höhenmeter zusätzlich aufwärts. Der Abstieg erfolgt dann über einen schönen Waldspielplatz und über die Theaterhütte, bei der sich eine Einkehr anbietet. Dieser Abstieg ist landschaftlich sehr schön, man muss aber doch zusätzlich Zeit einplanen (Gehzeit, Höhlenforschen, Waldspielplatz, Theaterhütte etc.). Die reine Gehzeit verlängert sich um ca. ½ h, ca. 50 Hm aufwärts. Direkter Abstieg: Wer ohne Höhlenbesichtigung absteigen möchte, bleibt auf der abfallenden Forststraße (Achtung, hier Anrainerverkehr). Kurz vor dem Tunnel aus dem Kaisertal hinaus zweigt der Weg nach links ab und geht über zahlreiche Stiegen abwärts bis nach Kufstein Sparchen. Am Ende der Tour besteht bei beiden Varianten sich im einladenden Kaiserbach bei der Brücke noch abzukühlen und ins kühle Nass zu springen.

Weitere Tourenmöglichkeiten:

Stöfflhütte, Kreuzbichl (1206 m) ●, Aufstieg einige Minuten, wenige Hm.

Hütten & Gaststätten:

Gasthaus Seestüberl
(892 m), direkt am Hintersteiner See gelegenes Gasthaus, mit einfachen Zimmern & gutem Essen, begr. Schlafplätze, +43-5358-8191, www.seestueberl.info, ganzj. geöffn. ev. Ruhetage und Betriebsferien abklären.

Stöfflhütte (Walleralm)
(1199 m), urige, 350 Jahre alte Hütte, mit eigener Almwirtschaft & selbstgemachten Produkten, eigenes Stöfflbräu, schöne Terrasse & kleiner Kinderspielplatz, 23 Betten & 12 Lagerplätze, +43-664-5249441, www.walleralm.at, Ende Dez.–Mitte Mär., Mitte Mai - Anf. Nov.

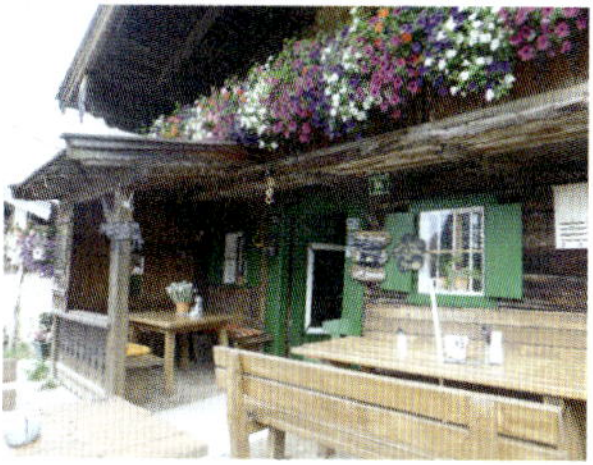

Kaindlhütte
(1293 m), private Hütte auf der Steinberg Alm mit eigener Kapelle, schöner Terrasse und guter Küche, 40 Schlafplätze (Zimmer & Lager), +43-5372-21255, www.kaindlhuette.com, Anf. Mai–Ende Okt.

Anton-Karg-Haus (Hinterbärenbad) (829 m), diese Alpenvereinshütte steht direkt am Kaiserbach. Lt. Überlieferung haben sich dort die heimischen Braunbären abgekühlt. Schöne, liebevoll gepflegte Terrasse und gute Küche, hier steht auch ein Bienenhotel und man erfährt viel Wissenswertes über die Honigbiene, 30 Betten und 70 Lager, +43-5372-62578, www.hinterbaeren-bad.at, Anf. Mai - Mitte Okt.

Vorderkaiserfeldenhütte
(1388 m), hoch über dem Kaisertal gelegene Schutzhütte, mit guter Küche (Auszeichnung „So schmecken die Berge") & schöner Terrasse, 30 Betten & 50 Lager, +43-5372-63482, www.vorderkaiserfelden.com, ganzj. geöffn. (Betriebsferien Ende Apr. - Anf. Mai).

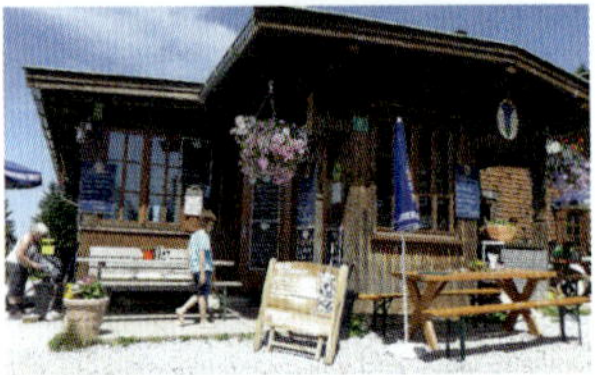

Ritzau Alm
(1161 m), nette Alm mit viel Musik und guten regionalen Produkten, 34 Schlafplätze, +43-5372-63624, www.ritzaualm.com, ganzj. geöffn. (4 Wochen Betriebsurlaub Jan./Feb.), Mo Ruhetag.

Veitenhof Kaisertal
(709 m), gemütliches Alpengasthaus mit sehr schönen Zimmern, gute Küche, achtet auf regionale Produkte, 30 Betten (1- bis 4-Bettzimmer), +43-5372-63415, www.veitenhof.com, ab Mitte Feb. geöffn., Mo und Di Ruhetag.

Infos:

Tourismus Wilder Kaiser
Hintersteiner See, +43-50509, www.wilderkaiser.info.

Tourismus Kufstein
+43-5372-62207, www.kufstein.com.

Hintersteinersee Bus & Taxi Gatt
Scheffau, +43-50509-310 / +43-5358 8112, Abfahrtszeiten Wanderbus: www.wilderkaiser.info.

Taxi Hager
Kufstein, +43-5372-1718.

Anfahrt:

Aus Deutschland kommend: Inntalautobahn (A12) vom Inntaldreieck Richtung Innsbruck, Ausfahrt Kufstein, auf der B173 aufwärts, bis zur B178, dort nach links bis Blaiken, dann wieder nach links bis Scheffau. Vom Osten kommend, Bundesstraße B164 bis St. Johann in Tirol, weiter auf der B178 durch Ellmau durch, nach rechts bis nach Scheffau, dort weiter über eine schmale Waldstraße bis zum gebührenpflichtigen Parkplatz zum Hintersteinersee (Navi: Österreich, 6351 Scheffau, Hintersteinersee). Eventuell das Auto in Scheffau parken und mit dem Bus (siehe Infobox) weiterfahren. Es besteht auch die Möglichkeit, das Auto bereits am Zielpunkt (Navi: Österreich, 6330 Kufstein, Sparchen) stehen zu lassen. Auch hier ein gebührenpflichtiger Parkplatz.

Bus & Bahn:

Aus Deutschland (oder Korridorzug von Salzburg) Richtung Innsbruck, in Wörgl umsteigen oder vom Süden Österreichs (Graz, Klagenfurt) über Schwarzach/St. Veit bis nach St. Johann in Tirol – dort auf Bus Nr. 4060 umsteigen. Dieser Bus fährt von Wörgl nach St. Johann. In Scheffau umsteigen auf den Wanderbus (Info siehe Infobox) zum Hintersteiner See. Rückweg: Vom Ausgang Kaisertal gibt es Busverbindung von Kufstein Sparchen zum Bahnhof Kufstein Bus Nr. 4030, Bushaltestelle Eingang Kaisertal.

Ausgangspunkt:

AP Parkplatz Hintersteiner See, EP Kufstein Sparchen.

Am Wegrand: Die Gams, eine Kletterkünstlerin

Gämsen gehören zu den sogenannten Fluchttieren. Bei Gefahr stoßen sie einen schrillen Zischlaut aus und laufen in die der Gefahr entgegengesetzte Richtung. Durch die geteilten Hufe (gehören zu den Paarhufern) können sie sich an die Unebenheiten im Gelände perfekt anpassen. Beim Bergablaufen spreizen sie die Hufe und verkeilen sich so zwischen den Steinen. Ist das Gelände so richtig steil und ausgesetzt, setzen sie ihre sogenannten Afterklauen ein. Das sind zwei verkümmerte Zehen, die auf der Rückseite und etwas oberhalb der Hufe sitzen. Diese ziemlich harten „Zapfen" wirken dann wie Bremsklötze.

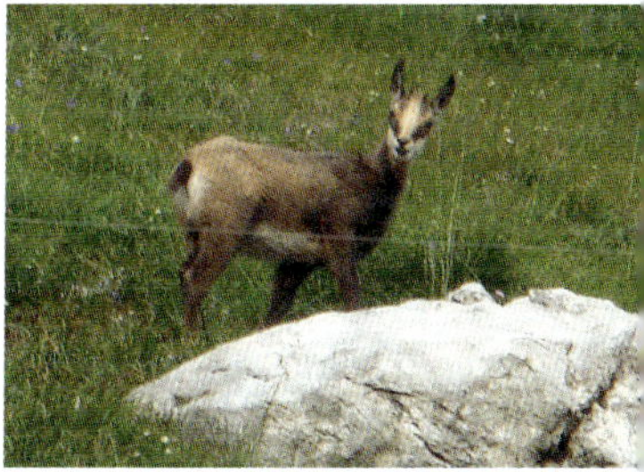

32. Im hintersten Ötztal

Die Gletscher des Ötztals

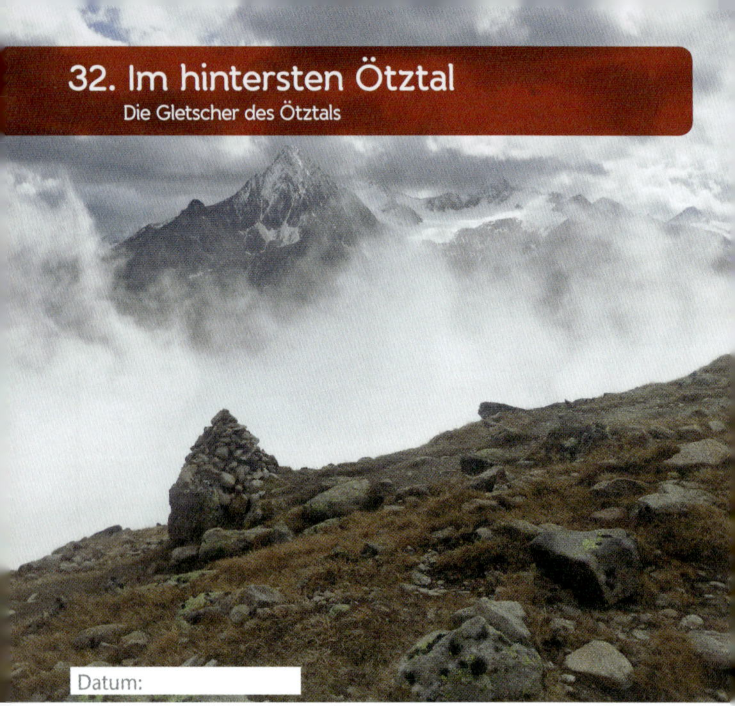

Datum:

Etappen: 4	Dauer: 24 km; 8 - 11 h	780▲ 1240▼
technische Anf.: ★★★★☆	Kondition: ★★★☆☆	Alter: ab 12 Jahren

Spektakulärer, aber auch teilweise ausgesetzter Höhenweg, der Bergerfahrung und Schwindelfreiheit voraussetzt. Nahe der Grenze zwischen Österreich und Südtirol geht es an an einem hochgelegenen Bergdorf vorbei, begleitet mit schönen Ausblicken auf die Gletscherwelt ringsum. Zum Schluss geht's über eine spektakuläre Hängebrücke (ahhhhh... die ist echt hoch und ausgesetzt), abwärts über Almwiesen mit künstlerischen Skulpturen. Der Vernagtferner zählt zu den am frühesten erforschten Gletschern der Welt. Erste Aufzeichnungen reichen in die Renaissancezeit zurück.

Et.	Strecke	Anf.	Technik	Kond.	Zeit in h km	Hm▲▼
1	Stablein Bergstation 2356 m Breslauer Hütte 2844 m	●	★★★☆☆	★★★☆☆	1½-2 2,8	490 m keine
2	Breslauer Hütte 2844 m Vernagthütte 2755 m	●	★★★☆☆	★★☆☆☆	2½-3¼ 7,1	230 m 320 m
3	Vernagthütte 2755 m Hochjoch Hospiz 2412 m	●	★★★☆☆	★★☆☆☆	1¾-2¼ 5,4	30 m 370 m
4	Hochjoch Hospiz 2412 m P Vent 1895 m	●	★★★★☆	★★★☆☆	2½-3¼ 8,7	30 m 550 m

Schwierigkeitsgrad:

Mittel - schwierig. Großteils mittelschwierig, jedoch schmale, ausgesetzte Etappen. Nur für geübte & schwindelfreie Menschen, die gut Schwierigkeiten abschätzen können & z. B. mit Kindern eher umdrehen als mit Gewalt weitergehen. Dies gilt vor allem bei Wetterumstürzen & Nässe, da einige Stellen dann sehr rutschig sein können. Nur bei stabiler Wetterlage! Die Drahtseilsicherungen unbedingt benutzen & Kinder an der Hand führen!

Knieschonende Variante:	Diese Tour ist leider nicht knieschonend.
Kinder:	Ab ca. 12 Jahren. Eine gute Möglichkeit, erste Hochgebirgserfahrung zu sammeln. Eine Grundregel beim Klettern und Kraxeln ist, dass sich immer eine Hand am Drahtseil oder an der Wand befinden muss.

Jahreszeit:

Die Hütten im Ötztal sind Hochgebirgshütten und nur eine kurze Zeitspanne geöffnet. Öffnungszeiten beachten.

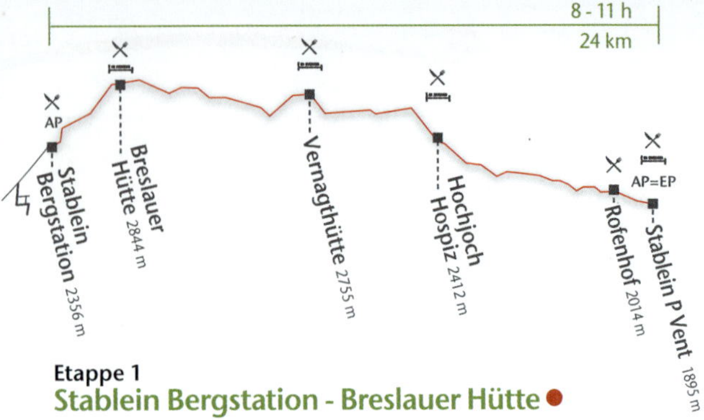

Etappe 1

Stablein Bergstation - Breslauer Hütte ●

1 ½ - 2 h, 490 m▲ keine m▼

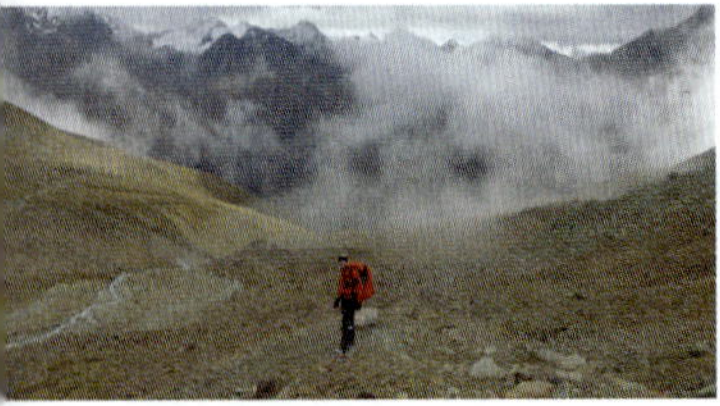

Von der Bergstation Stablein am Weg Nr. 919 (Beschilderung zur Breslauer Hütte) leicht aufwärts. Immer wieder verleiten Abkürzungen, querfeldein zu gehen. Aber mit dem Hinweis, dass Abschneider die Vegetation zerstören, bittet der Alpenverein, dies nicht zu tun. Der vorerst breite Weg wird schmäler und steiniger, aber niemals schwierig zu begehen. Bei der Wegverzweigung zum Wilden Mann auf dem Weg geradeaus bleiben, immer weiter, nur leicht ansteigend ins Rofenkar hinein. Schon von weit unten sieht man die Breslauer Hütte oberhalb des Rofenkars thronen. Der letzte Aufstieg führt über einen gut angelegten Weg in Serpentinen bis zum Etappenziel. Kurz davor wird die Materialseilbahn gekreuzt.

Etappe 2

Breslauer Hütte - Vernagthütte ●

2 ½ - 3 ¼ h, 230 m▲ 320 m▼

Von der Breslauer Hütte der Beschilderung zur Vernagthütte über den Seuffertweg folgen. Die auf dem Wegschild angegebene Gehzeit von 3 h ist rel. großzügig bemessen. Manchmal quert der Weg im leichten Auf & Ab imposante Gletscherbäche. Da immer wieder breit eingeschnittene

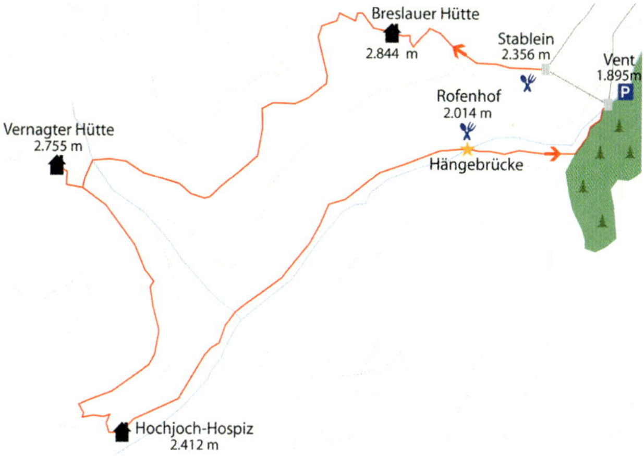

Täler auszugehen sind, zieht sich die Tour in die Länge. Zuerst geht es durch das Mitterkar & dann durch das Platteikar, am Fuße des Vorderen Platteikogels. Ein direkt am Weg gelegener, kleiner See lädt zum Verweilen ein (ab hier ca. 1 - 1 ½ h bis zur Vernagthütte). Nach einem kurzen, nicht schwierigen Abstieg ins Vernagttal, an der Abzweigung nach Vent (Weg Nr. 420) vorbei, geht's über die Vernagtbach-Brücke. Der Weg führt auf relativ gleichbleibender Höhe weiter. Bei einer Weggabelung geht's nach rechts zur Vernagthütte & nach links zum Hochjoch Hospiz, dem Ziel von Etappe 3. Wer gleich die nächste Etappe anschließen möchte, geht also hier links, sonst rechts. Die letzte halbe Stunde führt über zum Teil steile Geländestufen in Serpentinen zur Vernagthütte.

Etappe 3

Vernagthütte - Hochjoch Hospiz ●

1 ¾ - 2 ¼ h, 30 m▲ 370 m▼

Zuerst auf dem selben Steig von der Vernagthütte bis zur Wegkreuzung mit dem Weg Nr. 919. Bei den Schildern nun immer in Richtung Hochjoch Hospiz. Vorerst führt der Steig im steten Auf und Ab oberhalb des Vernagter Baches entlang und wird an einigen, kurzen Stellen schmal und auch etwas ausgesetzt. Bitte hier Kinder an der Hand führen. Die Rinnen sind zum Teil bei Nässe sehr rutschig. Weiter geht es am Rofenberg unterhalb der Guslarspitze entlang bis zu einer Weggabelung. Hier links und dem Deloretteweg abwärts folgen. Der letzte Abstieg führt über Serpentinen bis zum Hochjoch Hospiz.

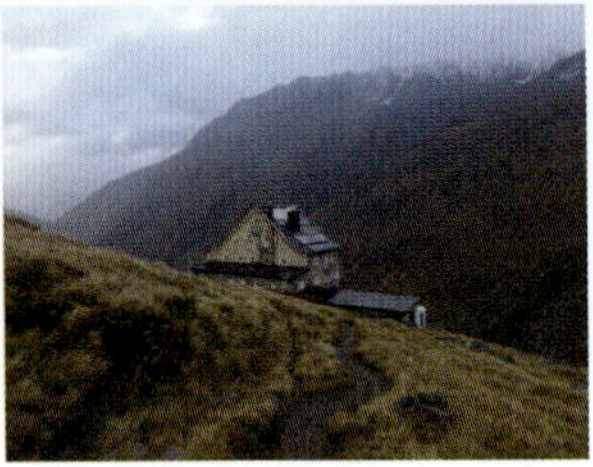

Etappe 4

Hochjoch Hospiz - Parkplatz Vent ●

2 ½ - 3 ¼ h, 30 m▲ 550 m▼

Vom Hochjoch Hospiz führt der Abstieg mäßig steil an den Rofenalmen vorbei, immer oberhalb der Rofenarche entlang talauswärts. Am Weg gibt es immer wieder spektakuläre Einblicke in die Schlucht unterhalb. Bitte hier erhöhte Vorsicht, da der Weg auch manchmal schmal und ausgesetzt ist. Der Vernagter Bach wird über eine Holzbrücke gequert. Wenn das Tal immer enger wird, helfen Drahtseilversicherungen beim Passieren der ausgesetzten Stellen. Sicherung beachten! Ab der Talstation der Materialseilbahn zur Vernagthütte wird der Weg breiter und führt über weite Almflächen bis zu den Rofenhöfen. Direkt vom Gasthaus Rofenhof führt eine spektakuläre Hängebrücke in schwindelerregender Höhe über das Rofental. Nach der Brücke links, vorbei an den Skulpturen des Künstlers Gerbert Ennemoser, die im Zuge eines Bildhauersymposiums entstanden sind, und weiter nach Vent zur Bergstation. Über einen kleinen Weg gelangt man zum Parkplatz.

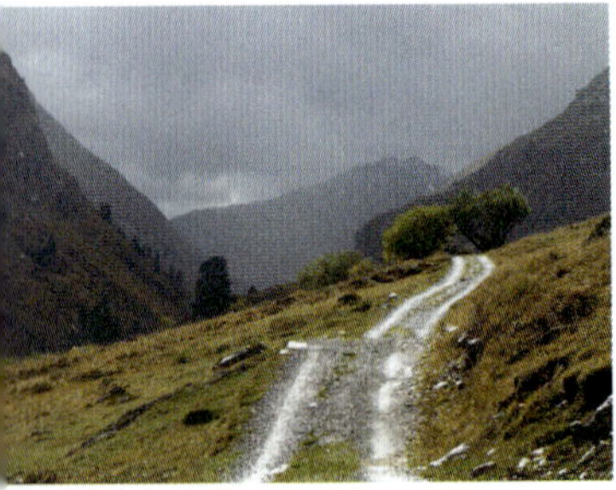

Weitere Tourenmöglichkeiten:

Die Gipfel rund um die Hütten sind sehr anspruchsvoll.

Hütten & Gaststätten:

Stablein Restaurant
(2356 m), Panoramarestaurant gleich neben der Bergstation, +43-5254-30128 oder +43-664-8770385, http://winter.stableinrestaurant.com/, Mitte Jun.–Mitte Sep.

Breslauer Hütte
(2844 m), große Alpenvereinshütte, Umweltgütesiegel, kleine Selbstversorgerhütte daneben, 67 Betten, 99 Matratzen- & 40 Notlager, +43-676-9634596, www.breslauerhuette.at, Mitte Jun.–Ende Sep.

Vernagthütte
(2755 m), schön gelegenes Schutzhaus im oberen Vernagttal, schöne Lage, reichhaltiges Frühstücksbuffet, 50 Betten, 90 Lagerplätze, +43-5254-8128 und +43-664-1412119, www.vernagthuette.de, Anf. Jul.–Mitte Sep.

Hochjoch Hospiz
(2412 m), altes Schutzhaus, mit neuester Technik ausgestattet, sehr gute Küche & reichhaltiges Frühstücksbuffet, 20 Zimmerlager, 50 Matratzenlager & 16 Notlager, +43-720-920311 oder +43 664 79 80 757, www.hochjoch-hospiz.at, Ende Jun.–Ende Sep.

Rofenhof
(2014 m), Alpengasthaus, höchst gelegener Bergbauernhof Österreichs, gute Tiroler Küche, +43-5254-8103, www.rofenhof.at, Anf. Jun. - Mitte Okt.

Infos:

Tourismus Vent
+43-57200-260, www.vent.at.
Bergbahnen Vent
+43-5254-8154, Homepage siehe Tourismusverein Vent, Mitte Jun. - Mitte/Ende Sep, 1 h Mittagspause.
Taxi Sölden
+43-5254-2133, www.taxi-lenz.at

Anfahrt:

Inntalautobahn (A12) von Kufstein Richtung Zams, Ausfahrt Ötztal, weiter auf der B186 bis nach Zwieselstein, dort auf die Venterstraße L240 bis ans Ende des Tals nach Vent. (Navi: Östereich, 6458 Vent, Venter Straße, Bergbahnen).

Bus & Bahn:

Direktverbindung (ÖBB) von Innsbruck nach Ötztal, dort umsteigen in den Bus Nr. 8352 bis Sölden Pitze, dann umsteigen in Bus Nr. 8400 bis Vent.

Ausgangspunkt:
AP P Bergbahn Talstation, AP=EP.

Index:

Am Wegrand:

Fotonachweise:

Titelbild Vorderseite: Tour Nr. 29, Am Fuße der Bischofmütze, Aufstieg zur Hofpürglhütte.
Buchrückseite: Tour Nr. 12, Pongauer Almenweg, Tappenkarsee.
Bucheinschlag: Links oben, Tour Nr. 21, Rosengarten, Grasleitenpass. Darunter: Tour 27, Hochschwab, Steinbockgeiß mit Kitz; daneben: Eibensee, Elisabeth Göllner-Kampel; darunter: Tour Nr. 28, Dachstein, Weg von der Simonyhütte zum Wiesberghaus.

Alle Fotos von der Autorin, außer

Berger Ilse, S. 262 (unten), (Stuhlalm)
Feldinger Barbara, S. 110 (Abenteuerspielplatz Grafenberg)
Filla Elisabeth, S. 66, 68, 71 (Tauplitz)
Förtsch Renate, S. 152, 156, 157 (Spitzingsee)
Gappmayer Manuela, S. 119 (unten), 120 (Hochkönig)
Göllner-Kampel Elisabeth, S. 15 (Purtscheller Haus); S. 86, S. 114, 118 (Hochkönig); S. 131 (Goldwaschen in Rauris); S. 142 (Matratzenlager Sonnschienhütte); S 144, 148 (Jenner); 240, 241, 242, 243, 245 (Hochschwab)
Haid Brigitte, S. 238 (Hochschwab)
Hirscher Annemarie, S. 17 (Jenner)
Köth Sabine, S. 248 (Dachstein)
Platzer Heinz, S. 90, 93 (Steyr- u. Ennstal)
Rochau Alexander, S. 28, 30, 32 (oben) (Bregenzerwald)
Schnöll-Reichl Barbara, S. 104 (Pongauer Almenweg)
Steiner Franziska, S. 128 („Urwaldbaum")
Turner Jan, S. 96 (Luchsfoto)
Wimmer Burgi, S. 146

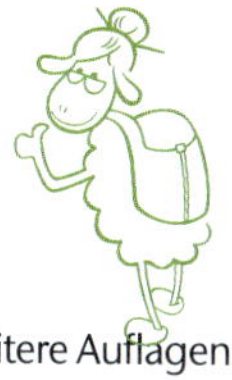

Vielen Dank für die Fotospenden! Gerne ersetzen wir für weitere Auflagen Fotos. Für jedes, in das Buch aufgenommene Foto gibt's ein Gratisbuch. Insbesondere danken wir an dieser Stelle Jana und Falk aus Dresden für Ihren Hinweis zur Grazer Hütte (Tour 7), den beiden Salzburger Familien für die Rüchmeldungen zum Millstätter Höhenweg (Tour 6) und einer Familie, die anonym bleiben möchte, für die Rückmeldung zur Schneealp-Wanderung (Tour 8).

Notizen, Stempel, ...

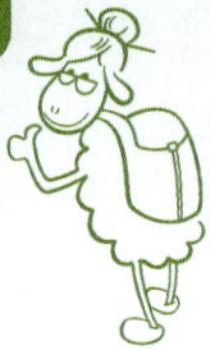

Notizen, Stempel, ...

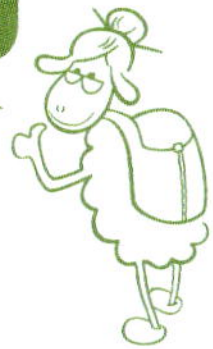

wandaverlag

...verschafft Zeit zum Genießen

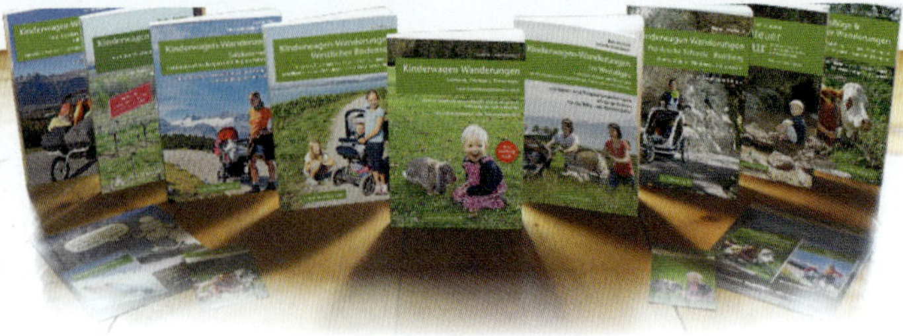

Der wandaverlag ist ein kleiner, unabhängiger Verlag am Fuße des Untersbergs. Jeder Wanderführer entsteht durch großes persönliches Engagement und viel Leidenschaft für ein perfektes Buch.

Was uns am Herzen liegt:

- Durch unsere akribischen Recherchen, genauen und trotzdem nicht zu langatmigen Angaben, durch unser übersichtliches Layout und die vielen kleinen Einzelheiten möchten wir Zeit zum Genießen verschaffen – unserer Leserschaft zuliebe.
- Wir unterstützen mit unseren Büchern die Initiativen Fair Trade und Clean Clothes – der Fairness zuliebe.
- Wir legen Wert auf umweltschonenden Druck – der Natur zuliebe.
- Durch die Angabe von öffentlichen Verkehrsverbindungen möchten wir ein umweltfreundliches Anreisen fördern – der Umwelt zuliebe.

Vielen Dank für euer Vertrauen! Wir freuen uns über jede Rückmeldung zu unseren Büchern und Wanderwegen.

Elisabeth Göllner-Kampel
(Verlegerin & Wanderbuchautorin)

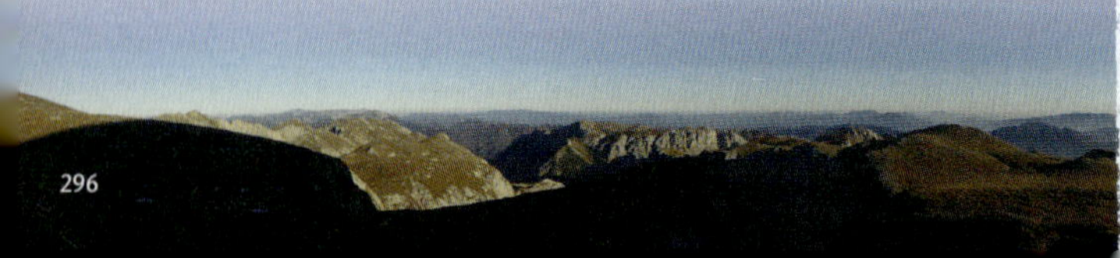